평생교육방법론

| 박성희 · 송영선 · 나향진 · 황치석 · 문정수 · 박미숙 공저 |

EDUCATIONAL METHODS
OF LIFELONG LEARNING

학지사

| 서 문 |

가르친다는 것은 굳게 잠겨 있는 성 안에서 보물상자를 발견한 사람이 스스로 열쇠를 찾아서 열 수 있도록 돕는 것이다. 훌륭한 교수자는 학습자가 자기 안에 내재되어 있는 능력과 재능을 스스로 발견하고 개발하도록 지지해 주는 방법을 잘 알고 있다.

1944년 독일의 바이에른 주에서 태어난 에르빈 네어(Erwin Neher) 교수는 뮌헨 대학에서 수학하였다. 미국 유학 후에 막스플랑크 연구소에서 생물물리학(biophysics)을 연구하다가 1991년 세포의 정보 교환에 관한 새로운 사실을 발견한 공로로 노벨 생리의학상을 수상하였다. 그는 부모가 자녀를 훌륭한 자연과학자로 키우기 위해서 '어떻게 해야 하느냐'라는 저자의 질문에, "자녀를 일찍부터 자연과 접하게 하여 스스로 자연의 변화에 궁금증을 갖도록 하고, 여러 가지 질문을 던져 아동의 호기심을 자극해 주면 자연과학자로 키울 수 있다."고 대답하였다. 그리고 자신의 유년기를 되돌아보면 비교적 넓은 정원이 있는 집에서 어려서부터 부모님이 자연에 관심을 갖도록 배려해 주신 것이 자신이 자연과학자로 성장하는 데 가장 중요한 밑거름이 되었다고 하였다. 부모님은 자연과 접하면서 곤충의 이름을 알려 주었고 식물이 자라나는 과정을 설명해 주었다고 한다. 이처럼 그가 말하는 부모의 역할은 아동이 자연과학에 관심을 갖도록 동기를 유발시키는 것이고, 아동은 학교에 입학한 후에는 배우는 것에 흥미를 느끼며 새로운 것을 발견하려고 몰두하는 태도를 스스로 키워야 한다고 하였다.

사회가 산업화사회를 지나 지식정보화사회로 변하면서 구성주의는 교육 현장에서 새로운 패러다임으로 등장하였다. 산업화 시대에 강조되었던 집단화, 표준화, 보편화, 확실성의 개념들이 정보화 시대에는 개인화, 다양화, 창의성, 불확실성으로 대체되고 있다.

구성주의 학습이론은 정보화 시대에 쌍방향적 의사소통이 가능해지면서 주목받기 시작하였다. 개인 간의 관계가 수평적으로 변화하고 다원화 관계로 전환되며 신속한 정보 교류와 의사소통이 가능해지면서 학습자 중심의 교육환경이 만들어지고 있다. 학습자가 소지하고 있는 개별적인 사고와 경험이 큰 가치를 지니게 되면서 구성주의 학습에 대한 연구는 더욱 활발해지고 있다.

구성주의는 세상에 이미 객관적으로 존재해 있는 지식이 아니라 학습자가 자기주도적인 학습방법을 통하여 직접 경험하고 의미를 파악해 나가는 과정으로 창의적이고 새로운 지식을 만들어 갈 것을 강조한다. 지식사회에서 교수자는 학습자가 직접 탐구하는 과정을 통하여 기존에 소지하고 있던 지식과 새로운 지식을 결합하여 또 다른 새로운 지식을 창출해 내도록 안내해야 한다.

평생학습을 실천하는 교육 현장에서는 학교 현장과는 다른 교육방법으로 학습자를 안내해야 한다. 평생학습 현장에서는 교사가 가르치는 지식을 학습자가 수동적으로 받아들이는 교사 중심의 수업방법이 아니라, 학습자 스스로가 능동적으로 지식을 구성해 나가는 자율적 활동이 촉진되어야 한다.

지식 습득의 과정을 중시하는 구성주의는 지식을 구성해 나가는 개인의 경험뿐만 아니라 타인과의 상호 협력적인 활동을 통하여 구성된 지식의 타당성을 검토하는 과정도 중시한다. 즉, 교육의 방법으로 개인이 문제를 해결해 가는 지식 탐구의 과정뿐만 아니라 타인과 경험을 공감하고 나누는 소통의 과정도 중시되어야 한다.

'평생교육방법론'은 평생교육의 활성화를 위하여 교수-학습을 위한 이론적 모델과 실천 전략을 안내하는 과목이다. 그 교재가 되는 이 책은 평생학습자를 지도하는 교수자가 알아야 할 구성주의 원칙에 기반한 다양한 교수법과 학습자들의 자기 주도적 학습을 촉진하는 여러 학습기법을 안내하고 있다.

이 책이 앞으로 평생교육사가 되려는 예비평생교육사와 평생교육 현장에서 활동하고 있는 교수자들의 교육과 연구에 많은 도움이 되기를 바란다.

끝으로, 이 책을 집필하고 만드는 데 도움을 주신 여러분께 저자를 대표하여 진심으로 감사의 마음을 전한다.

2013년 아름다운 금강이 흐르는 공주에서

대표 저자 박성희(朴星姬)

| 차례 |

제4부 여성과 다문화 평생교육방법

제1부

평생교육의 이론적 이해

제1장 평생교육방법과 패러다임

학습개요

성인을 위한 평생교육이 학교교육과 구별되는 것은 학습자 중심의 교육방법을 중시하는 점이다. 1장에서는 명확한 의사소통과 지식 전달의 방법을 교육방법의 기초로 보고 '모든 것을 모든 사람에게 가르치는 데 필요한 보편적인 기술', 즉 '옴니아 옴니부스 옴니노'를 통하여 인간성을 완성시켜 갈 수 있다는 새 교육 패러다임을 설명하였다. 평생교육방법론에서 가장 중요한 것은 학습자를 배려하는 것이므로, 학습자의 경제적 배경, 신체적·심리적 특성에 기반한 다양한 학습 장애를 인식하고 학습목표의 달성을 지원해야 한다. 이 장의 끝부분에서는 자기 주체화 과정으로서의 학습과 평생교육방법의 원칙을 살펴보았다.

학습목표

1. 학습자 중심의 교육이 강조하는 교육환경을 이해한다.
2. 모든 사람에게 모든 것을 가르치는 데 필요한 보편적 기술인 교육방법의 개념을 이해한다.
3. 자기 주체화의 과정이 되는 평생교육 이론을 이해한다.

1. 교육방법의 개념

교육방법은 수업에서 이루어지는 교수자와 학습자 간의 의사소통이므로 새로운 지식을 습득하고 인식에 대한 통찰이 잘 일어나도록 최적의 방법을 선택해야 한다. 1980년에 출간된 『제3의 물결(The Third Wave)』에서 앨빈 토플러(Alvin Toffler)는 정보혁명과 고도의 과학기술이 지배하는 '지식창조사회'의 도래를 예고하였다. 지식창조사회에서 지식의 속성이란 읽고 암기하는 재생산의 수준을 넘어 창조적인 지식을 생산할 수 있는 능력이므로, 최근에는 교육이 이러한 문제해결력 향상을 위한 교육방법으로 전환될 것이 강조되고 있다.

1) 명확한 의사소통

교육방법이란 상호작용하고 있는 학습자에게 자신의 지식을 전달하고 설득함으로써 행동의 변화를 유도시키거나 지식의 전이를 촉진하는 것이다. 교육방법은 주로 언어를 매개체로 사용하여 실용적인 원칙에 기반하여 지식을 전달한다. 중재란 메시지를 효과적으로 전달하는 방법에 관한 것이다. 중재는 발신자가 수신자에게 의사 전달을 목적으로 언어 메시지를 전달하고, 수신자가 발신자의 의도에 맞게 전달한 메시지를 이해할 때 이루어지므로, 이 같은 중재가 이루어지도록 교육에는 명확한 의사소통이 중요하다.

가장 바람직한 의사소통 방법은 메시지를 전달한 후에 발신자가 학습자의 메시지 이해 정도를 즉시 평가하는 것인데, 이러한 의사소통 방법을 쌍방향 의사소통이라고 한다.

2) 지식을 전달하는 방법

학습자에게 지식을 전달할 때는 '무엇을', 어떠한 교육방법을 통하여, '어떻게' 전달할 것인지에 관한 교육목표를 결정해야 한다. 교육방법을 고려하여 수업을 진행할 때는 논리적으로 정리된 학습 내용을 학습자의 심리에 맞게 중재해야 한다.

교수자는 전달하려는 학습 내용을 학습자의 학습 구조와 잘 연결시켜야 한다. 따라서 교수자는 상이한 발달 단계에 있는 학습자의 학습동기를 유발할 수 있도록 연령별 발달 단계에 따른 학습심리를 잘 이해하고 있어야 한다.

지식기반사회에서 지식을 창조해 내는 골드칼라(gold collar)를 양성하려면 상호 간에 정보를 교환하면서 학습하는 네트워크 학습을 촉진해야 한다. 특별히 학습자가 자신의 학습목표를 일찍부터 설정하고 집중할 때는 학습자들과 정보를 교환하면서 학습하도록 네트워크 학습방법을 적용하는 것이 좋다. 자기 주도적 학습자는 교수자의 일방적인 수업보다는 프로젝트에 직접 참여하여 학습하는 프로젝트 학습(project based learning)을 선호한다. 왜냐하면 학습자들이 스스로 문제를 파악하고 해결해 나가는 과정에서 생산적 지식을 만들어 내는 즐거움을 느끼기 때문이다.

3) 학습자 중심의 교육 패러다임

(1) 팜패디아: 범교육학

'가르치다'의 의미를 지니고 있는 그리스어 'didaskein'에서 유래한 교육방법에 대해서는 중세시대의 교육학자 후고 폰 빅터(Hugo von St. Victor, 1096~1141)와 볼프강 라트케(Wolfgang Ratkes, 1571~1635)가 중요성을 인지하였다. 라트케를 비롯한 당대의 학자들은 교수법을 '수업방법에 관한 기술'로 표현하였으나 교육방법에 대한 현대적 의미는 코메니우스(Johann A. Comenius)가 1628년에 펴

코메니우스

낸 『대교수학(Didactica Magna)』에서 찾을 수 있다(Siebert, 2003).

코메니우스는 가르치는 기술과 배우는 학습 방법을 신학적인 측면에서 설명하면서, 신(神)의 질서를 닮아 갈 수 있는 방법으로 교육을 강조하였다. 따라서 교수자는 올바른 인간 양성에 노력해야 하며, 학습자는 미덕을 쌓아 '신의 형상을 가진 인간'이 되도록 총체적으로 발달해야 한다고 보았다.

'파이데이아(Paideia)'는 오랫동안 아동 및 청소년에게만 필요한 유희 또는 놀이로 이해되었다. 그러나 코메니우스는 인간의 전생애 발달기에도 놀이가 필요하다고 보았다. 이러한 측면에서 코메니우스는 교육을 전생애 주기로 확장시켜서 인간성을 완성해 나가는 '재미있는 놀이'로 제시했는데 이것이 '팜패디아(Pampaedia)'다.

코메니우스는 『대교수학』에서 교육방법이란 "모든 것을 모든 사람에게 가르치는 데 필요한 보편적 기술 또는 예술"로 정의하고 참된 교수법을 알리고자 노력하였다. 기독교적 세계관과 인간관을 토대로 하고 있는 『대교수학』에서는 1장에서 만물 중 인간이 가장 탁월한 존재라는 것, 5장에서는 지식, 덕성, 신앙의 세 가지 씨를 이미 태어날 때 소지하고 있는 '학습하는 인간(Homo Eruditio)'이라는 것, 6장에서는 인간은 교육에 의해서 만들어지고 형성된다는 것을 강조하였다.

코메니우스는 아동이 또래와 함께 학습할 때 가장 높은 학습 효과가 나타나므로 또래들이 모여서 공부하는 학교교육을 매우 이상적으로 생각하였다. 그는 아동을 위한 보편적 학교교육을 주장하였으나 아직까지 교육을 제대로 실행하는 완전한 학교가 없으므로, 학교는 혁신을 통해 올바른 인간을 형성하는 교육방법을 실천해야 할 것을 주장하였다. 이전의 학교와 달리 혁신 학교는 교육의 기술(art)을 접목하여 가르치는 행위와 배우는 학습 활동이 조화를 이루어야 한다고 보았다. 코메니우스는 교육의 기술로 다음과 같은 네 가지 교육방법을 강조하였다.

첫째, 유년기에는 인격의 발달과 형성이 가장 왕성하게 진행되므로 아동기 교육을 중시하였다. 교육방법에 관한 질서는 자연에서 배우는 것이 가장 이상적이므로 아동이 사물에 대한 지식을 습득할 때에 감각적 경험을 이용해야 한다고 보았다.

둘째, 발달심리학에 기초한 아동교육방법을 중시하여, 아동의 연령과 지적 능력을 고려하여 가르칠 것을 강조하였다. 연령과 발달의 단계에 따라 학교를 4단계로 구분하였지만, 부모에게 배우는 가정교육을 가장 중시하여 부모와의 관계에서 신뢰감이 형성되어야 한다고 보았다.

셋째, 인간은 움직이며 활동하는 특징이 있으므로 활동과 감각적 경험에 기반하여 사고하고 행동할 것을 제시하였다. 기능적 훈련과 이론보다 활동을 통한 학습을 우선시하여 학습자들이 흥미를 느끼는 활동을 통해서 학습하는 학습자 중심의 교육방법을 강조하였다.

코메니우스는 교수자가 학습자의 특성에 기반하여 가르치는 학습자 중심의 교육을 매우 중시하였다. 이에 학습자의 특성에 기반한 교육과정이 만들어져야 할 것과 수업과정에서 교수자는 학습자의 반응을 스스로가 평가하고 다양한 교수방법을 적용하여 학습자 중심의 수업을 진행할 것을 강조하였다. 학습 내용을 전달할 때 지식을 암기시키기보다 경험을 통하여 학습하도록 학습자의 흥미에 기반한 교육방법을 강조하였다.

넷째, 학습자는 교수자의 권위적이고 지시적인 전달을 통하여 지식을 수용하는 존재가 아니므로 학습자가 능동적으로 지식을 구성하도록 교수자는 학습자를 안내해야 한다. 이러한 원칙에 기반하여 코메니우스는 대학의 역할을 계몽으로 보고 교육방법에 관한 보편적이며 총체적인 원칙을 정리하였다. 고등교육기관에서는 학습자 스스로가 학습하도록 동기를 촉진해야 하며 자기 주도적인 체험이 가능한 여행을 교육방법으로 강조하였다.

(2) 옴니아 옴니부스 옴니노

① 개념

16세기가 시작되면서 학교와 대학이 발전하면서 교육은 더욱 중요시되어 교육자들은 철학과 분리된 교육방법을 찾기 위하여 노력하였다. 1529년 에라스무스 폰 로테르담(Erasmus von Rotterdam)은 "아동이 태어나면서부터 자유롭고, 의미 있는 방법을 통해 도덕적 · 학문적으로 키워져야 할 것"을 강조하였다. 이러한 측면에서 학문에 대한 이해를 실천적인 방법으로 보충해 줄 수 있는 실천적인 지식의 습득이 강조되었다.

에라스무스

코메니우스는 교육방법이란 '모든 것을 모든 사람에게 가르치는 데 필요한 예술', 즉 '옴니아 옴니부스 옴니노(omnia omnibus omnino)'로 보았다. 즉, 교육방법은 시간과 공간이 제약된 강의실에서 진행되는 교수자 중심의 교육뿐만 아니라, 우리의 일상생활에서 나타나는 문제의 해결에 필요한 지식의 습득 및 문제해결과정을 총칭하는 것이다.

② 학습자의 심리를 고려한 지식 전달 기술의 원칙

교육방법에는 학습자의 계속 학습을 위하여 동기를 유발시키는 심리학적 지식이 포함되므로 교육방법(didactic)이란 학습자의 심리를 고려하여 지식을 전달해야 한다.

성인 학습은 대부분 가정과 직장을 중심으로 진행된다. 이처럼 학습이란 일상생활에서 이루어지는 배움을 포함하는 광범위한 개념이므로, 일상생활 속에서 문제해결력을 키우는 교육방법이 필요하다.

학습자의 심리를 고려하여 지식을 전달할 때는 다음과 같은 기술이 요구된다.

예를 들면, 면접을 보는 경우라면 응시자는 면접관의 질문에 자신이 알고 있는 사실을 짧고 신속하게 효과적으로 전달할 수 있어야 한다. 자녀를 양육할 때에도 연속적으로 질문하는 아동의 호기심을 계속 유발시키며 아동이 이해할 수 있도록 대답해야 하므로, 교수방법적 지식이 요구된다. 노인에게 스마트폰이나 컴퓨터의 사용방법을 설명하는 경우에도 노인의 청력과 시력에 관한 신체적 조건과 교육수준을 알고 그들이 이해할 수 있는 언어를 사용하여 설명해야 한다. 이들과 대화할 때는 되도록이면 영어, 유행어나 은어 등은 사용하지 말고 큰 소리로 천천히 말하는 것이 좋다. 신제품을 개발하고 홍보할 때에도 소비자에게 상품 정보를 정확하게 전달하려면 소비자는 잘 알고 설명하는 것이 효과가 크므로 방법론적 지식이 필요하다.

교육방법은 학습자에게 지식을 전달해 주는 교육에 관한 이론적 학문이다. 다양한 유형의 수업이 진행되는 평생교육기관에서는 일반적으로 수업 상황과 제도적 조건에 의하여 수업의 성공과 실패가 좌우된다. 따라서 성공적인 평생교육을 실행하려면 학습자의 선행 지식, 요구, 관심, 교육 수준뿐만 아니라, 심리 상태를 배려하여 적절한 교육방법을 선택해야 한다.

2. 교육방법의 영역

"나의 삶에서 가장 필요한 지식은 아무도 가르쳐 주지 않았다."

–리히텐베르크(Lichtenberg)

지금까지 많은 학자들은 학습자를 가르치는 일을 교육방법으로 이해하였다. 이것은 학교에서 교사 중심의 수업이 실행되어 온 데에 가장 큰 원인이 있다. 따라서 성인교육에서 학습자 중심의 교육을 실천하려면 교육의 정책 방향을 정립해야 하고, 평생교육기관에서는 학습자 중심의 정책을 개발 및 실천하고 교수자의 전문성 개발을 위해 노력해야 한다.

학습자의 수업 만족도를 가장 크게 좌우하는 것은 교육방법이다. 수업을 성공적으로 이끌어 가려면 학습자 중심의 교육방법이 발달되어야 하고 그것을 실천할 수 있는 교육환경과 조건이 마련되어야 한다.

독일의 교육학자인 플레히식과 할러(Flechsig & Haller, 1975)는 교육방법의 개념을 확장시켜 교사 중심의 교육방법에서 벗어나 학습자 중심의 수업이 활성화되는 데 공헌하였다. 두 학자는 교육방법의 영역을 교육환경, 교수설계, 전문 영역에서의 교육방법, 수업의 효과성 창출 등의 영역으로 나누었다. 따라서 학습자 중심의 수업은 교육방법을 변화시키는 것만으로는 충분하지 않다. 성공적인 평생학습을 지원하려면 모든 성인의 학습권을 동등하게 보장하는 평생교육정책이 실천되어야 하고, 충분한 예산이 지원되며, 융통성 있는 조직이 구성될 수 있는 기반 그리고 자율행정과 같은 기반이 함께 조성되어야 한다.

1) 교육환경

(1) 교육정책

평생학습은 언제 어디서나 학습할 수 있는 여건이 잘 마련되어 있을 때 활성화된다. 학습자는 평생교육법, 학습휴가제, 취업과 관련된 고용촉진 정책이 잘 마련되어 있을 때 학습권을 보장받을 수 있다. 뿐만 아니라 학습자의 학습권 보장은 이를 위한 예산이 지원되고, 자기 주도적 학습을 통한 무형식적 학습을 인정해 주는 인증 절차가 수월해질 때 이루어진다.

일자리에서 평생학습은 학습자와 고용주 간 평생교육에 관한 권리와 의무에 대한 제도가 합의되고 홍보가 잘 이루어져야 실천된다. 더불어 학습자의 평생학습권을 보장하려면 시민교육에 대한 예산 지원, 최저 수강생에 대한 규정 완화, 학습휴가제 등의 평생교육제도가 활발히 홍보되어, 자기 주도적인 학습을 인정하는 제도가 마련되어야 한다. 뿐만 아니라 소외계층을 위한 평생교육 프로그램을 확대하고 공적 기금으로 지원된 사업의 과정을 투명하게 정보 공개하여 평생교육에 관한 홍보를 촉진해야 한다.

주민의 참여에 의한 지방교육자치가 활성화되도록 교육예산을 계획하고 집행 과정에서 지역주민의 의견을 충분히 반영하며, 운영위원회는 감시와 통제 그리고 컨설팅의 기능을 지금보다 심화시켜 가야 할 것이다. 또한 12세 미만의 자녀를 양육하는 어머니들이 평생학습에 참여하는 교육기회 보장을 위해 아동 돌봄에 대한 의무를 평생교육기관이 충실히 수행해 나가야 할 것이다. 이것은 성인의 평생학습이 이와 같은 재정 지원, 학습휴가제 그리고 자녀 돌봄이 보장된 경우에만 활성화될 수 있기 때문이다.

(2) 기관 중심의 교육방법

지역사회의 평생학습관, 사회복지관 및 종합복지관, 교회, 성당과 사찰 등의 종교기관 그리고 비영리 교육기관(NPO) 등은 공적인 성인교육기관이다. 공적 예산이 지원되는 평생학습기관 등은 학습자 중심의 교육방법에 기반하여 수업을 진행해야 한다. 이 외에 지역사회에 위치해 있는 다양한 교육기관 및 단체들이 사회의 요구에 맞추어 프로그램을 개발하고 교육을 진행하거나 조직을 구성하고 운영할 때에도 교육방법적 지식이 접목되어야 한다. 평생학습관에서 학습자 중심의 프로그램을 성공적으로 운영하려면 다음과 같은 점을 고려해야 한다.

- 학습자의 요구에 기반한 프로그램을 개발할 때 기대되는 학습 결과는 무엇인가?
- 평생교육과 관련된 예산과 인력을 배분하는 부처의 기준은 무엇인가?
- 학습자의 경제적, 사회적 형편에 따라 수강료를 차별화할 수 있는가?
- 학습자 중심의 프로그램을 개발하는 방법은 무엇인가?

평생교육사가 현장에서 수행하는 업무 중에는 다음의 역할이 포함되어야 한다.

- 학습자의 동기 유발을 전략적으로 활성화하는 방법을 이해하고 적용하는 능력을 개발해야 한다.
- 국가 예산으로 지원되는 평생교육 프로그램의 결과에 대하여 책무성을 소지해야 한다.
- 공적으로 교육 프로그램을 개발하고 실행하는 기관들을 평가 · 감시 · 통제하는 역할도 수행해야 한다.
- 종교기관, 노동조합 및 기타 교육기관에서 실행되는 프로그램들의 주제에 대해 기관의 동의를 얻거나 감독하는 일 등을 교육방법적 원칙에 기반하여 수행한다. 평생교육 프로그램을 폐지하는 기준이나 평생학습 현장에서 일어나는 문제는 평생교육법을 참고하거나 위원회를 구성하여 해결해 가는 것이 좋다.

2) 교수설계

성인을 대상으로 하는 교육 시간은 아침반, 저녁반, 주말집중반 등으로 매우 다양한 시간대에 계획하는 것이 좋다. 성인 학습자의 요구에 기반한 주제를 선택하여 교육자료를 준비하며, 교육과정도 성인의 특성에 맞게 설계해야 한다. 특히 자격증 취득 프로그램을 홍보하고 안내할 때 자격증 취득과 관련된 응시자격을 사전에 충분히 홍보하여 학습자들이 수강 여부를 결정할 수 있도록 정보를 제공해야 한다. 뿐만 아니라 학습자가 자신의 일상적인 일정에 맞추어 교육 프로그램을 선택할 수 있도록 학습이 진행되는 장소, 학습 시간, 학습 자료, 수강료 등에 관해서도 충분히 안내하는 것이 좋다.

새로운 평생교육 프로그램을 개발하거나 설계할 때는 평생교육사, 기간제 강사, 특강 강사 등과 함께 논의하고 새로운 아이디어를 찾아 나가는 교육방법을 사용해야 한다. 변화하는 사회에서 학습자 요구 중심의 수업을 설계하려면 학습자의 학습 요구를 양적 연구보다는 내러티브, 토의, 경험의 교환 등과 같은 스토리텔링, 면담을 이용한 질적 연구(박성희, 2004, 2011)를 통해 탐색하는 것이 좋다.

(1) 철저한 수업 준비(교수설계)

- 교수자는 수업 전략을 세울 때 학습자가 수업을 통하여 달성할 수 있는 실제적인 변화를 학습목표로 정하고 수업의 질을 보장해야 한다.

교수자가 교수방법을 알지 못한 채 수업을 진행하게 되면 학습자는 수업 내용을 이해하는 데 어려움을 겪게 된다. 교수자의 교수방법론적 능력에 따라 수업의 성패가 좌우되므로, 교수자는 수업 준비를 철저히 해야 한다.

교수자의 강의안은 세미나가 진행되는 과정에서 변형되고 수정될 수 있다. 따라서 교수자는 기본적으로 교수방법에 관한 지식을 충분히 이해하고 수업에 임해야 한다. 교수자가 창의적이며 융통적인 수업을 진행하려면 지식 전달에 필요한 중재적 지식과 직관적 지식을 갖춰서 자기 주도적 방법을 통하여 교수설계 능력을 발전시켜 나가야 한다.

교수자의 교육 경험이 많을수록 교수자는 수업 중에 일어나는 장애 요소를 극복하고 수업을 이끌어 갈 수 있다. 교수자가 민감성을 잃고 일상적인 수업을 반복하게 되면 성공적인 수업을 이끌어 가는 데 장애가 된다(Siebert, Dahms, & Karl, 1982).

일상생활에서 체험을 통해 학습하는 성인을 위하여 성인교육은 창조적으로 다양한 학습을 계획해야 한다. 교수자가 성공적으로 학습자의 문제해결을 지원하려면 학습자가 다양한 지식을 습득하고 생산적 지식을 구성하도록 안내해야 한다.

(2) 교수역량

- 교수자는 자신의 능력을 스스로 평가하고 자기 주도적으로 교수역량을 개발해 가야 한다.

성인 학습자는 일상생활의 경험을 통하여 지식과 전문 능력을 축척해 간다. 이에 교수자는 학습자가 소지한 능력을 중시하고 수업을 진행해야 한다. 특히 성인 학습자를 지도하는 교수자가 학습자를 존중하려면, 성인 학습자의 학습 상황을 충분히 이해할 수 있어야 한다. 교수자는 성인 학습자의 가족 관계, 가족 내 역할, 교육 수준, 직장 생활 등 성인기의 발달 단계에서 일어날 수 있는 모든 위기 상황 등에 관하여 총체적인 지식을 소지하는 것이 좋다.

3) 교육방법

(1) 일반적인 교육방법

교육방법은 일반적인 교육방법과 개인의 요구에 기반한 최적의 교육방법 두 가지로 나눌 수 있다. 초등학생을 지도하는 교육방법과 노인을 지도하는 교육방법은 차별화되어 있지만 학습자를 위한 최선의 교육방법이란 객관적으로 존재하지 않는다. 최적의 교육방법이란 학습자와 교수자가 다양한 교육적인 상황과 맥락 속에서 구성해 나가는 것이므로, 상대적으로 교육방법에서 다양한 측면이 중시되어야 한다. 교수자는 교수방법론에 대한 충분한 지식과 풍부한 교육 경험을 바탕으로 각 교육 현장에서 최적의 교육방법을 선택하고 적용해 갈 수 있도록 끊임없이 학습해야 한다. 교육방법에 대한 개념은 교육의 방향을 제시해 주는데, 교육학에서 사용하는 다양한 교육방법은 성인교육, 직업교육, 평생교육기관 중심 교육, 소외자 중심 교육, 특수영역 교육, 학교교육 등으로 나누어 볼 수 있다.

(2) 개인의 요구에 기반한 최적의 교육방법

교수자는 학습자의 경제적 배경, 신체적 특징, 정의적 특성을 토대로 다양한 어려움을 이해하고, 학습자들이 선택한 학습의 목표와 선택 및 가치를 존중해야 한다. 학습자의 다양성을 존중하고 교육과정 그리고 수업 이외의 시간을 활용하여 각 학습자의 요구를 지원해야 한다. 수업 중에 학습자가 질문을 하고 교수자가 대

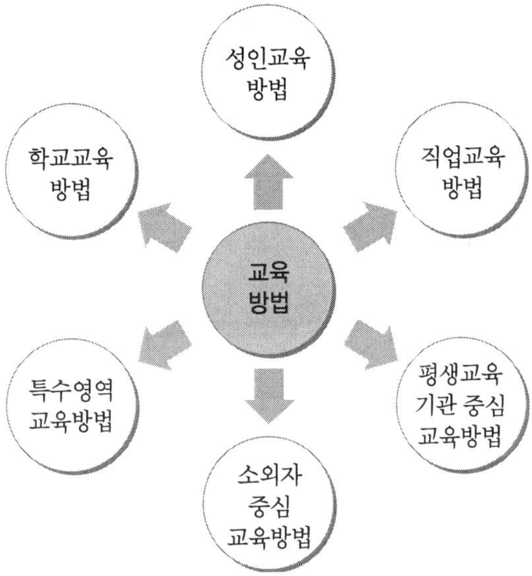

그림 1-1 다양한 교육방법

답하는 질문식 교육방법은 학습자가 수업의 전부를 이해하고, 교수자는 학습자의 생각을 존중하고 참여를 촉진하는 것의 상징이다.

전통적인 학교교육 방법과는 달리 성인을 위한 교육방법은 교육할 때 다양한 학습자를 대상으로 실행된다. 따라서 학점은행제, 기간제 수업 등의 제도 확대를 통하여 되도록 많은 학습자에게 공적인 학습 기회를 제공해야 한다. 기업에서는 근로자에게 리더십 교육을 제공하거나 은퇴를 앞두고 있는 근로자에게 은퇴교육 프로그램을 제공하면서 교육의 영역을 확장해 나가도록 노력해야 한다.

거시적 측면에서 교육은 학습자 중심으로 실행되지만, 평생학습은 교수와 학습이 균형을 맞추어 조화롭게 진행되어야 한다. 예를 들면, 노인에게 영어를 가르칠 때와 직장인을 대상으로 경제영어를 가르칠 때는 학습자의 특성이 상이하기 때문에 서로 다른 교육방법이 적용되어야 한다. 그러므로 다양한 학습자로 구성된 이질 집단을 지도할 때는 최적의 교육방법을 신중하게 선택해야 한다. 지역사회에 위치한 주민센터에서 집중 세미나를 개최할 때도 교육방법의 원칙을 고려해야 한다. 지역사회에서 진행되는 평생교육을 성공적으로 이끌어 가려면 전문적인 교수 능력을 소지한 교수자가 학습자의 통합적인 발달을 이끌어 낼 수 있어야 한다. 예를 들면, 한국어 담당교사는 한국의 지역 특성에 따른 문화 지식을 소지하고 한국의 문화와 정치 그리고 경제 등을 안내해야 한다.

4) 높은 수업의 만족도를 창출해 내는 방법

수업 만족도를 높이려면 교수방법 설계, 학습자의 동기 유발, 첫 수업 단계의 아이스 브레이킹(ice-breaking) 방법, 현재 갖고 있는 교육 자료와 새로운 교육 자료를 조화시키는 방법, 시청각 자료와 대중매체를 사용하는 방법, 학습 결과 평가 방법을 사용하고, 학습자의 반응을 수시로 점검하여 학습자 중심 수업으로 만들어 가야 한다.

성인학습은 다양한 영역에서 근무하는 성인들이 참가하므로 교수자는 학습자의 학습 준비 상태를 평가하면서 교육을 진행해야 한다. 교수자는 학습자의 능력을 예상하고 수업의 난이도를 조정해 가야 하며, 학습자가 계속 변화하기 때문에 항상 새로운 수업을 계획해야 한다. 예를 들면, 여성 학습자를 대상으로 하는 스피치 기법 강의는 택시운전사를 대상으로 할 때와는 다르게 진행해야 하고, 수업은 정확한 시간에 시작하고 끝내야 하며, 지역사회 평생교육기관장을 대상으로 교육을 실행할 때는 기관장들이 협회를 구성하여 스스로 학습하도록 안내하고 교육목적이 지역사회의 발전을 위한 것인지 점검해 보도록 안내하는 것이 좋다. 일반적으로 수업 경험이 많은 교수자는 학습대상자를 정확하게 평가할 수 있는 능력이 있어 매 시간의 교육 방향을 쉽게 결정할 수 있다. 성공적인 수업을 위해 교수자가 소지해야 할 교육방법적 능력은 다음과 같다.

• 직업 윤리: 교수자는 학습자에게 적극적인 관심을 표현하고 학습 주제나 연구 결과를 잘 전달하는 데 필요한 교수방법의 개발에 노력해야 한다. 수업 중

에 교수자와 달리 생각하거나 교수자의 교육방법에 찬성하지 않는 학습자가 있는 경우에도 그의 생각을 적극적으로 인정하고 수용하는 능력을 발달시켜야 한다.

- 교수방법에 대한 문제의식: 교수자는 학습자가 갖고 있는 학습장애에 대하여 충분히 인지하고 수용해야 한다. 성인 학습자의 생애사적인 특성과 국제화 및 다문화 사회에서 학습자가 소지하고 있는 사회문화적 지식의 차이점을 인지하고 학습자가 이해하도록 학습 내용을 응용하여 전달할 수 있어야 한다.
- 학습자 이해도: 교수자는 성인 학습자의 학습동기, 사회화 과정 등에 관하여 충분한 지식을 소지해야 한다. 성인교육의 효과와 한계에 대한 지식뿐만 아니라 전공 영역, 최근의 새로운 연구 결과에 대해서도 충분한 지식을 소지하고 학습자 중심의 수업을 이끌어 가야 한다.
- 교육방법에 대한 노하우: 학습에 대한 기술적인 지식과 방법론, 보충학습과 평가에 대해 충분한 정보를 소지해야 한다. 수업이 진행되는 과정에서 교육방법을 재구성할 수 있는 능력과 학습자 중심의 수업을 융통적으로 이끌어 나갈 수 있는 능력이 있어야 한다.

〈표 1-1〉 성공적인 수업을 위한 교수자의 교육방법적 능력

구분	내용
직업 윤리	학습자에게 적극적인 관심 표현
교수방법에 대한 문제의식	생애사적인 특성과 국제화 · 다문화 사회에서 다양한 문화적 지식의 차이를 수용하고 지식을 전달하는 능력
학습자 이해도	성인 학습자의 학습동기, 사회화 과정 등에 관해 충분한 지식 소지
교육방법에 대한 노하우	융통적인 수업 진행 능력 개발

3. 평생교육방법의 원칙

1) 자기 주체화

학습자는 과학적 지식에 기반하여 배우는 것이 아니라, 실제 생활에 필요한 유용성에 근거하여 자신의 삶의 질을 높일 수 있는 인지와 인식을 통하여 학습하는 특징이 있다. 따라서 지식을 전달하고 학습자의 행위를 변화시키는 교육이 언제나 성공적으로 수행되는 것은 아니다.

즉, 학습은 자기 주도적인 자기 주체화 과정이라고 볼 수 있다. 『위기 사회』를 저술한 독일의 사회학자 벡(Beck, 1986)은 개인이 전통사회에서 분리되어 점점 개인화되어 가므로 우리가 타인과 함께 공감하고 소통하며 배우며 살아가야 할 것을 강조한다.

오해와 의사소통의 불일치는 일반적으로 일상적인 의사소통과정에서 흔히 일어나므로 현대사회에서 구성원 간의 의사소통은 점점 어려워지고 있다. 학습자는 자신의 시각에 따라서 자아를 구성하며 자신이 수신한 정보에 대해 다양한 의미를 산출해 낸다고 보는 구성주의는 이러한 의사소통의 불일치뿐만 아니라 학습 상황에서 일어나는 개인차를 설명해 주는 데 매우 유효하다.

개인이 일상 속에서 장애에 부딪혀 혼란을 경험하게 되면 학습자는 새로운 질문을 던지게 되고, 새로운 혼란을 정리하기 위하여 새로운 조건의 틀(reframing)을 수용한다. 개인의 인지 구조는 새로운 조건을 수용하여 새로운 인지적인 도식을 만들게 되는데, 이러한 새로운 조건은 학습자가 갖고 있는 삶의 의미를 변화시키게 되므로 새로운 정체성을 구성하도록 안내해야 한다.

2) 자기 주도적인 역량 개발

비형식적인 교육 프로그램을 통하여 운영되는 평생학습은 학습자의 장점을 발전시키고 단점을 보충해 주는 새로운 역할을 수행해야 한다. 평생학습의 장점은 학습하는 기술이나 사고의 방향을 설정하는 조종 장치의 역할인 메타인지와 자기 성찰이라는 자기 주도적인 학습능력의 강화에 있다(Baethge, 2002). 이에 평생교육 체계는 자기 주도적인 능력을 개발하도록 다음의 원칙을 중시해야 한다.

- 평생학습 정책은 학습자의 자율성을 최대한 보장해 주어야 한다.
- 평생학습은 지역사회의 네트워크를 이용한 학습체제를 만들어 나가야 한다.
- 직장에서는 학습동아리, 발의(initiative) 그룹 등의 활동을 장려해야 한다.
- 문화적이며 사회 주도적인 요구에 의한 학습 기회가 증가하므로 비형식적 학습 기회를 확대시켜야 한다.
- 학습자 스스로가 자기 주도적으로 학습하도록 일상생활에서의 학습, 새로운 분야를 개척하도록 안내하는 교육방법, 새로운 학습문화를 발전시키는 교육방법, 역량 개발, 직업교육의 통합을 촉진해야 한다.
- 사이버학습 참여자 등이 증가하고 있으므로 다양한 교육매체 사용 능력 및 자기 주도적 학습능력을 인정해 주어야 한다.
- 평생학습도시를 통한 학습 등은 학문적인 연구와 병행하여 발전되어야 한다.
- 평생학습의 개념은 교육과정 중심의 이론에서, 체계적이고 구성주의에 기반한 계속 교육의 개념으로 전환되어야 한다.

3) 교육방법의 원칙이 되는 이론

(1) 문제해결 중심의 원칙

브론펜브레너(Bronfenbrenner, 1978)는 생태적 전이를 중시하여 미시체계 속에서 개인의 역할을 변화시키거나 거시체계 속에서 환경을 변화시키는 문제해결 방법을 강조하였다. 문제해결 중심의 원칙에서는 개인이 자신의 생활환경 속에서 충분히 기능을 발휘하도록 지원할 것을 강조한다. 학습자의 요구에 기반한 총체적 지원과 다양한 방법을 통한 통합적 지원을 강조한다. 자율적인 성인은 일상생활 속 문제를 스스로 해결하고, 사전에 문제를 예방하며, 자신의 요구를 중심으로 문제를 해결해 나가며, 문제해결력의 함양을 위하여 참여하고자 한다.

① 예방의 원칙

전통적인 복지 지원은 복지가 기반이 되는 사후 처방적 지원이어서, 일반적으로 문제가 악화되거나 발생한 이후에 조치가 이루어진다. 예방을 중시하는 교육은 위기에 처해 있는 개인을 지원하기 위하여 문제가 발생하는 불안정한 초기 단계에서 개인의 안정을 지원하며 위기의 원인을 찾아 위급한 구조적 위기에서 벗어나도록 지원해야 한다. 부모가 약물중독인 경우 중독에서 벗어나도록 상담을 지원하고 아동 양육능력을 갖출 수 있도록 자녀 양육을 위한 교육과 상담을 지원해야 한다. 예방의 원칙이 되는 문제해결 방법은 학습자를 교육과 상담을 통해 지원하고 아동이 보호기관보다는 가족 안에서 사회화되도록 지원한다.

② 탈중앙화 · 지역화의 원칙

탈중앙화에 의한 교육방법은 상담기관이 표준화된 지시적 상담에서 벗어나, 비지시적 상담을 중시한다. 또한 '내담자가 기관을 찾아오도록 하는 것(coming-structure)'을 비판하고(Cardenas & Gewicke, 1984) '상담자가 내담자를 찾아가도록 하는 것(going-structure)'으로 지원의 구조를 바꾸고 있다. 또한 내담자가 거주하는 지역 내에서 실제적인 도움을 받을 수 있도록 지역화의 원칙에 기반하여 지역사회의 특성을 고려한 생활 공간을 창출(Gestalt)하도록 지원하는 것이다.

③ 일상생활 지향의 원칙

학습자가 자율적으로 생활하도록 일상생활 지원에 중점을 두고 서비스를 제공한다. 융통성이 적고 이용 시간이 제한되는 기관 중심의 서비스를 제공하기보다, 다양한 문제해결을 위해 개인의 사회적 관계에서 상황을 분석하고 결손 부분을 지원하여 개인이 자율적인 존재가 되도록 지원한다. 일상생활 지향의 원칙에 기반하여 가족의 일원으로서 역할을 수행하고 개인의 행복이 완성되도록 총체적으로 지원한다. 변화하는 사회에서 개인은 가족과 사회 속에서 다양하게 연결되어 있으므로 이러한 복잡성을 인지하고 지원한다. 개인의 문제해결을 지원하는 평생교육사는 성공적인 문제해결을 위하여 개인의 상황을 분석하고 자신의 경험과 지식을 이용하여 개인의 요구와 지역사회의 특성에 맞는 총체적인 지원방법을 개발해 나갈 수 있는 전문적 역량을 길러야 한다.

④ 완성의 원칙

최근까지는 사회복지기관 중심의 복지가 강조되어 저소득 계층을 우선 지원대상으로 선정하여 지원하였다. 그러나 완성의 원칙은 개인을 시설이나 기관에서 보호하는 것보다 일상생활 속에서 성장하고 완성되도록 지원하는 것이다. 평생교육사는 같은 문제를 가진 집단을 동시에 지원할 때 교수자를 통한 학습과 또래들과의 상호작용을 통한 집단 학습이 일어나도록 촉진하고 다양한 지원 전략을 적용해야 한다.

(2) 주체화의 원칙

클라프키(Klafki, 1985)는 성인교육의 원칙으로 첫째, 학습자의 자기 결정성, 결정에 참여하는 권한 그리고 해방적 속성을 포함하는 주체화(individuation)의 원칙을 주장하였다. 둘째, 계층적 사회화에서 벗어나 사회의 불평등을 완화시키는 데 기여하는 교육, 개인의 잠재력을 개발시키는 교육 그리고 일상생활에서 일어나는 경험을 이용한 총체적 교육을 강조하였다.

총체적 교육은 계층적 사회화가 고착되어 불평등이 심화되지 않도록 하기 위해 모두에게 교육 기회가 보장되도록 학습권을 보장하는 것이다. 머리(head), 가슴(heart), 기술(hand)의 3H를 통하여 전인교육을 추구하였던 페스탈로치(Pestalozzi)의 사상에 기초하여, 인지적인 지식 습득 이외에 감정의 발달, 성찰력 향상, 도덕적 인성 소지, 자신의 특성과 결정력에 기반하여 직업능력을 개발하고 사회에 참여하는 의무를 갖고 실천적 문제해결력을 증대시키는 것이다. 소외된 가족의 교육권은 국가의 책무성으로 강조되어야 한다. 즉, 교육이 인간의 총체적인 완성을 지향하는 것이므로 교육의 출발점으로서 학습자의 일상생활 지향의 원칙이 강조된다. 이로써 교육방법이란 개인이 자율적인 존재가 되도록 개인의 총체적인 완성을 지원해야 하는 것이다.

(3) 독학의 원칙

독학(autodidactism)은 학습자 스스로 교육을 주도해 나가는 자기 주도적 학습이다. 독학자란 학교교육을 받아 본 적이 없거나 정규교사나 멘토에게서 교육을 받은 적이 없는 사람을 말한다. 독학은 교육에 관한 예술적 철학이라는 의미를 갖고 있는 교수법(didacticism)에서 그 기원을 찾을 수 있다.

혼자서 학습하는 것은 매우 힘든 과정이다. 독학자들의 일부는 도서관 또는 웹사이트에서 학습을 하기도 하지만, 일부는 가족이나 친구로부터 배우기도 한다. 독학자들은 일반적인 의무교육제도에 따른 정규 교육과정에서 소외되어 있어 학교 같은 전통적인 교육기관에서 학습한 경험은 없지만, 다양한 방법으로 학습활동에 참여하며 꾸준히 지속적으로 학습한다.

독학자들을 위한 최초의 책은 12세기에 이슬람에서 이븐 투파일(Ibn Tufail)이 펴낸 아라비안 소설과 13세기에 이집트에서 이븐 알 나피스(Ibn al-Nafis)가 쓴 『자기학습 신학서(Self-taught Theologian)』로 알려져 있다. 이 두 권의 책은 사회로부터 소외되어 살아가는 아동이 독학하는 데 많은 도움을 주었다.

에이브러햄 링컨도 독학으로 변호사가 되고 미국의 대통령이 되었으며, 비행기를 발명한 라이트 형제도 고등학교를 다닌 적이 없으나 자전거 가게를 운영하며 독학으로 연구하여 비행기를 발명하게 되었다. 이러한 사실은 독학이 매우 효과적인 학습방법 중 하나임을 알려 준다.

교육방법의 개념은 학습자의 자기 주도적 학습을 지원하는 것으로 이해되는데, 이러한 경우에 교육방법은 교육의 개념보다는 스스로 학습하는 독학의 개념이 더 강조된다. 교사 중심의 수업이 과거보다 많은 의미를 잃어 가고 있는데, 이것은 학교교육을 통해서 삶을 살아가는 데 필요한 능력이나 삶의 질 향상을 배우기 어렵기 때문이다. 따라서 학습자가 자기 주도적으로 학습의 맥락을 만들어 가도록 돕는 학습 상담과 교육 지원이 이루어져야 할 것이다.

(4) 역량 개발의 원칙

지식기반사회로의 발전을 역설하는 토플러(1980)와 드러커(Drucker, 2002)는 인적 자원이 생산하는 지식이 생산자본의 핵심이 된다고 보았다. 전문적인 지식 습득의 기초가 되는 역량(competency)은 급변하는 상황에서 다양한 문제해결을 위해 전문적 지식을 적용할 수 있는 학습능력과 문제해결을 위한 혁신적 · 창의적인 적응능력이다(박성희 외, 2008).

역량이란 교육을 통하여 변화에 대처하는 능력을 키워 가는 것이다. 역량은 행위능력을 의미할 수도 있지만, 이러한 능력은 비형식적인 학습과정이나 경험을 통하여 보충될 수 있다. 따라서 교수자는 자신의 교수역량을 제도적 교육이나 무형식, 비형식 학습을 통하여 꾸준히 개발해 나가야 한다.

생각해 보기

1. 학습자 중심의 평생교육방법에 대한 개념을 이야기해 보자.
2. 일상생활의 문제 해결을 위한 평생교육의 방법을 생각해 보자.
3. 성인교육방법의 이론에 대하여 토의해 보자.

참고문헌

박성희(2004). **질적 연구방법의 이해**. 서울: 원미사.

박성희(2011). **생애사에 기초한 질적 연구방법**. 서울: 원미사.

박성희 외(2008). 학습포트폴리오를 적용한 대학생의 학습역량에 대한 사례 연구. **학습자중심교과교육연구 8**(2), 160-179.

배석영, 박성희, 박경호, 황치석(2010). **평생교육론**. 파주: 양서원.

Baethge, M. (2002). Arbeit-die zweite chance. ln: QUEM (Hg.): Koupetenzen entiocklung Muenster.

Beck, U. (1986). *Risikogesellschaft*. Frankfurt a. M.: Suhrkamp.

Bronfenbrenner, U. (1978). Ansaetze zu einer Oekologie menschlicher Entwicklung. In: R. Oerter, & L. Montada (Hg.).: *Entwicklungspsychologie*, 33-65. Weinheim: Beltz.

Cardenas, B., & Gewicke, M. (1984). Von der traditionellen zur gemeinwesenorientierten Erziehungsberatung. In: H. Zygowski (Hrsg.).: *Erziehungsberatung in der Krise, DGVT Deutsche Gesellschaft fuer Verhaltenstherapie*, Frankfurt a. M.: Fischer Taschenbuch Verlag.

Drucker, P. (2002). **21세기 지식 경영**(이재규 역). 한국경제신문사.

Flechsig, K., & Haller, D. (1975). *Einfuehrung in didaktisches Handeln*. Stuttgart.

Kant, I. (1966). *Kritik der reinen Vernunft*. Stuttgart.

Klafki, W. (1985). *Neue Studien zur Bildungstheorie und Didaktik*. Weinheim: Beltz.

Lisop, I. (1995). Effizienzsteigerung durch Paedagogy? In: Diepold (Hg.).: *Lernen im Aufbruch*. Frankfurt.

Siebert, H. (2003). *Didaktisches Handeln in der Erwachsenenbildung*. Muenchen & Unterschleissheim: Luchterhand.

Siebert, H., Dahms, W., & Karl, C. (1982). *Lernen und Lernproblem in der Erwachsenenbildung*. Paderborn.

Toffler, A. (1980). *The third wave*. New York: Random House, Inc.

제2장 평생교육방법의 기초 철학과 이론

학습개요

2장에서는 평생교육방법에서 필수적으로 숙지해야 할 기초 철학과 이론에 관하여 살펴본다. 기초 철학과 관련해서는 행동주의, 인지주의, 인본주의, 사회학습이론, 구성주의를 중심으로 살펴보며, 기초 이론으로는 안드라고지, 경험학습, 여유이론, 전환학습, 자기 주도적 학습 등을 살펴본다. 이를 통해 예비평생교육사는 성인학습을 위한 기초적 지식을 습득하고, 교육방법의 토대를 구축할 수 있다.

학습목표

1. 평생교육을 효과적으로 수행하기 위해 필요한 철학과 이론에 대해 이해한다.
2. 행동주의, 인지주의, 인본주의, 사회학습이론, 구성주의를 살펴봄으로써 철학적 토대를 마련한다.
3. 안드라고지, 경험학습, 여유이론, 전환학습, 자기 주도적 학습 등을 통하여 성인학습을 위한 기초 이론을 숙지한다.

1. 평생교육방법의 기초 철학

학습이론이란 학습이 어떤 과정을 통해 이루어지며, 어떠한 힘이 학습을 가능케 하는지 설명하는 이론체계라고 할 수 있다. 성인학습의 속성을 설명하는 중요 이론은 여러 가지 차원에서 나누어 볼 수 있으나, 여기에서는 미리엄, 카파렐라와 바움가트너(Merriam, Caffarella, & Baumgartner, 2007)의 구분에 따라 행동주의 학습이론, 인지주의 학습이론, 인본주의 학습이론, 사회학습이론, 구성주의 학습이론으로 나누어 살펴본다.

1) 행동주의

행동주의는 20세기 초 왓슨(Watson)에 의해 발전된 이후, 손다이크(Thorndike), 톨먼(Tolman), 파블로프(Pavlov), 헐(Hull), 스키너(Skinner) 등에 의하여 계속 발전해 왔다. 행동주의자들은 학습을 경험의 결과로 나타나는 행동의 비교적 영속적인 변화로 규정하였다. 그들은 개인의 행동 변화에 초점을 맞추고 있다. 예컨대, 왓슨은 개인의 행동 중 밖으로 드러나는 행동을 관찰하여 그 행동을 일으킨 구체적인 자극을 알아내기만 한다면 인간이 어떠한 행동을 하는 이유를 완벽하게 설명할 수 있을 뿐만 아니라 특정한 조건에서 인간이 어떻게 행동하는가를 정확하게 예측할 수 있다고 믿었다.

손다이크는 학습이 시행착오의 과정을 통해서 이루어진다고 하는 '시행착오설(trial-and-error)'을 주장하였다. 그는 비둘기, 쥐 등과 같은 동물실험을 통해 자극과 반응 사이의 결합이 반복되는 시행착오를 겪음으로써 강해지거나 약해진다는 것을 발견하였다. 그는 여러 실험으로 효과의 법칙(law of effect), 연습의 법칙(law of exercise), 준비성의 법칙(law of readiness)과 같은 학습의 법칙을 발견하기도 하였다. 이러한 법칙이 성인학습에 시사하는 것은 성인 학습자들이 학습에 대해 만족감을 느껴야 학습의 효과를 극대화할 수 있다는 것이다. 자신의 학습에 불만족하더라도 배우기를 거부할 수 없는 아동과 달리, 성인은 학습의 과정이나 결과에 만족하지 않는다면 도중에 학습을 포기하거나 흥미를 느끼지 못할 것이기 때문이다.

파블로프는 '조건화(conditioning)'라는 학습현상을 발견하였다. 이는 조건 자극에 대한 조건 반응의 결합으로 고전적 조건화(classical conditioning)라고 불리기도 한다. 예컨대, 개 실험에서와 같이 무조건 반응을 일으키는 무조건 자극이 중성 자극과 같이 제시되면, 처음에는 무조건 자극에 대해 무조건 반응을 보이던 유기체가 나중에는 중성 자극에 대해서도 무조건 자극에 대해서 보였던 것과 같은 반응을 보인다는 것이다. 이러한 고전적 조건화는 왜 성인들이 자발적으로 학습에 참여하는 것을 꺼리는지를 잘 설명해 준다(권두승, 조아미, 2006). 대부분의 학령기 아동들은 입시 중심의 학교에서 성적 위주로 평가받다 보니 학교(중성 자극)에서의 여러 가지 경험이 행복한 기억이라기보다는 불쾌한 기억(무조건 자극)으로 연결된다. 이러한 이유로 성인들은 학습에 대해 흥미를 느끼지 못하는 경우가 많다고 한다. 그리하여 성인들이 학습에 참여하도록 하기 위해서는 학습이 불쾌하고 기분 나쁜 경험의 재발견이 아니라 즐겁고 기분 좋은 경험이라는 것을 일깨워 주어야 한다.

행동주의 학습이론이 성인의 학습 및 상담에 주는 시사점은 다음과 같다(권두승, 조아미, 2006). 첫째, 바람직한 행동이 재현될 수 있도록 즉각적이고 정규적인 강화를 제공한다. 둘째, 강화를 하지 않으면 바람직하지 못한 행동은 소거될 것이다. 셋째, 경쟁적인 반응은 학습 과제를 방해할 것이기 때문에 제거되어야 한다. 넷째, 학습 과제에 적절한 배경을 제공하는 것은 과업을 성공적으로 수행하기 위한 선결 과제다. 다섯째, 학습 과제의 모든 구성 요소들을 구체적으로 확인해야 하며, 이들 과업 요소가 학습될 때까지 다양한 실습 기회가 제공되어야 한다. 여섯째, 학습자의 과업 수행을 유도하기 위하여 바람직한 행동모형이 활용될 수 있다. 일곱째, 과업 수행을 위한 자극은 학습자의 외부는 물론 내부에서도 일어날 수 있다.

2) 인지주의

인지주의 학습이론은 행동주의 학습이론과 많은 차이점을 보인다. 행동주의가 자극과 반응의 결합을 통한 학습의 외적 변인에 주로 관심을 둔다면, 인지주의는 자극과 반응을 조정하는 기억, 사고와 같은 유기체의 내적 변인을 중요시한다(이현림, 김지혜, 2003). 이러한 인지주의 학습이론은 크게 세 가지로 나누어 볼 수 있다(권두승, 조아미, 2006). 첫째, 부분보다는 전체에 그리고 독립된 사건보다는 패턴에 관심을 두는 레빈(Lewin), 코프카(Kofka) 등으로 대표되는 게슈탈트 심리학이다. 둘째, 내적 인지과정에 관심을 가진 피아제(Piajet)가 발전시킨 인지심리학이다. 셋째, 학습에서의 정신적 과정에 초점을 두는 입장으로 정보처리이론, 기억, 초인지, 전이이론, 인공지능 등이 있다.

인지주의적 관점의 연구자들은 인간의 내재적인 정신과정에 초점을 둔다. 그들은 정신이 어떠한 과정을 거쳐 특정한 자극을 의미 있는 것으로 받아들이는가에 관심을 가진다. 이러한 점은 성인학습을 연구하는 데 매우 도움이 된다. 노화(aging)가 정보를 저장하고 인출하는 능력에 어떠한 영향을 미치며, 성인의 내적 정신 구조에 어떠한 영향을 미치는가에 관심을 두기 때문이다. 그들이 성인학습에 주는 중요한 시사점을 정리하면 다음과 같다(조성연, 문미란, 2006 재인용). 첫째, 성인 학습자의 생활 공간은 아동의 경우보다는 매우 다양하며 분화되어 있다. 둘째, 학습활동은 학습자의 인지적 발달을 반영하는 지식의 구조와 밀접하게 관련될 때 보다 효과적이다. 셋째, 학습은 외부적으로 제공된 체계를 통하여 관찰된 세계를 재조정하고 분류하며 의미를 부여하는 귀납적인 탐구활동의 결과로 나타난다. 넷째, 학습은 개인이 현상적인 세계를 경험할 때 그들 자신의 구조를 설정하는 것과 같은 귀납적인 탐구활동이 결과로 나타난다. 다섯째, 학습목표는 최종적인 상황을 의미하며, 이는 개인이 기존에 지니고 있던 폐쇄적인 개념을 수정하는 것과 같은 형태로 나타난다.

3) 인본주의

인본주의 연구자들은 학습을 성장하고자 하는 인간 잠재력의 하나로 여긴다. 매슬로(Maslow)와 로저스(Rogers)로 대표되는 이들은 인간의 행동이 환경이나 개인의 전의식에 의해서 미리 결정되었다는 생각을 받아들이지 않는다. 인간은 스스로 운명을 개척할 수 있고, 선천적으로 선하며, 보다 나은 세상을 위해 투쟁할 의지가 있으며, 행동은 선택의 결과이며, 무엇보다도 인간은 성장과 발달에 대한 무한한 가능성을 가진 존재라고 생각한다.

학습이론의 관점에서 보면 인본주의는 개인의 가능성을 발휘할 수 있는 자유와 책임감뿐만 아니라 지각이 경험의 중심에 있다는 점을 강조한다. 인본주의는 성인의 자기 주도성과 학습과정에서 일어나는 경험의 가치를 강조하는 많은 성인 학습이론의 근거가 되고 있다(권두승, 조아미, 2006). 매슬로에 따르면, 인간은 문화가 다른 환경에서 성장하는 개인으로 태어나게 되므로 성장의 과정 속에는 자신의 자아 안에 타고난 본성이 숨겨져 있다. 교육이란 그 타고난 본성을 발견하고, 그 본성이 완전히 실현되도록 돕는 것이라고 한다(고미숙, 2001). 로저스는 학습이 전적으로 학습자에 의해서 통제되는 내적 과정이므로 학습자는 전체적으로 자신이 지각하는 대로 자신의 환경과 상호작용한다고 보았다. 그는 심리치료가 곧 학습이라고 생각했으며, 개인의 성장과 발전에 기여하는 학습에 관심을 두었다.

인본주의 경향이 성인학습에 주는 시사점은 다음과 같다(권두승, 조아미, 2006). 첫째, 인간은 본성적으로 학습할 수 있는 잠재력을 갖고 있다. 둘째, 학습자는 자신에게 의미 있는 것으로 지각될 때 학습한다. 셋째, 자아를 위협하는 학습이 용이하게 지각될 수 있고 외부의 위협이 최소한에 그칠 때 동화 작용이 잘 일어난다. 넷째, 학습자가 학습과정에 책임이 있다고 여길 때 학습이 보다 잘 촉진된다. 다섯째, 학습자가 학습과정에 주도적으로 참여한 학습의 결과가 가장 오래도록 지속된다. 여섯째, 학습자가 지속적으로 개방적인 경험을 통해 변화과정에 적극적으로 참여할 때 가장 유용한 학습이 일어난다.

4) 사회학습이론

사회학습이론은 행동주의와 인지주의의 영향을 받은 것으로, 사람들이 다른 사람들을 관찰함으로써 학습한다는 주장이다. 관찰이 사회적 맥락 속에서 발생하기 때문에 사회학습이라고 한다. 대표적 학자인 반두라(Bandura)는 주의, 기억보존, 행동연습, 동기의 네 과정에 의해 관찰학습이 이루어진다고 하였다.

반두라의 이론으로부터 학습에 대한 두 가지 시사점을 도출할 수 있다. 첫째, 의도하지 않아도 교수자는 모델이 되어 학습자로 하여금 교수자의 사고나 행동을 학습하도록 한다는 것이다. 둘째, 모델링이나 관찰을 하나의 학습방법으로 이해할 수 있다는 것이다. 이것은 성인학습에서 학령기 학생들의 수업방식과 달리 다양한 수업방식의 적용 가능성을 제시하였다는 점에서 의의가 있다. 그는 또 자기효능감에 대해 강조하였는데, 이는 성인학습과 밀접하게 연관지어 있다. 예컨대, 자기효능감이 높은 사람은 자신이 컴퓨터를 꼭 배워야 한다면 내용이 아무리 어렵거나 돈이 많이 들거나 시간이 걸려도 반드시 배우려고 할 것이다. 그러나 자기효능감이 떨어지는 사람은 이러한 경우 쉽게 포기하게 된다. 따라서 성인학습에서는 학습자의 자기효능감 수준을 제대로 파악하여 학습의 수준과 질을 적절히 조절해야 한다. 학습자의 자기효능감 수준에 따라 수업 및 과제의 난이도를 고려해야 학습자의 학습에 대한 흥미와 열정을 조절할 수 있기 때문이다.

이 이론으로부터 성인학습을 위한 몇 가지 시사점을 도출할 수 있다(권두승, 조아미, 2006; 이현림, 김지혜, 2003). 첫째, 학습은 개인과 환경 그리고 행동 간의 상호작용의 결과로 나타난다. 동일한 환경 내에서 다양한 행동이 나타나는 것은 각 개인이 지니고 있는 성격 특성과 주어진 자극에 대한 독특한 상호작용의 결과다. 둘째, 사회학습이론은 새롭고 복잡한 행동을 가르칠 때에 조건화 과정에 따라 하나씩 체험하지 않고도 학습이 가능하다는 것을 암시해 주고 있다. 셋째, 개인이

처한 환경에서 만나는 사람들의 행동을 관찰함으로써 학습이 이루어진다고 보았다. 이 같은 사회학습이론은 성인의 학습과정에서 사회적 상황의 중요성을 부각시켰고 성인 학습자 상호 간의 모델링과 멘토링의 과정을 설명하는 데 있어서 사회적 맥락이 중요함을 알려주었다.

5) 구성주의

구성주의자들은 학습이란 의미를 구성하는 과정이라는 기본적 가정에 동의한다. 즉, 학습자가 능동적으로 지식을 구성해 가는 과정임을 중요시한다. 그러나 현실의 성격, 경험의 역할, 관심 있는 지식, 의미를 만드는 과정이 일차적으로 개인적인 것이냐 사회적인 것이냐에 따라 개인적 구성주의, 사회적 구성주의로 나뉘기도 한다. 어느 쪽이든 간에 구성주의는 각각의 인식론과 독립적인 신뢰성을 갖는다.

사회적 구성주의자로 알려진 캔디(Candy, 1991)는 이러한 학습자의 능동적인 지식 구성적 측면이 성인교육에 적용될 수 있는지에 대해 논의를 전개하면서 학습에 대한 구성주의자들의 입장이 자기 주도성(self-directedness)과 적절히 조화를 이룬다고 보았다. 구성주의는 활동적 탐구, 독립성, 성별 특성에 따라 조합되는 특징을 강조하기 때문이다. 실제로 성인학습 분야에서 인지적 도제제도, 상황에 따른 학습, 반성적 사고 등 구성주의적 요소와 개념이 많이 적용되고 있다. 캔디는 지식이란 개인이 사회적으로 공유하는 문제나 해결해야 할 과제를 표현하고 행동할 때 만들어진다고 했다. 즉, 학습은 의미를 만들어 가는 사람들 간의 대화 과정이고, 사회적 접촉을 통해 하나의 문화 속에 동화되는 과정이라고 생각하였다. 이것은 학습이 문화적으로 공유된 방식으로 세계와 현실에 대해서 이해하고 말하는 의사소통임을 의미한다.

구성주의는 성인학습에 다음과 같은 시사점을 던진다. 첫째, 학습자가 그들 자신의 경험으로부터 지식을 구성하며 관점을 재조정하는 것을 강조한다. 둘째, 인간이 외부 세계에 대한 독특한 경험과 믿음에 의해서 외부의 모든 실재를 다르게 받아들인다는 인식론적 가정을 갖고 있다. 셋째, 인간은 외부 세계에 있는 실재의 본성을 경험에 의하여 의미 있게 구성하고, 이러한 의미 속에서 학습을 이끌어 내는 동시에 개인적인 성장을 위해 발전하는 것을 추구한다고 보았다(Simonton, 1990).

2. 평생교육방법의 기초 이론

성인학습 관련 이론은 학자마다 다양하게 주장하고 있다. 여기에서는 대표적인 이론이라 할 수 있는 안드라고지, 경험학습, 여유이론, 전환학습, 자기 주도적 학습 등을 중심으로 살펴본다.

1) 안드라고지

1960년대 후반부터 학교교육으로 일컬어지는 페다고지(pedagogy)의 한계성이 부각되면서 평생교육의 필요성이 확산되었다. 이에 많은 사람들은 성인 학습자의 이해와 학습을 지원하기 위한 새로운 개념과 실천 원리를 필요로 하였다. 흔히 '안드라고지(andragogy)'는 페다고지에 상반되는 개념으로서 성인을 위한 교육으로 이해되었다. 그러나 안드라고지는 평생교육 차원에서 페다고지를 포함하는 보완적인 관계에 있다고 볼 수 있다.

안드라고지는 1833년 알렉산더 카프(A. Kapp)가 그리스의 철학자 플라톤(Plato)의 교육이론에 대한 설명을 위해 '안드라고긱(andragogik)'이라는 단어를 사용한 데서 비롯되었다. 미국성인교육협회(American Association for Adult Education)가 창설되고 성인교육에 대한 관심이 본격화된 1926년에 린드먼(E. Lindeman)의 저서 『성인교육의 의미(The Meaning of Adult Education)』가 출간되면서 성인교육의 개념으로 다시 소개되었다. 1968년에는 노울즈(Knowles)가 저서 『페다고지가 아닌 안드라고지(Andragogy not Pedagogy)』를 발표하였으며, 안드라고지는 1980년대에 이르러서야 성인교육을 의미하는 용어로 자리 잡게 되었다.

결국 안드라고지 개념은, 과거의 교육체제가 아동교육에 중점을 두고 이루어진 페다고지에서 교육의 대상을 학교를 졸업한 성인들에까지 확대시켰다는 것에 의의가 있다(나항진 외, 2011). 인간의 생애주기가 과거보다 대폭 연장되었으나, 오늘날 사회문화의 변화주기는 점점 더 빨라지고 있다. 이러한 사회 변화에 적응해 나가기 위해서 평생에 걸친 학습이 지속적으로 필요하게 되었다. 그러나 기존의 아동 중심 교육개념으로는 성인의 다양한 학습 요구를 충족시킬 수 없다. 따라서 페다고지와 구분되는 성인의 학습활동을 돕는 학문으로서 안드라고지의 필요성이 증대되고 있다.

안드라고지의 중요한 가정 중 하나는 '학습 준비도'다. 노울즈에 의하면 성인들은 인생의 발달 과업에 따라서 어떠한 내용을 가장 잘 배울 수 있는 시기가 나타나는데, 이것이 '학습 준비도'다. 그에 따르면 아동들은 주로 생리적, 정신적 발달에 따라 발달 과업이 정해지는 반면, 성인들은 그들의 사회적 역할 수행에 따라서 발달 과업이 결정된다. 발달심리학자인 해비거스트(Havighurst)와 레빈슨(Levinson)도 성인기의 발달 과업으로 이 장에서 제시한 많은 것들을 들고 있다. 중년기를 보내는 성인의 일이란 곧 자신의 삶을 재평가하고 노년기 계획을 세우는 것임을 의미한다. 결국 성인기의 발달 과업은 안드라고지의 기본 가정의 하나인 학습 준비도에 영향을 준다.

2) 경험학습

경험학습의 대표적 이론가로는 콜브(Kolb)와 자비스(Jarvis)가 있다. 이 이론의 핵심은 다음과 같다. 성인이 미성숙자와 구별되는 가장 큰 특징은 다양하고 풍부한 경험을 갖고 있고, 이러한 경험들이 성인의 학습 동기나 방법에 영향을 미친다는 것이다. 즉, 학습이란 성인이 처해 있는 상황이나 경험으로부터 출발하며, 모든 경험은 사람이 생활 속에서 겪게 되는 맥락 혹은 사회적 상황 안에서 발생한다(Jarvis, 2001). 성인들의 이러한 특징에 가장 부합하고 학교교육의 한계를 극복하는 대안으로는 경험학습이 각광받고 있다.

경험이 성인의 경험학습에 미치는 영향을 살펴보기 위해서 경험학습의 핵심 개념인 경험과 성찰을 살펴보면 다음과 같다. 첫째, 경험학습의 시작은 '경험'이다. 경험이란 개인이 객관적으로 존재하는 실재에 대한 지각의 과정을 통해서 획득되는 산물이다. 듀이는 경험의 특성으로 계속성과 상호작용성을 지적한다(김한별, 2010 재인용). 계속성이란 현재의 경험은 독립하여 존재하는 것이 아니라 과거의 경험과 연속되어 존재하는 것으로 이전의 경험이 이후의 경험을 만드는 데 영향을 미치는 특성을 뜻한다. 상호작용성이란 개인의 경험은 개인을 둘러싼 환경 속에서 개인이 경험하는 것으로서, 환경은 그 개인이 무엇을 경험할지를 결정하지만 동시에 개인의 경험은 그 개인을 둘러싼 환경에 영향을 미치는 특성을 뜻한다. 경험을 통한 학습이 이루어지기 위해서는 일단 개인이 그 경험에 대해서 문제점을 인식하는 단계가 필요하다(나항진 외, 2011). 많은 경험 중에서 한 개인에게 해결이나 해석이 필요하다는 인식이 있어야만 그 경험은 비로소 학습의 재료가 될 수 있다.

경험학습의 두 번째 핵심 개념은 '성찰'이다. 성찰이란 한 개인의 경험에 대해서 그 의미를 적극적 · 논리적으로 해석하려는 노력이다. 콜브(Kolb)와 자비스(Jarvis)의 학습모형에서도 가장 핵심이 되는 단계는 성찰 혹은 반성의 단계다. 인간의 일반적 사고의 과정과 성찰을 구별 짓는 특성은 문제라고 인식되는 경험의 상황에서 한발 물러서서 비판적으로 회고하고 해석하려는 활동이다(Jarvis, 2001; Kolb, 1984). 성찰의 이러한 특성은 성인학습과 깊은 관계가 있다. 깊은 성찰을 통하여 성인은 자신의 삶의 의미와 가치, 자아와 타인, 자연, 신비하고 초자연적인 신령한 존재와 관련된 경험을 하게 된다. 즉, 성인은 성찰의 과정을 통해서 차별의식, 피해의식, 편견, 우월주의 등에 대한 반성을 함으로써 자신의 행동, 태도 등을 반성하는 학습을 할 수 있다. 결국 우리는 일상생활 가운데 발생하는 경험학습

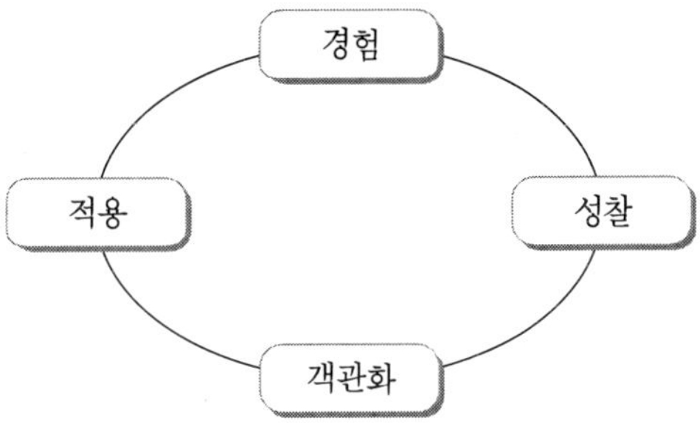

그림 2-1 콜브의 경험학습

을 통해 변화하고 성장한다고 할 수 있다.

3) 여유이론

여유이론(theory of margin)의 대표자로는 맥클러스키(McClusky, 1973)를 들 수 있다. 이 이론의 핵심은 다음과 같다(김영봉, 나항진 외, 2007). 성인기는 성장과 변화와 통합을 이루는 시기이며, 자신의 실제 능력과 요구되는 능력 간에 나타나는 불균형을 해소하고 끊임없이 균형을 찾으려는 시기라는 것이다. 이러한 균형은 에너지를 소모해야 하는 삶의 부담(load)과 이를 다루는 힘(power) 사이의 균형을 의미한다. 즉, 힘으로부터 부담을 뺀 나머지 에너지를 삶에서의 여유라고 한다면, 이 여유는 부담을 줄이는 것 또는 힘을 기르는 것 둘 중의 하나를 함으로써 통제할 수 있다. 이러한 측면에서 성인들이 학습에 참여할 것인지, 아닌지를 결정하게 된다고 주장한다(McClusky, 1973).

간략히 설명하자면, 삶의 부담은 가족, 일, 지역사회에서의 역할 등으로 인해 외부에서 주어지는 외적 부담과 개인적 야망, 미래에 대한 예상 등 자신이 갖고 있는 삶의 성취 욕구인 내적 부담으로 이루어진다. 그리고 삶의 힘이란 가족의 지지, 사회적 능력, 경제적 능력 등의 외부적 힘과 긍정적 성격, 체득한 기술 등의 내부적 힘으로 이루어진다. 이러한 메커니즘 속에서 성인은 자신이 갖고 있는 힘이 부담보다 클 때 삶의 여유가 생겨서 학습에 참여할 수 있게 되는 것이다. 즉, 성인들은 여유를 갖게 되면 탐구적이고 창의적인 활동에 참여할 수 있게 됨으로써 학습을 더 잘할 수 있게 된다.

이 이론이 성인학습과 성인교육방법에 주는 시사점은 다음과 같다. 성인기는 매우 중요한 시기이므로 삶의 힘을 극대화하여 가정, 사회, 직장에서 주도적 역할을 준비하고 실행하여야 한다. 성인들은 가족 부양, 직장에서의 역량 강화, 지역사회 안에서의 영향력 증대와 같은 요인들로 인해 외적 삶의 힘이 커져야 할 필요성을 느끼기 때문이다. 또한 성인은 삶의 의미를 발견하고 자신과 다른 사람들과의 관계를 인식함으로써 내적 삶의 힘을 증가시켜야 한다. 결론적으로 성인들의 학습능력, 즉 자원과 부담 간의 격차를 넓혀야 한다. 이를 위해 학습자들의 잠재적 능력, 내재된 자원을 최대한 개발해야 하며, 업무와 일상생활에서 발생할 수 있는 부담을 최소화하는 것이 필요하다.

4) 전환학습

전환학습(transformational learning)의 창시자는 메지로(Mezirow)다. 전환학습의 가장 큰 특징은 비판적 성찰 없이 타인으로부터 수용하던 인생의 목적, 가치,

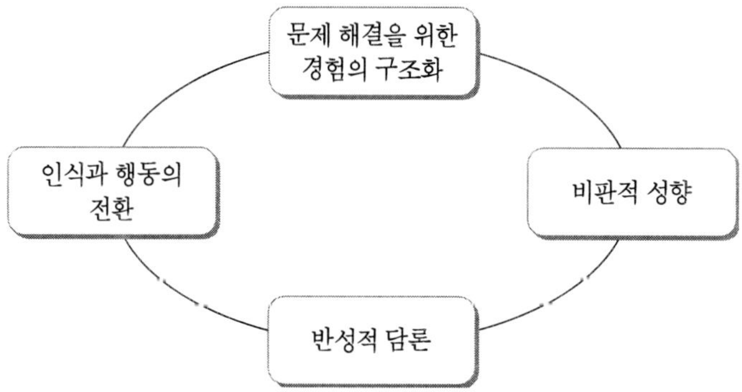

그림 2-2 메지로의 전환학습

감정, 의미에 대해서 성찰하고, 이를 토대로 향후 어떻게 행동할지를 학습하는 것이다(Mezirow, 2000).

메지로는 우리가 지각하는 것에 의미를 부여하는 가정(assumptions)과 기대(expectations)의 구조를 합쳐 '준거틀(frame of reference)'이라고 불렀다. 그가 주장한 준거틀은 개인이 각자의 경험에 의미를 부여하는 방법으로서, 인생의 각종 경험에 의미를 부여하게 된다. 즉, 개인은 자신이 갖고 있는 준거틀에 따라서 자신의 경험을 해석하게 된다(Mezirow, 2000).

메지로(2000)는 전환학습이란 준거틀이 전환되는 학습이며, 이는 현실에서 존재하기 어려운 반성적 담론(reflective discourse)을 통해 발생한다고 주장했다. 그에 따르면 전환이란 개인의 의미 구조와 사회 구조의 근본적인 변화를 의미하며, 이때 인식 및 행동의 전환이 동시에 이루어지는 것을 전제로 한다. 또한 반성적 담론이란 대화하는 사람들이 서로 가지고 있는 경험에 대한 해석과 신념에 대한 평가를 통해 공통점을 찾아가는 과정이다. 이러한 반성적 담론은 승자와 패자를 가르는 토론 형식이 아니라 신뢰의 감정(feeling of trust), 연대감(solidarity), 안정감(security), 공감(empathy)을 전제로 한다. 즉, 나 자신이 갖고 있는 준거틀의 변화는 보다 나은 결정이 내려지기 전까지 타인이 나와 다른 준거틀을 갖고 있다는 것을 인정하고, 그에 대해 열린 마음을 갖는 태도로부터 나온다고 한다.

타인이 갖고 있는 준거틀에 대한 비판적 반성은 주로 청소년기에 이루어지지만, 자기 자신의 준거틀에 대한 비판적 성찰은 성인기에 보다 활발히 이루어진다(Mezirow, 2000). 메지로가 주장한 전환학습은 기존의 준거틀로는 받아들일 수 없는 방향을 잃게 하는 딜레마(disorienting dilemma)를 경험하는 데서 시작된다. 그는 또한 반성적 통찰력(reflective insight)은 상황적, 감정적, 정보의 제약을 극복하는 것과 관련이 있다고 했다. 전환학습에서 일반적으로 사용하는 학습방법에는 일기 쓰기, 사례 연구, 결정적인 사건, 정보상자(repertory grids), 역할연기, 자서전 쓰기, 은유(metaphor) 등이 있다.

5) 자기 주도적 학습

성인이 학습과정에서 보이는 가장 중요한 특징 중 하나는 자기 주도성이다. 자기 주도적 학습은 타인의 도움을 받지 않고 고립적인 상황에서 학습자가 단독으로 학습하는 것을 의미하는 것이 아니다. 자기 주도적 학습에 대한 정의는 학습의 과정, 학습자의 특성 중 어느 쪽에 초점을 두느냐에 따라 달라진다. 예컨대, 노울즈(1989)는 학습자가 스스로 학습 요구를 진단하고, 목표를 설정하고, 학습을 위한 각종 자원을 파악하며, 학습 전략의 선택과 실행 및 결과 평가를 해 나가는 과정에서 타인의 도움을 받거나 혹은 자신이 전적으로 학습을 진행시켜 가는 것을 자기 주도적 학습이라 했다. 그리고 그는 한 개인의 의존성이 자기 주도성으로 발전해 나가는 것은 성숙과정의 필연적인 결과이며, 따라서 성인들은 자기 주도적이 되고자 하는 심리적인 욕구를 갖고 있다고 했다(차갑부, 1993). 펜랜드(Penland, 1979)는 자기 주도적 학습이란 학습자가 학습 요구 결정, 학습 정보 수집, 학습 자원 활용, 학습방법 구안 등에 대한 책임을 지고, 계획자는 학습자가 기대하는 수준에 도달하도록 도와주며, 관계집단은 학습자가 무엇을 학습하고 어떻게 행동해야 할 것인가에 대한 방향을 제시하고, 학습평가는 학습자가 협력적으로 실시하게 되는 학습을 의미한다고 보았다. 브룩필드(Brookfield, 1985)는 학습자가 자율성, 자유의지, 역량을 바탕으로 학습 경험의 계획과 관리에 관련된 다양한 의사결정에 대한 통제권을 유지하면서 추진하는 것을 자기 주도적 학습이라고 했다.

자기 주도적 학습의 필요성은 다음과 같다(최은수 외, 2010). 첫째, 학습에서 자기 주도권을 가진 사람들은 가만히 앉아서 가르쳐 주기를 기대하는 사람들보다 더 많은 것을 학습하고 더 잘 배우게 된다. 둘째, 자기 주도적 학습은 21세기 정보화 시대에 꼭 필요한 능력이며, 이러한 능력은 모든 성인 학습자가 보유하고 있는 능력이다. 셋째, 자기 주도적 학습은 자연적 · 심리적 발달과정이다. 성숙의 본질은 자신의 삶에 대해 책임을 지는 능력을 개발하는 것, 즉 점차적으로 자기 주도적 존

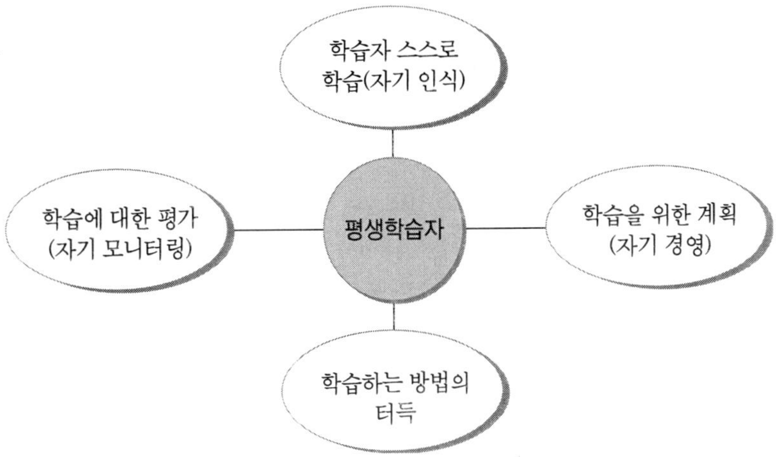

그림 2-3 자기 주도적 학습

재가 되는 것이기 때문이다. 넷째, 교육에서 새로운 발전을 위해 새로운 교육과정이 만들어져 개발교실, 창의교실, 무학년제 학교, 학습지원센터, 자기 주도적 학습 등이 만들어지고 있는데, 이것은 학습자가 자신의 학습에 대해 가장 많은 주도권을 가져야 한다는 무거운 책임을 지우고 있다.

성인 학습자의 자기 주도적 학습활동을 촉진시키는 방안으로는 각종 교육시설 및 교육환경의 조성을 통해 성인 학습자들이 스스로 학습할 수 있도록 환경을 조성해 주는 방안이 있다. 또한 각종 성인교육 프로그램에 참여하는 학습자들에게 각자의 수준에 맞는 교육활동을 자기 주도적 학습의 과정으로 전개 · 발전시킬 수 있도록 학습 계약(learning contract)을 맺어 가며 스스로 학습을 전개해 가는 계기를 마련해 주는 것이다(한국교육개발원, 2001). 결국 성인 학습자가 자기 주도적 학습을 얼마나 잘하느냐는 '학습활동에 참여하고 전념할 수 있는 환경을 얼마나 조성해 줄 수 있는가'라는 문제와 연결된다.

생각해 보기

1. 안드라고지의 등장과 경험학습의 강조가 성인들의 학습에 던지는 시사점에 대하여 이야기 해 보자.
2. 학습자가 생각하기에 성인의 학습에 가장 영향을 끼친 철학적 사조로는 어떤 것이 있는지 말해 보고 그 이유를 설명해 보자.
3. 평생교육 현장에서 철학적 배경이 있는 실천가와 그렇지 못한 담당자가 실무를 담당하게 될 때 어떤 차이가 나타날 수 있는지 토론해 보자.

참고문헌

고미숙(2001). 인간교육의 의미. **한국교육**, 28(2), 1-28.

권두승, 조아미(2006). **성인학습 및 상담**. 서울: 교육과학사.

김영봉, 나항진 외(2007). **교육학개론**. 서울: 서현사.

김한별(2010). **평생교육론**. 서울: 학지사.

나항진 외(2011). **평생교육론**. 파주: 양서원.

박수홍, 안영식, 정주영(2010). **체계적 액션러닝**. 서울: 학지사.

이현림, 김지혜(2003). **성인학습 및 상담**. 서울: 학지사.

조성연, 문미란(2006). 성인대학생의 진로결정 자기효능감 증진 프로그램 개발 및 효과. **한국심리학회지: 상담 및 심리치료**, 18(4), 731-748.

차갑부(1993). **성인교육방법론**. 파주: 양서원.

최은수 외(2010). **평생교육론**. 서울: 학지사.

한국교육개발원(2001). **지역별 평생교육 관계자 연수 자료집**. 한국교육개발원.

Brookfield, S. (1985). Self-Directed Learning: A Critical Review of Research. In S. Brookfield (Ed.), *Self-Directed Learning: From Theory to Practice. New Directions for Continuing Education*, no. 25. San Francisco: Jossey-Bass.

Candy, P. C. (1991). *Self-direction for lifelong learning*. San Fransisco: Jossey-Bass.

Inglis, S. (1994). *Making the Most of Action Learning.* Aldershot, England.

Jarvis, P. (2001). *Learning in later life.* London: Kogan.

Kalish, R. A. (1982). *Late adulthood: Perspectives on human development* (2nd ed., pp. 3-5). Monterey, CA: Brooks Cole.

Knowles, M. S. (1989). *Modern practice of adult education* (2nd ed.). Englewood Cliffs, NJ: Cambridge.

Kolb, D. A. (1984). *Experience as the source of learning and development: Experimential learning.* Englewood Cliffs, NJ: Prentice Hall.

Levinson, D. J. (1986). A conception of adult development. *American psychologist, 41*, 3-13.

Marquardt, M. J. (2004). *Optimizing the power of action learning.* Palo Alto, CA: Davies-Black Publishing.

McClusky, H. Y. (1973). *Education towards a national policy on aging (Final report, Vol 2, 1971 White House Conference on Aging).* Washington, DC: Government Printing Office.

McGill, I., & Beatty, L. (1995). *Action learning: A practioner's guide.* London: Kogan Page.

Merriam, S. B., Caffarella, R. S., & Baumgartner, L. M. (2007). *Learning in adulthood* (3rd ed.). San Francisco: Jossey-Bass.

Mezirow, J. (2000). Learning to think like an adult: Core concepts of transformation theory. In J. Mezirow & Associates (Eds.), *Learning as transformation: Critical perspectives on a theory in progress* (pp. 3-23). San Francisco: Jossey-Bass.

Penland, P. B. (1979). Self-initiated learning. *Adult Education, 29*, 170-179.

Simonton, D. K. (1990). Creativity and wisdom in aging. In: J. E. Birren & K. W. Schaie (Eds.), *Handbook of the psychology of aging* (pp. 320-329). San Diego: Academic Press.

제3장 학습자 중심의 평생교육방법

학습개요

3장에서는 학습자 중심의 교육방법, 자기지시적 학습 그리고 자기조절학습에 관하여 살펴본다. 학습자 중심의 교육은 학습자를 배려하는 교육으로, 바이마르 시대에는 시민이 사회민주화에 기여할 수 있는 교육방법으로 강조되었다. 자기 주도적 학습에서는 스스로 학습할 수 있는 인지능력을 갖출 것과 끊임없이 학습하고자 하는 동기 유발이 교육방법으로 강조되었다. 자기지시적 학습에서는 학습자의 자기 주도성이 발현되도록 지원하는 것이 중시되었고, 자기조절학습에서는 학습자 스스로가 목표 달성 여부를 성찰하는 것이 중시되었다.

학습목표

1. 학습자 중심의 교육개념과 교육방법을 습득한다.
2. 자기지시적 학습의 개념과 교육방법을 습득한다.
3. 자기조절학습의 개념과 교육방법을 습득한다.

1. 학습자 중심의 교육방법

성인학습이론의 토대를 이루는 학습자 중심 교육은 이미 오래된 전통을 갖고 있다. 학습자 중심 교육은 학습자 자신의 책임감이 요구되는 학습으로, 좁은 의미에서 학습자 중심의 성인교육이란 학습자를 배려하는 교육을 강조하는 것이다. 학습자 중심의 교육은 집단 중심 교육과 학습자 중심 교육의 두 가지로 나뉜다. 세미나를 계획하는 단계에서는 집단을 중시해야 하고, 세미나를 실행해 가는 과정에서는 학습자를 중시해야 하므로 두 가지 교육방법은 매우 갈등적인 관계에 있을 수도 있다. 학습자 중심의 교육은 각 학습자의 교육을 지지하는 개별적인 학습의 과정이므로, 학습자 개인의 요구와 '개인의 자율성'을 중시한다. 학습자의 개인적 특성을 무시하고 교수자 중심의 교육을 실행하면 학습자의 학습 요구가 충족되지 않기 때문이다. 결과적으로 학습자 중심의 교육은 개별적 학습자의 학습 요구를 중시하는 급진적 교육을 탄생시키는 데 기여하였다.

1) 시민교육의 시작

1920년대가 시작되자 독일학자 폰 에르트베르크(R. von Erdberg)는 학교교육이 국가의 정치이념을 수행하는 도구로 변모한 것을 강하게 비판하였다. 문화적 관심사에서 출발한 바이마르의 시민교육이 왜곡되고 있음을 비판하면서 교육이 본래의 방향을 다시 찾아야 할 것을 강조하였다. 즉, 시민교육은 인간을 중심으로 하는 자율적인 인간 양성으로 전환되어야 할 것을 주장하였다(Siebert, 2003).

1920년대에 브레슬라우(Breslau) 시민대학에서 관장을 역임했던 만(A. Mann)은 학습자가 '자기 시각(Ich-Gesichtswinkel)'을 개발해 나가는 것을 교육방법으로 주장하였다. 플리트너스(W. Flitners)는 학습자 중심의 교육을 옹호하였고, 1968년에 랍케(H. Raapke)는 성인교육방법에서 '학습자의 선택'에 기반한 학습을 주장하였다. 이러한 경향에 따라서 '학습자의 시각'에 의한 학습이론이 성인교육에서 강력하게 부각되었는데, 이러한 경향은 모이엘러(Meueler, 1993)가 '성인교육을 통하여 자아가 되는 길'을 주장할 때까지 계속되었다. 이후 평생학습의 방법으로 자기 생산성, 자기 준거적인 틀에 의한 인간상의 추구가 중시되었다.

2) 학습자 요구에 기반한 학습

학습자 중심의 교육이 되려면 성인 학습자의 학습 요구가 중시되어야 한다. 즉, 학습자 중심의 교육을 실행하려면 학습자가 적극적으로 학습과정에 참여하도록 안내해야 한다. 수업을 계획하고 평가하는 과정에서도 학습자의 의견을 존중하고, 수업계획서를 작성할 때도 다수의 학습자의 요구를 수용하여 교육방법을 결정해야 한다. 발표식으로 수업을 진행해 나갈 것인지, 소그룹 토의로 할 것인지도 학습자들이 선택하도록 해야 한다.

학습자 중심의 교육이란 학습자가 요구하는 학습에 대한 기대나 가정을 포함하여 학습자가 실제로 원하는 수업을 이끌어 나가는 것을 의미한다. 마더(Mader, 1991)는 학습자 중심의 교육에서 다음과 같이 학습자의 개념을 구성하였다. 학습자는 자신의 행동과 경험을 바꾸고 싶어 하는 요구를 지니고 있어 학습할 수 있는 능력을 소지하고 있으므로 스스로 변화하려는 요구가 있을 때에는 변화를 위해서 학습해 갈 수 있다. 학습자는 자의식을 바탕으로 자신의 심리사회적인 상황을 의식할 수 있는 능력을 소지하고 있다. 이러한 측면에서 학습자는 자신의 주관성에 기반하여 자신의 삶을 구성해 나가고, 자신의 삶의 맥락에서 성찰할 수 있는 능력을 소지하고 있다. 따라서 학습자와 그들의 요구를 잘 이해하려면 환경 속에서 살아가는 개인이 상호작용하는 행위 유형에 대한 심리학적인 현장이론(Feldtheory)을 접목하여 교육해야 한다(Mader, 1991). 좋은 교육자는 학습자를 이해하려는 노력을 바탕으로 학습자와 상호작용하고 의사소통하여 학습자의 총체성을 완성시키는데 기여하는 사람이다.

3) 교수자의 역할

학습자 중심의 교육을 성공적으로 이끌어 가려면 교수자는 학습자에 대하여 다양한 지식을 소지해야 한다. 교수자는 학습자의 언어 사용능력 및 외국어 구사 능력 등 학습자를 파악할 수 있는 인식력이 있어야 한다. 수업을 진행하고 나서 교수자는 어떠한 기준을 통하여 학습자의 학업성취도를 평가할 것인지, 그리고 자신이 전달하려는 지식이 실제로 어떠한 결과로 나타났는지에 대해서도 알아야 한다. 이와 같이 교수자가 학습자를 이해하고 수업 진행 능력을 키워 가려면 자기 성찰이 요구된다. 교수자 스스로는 어떠한 학습자를 선호하는지 또는 학습자가 선호하지 않는 교육방법은 어떠한 것인지를 평가할 수 있는 능력을 소지해야 한다.

학습자 중심의 교육은 성인 학습자들을 연구하게 되면서 얻게 된 결과물이다. 학습자 중심의 교육이 발전하게 된 것은 성인이 자신에 대한 확고한 자아상을 갖고 있으며, 교수자가 타인의 평가를 통하여 자기 성찰을 하면서 학습자의 요구를 수용하는 과정에서 발달하게 되었다. 그러나, 아직까지 교수자가 소지하고 있는 학습자에 대한 두려움은 지금까지는 연구의 주제가 되지 못하고 경시되고 있다(Geissler, 1994; Knoll, 1994). 따라서 교수자가 갖고 있는 두려움을 연구하게 된다면 우리는 교육방법의 발전을 위한 새로운 지식을 습득할 수 있을 것이다.

4) 학습자 중심의 교육목표

학습자 중심의 교육목표는 학습자가 실제 현장에서 적용할 수 있는 능력을 습득하는 데 있다. 학습자 중심의 교육방법에서는 교수자가 학습자의 학습 요구를 잘 도출해 내고 학습자의 문제해결 능력을 향상시켜, 학습자가 그것을 적용할 수 있는 능력을 소지하였는가를 평가한다. 이러한 문제해결 능력의 습득을 위하여 교수자는 심리학적 관계를 고려하여 학습자에게 사실적 지식을 전달해야 한다.

심리학적 관계에서는 학습자의 심리적 상태를 잘 파악하여 학습자의 참여동기를 촉진해 나갈 것이 요구된다. 이와 같이 문제해결 능력은 일반적으로 정의되기보다는 늘 교수자와 학습자의 관계를 통하여 새롭게 정의되어야 한다. 이상적인 학습 상황을 만들어 가려면 교수자는 수업에 대한 충분한 경험이 필요하고, 자신의 수업을 성공적으로 이끌어 가려는 노력과 의지가 있어야 한다. 또한 수업이 진행되는 과정에서 교수자는 학습자를 학습 동반자로 인식하고 결정에 참여시켜야 할 것이다.

5) 학습자 중심의 수업을 위한 교육 여건

학습자 중심 교육방법은 다음과 같은 요인에 의하여 성패가 좌우된다.

- 학습자의 학습에 대한 성공이나 실패의 경험 또는 학습에 대한 관심 정도는 수업의 성패를 좌우한다. 일반적으로 학습에 대한 실패 경험이 많은 경우에는 학습자 중심의 교육방법이 적당하지 않다.
- 학습자 집단이 소지하고 있는 학습에 대한 관심이 성패를 좌우한다.
- 문제해결 중심이 되는 실습수업인지 또는 학문적 지식을 전달하는 이론수업인지가 수업의 성패를 좌우한다.
- 여가를 활용한 교양 중심 수업인지 혹은 시험 준비를 위한 수업인지가 수업의 성패를 좌우한다.
- 학습휴가제나 팀티칭 수업과 같은 수업 형태는 학습의 성패를 좌우한다.

학습자 중심의 교육에서는 학습자가 학습을 종료한 이후에도 계속적으로 자기주도적 학습을 실행해 갈 수 있을 때 학습 효과가 나타난다. 이것은 학습자가 추후학습을 하지 않을 때는 소지하고 있는 인지적 체계와 교육 내용을 연결시키지 못하게 되고, 습득한 지식을 기억하지 못하게 되어 쉽게 잊혀지기 때문이다.

6) 학습자 평가

학습자 집단을 진단하기 어려운 경우에는 학습자의 학습동기, 선행 지식, 학습 스타일 등으로 학습자를 평가하여, 성공적인 강의를 위해서 학습 주제와 교수자의 경험적 가치를 잘 연결시켜 나가야 한다. 교수자가 성공적인 강의를 진행해 나가려면 학습자와의 상호작용과정에서 겪게 되는 어려움을 극복해 나가야 한다. 교수자는 그동안의 교육 경험과 학습자를 지도해 가는 과정에서 체험하게 되는 다양한 역할에 대한 경험을 토대로 좋은 수업으로 이끌어 가도록 노력해야 한다.

노인이나 실업자 등을 대상으로 교육을 진행하는 경우, 학습자의 요구를 평가하기 어려울 때는 수업을 시작하기 전에 자료 등을 통하여 학습집단에 대한 지식을 갖추어야 한다. 학습자에 대한 정보를 미리 전달받는 것도 매우 좋은 방법이 된다.

성인을 지도하는 초보자들은 경험이 많은 동료들의 수업 경험을 이용하는 것도 좋다. 학습자 중심의 교육에서 가장 중시해야 할 것은 학습자의 참여를 유도해 내는 방법에 관한 것이다. 세미나가 진행되는 동안에 학습자들에게 교육방법이나 요구에 대해 물어보는 것은 학습자 중심의 교육으로 볼 수 없다. 학습자들이 새로운 것을 배우러 교육에 참여하기 때문에, 교수자는 정확한 판단에 의하여 학습자의 요구에 기반한 지식을 전달하도록 노력해야 한다. 그러나 학습의 주제가 학습자에게 이미 공지되었을 경우에는 어떠한 근거에 의하여 관심을 갖게 되었는지 다양한 방법을 통하여 학습 요구를 탐색해 내는 것이 좋다.

7) 사회민주화에 기여하는 성인교육방법

한 조직에 속해 있는 학습자 간에도 다양성이 존재한다. 이것은 상이한 요구와 기대를 가진 학습자들이 증가하고 있는 측면도 있지만, 개별 학습자들의 요구 상태도 때로는 이중적이어서 모순되는 경우가 발생하기 때문이다. 1970년대 초에 성인교육방법은 사회민주화와 기회균등에 기여하기 위하여 시작되었다. 그러나 학습자 중심의 교육이 내포하고 있는 문제점도 있다. 많은 학습자들은 스스로를 교육의 주체로 인지하지 못하고 수업에 수동적으로 참여하기도 한다. 또한 교수자는 학습자를 이끌어 나가려는 성향이 강한데, 이것은 자신의 역할을 잘 수행해 나가려는 요구가 크기 때문에 나타나는 딜레마다. 이러한 한계점에도 불구하고 사회민주화를 이루어 내려면, 소외된 학습자가 자율적인 삶을 추구하도록 학습자 중심의 교육을 실천해 가야 할 것이다.

8) 학습자 중심의 교육 이론가

(1) 되리: 학습자와 교수자 간의 상호협력학습

학습자들은 개인적인 고유성과 집단 특성적인 요구를 함께 갖고 있다. 되리(Doerry, 1981)는 교수자가 개인이 소지하고 있는 각각의 고유성을 모두 고려하여 수업을 진행할 것을 강조하였다. 교수자는 학습자의 문제해결에 필요한 요구를 제공할 때 긍정적인 지원자가 되지만, 도움을 제공하지 못할 때는 학습자에게 종속적인 존재가 된다고 보았다.

1968년에 학습자운동과 학습하는 방법에 관한 메타의사소통법(metacommunication)을 통하여 학습자 중심의 교육을 발전시킨 되리는 학습자 중심의 교육이 갖는 장단점을 밝혀내었다. 되리는 자기 주도적으로 학습하는 집단이 분별력 없는 상대방의 시각을 무력화할 수 있는 비판능력을 개발하게 된다고 보았다. 그러나 대부분의 학습자들은 명확한 규정이나 구조 그리고 새로운 지식을 습득하게 되어 자신의 요구를 만족시키게 된다. 되리는 성공적인 수업을 위하여 교수자와 학습자 모두가 공동의 책임을 소지할 것을 강조하였다. 교육 만족도에 대한 공동 책임성은 학습자뿐만 아니라 교수자의 학습 효과에 대한 부담을 경감시키고 동시에 교수자의 전문성을 개발시키는 데 기여한다. 학습자와 교수자 간의 상호 협력에 의한 학습방법은 학습자 개인이 적극적으로 자신이 소지하고 있는 지식을 생성하여 수

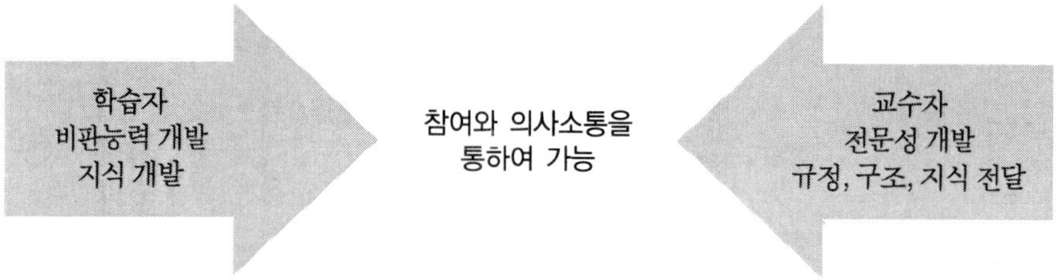

그림 3-1 되리의 자기 주도적 학습

업에 접목시킬 때 이루어진다.

일반적으로 학습자 중심의 수업에서 개인이 얼마만큼 수업에 대한 책임을 가져야 하는지는 알려진 것이 없으나, 되리는 학습자와 교수자가 수업을 시작하기 전에 쌍방이 수업의 성패에 대한 책임에 대해 합의할 것을 주장하였다.

(2) 가이슬러

가이슬러(Geissler)는 학습자 중심의 효과가 과장되어 있다고 보았다. 따라서 학습자 중심 교육에서는 학습 효과에 관한 무조건적인 신빙성이 제거되어야 하며 교육방법에 대한 명확한 개념의 정의가 필요하다고 보았다. 즉, 교수자와 학습자 간에 과제가 분할되어야 할 것과 학습조직의 구조가 투명해져야 할 것을 강조하였다. 학습이 시작되는 초기 상황에서는 학습자가 매우 불안해하므로 학습자의 불안이 제거되어야 학습자 중심의 교육이 성공적으로 이루어진다고 보았다.

교수자가 교수-학습을 계획하는 과정에서 학습자를 배제하고 강의계획서를 작성하게 된다면, 강의가 진행되는 동안에 학습자는 수업에 대한 책임을 느끼지 못하고 수업을 거부하게 될 수도 있다. 가이슬러는 교수자가 구조의 규정과 제공을 통해 학습자들에게 적어도 부분적으로는 교육의 명확한 방향을 설정해 줄 것을 강조하였다.

학습자 중심의 교육을 명확한 개념으로 정의하는 것은 쉽지 않다. 학습자 중심의 교육은 학습자가 소지하고 있는 교육 이력과 학습 경험에 성패가 달려 있다.

학습자 중심의 교육에서는 토의나 분반, 소규모 학습동아리 등을 이용하여 수업을 진행해야 한다. 학습자 중심의 교육에서는 학습자와 교수자의 관계적 측면의 발달을 중시하므로 수업 내용에서는 이에 알맞는 주제를 선택하는 것이 중요하다. 학습자 중심의 교육은 세미나가 시작되는 초기에는 다양한 원칙들을 결정하는 것이 좋다. 또한 교수자는 학습자들이 진지하게 학습에 참여하고 성공적인 수업을 수행해 나갈 수 있도록 수업을 조정해 나가는 용기를 가져야 할 것이다.

(3) 헌트

학습자 중심의 교육에서는 교수자의 능력과 학습자의 역할이 성공과 실패를 좌우한다. 헌트(Hunt, 1985)는 성공적인 교수자가 소지해야 할 능력은 학습자를 충분히 이해하고 변화시킬 수 있는 능력이라고 보았다. 교수자가 소지해야 할 태도는 학습자 집단을 학습자 중심의 시각에서 주의 깊게 파악하는 능력으로 보았다. 헌트는 교수자와 학습자 간에는 상호 영향을 미칠 수 있기 때문에 학습자 중심의 교육을 실행해 나갈 때는 교수자가 학습자의 학습 스타일을 신속하게 이해하고 적용할 수 있는 능력을 키울 것을 강조하였다. 교수자는 학습자가 지니고 있는 학습상의 어려움을 민감하게 인지하며, 혼란 등에 잘 대처해야 하며 지나친 요구에는 유연하게 대처할 수 있어야 한다.

헌트는 교수자들도 학습자의 요구에 적응해 나가는 능력에 한계가 있다고 보았다. 교수자의 능력은 첫째, 학습자의 학습 구조를 변화시키거나, 학습자의 요구를 만족시켜 가는 과정, 둘째 각자 고유한 학습 스타일과 기질을 갖고 있어서 학습자의 요구에 적응해 나가는 데는 한계가 있다.

헌트는 수업에서의 융통성은 교수자가 수업 내용을 천천히 설명하고, 질문을 많이 하고, 새로운 개념이나 전공용어에 대하여 자세히 설명할 때 암시적으로 발생한다고 하였다. 암시적인 교육방법에서는 소집단으로 나누어 수업을 진행하는 것이 일반적이며, 보충교재를 사용하며, 초보 학습자를 돕기 위하여 튜터 제도 등을 도입할 수도 있다. 교수자가 학습자를 이해하고 해석하는 데 한계가 있지만,

학습자를 이해하려고 노력하고 변화를 위하여 지도하는 교육방법은 매우 유용한 것으로 알려져 있다.

학습자 중심의 교육에서는 학습자가 자기 준거에 따라서 학습을 진행하므로 수업이 진행되기 전에 미리 자신의 발전 방향을 결정하게 된다. 수업과정에서는 학습자에게 제공되는 학습 내용을 자기 생산적 원칙에 따라서 만들어 간다. 즉, 학습자는 자신의 고유한 학습 경험과 학습 내용을 유용성에 따라 변형시켜 나가기 때문에 생산적 지식을 창출해 내는 것으로 알려져 있다.

구성주의에 기초를 두고 있는 학습자 중심의 교육은 학습자가 구성해 내는 다양한 구성적 지식을 중시한다. 즉, 교수자는 학습자가 구성해 가는 다양한 세계상에 대하여 차이를 인정하고, 다양한 반응을 의식하며 학습자의 삶 속에서 일어나는 다양한 해석을 인식하고 수용할 것이 강조된다.

(4) 뮬하우젠

뮬하우젠(Muehlhausen)은 교수자가 수업을 하는 과정에서 자신의 결점을 스스로 인지하지 못하며, 교수자의 강의가 학습자에게 어떻게 인지되고 축적되는지 경험하지 못하는 문제를 학습자 중심 교육의 문제점으로 지적하였다.

성인학습 현장에서의 문제점은 교육 · 훈련에 대한 비판과 비공식적인 다양한 측면에서의 지적에도 불구하고 해결하는 것이 매우 어렵다. 구성주의에 기초하여 제공되는 직업 연수에서도 교수자의 기대와는 달리 학습자가 수용하게 되는 인식의 차이에 교수자가 더욱 민감해져야 할 것과 수업의 결과가 다양한 방법으로 평가되어야 할 것이 요구되고 있다.

학습자 중심의 교육에서는 학습자가 살아온 삶의 맥락과 상황을 중시하는 '생애사 지향적인(Biografieorientierung)' 수업이 이루어질 때 개별적인 학습을 지원할 수 있다. 경험 중심적 교육에서는 학습자가 소지하고 있는 경험을 토대로 학습자 중심으로 교육할 것이 강조되었는데, 이것은 대부분의 학습이 학습자가 소지하고 있는 자기 준거적 근거에 따라 연속적인 학습을 진행해 가기 때문이다.

(5) 넥트

넥트(O. Negt)는 1968년 『사례학습(Soziologische Phantasie und exemplarisches Lernen)』을 출판하면서, 타인의 경험을 집중적으로 토의하면서 한 개인이 살아가는 삶 속에서 삶의 기본적 원칙에 대한 준거틀을 발견할 수 있다고 보았다. 이러한 준거틀은 문제해결에 대한 가능성을 제시해 주므로, 여러 가지 가운데서 모범사례를 발견하여, 광범위한 영역에서 문제해결 모델로 적용할 수 있다고 하였다. 즉, 경험학습은 인간의 해방적 요구와 연결되어 이해되면서, 체험과 경험이 구별되기 시작하였고 학습의 과정은 경험의 교환으로 이해되었다. 이것은 학습자가 자신의 경험을 표현하는 데 그치지 않고, 타인의 경험을 수용하여 새로운 가능성을 찾는 과정으로 연결되기 때문이다. 그러나 경험이란 구조적으로 보수적인 성격을 갖고 있어서 때로는 학습에 장애가 되기도 한다.

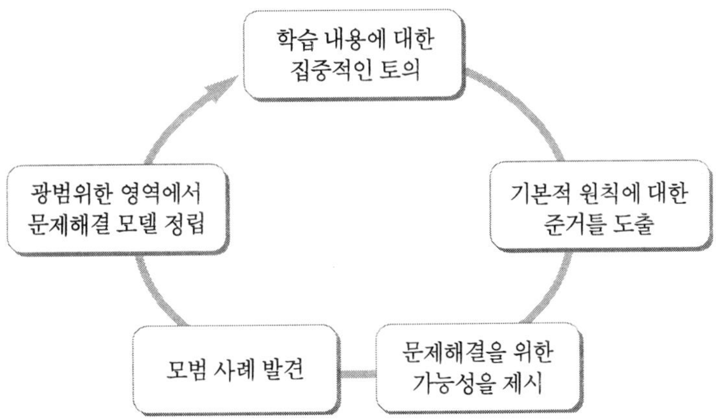

그림 3-2 넥트의 사례학습

(6) 기지케

기지케(W. Gieseke, 1995)는 학습자가 소지하고 있는 학습에 대한 실패 경험이 새로운 것을 학습하는 데 방해가 된다고 보았다.

새로운 변화가 요구되는 환경에서 학습자는 스스로 변화하여 적극적인 행위자가 되어 문제를 해결해야 한다. 예를 들면, 다문화 사회나 국제화 시대가 시작되었지만, 한 사회에서 오랫동안 전통적인 방식으로 사회화를 경험한 시민들은 다른 문화 속에서 적응하면서 살아가는 데 어려움을 경험하게 된다. 이것은 새로운 환경에서 새로운 경험을 요구하기 때문인데, 기지케는 경험학습이나 사례학습에서 주장하는 것과 마찬가지로 개인적인 경험이 학습 상황에서는 새것을 학습해 나가는 데 장애가 된다는 것에 동의하고 있다.

(7) 알하이트

학습자가 안정된 정체성을 확립하고 인생을 살아가는 데 삶의 경험은 매우 중요한 역할을 담당하지만 동시에 경험은 새롭고 혁신적인 문제를 해결해 나가는 데 방해가 되기도 한다. 이러한 양면성 때문에 때때로 학습자의 경험을 주제로 학습을 실행하는 과정에서 교수자의 섬세함과 성찰이 요구된다. 학습자들이 자신의 삶 속에서 자신의 강점을 찾아 발전시키고, 단점을 보완해 가는 생애사학습(biografischen Lernens)은 최근 그 의미가 증대되고 있다.

이론과 경험적 연구를 통하여 알하이트(Alheit)는 생애사학습에서 학습자가 개발해야 할 것을 핵심 역량(Schluesselqualifikation Biografizitaet)으로 보고, 단편적으로 일어나는 성인교육방법에 대한 반성을 제시하고 있다. 많은 학자들이 생애사 연구가 사회학의 개인화 이론(Individualisierungsthese)과 분리될 수 없다고 보지만, 알하이트는 개인화 경향이 자신의 선택에 의한 새로운 학습 경험으로 보고 사회학자들과는 달리 '지금-현재'라는 시간성을 중시하고 생애사학습이 지니고 있는 핵심 역량을 학습할 것을 주장한다.

생애사학습은 개인의 내면에서 진행되는 일을 스스로 성찰하면서 자신의 총체적인 완성을 추구해 나가는 개인의 학습과정을 연구하는 미시적 관찰과정이다. 기능적으로 모든 교육활동은 생애사에 포함되는데, 학습에 참여하게 되는 것이 생애사적인 맥락과 깊이 연관되어 있기 때문에 의도적인 교육방법으로 생애사를 학습할 수 있다고 보았다.

알하이트(1996)는 생애사학습의 개념을 일시적인 학습(transitorischer Bildung)의 개념으로 보았다. 이것은 학습자가 생애사를 변화시키기 때문에 안정적이고 지속적인 맥락에서 자신과 환경의 경험을 연결시킨다는 의미를 포함하고 있다. 삶의 지평이나 삶의 가능성을 확대시키는 일은 삶의 이력, 즉 삶의 경험을 기초로 형성되기 때문이다. 변화의 잠재력이 상실되면 잠재력의 틀에서 우리는 더 많은 기회를 갖는다. 따라서 생애사는 '살지 않는 삶(ungelebtes Leben)'의 의미에 잠재력을 부여하고 있는데, 이러한 직관적 지식(intuitive Wissen)은 우리가 경험하는 '실용적 의식' 속에서 형성된다고 보았다(Alheit, 1996).

2. 자기지시적 학습

"당나귀를 우물가로 데리고 갈 수는 있지만 물 마시기를 강요할 수는 없다."

–에른스트 폰 글래저스펠트(Ernst von Glasersfeld)

1) 자기지시적 학습

(1) 다우버

자기지시적 학습(Selbstgesteuertes Lernen)은 자기 주도성, 자기 조직, 자기조절, 자기 결정 등과 같은 개념이 발달하는 과정 속에서 완성되었다. 사회 비판 운동이 활발히 일어났던 1968년, 학습자 중심이 강조되는 맥락에서 '자기 결정'은 진보교육학이 급성장하는 데 밑거름이 되었다. 다우버(H. Dauber)는 사회가 개인의 결정권을 무시하고 개인의 발달 단계에서 과업을 결정하는 과정에서 개인이 자신의 선택을 통하여 지향하고자 하는 것들이 무시되고 소외되어 간다고 보아 '자기 조직(self-organisation)'의 힘을 강조하는 학습자 중심의 교육을 주장하였다(Breloer, Dauber, & Tietgens, 1980).

다우버는 성인학습이 전문화 · 제도화되는 딜레마에 빠질 수 있다는 점을 경고하였다. 개인이 소지하고 있는 학습능력이 개인의 독립적이고 자율적인 발전을 저해하면 할수록 자의식과 자립심을 키우기 위한 교육 치료적 작업에 대한 요구는 증대된다고 보았다.

그동안 지식은 우리가 살고 있는 일상생활 속에서 발전되지 못하고, 학교와 같은 제도 교육을 통하여 변형되고 억압되었다. 여기에 산업화 과정에서 직업능력의 개발이 강조되면서, 삶의 의미나 창조성, 책임감, 자율 구제 등과 같은 실용적 지식들은 자기지시적 학습을 통하여 전문적으로 재생산되었다고 주장되었다(Breloer et al., 1980). 다우버는 자기지시적 학습이 새로운 사회운동 속에서 시작될 것을 강조하면서 시민단체나 환경운동단체들이 함께 참여할 것을 강조하였다.

시민대학에서 학습센터를 만들어 가는 과정에서는 학습자들이 스스로 학습하는 구조를 만들어 가도록 자기지시적 학습을 촉진해야 할 것이다.

시청각 자료실은 큰 관심을 불러일으켰지만 학습자들의 기대를 충족시키지는 못하였다. 더욱이 새로운 학습법을 통해 학습이 가능한 학습자들은 스스로 성공적인 학습을 수행하게 되었지만, 학습 소외자들은 자기 주도적 학습법을 통해 학습하는 것이 매우 어렵다.

이와 같은 맥락에서 자기지시적 학습법은 점차 잊혀지게 되었으나 1990년대 중반에 접어들면서 학습의 중요성이 재발견되었다. 자기지시적 학습법이 르네상스를 맞게 된 것은 국내외에서 전문가 회의가 활성화되고 평생학습 전문가들이 학습방법의 중요성을 강조하였기 때문이었다. 제도화된 학습체계에서는 지식을 배우는 데 한계가 있고 자기지시적 학습을 통하여 지식이 보충될 수 있으므로 자기지시적 학습이 지식사회에서 위력을 다시 찾게 되었다.

(2) 도멘

학교에서 이루어지는 교육과 모든 평생교육과 관련된 정보를 안내하는 것은 현실적으로 어려우며, 모든 이에게 학습기회를 제공하는 것은 재정적 측면에서도 불가능하다. 이에 도멘(Dohmen, 1996)은 '모든 이를 위한 평생학습'은 제도 교육만으로는 불충분하다고 보았다. 자기 주도적 학습(self directed learning)은 평생학습의 관점을 유지하면서 시민의 교육권 보장을 강조하고 있다. 파울스티치와 제우너(Faulstich & Zeuner, 1999)는 전략을 통하여 사회적 과정에서의 자기 주도적 학습을 교육집단에 대한 동질성의 형성화에서 벗어나 상대성을 추구하는 개인화 과정으로서의 학습, 직장이나 사회 주변 환경 속에서 일어나는 탈제도화 과정을 위한 학습, 그리고 국가 관리의 평생교육체계로부터 벗어나는 과정으로서 탈관료적 학습으로 정의하였다.

(3) 카프라

자기 주도적 학습은 시스템적이고 구성주의적인 패러다임의 전환을 통해 학습을 설명하였으므로 매우 큰 지지를 얻었다. 시스템적인 구성주의에서의 핵심 개념은 자기 조직이다. 카프라(F. Capra, 1999)는 살아 있는 시스템은 현대화 이론에서 '자기 조직'이라는 개념으로 발전하였고, 자신의 삶인 '자기 조직의 사례'를 이해하는 교육이 삶의 실제적 본성을 이해하는 핵심이 된다고 하였다.

생물학적, 정신적, 사회적 체계가 복잡해질수록 자기 조직과 자신의 고유한 역동은 생존을 위하여 더 불가피해지고 있는데, 외부에서 연속적으로 진행되는 간섭과 조정은 개인들에게 큰 문제가 되고 있다. 뿐만 아니라 카오스 이론에서도 자기 조직 현상은 개인의 고유한 역동에 기반한 생존을 설명하는 데 가장 핵심적 역할을 담당하고 있다(Greif & Kurtz, 1996).

2) 자기지시적 학습과 자기 생산

자기 조직은 학습과정을 위한 교육학적 개념으로 사용된다(Reischmann, 1997). 구성주의에서 자기 생존을 위하여 강조되는 자기 제조 또는 자기 생산(autopoiesis), 자기 준거(self-reference)란 개념은 자기 주도적으로 생산해 내는 지식이다. 학습자들은 자기 생산적인 학습을 극대화하기 위하여 자기 준거적 평가기준을 만들고 어떠한 지식이 자신의 인지적 지식을 확장시키는 데 적합한지에 연관성을 갖고 파악하도록 한다.

학습에 대한 자기 주도성은 학습자가 학습에 대한 필요성을 인지하고 학습 요구를 탐색하도록 이끌어 간다. 자기 주도성은 학습자가 설정한 학습목표를 달성하기 위하여 계속될 수 있는데, 학습자가 자신의 학습 스타일을 인지하고 자신에게 알맞은 학습기술을 알도록 하며 학습속도를 조절하는 능력 등을 발견하도록 지원하여, 학습자가 자신에게 적합한 최상의 학습 조건을 발견해 가는 모든 과정이 서로 연결되어 있다.

학습활동에 관한 자기 생산성에 대한 개념은 학습자의 다양하고 자유로운 학습효과를 알려 준다(Faulstich & Zeuner, 1999). 학습자는 학습 장소와 학습 시간, 학습 목적, 목표와 내용, 방법을 선택하고 학습의 수준을 조절하고 성취 수준을 선택하게 된다. 학습 성과는 모든 경우에 자기지시적 학습에 의한 자기 조직을 통해서만 증진되는 것은 아니다. 예를 들면, 새로운 외국어를 학습할 때는 자기지시적 학습보다는 교수자 중심의 교육 프로그램에서 효율적으로 외국어를 학습할 수도 있기 때문이다.

〈표 3-1〉 전통적인 학습 개념의 해체

자기지시적 학습	타자 주도적 학습
• 개별 학습자의 문제 지원(학습자 중심)	• 교수 중심
• 학습자들의 적극성 정도(행동하는 학습자)	• 소비하는 학습자
• 학습자들의 시간 유연성(유연한 학습 시간)	• 고정된 학습 시간
• 학습자들의 공간 유연성(유동적 학습 장소)	• 확정된 학습 장소
• 학습목표에 대한 결정 자유(학습목표 자율성)	• 주어진 학습목표
• 학습 내용에 대한 결정 자유(자유롭게 선택되는 학습 내용)	• 미리 주어진 학습 내용
• 자기 주도적으로 학습 내용을 평가	• 타인 주도적

출처: Gnahs et al. (1998).

3) 자기지시적 학습을 위한 교육방법

(1) 학습동기 유발

인지주의 학자인 프리드리히와 만들(Friedrich & Mandl, 1997)은 심리학적인 가설에 경험적인 연구 결과를 통합하여 자기지시적 학습을 위해 적절한 인지가 필요하고 적절한 학습동기가 유발되어야 함을 강조하였다. 자기지시적 학습의 장점은 학습자가 스스로 학습이 필요함을 인지하고 '자아실현에 대한 확신'을 갖도록 안내한다. 학습자의 선택은 성공에 대한 예감으로 이어지고, 이러한 특징은 학습동기의 구성 요소가 되는 끊임없는 학습자의 노력으로 이어진다.

(2) 다중인지 전략

효과적인 자기지시를 위해서 학습자는 학습하는 방법을 배우는 다중인지 전략(metacognitive)을 사용하는 것이 좋다. 성공적으로 자기지시적 학습을 진행하려면, 학습자는 자기 자신의 강점과 약점을 파악하고 자신의 인지적인 스타일과 기술에 대하여 잘 알고 있어야 한다.

(3) 교육환경 조성

학습환경이 학습 자극을 제공할 때 자기 주도성이 촉진된다. 가르침이란 학습자들의 능동성을 자극하고 지지해 주는 것이므로, 자기지시적 학습을 위하여 다음과 같은 교육환경이 만들어져야 한다(Friedrich & Mandl, 1997). 학습 주제는 복합적으로 얽혀 있는 현실적인 문제를 해결하는 데 기여할 수 있는 것을 선택해야 한다. 학습과정에서는 문제해결을 위해 복합적인 관점에서 사고할 수 있는 융통성을 향상시켜 실제적인 지식을 만들어 내야 한다. 자기지시적 학습에서는 지식과 행동의 연관성을 지지해 주는 교육을 중시하여 학습자들 사이의 협동을 활성화하는 교육을 실행해 가기 위해, 학문적 지식을 전이시켜 응용해야 하고 교육매체는 복합적인 문제를 해결하는 도구가 되어야 한다.

일반적으로 지식을 전달하는 가르침을 통하여 학습자는 학습에 대한 의미를 증가시키며, 스스로 만들어 내는 새로운 지향을 통하여 전인적인 자기 이해의 의미를 만들어 가는데, 이러한 자기지시적 학습은 일상생활에서 촉진될 때 성공적으로 수행된다.

(4) 자기생산에 의한 자기 주도성의 발현

성인 학습자의 유형은 단절된 학습자, 의도적으로 자신의 목표를 추구하는 학습자, 그리고 실패와 성공을 같은 맥락에서 보는 학습자로 나눌 수 있다. 성인학습의 특징은 학습자 스스로가 성찰적인 존재가 되어 자기지시적 학습을 촉진시켜 나가는 것이며 외부의 간섭도 수용해 가는 것이다(Kade & Seitter, 1999).

자기지시적 학습은 촉진되어야 하고 모든 사람이 참여하도록 안내되고 이끌어져야 한다. 자기지시적 학습이 성공적으로 이루어지려면 외부의 힘에 의해 조직되는 타자 주도적인 학습이 선행되어야 한다. 그리고 이후에 다시 자기 생산적인 과정을 통하여 자기 조직으로 발전될 때 성공적인 자기 주도성이 발현될 수 있다(Schlutz, 1999).

3. 자기조절학습과 교육방법

1) 자기조절학습의 개념

자기조절(self-regulation) 개념은 반두라(Bandura, 1976)에 의해 발전되었다. 반두라는 학습자 개인이 스스로 자신의 행동을 조절해 나갈 수 있다고 보고, 스스로 생산해 낸 결과를 관찰을 통하여 조절해 나가는 능력을 키워야할 것을 중시하였다. 반두라는 자기효능감을 강조하면서 학습자가 타인들과의 상호작용 속에서 유용하게 문제를 해결해 나가려면 스스로 과업을 평가해 보는 자기평가가 중요하

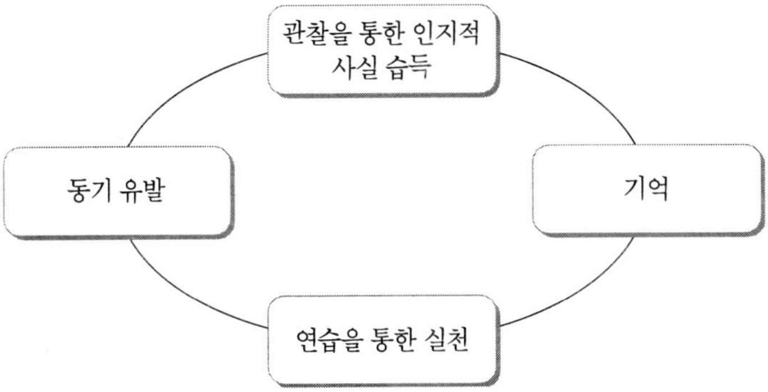

그림 3-3 헤르겐한의 자기조절학습 개념

다고 보았다. 이후에 헤르겐한(Hergenhahn, 1988)은 관찰을 통해 진행되는 자기조절학습이 학습자가 인지적인 사실에 주목하고, 그것을 기억하며, 연습을 통해 실천하고, 동기 유발되는 네 가지의 단계적 학습과정을 거친다고 강조하였다.

성인 학습자는 자신의 학습을 위한 성취 기준과 목표를 설정할 수 있고, 목표에 도달하기 위한 학습 행동을 선택하며, 학습의 전 과정을 성찰할 수 있는 능력을 갖고 있다. 따라서 학습자는 자기조절을 통한 학습과정에서 스스로 학습을 잘 수행하고 있는지, 문제해결을 위하여 학습 전략을 잘 사용하고 있는지를 스스로 평가할 수 있다.

자기조절학습은 학습자가 자신의 목표를 달성하기 위하여 스스로 자신의 사고와 감정, 행동을 체계적으로 활성화하여(Schunk, 1989) 적극적인 행동을 동기화하고 인지력을 스스로 통제해 가는 것이다(Pintrich & DeGroot, 1990). 즉, 자기조절학습은 학습자가 학습 전략을 계획하고 실행하는 과정을 스스로 조절하고 통제해 가는 과정이다.

전통적으로 학습자가 정보를 처리하는 과정이나 다중인지적 사고과정에 초점을 둔 자기조절학습에 관한 연구는 최근 학습자의 정의적 측면, 사회적 측면, 학습동기 관련 측면을 중시하면서 학습을 촉진하는 데 학습환경이 매우 중요함을 지적하고 있다(Schunk, 1989).

자기조절학습의 단계는 계획, 수행 그리고 성찰 단계로 나뉜다(Zimmerman, 2000). 첫째, 계획(forethought) 단계는 실제적으로 과제를 수행하기 위하여 앞으로의 수행 단계에 큰 영향을 미치는 단계로, 과제를 분석하고 계획하는 과정 그리고 동기에 관련된 요인을 포함한다. 과제 분석 및 계획 단계에는 과제 분석, 목표 설정, 전략계획이 설정되고, 동기적 요인에는 자기효능감, 목표지향성, 과제와 관련된 가치 등이 포함된다. 학습에 참여하는 학습자는 자기조절학습의 계획 단계에서 수업을 분석하고, 그것을 자신의 학습목표와 결부시켜, 학습을 수행할 수 있다는 자기효능감(Schunk & Zimmerman, 1994)에 기반하여 과제의 가치를 발견한다.

둘째, 수행(performance) 단계에서는 자기조절학습 전략을 실행에 옮기게 된다. 이 단계에서는 학습자가 과제에 집중하고, 수행을 최적화하기 위하여 다양한 전략을 적용하여 시도하며, 자신의 학습과정을 관찰하고, 수행 결과를 확인하는 지속적인 모니터링의 과정을 되풀이한다. 시연, 정교화, 조직화와 같은 인지적 전략, 동기나 감정을 조절하는 전략, 조절, 모니터링 등과 같은 다중인지 전략을 사용하며, 자기 관찰, 노력 관리, 시간 관리 등을 통해 행동을 조절하며, 학습환경을 조절해 나간다.

셋째, 성찰(reflection) 단계에서는 학습의 전 과정을 평가하고 그에 따라 반응하게 된다. 학습자는 자신의 지식이나 기술, 학습과정이나 학습 결과를 자기평가한 후에 자신의 학습에 대해 긍정적 혹은 부정적으로 판단한다. 평가의 기준을 세우고 학습을 긍정적 혹은 부정적으로 평가하고, 학습 성과를 습득하거나 수정하는 전략적 적용이 포함된다. 학습자는 자신의 학습 결과를 스스로 평가하고, 이러한 평가 결과를 성찰하고 학습과정에 전략적으로 적용하는 능력을 학습 포트폴리오를 통하여 개발할 수 있다.

학습자가 자기 주도적인 학습을 통하여 학습목표를 성공적으로 달성하려면 학습의 내용을 이해할 수 있는 적절한 인지력과 학습동기 그리고 학습에 대한 즐거운 감정을 가져야 한다(Friedrich & Mandl, 1997). 프리드리히와 만들은 자기 주도적 학습을 위한 전제 조건으로 학습자의 심리적인 측면을 매우 중시하였다. 두 학

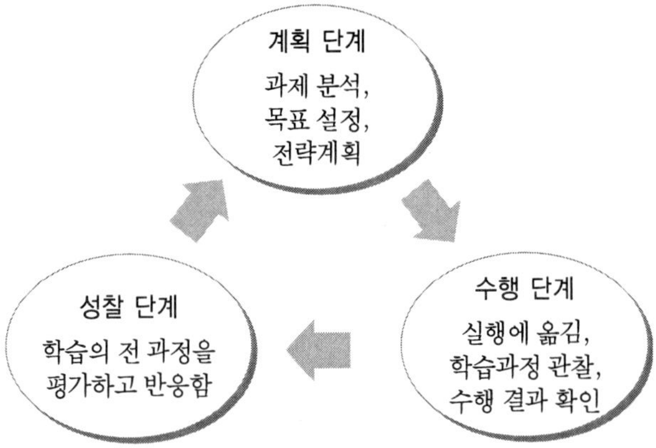

그림 3-4 자기조절학습의 단계

출처: Zimmerman(2000).

자는 적절한 학습동기 및 학습에 대한 즐거운 감정에 학문적인 경험적 연구 결과를 통합하여, 자기 주도적 학습자가 자신의 학습 요구와 관심을 '자아실현에 대한 확신'으로 연결시켜 성공을 확신할 때 끊임없는 노력을 지속해 나간다고 보았다. 이처럼 학습자가 자신의 성공적인 학습 결과를 예견할 수 있는 능력은 학습동기를 구성하는 중요한 요소가 된다. 이외에 정보를 처리하는 전략, 자원을 개발해 내는 전략, 학습의 속도를 조절하는 전략, 주제와 과제에 대한 난이도와 복잡성을 평가하는 전략도 모두 인식적인 요소를 구성하게 된다.

2) 자기조절학습을 위한 교육방법

학습자가 효과적으로 자기학습을 조절해 나가려면 다중인지 전략을 사용할 수 있어야 하고, 자신의 강점과 약점, 자신의 인지적인 학습 스타일과 기술을 잘 알고 있어야 한다.

프리드리히와 만들(1997)은 교수자는 학습자가 자기 주도성을 향상시킬 수 있도록 학습환경을 조성하고 지지해 주어야 한다고 보았다. 교수자의 가르치는 행위란 학습자의 능동성을 자극하고 지지해 주는 것이므로, 교수자는 학습자의 자극을 불러일으킬 수 있는 능력을 개발시키는 데 중점을 두어야 한다. 따라서 자기조절학습을 기반으로 지도하는 교수자는 다음과 같은 수업 전략을 사용해야 한다.

- 복합적으로 얽혀 있는 문제를 실제적으로 해결하는 데 필요한 정보를 제공해 줄 수 있도록 교수자는 강의를 계획하는 단계에서 정확하고 신뢰성이 높은 자료를 선택해야 한다.
- 교수자는 학습자가 자기 주도적으로 다중인지적이고 복합적인 관점을 발달시켜 융통성을 개발할 수 있도록 문제해결 능력의 향상을 지원해야 한다.
- 교수자는 학습자가 지식을 습득하여 문제해결에 적용할 수 있도록 연관성을 강조하여 문제해결 중심의 교육방법을 사용해야 한다. 또한 학자들이 학문적으로 발전시켜 온 지식을 응용하여 문제를 해결하도록 실천 지향적인 학습을 안내해야 한다.
- 스트라케(Strake, 1999)는 독일의 항구 브레멘 시의 수산업 종사자 67명을 대상으로 주관적으로 인지하는 근무 조건을 자기 주도적 학습을 통하여 성공적으로 변화시켜 가는 과정을 조사하였다. 스트라케는 학습자가 성공적으로 자기 주도적 학습을 하려면 자신이 해결해야 할 문제에 대하여 스스로 관심을 갖고 자율적으로 해결해 나가려는 존재가 되어야 함을 강조하였다. 직장에서 근로자가 근로 현장의 문제를 해결하는 것은 자신의 이익뿐만 아니라 전체 근로자의 이익을 향상시키는 데 기여한다는 것을 인지하고, 문제해결의 의지를 가져야 할 것을 강조하였다.
- 평생교육의 목적은 학습자가 시민사회의 구성원으로 성장하도록 지원하는 것이다. 따라서 민주시민으로 학습자가 성장하도록 학습자들의 협동을 지원하는 팀기반 학습이 강조되었다.
- 복합적인 문제를 해결할 때는 동영상 등 다양한 교육매체를 사용하여 학습자의 이해를 넓혀 갈 수 있다.

3) 학습상담

일반적으로 과거에는 일방적인 주입식 교육이 진행되었으나, 최근에는 학습방법으로 컨설팅 또는 학습상담이 강조되고 있다.

카데와 자이터(Kade & Seitter, 1995)는 성인 학습자의 유형을 단절된 학습자, 목표 달성을 추구하는 학습자 그리고 실패와 성공을 동일한 맥락에서 보는 학습자 등 세 가지로 나누었다. 이처럼 학습자의 학습 유형은 다양할 수 있으나, 이들 성인 학습자의 특징은 그들이 스스로를 성찰할 수 있는 자기 성찰성과 자기 주도성을 갖고 있는 것이다. 자기 주도적 학습은 외부의 힘에 의해 지식이 조직되도록 타자 주도적 학습을 지원하고, 이것이 다시 자기 조직적인 지식으로 발전될 때 성공적인 자기 주도성이 지지된다. 학습자의 학습 유형에는 개인의 심리 상태가 많은 영향을 끼치기도 하지만, 학습자의 일상적인 삶의 맥락은 학습자가 무한한 가능성을 계속적으로 발전시켜 나갈 수 있는지의 여부를 결정한다. 여성의 경우 일

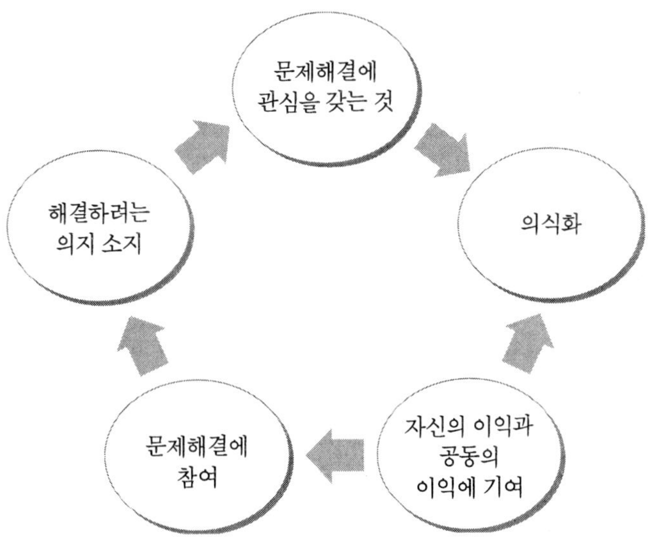

그림 3-5 성공적인 자기 주도적 학습의 과정

출처: Straka(1999).

상생활적인 맥락에서 자녀의 수가 많아질수록 자기 주도적으로 학습하는 시간이 감소하여 계속 학습을 중도에 포기하는 것으로 나타났다. 개인이 계속 학습을 포기하게 되는 경우는 질병을 앓고 있거나 도시에서 거주하다가 교육환경 및 사회기반시설이 부족한 농촌 등으로 이사하는 경우가 빈번한데, 이 경우 학습을 지속적으로 촉진할 수 있는 동기 유발을 위한 자극을 받는 데 제한이 있는 것으로 나타났다. 따라서 학습상담은 학습자가 자신의 문제를 해결하는 데 관심을 갖고, 이러한 문제를 의식화하여 자신의 이익뿐만 아니라 공동의 이익에 기여하고 문제해결의 주체자가 되어 참여하고 문제해결의 의지를 가질 것이 강조된다.

4) 교육방법의 사례: 학습 포트폴리오 만들기

학습자에게 과제를 모은 포트폴리오(portfolio)를 만들게 하면 각각의 과제를 따로 평가하는 것보다 효율적이며, 포트폴리오를 통해 학습자의 발전과정을 알 수 있다.

만들과 크라우제(Mandl & Krause, 2001)는 지식사회에서 학습역량은 사실에 대한 정보나 연관성을 자율적으로 스스로 알고자 하는 능력이나 태도로 보았다. 학습자들은 타인과 함께 협동하면서 이해하고 평가하여 사고하는 구조를 만들어 나가는 과정을 통하여 자기조절적인 학습을 할 수 있다. 학습자가 학습의 주체가 되어서 자기조절하에 지식을 습득해 가는 것을 학습으로 설명하였다. 교육의 목적은 이미 정해져 있는 것이 아니라 학습자가 자신의 발달과정 속에서 구성해 나가는 것이다. 따라서 학습역량이란 조직에 참여하여 구성원들과 바람직한 사회적 관계를 맺어 나가고 문제를 해결해 나가는 의사소통적인 능력뿐만 아니라, 제3의 매체를 통하여 지식을 습득하고 전문적인 영역에서 정보를 이용하며 개념이나 의미를 구성하고 해석해 가는 인지적인 학습과정이 된다(Haecker, 2007).

(1) 학습 포트폴리오의 개념

포트폴리오란 라틴어 'portare(나르다)'와 'folio(문서)'의 합성어다. 1835~1837년에 영국의 외교관이었던 어쿼트(Urquart)가 국가에 큰 영향을 끼쳤던 외교문서를 공개하는 잡지의 이름을 포트폴리오라고 명명하면서 사용되었다. 학습 성과물 모음집이란 뜻의 학습 포트폴리오(learning portfolio)는 학습자가 자신의 학습 성과물 중에서 가장 강점이 두드러지는 것을 선택해서 발전과정을 한눈에 볼 수 있도록 정리해 놓은 것이다. 학습 포트폴리오는 첫째, 학습의 발달과정을 한눈에 나타내 주는 기능, 둘째, 자료로서의 기능, 셋째, 학습자가 학습의 전 과정을 성찰하고 성과물을 선택하여 정리하는 과정을 통하여 적극적으로 평가에 참여하는 기능을 갖고 있는 학습방법이다.

교육 영역에서 사용되는 학습 포트폴리오는 교수자가 학습자의 학습 성과를 평가하는 과정에서 학습에 참여한 학습자를 배제하고 외부자의 시각으로 학습자를 평가하는, 문제점을 개선하려는 대안적 평가 방안에서 시작되었다(Haecker, 2007). 학습 포트폴리오는 교수와 학습자의 학습을 연결시켜 주는 다리의 역할을 하므로 학습자 중심의 평가가 이뤄지는 데 기여하였다(Wilkerson & Lang, 2003).

학습 포트폴리오는 지식의 맥락을 정의하는 것에서 시작하여 학습과정을 서술하거나 지식의 생산물을 수집하는 과정, 수집한 자료들을 학습의 자료로 선택하는 과정, 학습에 대한 성찰과정, 그리고 학습 포트폴리오에 대한 학습상담을 거쳐 새로운 학습의 목표를 세우는 결론의 단계로 구성된다. 학습 포트폴리오가 완성되었다면 그것을 발표하고 전시하여 다른 학습자들과 전 과정을 함께 공유하는 마무리 단계를 거치게 된다.

학습 포트폴리오를 작성하는 가장 큰 목적은 학습의 전 과정을 성찰하여 학습역량을 개발하는 데에 있다(Elbow, 1991). 평가를 받는 학습자는 자신의 학습과정에서 강점을 가장 잘 나타낼 수 있는 최고의 성과물을 스스로 선택해서 제시하므로 평가과정에 적극적으로 참여하게 되어 정당한 평가를 받을 수 있는 기회를 갖게 되고, 이러한 과정에서 자신의 학습과정을 반성하는 기회를 갖게 되어 "자신의 능력을 나타내는" (Haecker, 2007) 적극적인 참여자로 변화하게 된다.

교수자 중심의 수업은 학습자가 학습역량을 개발하는 데 적합한 학습환경을 제공해 주지 못하는 단점이 있다. 교수자 중심의 수업에서는 학습자가 수업의 수동체가 되어 적극적으로 학습할 수 있는 실제적인 체험 기회를 상실하고 문제해결 능력을 개발하지 못하게 되기 때문이다. 그러나 학습 포트폴리오는 학습과정과 학습 성과를 연결시켜 주며(Schmiedinger, Wege, & Brunner, 2007), 학습자 중심의 학습과 액션학습을 유도하며, 학습자의 자기 성찰을 촉진하므로(Haecker, 2007), 학습자의 적극성을 지지하여 학습역량의 개발을 촉진한다는 장점이 있다.

(2) 학습 포트폴리오의 구성 요소

학습 포트폴리오를 만드는 목적은 학습자의 학습역량을 개발시키는 데 있다. 학습자는 자신의 사고와 행동을 체계적으로 활성화하기 위해 첫째, 학습의 목표를 스스로 조절하여 계획한다. 둘째, 자신에게 맞는 학습 전략을 찾는다. 셋째, 학습과정을 서술한다. 넷째, 자신의 학습과정을 성찰하고 개선할 수 있도록 성찰일기를 작성한다. 이 네 가지를 중심으로 〈표 3-2〉와 같이 구성해 나갈 수 있다.

〈표 3-2〉 학습 포트폴리오의 구성 요소

구성 요소	내용
목표와 비전	• 자신의 성장과 발전에 대한 비전 • 학습의 목표와 계획
학습 전략	• 자신의 목표를 실천해 나가는 방법 결정 • 언제, 어디서, 어떠한 학습에 참여할 것인지 결정
학습과정	• 시작-중기-말기 단계에서 경험해야 할 것을 계획
학습 성찰	• 학습에 대한 자기평가 결과 서술 • 학습에서 잘된 점, 잘못된 점, 수정할 것 등을 서술하고 학습목표를 수정

① 학습자를 위한 학습 전략 과정

학습 포트폴리오 구성 요소의 하나인 학습 전략 과정은 학습역량 향상을 목표로 내용을 구성해 가야 한다. 학습과정을 촉진하는 학습 전략은 학습자들이 자신의 학습 스타일을 알고 단점을 개선하도록 촉진해야 한다. 학습자를 위한 학습 전략 검사는 학습자가 자신의 학습 전략을 사용하는 정도를 파악하고, 시간 관리를 통해 효과적인 학습을 촉진하며, 중요한 내용을 효과적으로 메모하도록 지원하고, 보고서 작성법을 안내할 수 있다. 이러한 학습 전략 과정은 〈표 3-3〉과 같다.

〈표 3-3〉 학습자를 위한 학습 전략 과정

학습 전략	세부 내용
학습 스타일	학습 스타일 분석
학습 전략 사용	학습 전략 사용 정도
시간 관리	효율적인 시간 관리방법(시간 관리 포스트잇 사용 안내)
중요한 내용 메모	효과적인 메모 적기 안내(스케줄 노트)
보고서 작성법	각종 글쓰기 연습 및 지도

학습 전략 과정이 끝난 후에 학습자의 성찰일기를 지도할 때는 학습자가 학습 과정 중에서 느낀 점과 잘한 점 그리고 부족한 점 등을 되돌아보고 자기평가를 하도록 안내한다. 그동안 학습자가 학습한 과정과 자신의 장점과 부족한 점을 반성을 통하여 정리해서, 장점은 더욱 개발해 나가고 부족한 점은 보완 · 수정하도록 학습을 촉진한다. 이러한 학습 성찰의 과정은 학습자 스스로가 자신의 학습과정과 학습 성과를 자신의 준거에 따라 평가하고 자신의 장점을 개발하도록 촉진하는 것이 목적이다.

② 포트폴리오 작성을 통한 학습 효과

학습자는 포트폴리오를 작성하는 과정에서 스스로를 관찰 또는 평가해 가면서 학습의 의미를 재구성해 갈 수 있다. 자신의 학습 성과를 성찰하는 포토폴리오를 만들어 가는 과정은 다음과 같은 네 가지의 학습역량을 촉진하는 것으로 나타났다.

포트폴리오를 통해서는 첫째, 과목에 대한 흥미가 유발되어 학습에 대한 동기부여가 향상된다. 둘째, 전공과목에서의 이해도가 높아져 수행능력이 향상되고 수업 집중도가 향상된다. 셋째, 또래학습으로 지식에 대한 정보를 공유하므로 학업에 대한 자신감이 증가한다. 넷째, 학습 자료를 선택하여 수집하는 과정에서 학습활동을 성찰할 수 있는 기회가 증가한다(박성희 외, 2008).

학습자들이 개발해야 할 학습역량은 전문 지식의 습득을 통하여 길러지는 전문적 역량, 학습방법을 배우는 방법적 역량, 사회성을 토대로 함양되는 사회적 역량 그리고 개인적 역량이다. 즉, 수업 목적으로 달성되어야 하는 실제적인 문제해결능력은 첫째, 전문 지식 이외에 지식의 연관성을 도출해 내며 지식을 목적에 맞게 적용하는 전문적 역량, 둘째, 지식을 만들어 내며 이성적으로 일하고, 상황에 적당한 문제해결 전략을 만들어 내며, 결과를 구조화하는 능력인 방법적 역량, 셋째, 타인들과 함께 일할 수 있는 태도와 능력의 개발, 인내심을 갖고 타인과 공감할 수 있는 능력 그리고 갈등을 조절해 나가는 능력인 사회적 역량, 넷째, 학습 준비도, 자신의 강점과 약점을 알아내며 스스로의 신뢰성과 자율성을 길러 나가는 개인적 역량으로 나타났다.

(3) 대학생의 학습역량 구성 요소

학습 포트폴리오의 가장 큰 장점은 학습자가 체계적으로 자신의 학습과정을 성찰하고 자기조절적인 학습 전략을 발전시켜 학습역량을 개발하는 데 있다. 학습 포트폴리오는 학습자가 자신의 지식을 실행에 옮기고 능력을 끊임없이 개발해 나가는 성찰과정을 촉진하여 인지능력, 학습하는 방법, 사회적 그리고 윤리적 발달과정을 촉진시키는데, 이러한 학습역량은 〈표 3-4〉와 같이 나눌 수 있다.

대학생이 학습역량을 개발해 나가려면, 첫째, 다양한 교양과 전공에서의 지식습득을 통하여 인지능력을 쌓아야 한다. 둘째, 지식을 응용해서 적용할 수 있는 전이능력과 구체적이고 관념적인 사실을 사고하여 분석할 수 있는 능력을 갖고,

〈표 3-4〉 대학생의 학습역량

일반 범주	학습현상	핵심 범주
학문적 역량 향상을 위한 조건과 상관관계	• 텍스트 이해력 향상을 통한 인지적 지식 습득 –지식(사실, 규칙, 개념, 정의) –이해(현상, 논리, 설명) –인식(연관성 찾기) –판단(주제, 논지, 조치)	• 다양한 종류의 지식 습득 능력과 인지적 능력 –기초 및 전공 지식 습득 –교양 지식의 습득
방법적 역량 향상 조건과 문제해결 전략	• 학습 전략 개발 –학습 스타일 성찰 –시간경영 전략 –필기능력 습득 –기억능력 향상 –학습에 대한 자율성 증가 –지식과 정보 이용 능력 • 자기 주도적 학습능력 –찾아보기 –발췌능력 –기획하기 –구조화하기 –학문적 연구 결과를 조직화하고 이해하기 –학문적 결과물 발표능력	• 문제해결력 증진을 위한 전략적 학습 방법 개발 –전이능력, 자기 결정 능력, 구체적이고 관념적인 사고력, 분석능력 –컴퓨터 사용능력 –외국어 사용능력
사회적 역량을 키우는 조건과 학습자들의 의사소통 해결 전략	• 또래학습을 통해 협동력 향상 –근거 찾기 –논리적으로 주장하기 –질문하기 –논의하기 –협동하기 –조화를 이루기 –대화하기 –표현하기 • 교수와 학습자 간의 의사소통 촉진 –팀워크 –의사소통 능력 –리더십 –갈등해결 능력	• 의사소통 능력 –학습자와 교수자 간의 인간적 관계 맺기 • 상황에 맞는 문제해결 능력 –팀워크, 역할에 대한 융통성, 감정이입 능력 등

〈계속〉

개인적 역량을 키우는 조건과 정체성 개발 전략	• 정체성 –생애사적으로 형성된 자원경영 능력 –윤리의식 –자기 성찰 능력	• 정체성 개발과 자기 성찰을 통한 정서적 태도 향상 –학업 수행에 대한 충실성 –학업을 수행하는 과정에서의 융통성, 준비성, 인내, 성실성, 노력, 동기의식 등

컴퓨터와 외국어를 사용할 수 있도록 학습방법적 역량이 요구된다. 셋째, 학습활동의 촉진을 위해 또래 학습자들과 교수자 간에는 팀워크를 잘 만들어 가는 것이 중요하다. 이외에 리더십 역량도 요구되어 감정이입을 잘할 수 있는 사회적 역량이 요구된다. 넷째, 학습자가 자신의 책임을 다하고 스스로 동기를 유발하여 학습하는 성찰력을 가진 정체성을 개발해 가는 개인적 역량이 요구된다.

(4) 학습 포트폴리오의 의의

국제적 경쟁이 심화되면서 각 나라는 학습자의 역량 개발에 대한 관심이 매우 크다. 따라서 평생교육기관에서는 학습자가 스스로 설정한 기준에 따라 자아실현을 하도록 전문적 지식과 방법적 능력을 지원하여 학습역량의 개발을 지원해야 한다.

전통적으로 학습자의 학습역량은 조작적인 사고가 가능한 인지적 역량, 협동적 역량 그리고 윤리적 역량으로 이해되어 왔다. 협동력이란 상황에 맞게 협동하는 능력, 집단의 특성에 따라 융통적으로 자신의 역할을 바꾸는 능력, 그리고 사회공동체가 함께 살아가는 데 필요한 공동체적인 능력으로 세분되는데, 이러한 전통적 역량 개념에 하버마스(Habermas)의 의사소통 역량이 추가되었다. 의사소통 역량이란 자신의 역할에 따라 상호적으로 문제를 해결할 수 있는 역량이므로, 언어 사용에 대한 인지적 역량을 매우 중시한다. 따라서 학습자는 인지적 역량, 문제해결을 위한 전략을 찾고, 의사소통 능력에 기반하여 문제를 해결해 나갈 때 자신의 정체성을 발달시킬 수 있다.

학습자의 학습역량 개발을 위해서는 학습자 스스로가 자신의 관심과 학습 요구에 따라 필요한 지식을 학습하고, 자기조절에 의한 학습방법을 구성해 나가도록 촉진해야 하는데, 학습 포트폴리오는 이에 매우 유용한 학습방법이다.

구체적으로 학습 포트폴리오의 의의를 살펴보면, 첫째, 학습 포트폴리오는 학습자가 자신의 학습능력을 나타내는 도구가 되므로 학습자 중심의 수업을 촉진시킨다. 학습 포트폴리오는 자신의 학습능력을 나타내며 스스로 선택한 학습 자료에 대한 성과물을 나타내는 것이므로 학습자의 발전과정을 한눈에 평가할 수 있는 장점이 있다. 학습자는 교수자가 지적하는 오류와 부족함을 보충하려면 많은 시간과 노력을 소요한다. 그러나 학습 포트폴리오는 교수자와 학습자가 학습하는 과정에서 함께 능력을 평가한다. 이것은 교수자 중심의 평가를 지양하고 학습자가 선택한 학습 성과물을 평가하게 되므로 오류 중심의 평가를 역량 개발 중심의 평가로 바꾸고, 학습자가 자신의 장점을 개발하고 심화시켜 성과 중심의 수업을 촉진시킨다.

학습 포트폴리오는 학습자의 성과 모음집에 나타내는 자기조절적인 학습방법과 발전에 대한 성찰능력을 중시한다. 따라서 학습자가 적극적이며, 자기 스스로의 결정에 따라 학습하는 과정을 중시하며, 지식기반사회의 새로운 지식생산자가 되도록 지원해 주는 장점이 있다. 학습자가 자기조절적으로 학습하는 자기 주도적인 학습자가 되도록 지원하려면, 현재 학교에서 일반적으로 시험을 통하여 학습자의 오류를 지적하는 오류 중심의 성적 평가를 성과물 중심의 학습 포트폴리오로 바꾸어 학습자의 능력 중심 학습과 역량 개발을 촉진해야 한다.

둘째, 학습 포트폴리오는 학습과정을 스스로 조절하므로 학습과정의 성찰을 촉진시킨다. 자신의 학습방법을 관찰하는 것은 학습자가 자신의 학습방법을 조절해 나가는 데 있어 핵심적인 활동이다. 자기관찰, 자기평가 그리고 초인지는 자신의 학습법을 조절하고 학습 전략을 발전시키는 전제 조건으로서 자신의 학습을 잘 조절하게 해 준다.

학습자가 학습목표를 정하고 성찰하는 것이 포트폴리오 과정 중 가장 핵심적인 장점이다. 이러한 학습 성찰은 포트폴리오를 작성하는 전 과정에서 진행되며, 성찰은 또래나 지도교수의 피드백을 통해 촉진된다.

학습자가 강의 중심의 수업에서 수동적으로 학습에 참여하였다면, 학습 포트폴리오를 활용한 수업 전략은 수업을 역동적으로 이끌고, 생산된 성과물을 자신의 발달과정으로 이해하게 하고, 나아가 의미 있는 학습으로 재구성하도록 도와준다. 또한 학습 상황에서의 장애를 극복하고 창의적인 사고를 강화시켜 주어 학습자가 지식생산자가 되기 위해 수업에 적극적으로 참여하게 되므로 수업의 질을 보장해 준다. 교육의 개념을 교수 중심의 수업이 아니라, 학습자가 자신이 설정한 준거에 따라 자아실현을 위하여 문화에 적극적으로 참여하고 지식, 능력, 기술을 습득하는 정신적 활동인 학습자 중심의 학습으로 이해한다면, 학습 포트폴리오는 학습 상황에서의 장애를 극복하고 자기조절적인 학습능력을 길러 준다.

생각해 보기

1. 집단 중심의 교육방법이 시작된 역사적 배경과 직업교육의 의의를 생각해 보자.
2. 학습자 중심의 교육과 시민교육의 의의를 생각해 보자.
3. 자기지시적 학습에서 강조하는 교육방법을 이야기해 보자.

참고문헌

박성희 외(2008). 학습포트폴리오를 적용한 대학생의 학습역량에 대한 사례연구. **학습자중심교과교육연구, 8**(2), 159-179.

Alheit, P. (1996). Biografisches Lernen als gesellschaftliches Veraenderungspotential. In: K. Alheim, & W. Bender, W (Eds.): *Lernziel Konkurrenz*. Opladen.

Bandura, A. (1976). Modeling Theory. In W. S. Sahakian (Ed.), *Learning: Systems, Models, and Theories* (2nd ed.). Chicago: Rand McNally.

Breloer, G., Dauber, H., & Tietgens, H. (1980). *Teilnehmerorientierung und Selbststeuerung in der Erwachsenenbildung*. Braunschweig.

Capra, F. (1999). *Lebensnetze*. Muenchen.

Doerry, G. (1981). *Bewegliche Arbeitsformen in der Erwachsenenbildung*. Braunschweig.

Dohmen, G. (1996). *Das lebenslange Lernen*. Bonn.

Elbow, P. (1991). Foreword. In: P. Belanoff & M. Dickson (Hrsg.): *Portfolios. Process and Product*. Portsmouth, NH: Heinemann.

Faulstich, P., & Zeuner, C. (1999). *Erwachsenenbildung*. Weinheim.

Friedrich, H., & Mandl, H. (1997). Analyse und Foerderung selbstgesteurten Lernens. In: F. Weinert & H. Mandel (Hg.): *Psychologie der Erwachsenenbildung*. Goettingen.

Geissler, K. (1994). *Ueber soziale Probleme zu Beginn von Veranstaltungen*. In: Mueller. 12.

Gieseke, W. (1995). Erfahrungen als behindernde und foerdernde Momente im Lernprozess Erwachsener. In: M. Jagenlauf, M. Schulz, W. Guenther (Hg.). *weiterbildugals guartaever Berech*. Neuwied.

Gnahs, D. et al. (1998). *Selbstgesteuertes Lernen*. Bonn.

Greif, S., & Kurtz, H.-J. (1996). *Handbuch Selbst organisiertes Lernen*. Goettingen.

Haecker, T. (2007). *Portfolio: ein Einwicklungsinstrument fuer selbstbestimmtes Lernen. Eine explorative Studie zur Arbeit mit Portfolios in der Sekundarstufe 1*, (2nd ed.). Baltmannsweiler: Schneider Verlag.

Hergenhahn, B. R. (1988). *An Introduction to Theories of Learning*. Englewood Cliffs, NJ: Prentice Hall.

Hunt, D. (1985). *Lehreranpassug: Reading and Flexing*. Frankfurt. a. M.

Kade, J., & Seitter, W. (1995). Aneignung, Vermittlung, Selbstaendigkeit. In: A. Rolf & W. Gieseke (Hg.): *Die Weiterbildungsgesellschaft*. Neuwied, Band 1.

Knoll, J. (1994). *Dozentenaengste*. In: K. Mueller (Hg.). *Kuis-und Seminargestaltury*. weinheim.

Mader, W. (1991). *Zehn Jahre Erwachsenenbildungswissenschaft*. Bad Heilbrunn.

Mandl, H., & Krause, U. M. (2001). *Lernkompetenz fuer die Wissengesellschaft* (Wissensgesellschaft, Forschungsbericht, Nr. 145. Muenchen: Ludwig Maximilians Universitaet.

Meueler, E. (1993). *Die Türen des Käfigs*. Stuttgart.

Negt, O. (1968). *Soziologische Phantasie und exemplarisches Lernen*. Frankfurt.

Pintrich, P. R., & DeGroot, E. V. (1990). Motivational and self-regulated learning components of classroom academic performance. *Journal of Educational Psychology, 82*(1), 33-40.

Reischmann, J. (1997). Self-directed Learning—die amerikanische Diskussion. In: *Literatur und Forschungsreport Weiterbildung, 39*.

Schlutz, E. (Ed.). (1999). *Lernkulturen*. Frankfurt.

Schmiedinger, E., Wege, J., & Brunner, I. (2007). *Mit dem Portfolio zum Schulprogramm*. Hohengehren: Schneider Verlag.

Schunk, D. H. (1989). Goal setting and self-evaluation: A social cognitive perspective on self-regulation. In: M. L Mehr & P. Pintrich (Eds.), *Advance in motivation and achievement, 7,* 85-113. Greenwich/CT: JAI Press.

Schunk, D. H., & Zimmerman, B. J. (Eds.). (1994). *Self-regulation of learning and performance: Issues and educational applications*. Hillsdale, NJ: Erlbaum.

Siebert, H. (2003). *Didaktisches Handeln in der Erwachsenenbildung*. Muenchen, Unterschleissheim: Luchterhand.

Strake, G. (1999). Perceived work conditions and self-directed learning in the process of work. *International Journal of Training and Development*. Oxford.

Wilkerson, J. R., & Lang, W. S. (2003). *Portfolio, the Pied Piper of Teacher Certification Assessments: Legal and Psychometric Issuess. Education Policy Analysis Archives*. http://epaa.asu.edu/epaa/v11n45/

Zimmerman, B. J. (2000). Attaining self-regulation: A social cognitive perspective. In: M. Boekaerts, P. R. Pintrich, & M. Zeidner (Eds.), *Handbook of self-regulation* (pp. 13-29). CA: Academic Press.

제4장 문화예술을 위한 평생교육방법

학습개요

4장에서는 에듀테인먼트, 예술교육과 교육방법, 유머를 이용한 교육방법에 관하여 살펴본다. 먼저, 즐겁게 학습하는 에듀테인먼트의 개념과 스토리텔링 방법을 소개하고, 정신적인 의미가 함축되어 있는 문화예술교육의 개념과 그림, 미술관을 살펴본다. 마지막으로, 세상과 자신에 대한 여유를 갖고 있어 타인의 시각을 수용하려는 열린 시각을 갖게 되는 유머학습의 개념과 교육방법을 살펴본다.

학습목표

1. 에듀테인먼트의 개념과 교육방법을 습득한다.
2. 문화예술교육의 개념과 교육방법을 습득한다.
3. 유머학습의 개념과 교육방법을 습득하고 실천하는 능력을 기른다.

1. 에듀테인먼트

네덜란드의 문화학자인 호이징가(Huizinga)는 인간을 '호모 루덴스(Homo Ludens)', 즉 놀이하는 인간으로 정의하면서 인간이 놀이를 계속하는 유일한 동기는 놀이 자체가 정신적 활동에 기쁨을 주기 때문으로 보았다. 호이징가는 문화는 놀이에서부터 유래하였기 때문에 규칙에 따라서 놀이를 할 때 진정한 문화로 자리 잡게 된다고 보았다. 전통사회에서는 일상생활에서 일과 놀이가 분리되지 않았으나 근대 자본주의가 형성되는 과정에서 일과 놀이가 분리되었다고 보았다.

'에듀테인먼트(edutainment)'는 교육이나 도야를 의미하는 에듀케이션(education)과 휴가나 오락을 의미하는 엔터테인먼트(entertainment)가 합해져서 만들어진 말이다. 에듀테인먼트는 인포메이션과 교육의 의미를 합해서 인포테인먼트(infotainment)로 쓰이기도 한다. 에듀테인먼트라는 용어를 처음 만들어 사용한 헤이먼(Heyman)은 1973년 국립지리학회의 제작자로 일하면서 서스펜스, 설화, 속도감 등 오락적 요소를 사용하여 영화를 제작하였는데 이때부터 자신의 영화를 에듀테인먼트로 부르기 시작하였다. 이 기법을 이용한 교육방법으로 가장 대표적인 것이 퀴즈다. 즉, 즐거움을 갖고 학습하도록 하는 것이 에듀테인먼트이므로, 이것은 체험교육과 비슷한 개념으로 이해될 수 있다.

에듀테인먼트는 즐겁게 학습하도록 하는 것에 역점을 두고 학습자와 교수자 간의 수직적인 관계를 지양하고 교수-학습 시스템의 한계를 극복하기 위하여 제시된 개념이다. 교육은 학습자와 교수자 간에 일방적으로 이루어지기보다 또래끼리 문제해결 중심으로 진행될 때 학습자가 요구하는 생산적인 지식이 쉽게 형성되기 때문이다.

학습자가 지식을 창출해 내는 능력은 자기 주도적인 학습능력과 개인의 창의력을 통하여 생성될 수 있기 때문에 에듀테인먼트는 급속히 평생교육방법으로 적용되었다.

1) 문해교육

문해교육(literacy; Lankshear & Knobel, 2003)의 개념은 학습자가 학교를 제외한 모든 환경을 학습 공간으로 활용하도록 요구하며 교수자와 학습자의 모든 학습환경을 연계하여 학습을 안내하는 안내자 역할을 수행하도록 변화될 것을 요구한다. 이러한 측면에서 평생학습은 학습자 스스로 주도해야 하는 학습, 적시에 행해져야 하는 학습, 비형식적 학습 그리고 협력적이며 조직적인 학습의 영역에 속하며, 학습자가 학습하고자 할 때 신속하게 촉진되어야 한다.

2) 지식의 개념

과거에 지식이란 교사가 전달해 주고 학습자는 습득하는 개념이 중시되었으나, 최근에는 학습자 스스로 구성해 나가는 개념이 중시되었다. 따라서 학습은 학습자에게 유효한 지적인 의미를 만들어 내는 것이며, 교수는 토론과 도출된 발견 등과 같이 실제적인 과제를 해결할 수 있는 인지적인 지식을 안내하는 역할이 강조되고 있다. 학습은 학습자가 새로운 정보에 대하여 자신이 소지한 지식과 정신적 기술을 적용하고, 그 과정을 통해 그들 자신만의 의미를 구성함으로써 창조적으로 새로운 지식을 구성해 가는 과정이다. 따라서 좋은 학습(good learning)이란 사회 문제를 해결하는 데 도움이 되며, 지식은 역동적으로 생성되어 공동의 지식으로 굳어지게 된다.

3) 학습방법의 변화

돈 탭스콧(Don Tapscott, 1998)은 디지털 시대의 학습방법은 다음과 같이 변화될 것으로 예견하고 있다.

- 선형적 학습에서 하이퍼미디어 학습으로 변화된다. 책과 같은 인쇄매체가 제공하는 정보를 처음부터 끝까지 읽어 가는 선형적 학습방법보다는 다양한 정보를 하이퍼미디어를 통해 습득하게 된다. 따라서 학습은 비선형적으로 일어나게 되므로 학습자 스스로가 읽고 이해하는 학습방식으로 전환될 것이다.
- 주입식 교육보다는 학습자가 참여하고 발견하는 학습으로 변화될 것이다. 고정불변하는 정보를 일방적으로 습득하기보다는 빠르게 변화하는 지식을 학습자가 스스로 가공 · 편집해서 자신에게 필요한 지식으로 창출하는 발견학습으로 변화될 것이다.
- 교사 중심의 교육보다는 학습자 중심의 교육이 강조된다. 따라서 교사가 강의를 하기보다 학습자가 자기 주도적으로 학습하는 학습활동이 중시될 것이다.
- 교수자 중심의 주입식 교육에서 학습자 스스로가 학습방법을 배우는 교육으로 변화하게 된다. 학습자가 다양한 학습 자원을 탐색하여 자신에게 필요한 지식을 가공하거나 선택하는 학습방법을 익혀야 할 것이다.
- 학교 중심의 교육이 학교 밖으로 확장되고 팽창되어 평생교육체계로 변화한다. 제도적인 학교교육에서 지식정보가 폭발적으로 증가하면서 취업에 필요한 다양한 정보를 일상적인 삶의 활동과 연계해서 습득하게 될 것이다.
- 똑같은 교육 내용을 정해진 시간에 학습자에게 전달하는 획일화된 집단교육에서 학습자 개개인의 흥미와 관심 그리고 요구에 기반을 둔 개별식 · 맞춤형 교육으로 변화될 것이다.
- 학습자 스스로가 동기를 유발시키고 실천하는 즐거운 학습으로 변화될 것이다.

4) 놀이와 학습

모든 놀이는 학습활동으로 볼 수 있는데, 이것은 복잡한 사고와 행동을 요하는 놀이는 기본적으로 교육적인 가치를 갖고 있기 때문이다. 놀이가 지니고 있는 교육 관련 내용은 다음과 같다.

- 놀이는 재미가 있다. 놀이를 하게 되면 기쁨, 놀라움, 쾌감, 매력, 환희, 즐거움, 미적인 만족, 행복감 등이 따라온다. 놀이를 잘하면 보상을 얻게 되기도 하며 승리감을 맛보고 남에게 인정을 받으며 명예를 얻기도 한다. 이러한 보상은 놀이를 계속하도록 촉진하므로 이때 인지적 발달이 일어나기도 한다.
- 두뇌 발달: 유아가 놀이에 사용하는 에너지는 효율적인 성장에 도움을 주기 때문에 두뇌가 발달하는 것으로 알려져 있다. 놀이활동을 왕성하게 일으키는 신경세포는 협동, 균형과 근육의 기능을 조절하는 소뇌에 집중되어 있다. 놀이를 할 때 집중적으로 발생하는 감각적이고 육체적인 자극은 세포의 성장에 반드시 필요하며 신체 발달에도 필수적이다.
- 놀이와 학습: 놀이를 하게 되면 언어의 표현력이 발달하여 언어에 대한 이해가 빨라지고 어휘가 늘어나며 주의 집중력과 협동심 그리고 타인을 이해하는 감정이입 능력, 참여동기 등이 증가한다. 우리는 이야기를 통하여 상상력을 발달시키고, 중요한 감정을 표현하기도 하며, 통찰력을 향상시켜 간다. 또한 희망을 갖기도 하고 걱정을 덜고 기쁨을 두 배로 증가시키면서 풍부한 상상력을 발달시키게 된다(Barton & Booth, 1990).

놀이가 갖고 있는 학습의 요소는 다음과 같다.

- 놀이는 상상력과 창의력을 발전시키는데, 이것은 확산적 사고(Lieberman, 1977)와 문제해결 능력을 향상시킨다.

- 스토리텔링: 한 개인이 개인적인 삶의 경험을 다른 사람에게 의사소통할 수 있고 삶의 경험에 대해 체계적으로 설명할 수 있다는 것은 사고와 추론의 능력을 발달시키는 것이다(Wells, 1986). '이야기하기'라는 뜻을 가진 스토리텔링은 과거 경험을 의사소통하는 성찰의 과정이기도 하지만 '지금-여기'의 시점에서 새롭게 과거의 경험을 해석하여 새로운 경험의 틀을 창조해 내도록 지원하므로 미래의 계획을 세우게 하는 학습 효과로 이어진다.

5) 교육과 엔터테인먼트

학습자의 적극적인 참여(engagement)를 이끌어 내려면 학습자의 동기 유발과 상호작용에 대한 관심을 증가시켜야 한다. 유럽의 교육방법은 1960년대 이전에는 교육활동에 관심과 초점을 두는 수업(teaching)을 중시하였으나, 1980년대에는 학습(learning)으로 1980년대 이후에는 생각하기(thinking)로 변화되었다. 구성주의 철학에 토대를 두고 지식은 일방적인 전달이 아닌 대화를 통하여 안내자, 교육자와의 활발한 상호작용 속에서 사고능력을 함양시키는 것이 중시되면서 교육과 놀이가 하나로 이해되고 있다.

엔터테인먼트의 장점은 수업 내용을 지루하게 느끼는 학습자들을 적극적으로 수업에 참여시켜 학습동기를 유발하고 교수자와 학습자 간에 활발한 상호작용을 이끌어 낼 수 있다는 것이다. 이러한 엔터테인먼트의 장점을 활용한 것으로 이러닝 학습이 있다.

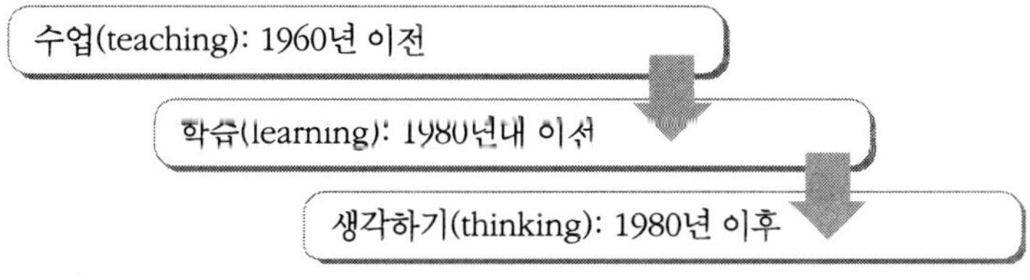

그림 4-1 유럽의 교육방법의 변화

6) 교육방법

학습의 영역에서 엔터테인먼트의 요소를 도입할 때 가장 우선적으로 도입할 수 있는 방법은 스토리텔링 기법이다(강심호 외, 2003). 지식을 전달할 때 자연스럽게 학습자들이 스토리를 따라가도록 하면 학습자들이 정보와 지식을 적극적으로 습득할 수 있다. 에듀테인먼트 스토리텔링에서 가장 중요한 변화는 정보의 전달이나 습득이 강요에 의하여 이루어지는 것이 아니라 학습자가 스스로 학습하게 된다는 것이다. 학습자와 교수자의 상호작용을 엔터테인먼트의 방법을 통하여 성공적으로 이끌어 내려면 학습자의 학습 기회를 확대하여 흥미로운 최적의 상태에서 경험(optimal experience), 즉 학습을 할 수 있도록 설계해야 한다.

스토리텔링이란 학습자들이 전체적인 상황을 함께 인식하면서 의미를 만들어 내는 과정이다. 학생들이 이야기 형식을 통하여 전체 이야기를 구성하는 일부분을 어떻게 의미 있게 만들어 가도록 지원할 수 있는가를 중시한다.

스토리텔링은 학습자들이 감성적인 경험을 할 수 있도록 인지 중심의 교수-학습에 익숙한 학습자들이 감정적인 경험과 인지적인 경험 사이에서 균형을 맞추어 지식을 습득하도록 함으로써 학습자의 상상력을 자극하고 비판능력을 키워 주며 감성의 발달을 촉진한다. 또한 이야기를 통하여 과거와 현재 그리고 미래를 만나게 되고 사물에 대한 새로운 지식을 얻어 이해를 넓히므로 새로운 생각과 경험에 접근할 수 있다.

2. 문화예술과 교육방법

1) 문화예술교육의 개념

미학(美學)은 미를 연구하는 학문 또는 예술 관련 이론이다. 미학(aesthetics)이란 그리스어 에스테티케(esthetike)에서 유래하였으며, 감각적 인식 또는 지각의 의미를 포함하고 있어 감성(sensibility)의 개념이 강조된다. 아리스토텔레스(Aristotle)는 모든 테크네(techne)의 본질이 예술작품의 근원을 이해하는 것으로 보았다. 예술교육의 개념에서는 예술의 기법과 이론을 연구하고 창작하는 것 자체가 아니라 작품을 창작한 작가의 의도를 발견하는 것을 중시하였으므로, 미학에는 상징적이며 정신적인 의미가 함축되어 있다(김승윤 역, 2002).

포스트모던 사회에서 미학은 색이나 상징을 이용하는 그림, 춤 그리고 언어를 기반으로 하는 음악교육 등으로 이해할 수 있다.

우리의 일상생활에서 미학은 매우 다양하게 사용된다. 아름다운 옷을 입거나 식탁을 아름답게 장식하는 것도 미학의 영역에 속한다. 실내장식이 잘되어 있는 레스토랑에서 식사를 할 때는 음식의 맛보다는 실내장식이 그 식당의 이미지를 좌우하게 된다. 상품의 포장뿐만 아니라 선거운동 과정에서도 미학은 큰 효과를 발휘한다. 시청각 자료나 대중매체를 이용한 미학적인 홍보 효과는 실제적으로 후보자의 정치적 성향보다 선거 결과에 더 큰 영향을 미치기도 한다. 스포츠 경기가 시작되기 전에 울리는 배경음악은 관객들의 흥미를 유발시켜 그들을 응원에 참여하게 해서 매우 큰 효과를 얻는다. 이처럼 우리를 주목시키는 미학적 효과는 실제로 우리가 기대했던 것보다 대중의 눈을 쉽게 주목시키는 놀라운 광고 효과를 갖고 있다.

미학적 효과를 얻기 위하여 광고에서는 상징을 사용하는데, 이러한 상징을 이해하는 학습자의 반응은 매우 다양하다. 이러한 관점에서 미학을 이용하는 형상화와 관련된 교육방법적 논리는 음악 또는 예술 교육적 관점이 아닌 일반적인 관점에서 설명되어야 한다.

이상주의를 지향하는 교육은 개인의 인식에 영향을 주기 위하여 다양한 교육방법을 사용해 왔다. 특히 자기 주도성이 강조되는 평생교육에서는 그림이나 사진 등의 예술을 이용한 교육방법이 매우 효과적이다.

그러나 계몽주의 시대가 시작된 이후 사회 문제를 대중에게 알려 의식화하거나 사회의 구조적인 억압으로부터 개인의 해방을 추구하는 교육이론에서는 미학에 소홀하기 시작하였다. 특히 산업화가 시작된 이후에 인간은 감각적으로 인식하는 능력을 크게 상실하였다. 따라서 훔볼트(Humboldt)는 교육을 '능력을 고양시키는 것(Kraeftebildung)'으로 보고, 인간이 감각기능을 회복하여 세계를 인식하는 능력을 다시 키워 갈 것을 주장하였다. 미학을 사용하는 방법을 잘 알고 있는 학습자는 '예술적 문해자'가 될 수 있으나, 그렇지 못한 경우에는 감각기능을 회복하기 위하여 자연을 느끼고, 냄새를 맡고, 손으로 감지하고, 맛을 느끼는 능력을 다시 학습해 나가야 한다.

최근에는 시민교육의 방법으로 예술교육이 다시 주목 받으면서 자연을 과학적으로 관찰하고 그림 등을 이용한 명상교육이 늘고 있으며, 미학에 관한 성인들의 관심도 지속적으로 증가하고 있다.

학습자는 관찰에 근거하여 경험을 발전시켜 나간다. 학습자는 현실을 관찰하여 차이점을 알게 되는데 그 차이를 인식하는 것이 체험을 통한 학습의 결과다. 감각적 인식으로 볼 수 있는 감성이 개인마다 다양한 차이가 나는 것처럼, 사고 작용인 이성도 개인마다 다양한 결과로 나타낸다. 감각적 인식인 감성 그리고 이성은 관찰을 통해 우리의 지식을 확장시켜 주며 동시에 우리가 알고 있는 지식을 눈으로 확인시켜 준다. 그러므로 감성과 이성은 순환적인 관계를 통해 평생학습에서 시너지 효과를 발휘하므로, 학습방법으로 다음과 같은 다양한 예술의 방법을 적용할 수 있다.

2) 문화예술교육을 이용한 교육방법

(1) 문학교육

언어와 감성은 매우 밀접하게 연결되어 있다. 우리의 감성을 불러일으키는 시(詩)는 창조적인 미적 세계를 창조해 내는 데 매우 효과적이다. 이러한 언어의 특징을 이용하여 우리는 일상 대화에서 세속적인 은유를 사용하기도 하며 제스처나 표정 같은 상징들을 통하여 의사소통의 효과를 높이기도 한다. 우리는 특정한 동사와 형용사를 사용하여 기쁨이나 슬픔, 갈등, 불평 등을 표현하는데, 이러한 언어에 관한 미학인 문학은 언어를 이용하는 교육이론에서 다시 주목 받고 있다.

언어를 이용한 문학교육은 문학치료에서 발전하였다. 정신과 의사인 프로이트(Freud)도 환자에게 글을 쓰도록 하였는데, 이러한 글쓰기 과정에서 환자가 치료되는 것을 발견하였으며, 환자의 글을 읽어 보는 의사도 건강해지는 것으로 나타났다. 이후 이와 같은 문학치료는 문학교육으로 발전하게 되는데, 문학교육은 학습자의 상처를 치유하는 데 유용한 것으로 알려졌다. 인간은 슬픔이 너무 큰 경우에 말을 잃어버리기도 하는데, 이러한 경우에는 언어를 다시 사용할 수 있도록 지지해 주는 게슈탈트 치료(Gestalt theraphy)를 통하여 새로운 표현방법을 찾을 수 있다.

성인교육의 목적은 성인의 일상생활에서 나타나는 문제를 예방하고 스트레스에 대처하는 것이다. 체코의 실존주의 작가 카프카(Kafka)는 자신의 체험에 근거하여 글쓰기를 하면서 아버지와의 갈등을 치유해 나간 것으로 알려져 있다. 문학교육에서는 학습자가 문학을 통하여 스스로를 치유해 나갈 수 있으며, 감정을 만들어 나감으로써 자신의 오감인 듣고, 보고, 냄새 맡고, 맛보고, 감각을 느끼도록 지원할 수 있다고 보았다. 즉, 예술이란 자기 안에 숨겨져 있는 감정을 표출시켜 외부의 감정과 연결시키는 것이며, 자기 확신적인 글쓰기를 할 때에 자의식을 확립할 수 있어 학습자는 통합적인 발달을 이룰 수 있는 것이다. 그러나 언어를 이용해 전달하는 교육이 형태나 감정 그리고 신념을 표현하고 전달하는 데에는 효과적이지 않은 경우, 그림을 이용하여 체험을 나타내는 미술교육을 이용할 수 있다.

(2) 예술교육

① 미술과 평생교육

미학을 이용한 교육방법은 미술교육뿐만 아니라 여성운동이나 환경보호운동과 같은 영역에서도 광범위하게 이용되고 있다. 이것은 그림이 학습자가 소지한 잠재적인 감정을 깨우는 데 매우 효과적이기 때문이다. 언어를 통하여 감정을 전달하는 것보다는 그림을 감상할 때 학습자는 기쁨, 호감, 슬픔, 분노 등과 같은 감정을 쉽게 가질 수 있다.

하이테크 사회로 발전할수록 감성을 키우는 교육은 점차 중시되므로 영상이나 그림을 이용한 교육이 활성화되어야 한다. 학습자가 학습에 대한 동기를 갖도록 감정을 자극하는 데 그림을 이용할 수 있다. 미학이란 아름다운 것 또는 추한 것을 나타내기보다 우스꽝스러운 것, 낯선 것, 소외 등의 감정을 자극하여 학습자의 자발적인 학습 의지를 일깨우는 데 유효하기 때문이다.

그림 이외에 콜라주를 이용하거나 회화, 인식에 대한 지도 또는 인생의 생애사 그래프를 그려 보도록 하면 언어를 사용하지 않고도 학습자가 자신의 생각을 전달하거나 표현하도록 지지할 수 있다. 학습자가 자신이 살아가는 사회적 상황을 고려하여 구조적인 압박에서 해방을 추구하도록 지원하는 교육적 작업은 학습자에게 매우 큰 정신적 스트레스가 될 수도 있다. 그러나 그림, 예술작품, 만화, 사진 그리고 다큐멘터리 영화들은 학습자의 자율적인 사고를 촉진하여 자기 주도적 학습을 지지하는 데 유용하다. 사회 문제를 해결해 나가는 데 기여하는 시민이 되도록 지원하려면 전쟁이나 빈곤 아동 또는 폭력을 주제로 한 사진뿐만 아니라 오존층의 붕괴, 멸종 위기의 식물, 핵 발전소 문제, 국가부채, 노인에 대한 낙인, 비인간적인 일터, 다문화, 새터민 등 일상생활의 문제를 고발하는 사진을 사용할 수 있다.

이러한 측면에서 미술관은 실제로 예술작품을 전시하고 이를 다양한 관객들이 관람할 수 있도록 하여 스스로의 감정과 감성을 키워 나가는 교육기관이 된다. 미술교육의 목적은 미술관의 작품 원작에 대해 관람자들이 이해하고 감상할 수 있도록 하는 능력을 함양하고 이러한 경험을 관람자의 삶 속에 다양한 층위로 전이시키는 과정이다(Pittman-Gelles, 1988; 김형숙, 2010 재인용). 따라서 미술관에서는 예술작품의 의미를 관람자들이 다양하게 해석해 낼 수 있도록 안내하는 교육을 실천해야 한다(김형숙, 2010).

② 공공 미술관 및 박물관의 역사와 특징

중세시대에 교회가 성인들의 유품을 진열해 놓고 신자들에게 종교의식의 하나로 수집품을 관람시키던 의식에서 미술관이나 박물관이 발달하였다. 그러므로 미술관은 신전, 성당의 의미가 있다(김형숙, 2010). 그러나 귀족들의 문화였던 관람의 문화는 프랑스 대혁명 이후에는 대중문화로 자리 잡기 시작하였다. 18세기 중엽까지 일반인은 프랑스 왕실 컬렉션들에 접근할 수 없었으나, 1789년 프랑스 대혁명 이후에는 미술관이 일반 대중에게 개방되어 공공 미술관(public art museum)이 생겨나기 시작하였다. 프랑스 대혁명의 결과로 내셔널리즘(nationalism)이 대두되어 루브르 박물관이 개관하였고 왕실과 교회로부터 소장품의 대부분을 지원받았다.

메트로폴리탄 미술관

박물관이란 고대 그리스 신화에 나오는 문예, 미술, 철학의 여신 뮤즈(Muse)에게 바치는 제사의 장소인 신전을 의미하며, 이후에는 서적들을 보관하는 장소로 그 의미가 변형되었다. 뮤지엄(museum)은 여신 뮤즈에 대한 경배뿐만 아니라 문예와 철학을 연구하는 장소였으나, 르네상스 시대에 이르러 캐비닛(cabinet)과 갤러리(gallery)로 그 의미가 전환되었으며, 프랑스 대혁명 이후에는 근대적인 박물관이나 미술관으로 정립되었다.

영국에서는 1845년 「박물관법」을 제정하여 박물관을 공공 시민교육기관으로 키우기 시작하였다. 1900년 초에는 박물관들이 학교와 연계하여 박물관 교육을 통해 아동이 활동하고 학교에 자료를 제공하는 교육 서비스를 시작하였다. 미국에서는 1872년 메트로폴리탄 미술관에서 성인을 중심으로 미술관 교육 프로그램을 시작하였고, 1970년 이후에는 소외된 보이지 않는 관객들을 찾아나서는 작업을 진행하여 지역사회와 연계하는 프로그램을 개발하면서 평생교육기관으로서의 역할을 수행하고 있다.

우리나라에서는 1980년대부터 박물관이 양적으로 팽창하였다. 1984년에는 박물관을 건전하게 육성하여 문화예술 및 학문의 발전에 기여하기 위해 「박물관법」을 제정하였다. 1991년에는 「박물관 및 미술관진흥법」으로 명칭이 변경되었고, 박물관은 평생교육기관과 여가문화를 위한 문화기관으로서의 역할을 수행하고자 노력하고 있다.

중세시대가 지나고 르네상스 시대가 시작되면서 개인이나 교회의 소장품이 박물관에 전시되면서 문화라는 개념이 발달하기 시작하였다. 계몽주의의 시대가 열리면서 개인의 무한한 잠재력을 기반으로 사회가 진보한다는 믿음은 서양에서 박물관이나 미술관의 제도를 만들어 냈다. 도시를 중심으로 산업화가 일어나고 평생교육이 살롱(salon)을 중심으로 시작되면서 미술관이 발달하기 시작하면서 종교적인 요소를 줄여 관람객들에게 미술을 경험하도록 하였다.

공공 미술관의 역할은 공공성에 있으므로 미술관은 공공성을 확보하여 미술 관객들과 소통해야 한다. 제1차 세계대전이 끝나고 각 나라에서 모아 온 전리품들을 전시한 미술관과 박물관은 많은 시민들이 모이는 장소가 되기 시작하였다. 미술관은 각국의 전리품이 공개적으로 전시되면서 국가 정책을 시민들에게 알리고 자국의 정체성을 고취시키는 정치적 장소로 이용되기 시작하여 사회정치적 교육의 장으로 변화하기 시작하였다(김형숙, 2010).

미술관에서 관람자는 예술작품에 집중하여 작품과 하나가 되는 체험을 하게 되는데, 이것이 미술관이 갖는 교육 효과다. 학습자는 미술작품을 감상할 때 순수한 미적 체험을 하게 되는데, 이것은 자신의 삶의 질을 높이는 데 기여하게 된다.

③ 미술관을 이용한 교육방법

유럽에서는 1930년대에서 1940년대에 미술관을 지원하던 후원자들의 수가 감소하면서 정부 지원이 시작되었고, 이때부터 미술관이 평생교육기관으로 탈바꿈하기 시작하였다. 미술관은 예술작품을 모아 놓은 기관이 아니라 많은 학습자들이 역동적으로 모이고 의미 있는 학습 장소가 되었다. 이때 성인교육과 시각예술에 관심을 갖고 있던 중산층은 미술교육의 적절한 대상이 되었고, 미술관 교육 프로그램들이 개설되기 시작하였다. 이러한 흐름에 따라 1942년 뉴욕의 근대미술관에서는 미술치료전이 열려서 미술을 이용한 심리치료가 시작되었다. 미술은 아름다움을 제공해 주는 예술로서의 역할과 정신적으로 상처받은 사람들의 징후를 진단하여 심리적 억압으로부터 인간을 해방시키는 수단으로서 그 중요성이 강조되기 시작하였다. 미술이 정신과 감성적 건강을 진단하는 중요한 수단으로 여겨지면서, 예술작품을 통한 진단 행위는 시각적 표현들을 이해하고 그것을 심리학자들에게 해독하도록 하였다. 미술관은 1970년대와 1980년대를 거치면서 포스트모던한 시각들이 문화 영역에 대두되기 시작하면서 그 담론에 변화를 가져왔다.

그동안 미술관에서는 예술작품을 대상으로 인식하고 미적인 시각만을 중시하고 감상하였다. 그러나 학제 간 연구를 강조하는 신미술사 동향은 기호학(semiotics), 해체주의(deconstructionism), 마르크시즘(Marxism), 페미니즘(feminism) 등에 기반하여 예술작품에 대한 해석의 지평을 넓혀 작품이 생산되는 정치, 경제, 사회계급적 맥락을 학습자들이 스스로 학습할 수 있는 계기를 마련해 주었다. 따라서 예술작품에 대한 존재의 의미는 독자가 스스로 생산하는 것으로 이해되면서, 관람자 시각에 의해 해석해 나가는 과정을 중시하게 되어 학습자의 주도성이 강조되었다.

학습자는 미술에 대한 지식을 수동적으로 받아들이지 말고 자신의 삶의 맥락에 따라 재구성하는 능력을 키워야 하므로, 이러한 측면에서 미술교육은 다음과 같은 교육방법론이 중시된다.

- 미술 교과서 중심의 교육에서 진정한 학습(authentic learning)으로 전환되어야 한다.
- 학습자는 협동학습을 통하여 자신의 특정한 경험이나 현상을 타인과 함께 공유해 갈 수 있으며 다른 사람의 경험을 재구성하여 자신의 독특한 의미를 산출할 수 있다. 따라서 미술관은 학습자들이 미술에 대하여 배우고 체험할 수 있는 소통의 공간이 되도록 기획되어야 한다.
- 미술교육은 박물관에서의 체험학습을 중시하고, 박물관 현장에서는 학습자들이 적극적이고 자율적으로 지식을 재구성해 나가도록 지원해야 한다.
- 학습자들이 자아성찰을 할 수 있도록 미술교육이 진행되어야 한다. 미술관 교육은 학습자들이 개인적 경험이나 일상적 사건 그리고 체험을 전통적인 미술의 영역으로 연결시켜 사고하도록 지원되어야 한다. 예술작품에 대하여 당연하게 알고 있었던 사실을 새롭게 반성해 보고 자신의 경험으로 재구성하는 교육이 실행되어야 할 것이다.
- 미술교사들을 위하여 '아카이브' 같은 도서관 또는 보관소를 만들고 교사교육 프로그램을 개발해야 한다.
- 장애인을 위한 전시와 교육 프로그램을 활성화해야 한다.
- 학습자는 그림을 통찰할 수 있는 능력을 키워 가며, 그림의 이면에 숨어 있는

현실을 탐지해 내려고 노력하는 자발적인 자기 주도적 학습의 주체가 되어야 한다.

④ 미술관 교육

질러(T. Ziller)는 미학적(aesthetic), 미술사적(art history), 사회교육적(social education), 학제 간 및 인문학적 관점(interdisciplinary & humanities)에 기초하여 미술관 교육의 중점을 다음 네 가지로 제시했다.

첫째, 미술관의 교육철학은 학습자들이 미학적 또는 미술적 감정을 많이 생산해 낼 수 있도록 지원해야 한다. 따라서 작품을 전시할 때는 관람객, 즉 학습자들의 미적 체험과 안목의 향상을 위하여 예술성이 높은 작품을 선택하여 전시하고 관람객이 과거의 문화유산을 체험할 수 있도록 유물들을 선택해 전시해야 한다.

둘째, 학습자들이 작품과 유물이 만들어진 역사적 · 문화적 맥락과 관련하여 사고할 수 있도록 전시환경을 조성해야 한다.

셋째, 다양한 학제 간 접근이 일어나도록 예술작품과 역사, 문화, 운동 등을 다양한 측면에서 연결시켜야 한다. 이러한 접근은 시각적 정보를 통하여 문화의 발달이 사회적 맥락과 어떻게 연결되어 있는지를 알려 미술관의 가치를 높이고 여러 다양한 배경을 가진 학습자들의 흥미를 유도해야 한다.

넷째, 박물관, 미술관을 통한 교육적 접근은 미국의 진보주의나 실용주의의 영향을 받아 발달하였다. 미술을 통한 평생교육방법은 개인이 예술작품에 대하여 미적 감성과 지식을 높여 나가는 것이 아니라 예술작품이 포함하고 있는 의미를 학습자들이 자기 주도적으로 산출해 냄으로써 삶의 질을 개선하고 실질적인 사회의 변화를 추구하는 데 기여하도록 실행되어야 한다.

미학을 이용하여 학습자의 동기를 유발하면 학습자는 빠른 시간에 효과적으로 새것을 인식하게 된다. 학습자가 즐겁고 쉽게 배우도록 가르치는 교육방법을 '암시교육(Suggestopaedie)'이라 한다. 암시교육에서는 놀이, 음악, 율동, 이완 그리고 감각기관을 이용해 학습을 촉진할 수 있으며 안정감을 주는 바로크 음악을 통해 학습능력을 최대화시킬 수 있음을 강조한다. 누구나 자신에게 맞는 최적의 방법으로 학습할 수 있으며 특히 기억력을 최대화하는 데 유용함을 강조한다. 이러한 암시교육의 방법을 프레이리(Freire)도 사용하였는데, 그는 단어를 가르치는 과정에서 단어의 의미에 상응하는 그림을 연결시켜 학습자들이 쉽게 이해하도록 하였다. 특히 학습자는 안락한 공간에서 멋진 옷을 입고 학습할 때에 감성이 자극되어 학습 효과가 높아지는 것으로 알려져 있다. 특히 눈으로 보면서 학습하는 것을 즐기는 유형의 학습자들은 시각적 자료보다 시청각적 자료를 통하여 쉽게 배우는 것으로 알려져 있다.

3) 미학과 자율적인 학습의 관계

미학적인 관점에서 중시하는 미학적 형상화와 감각을 마비시키는 현상의 관계는 이분법적 사고로 평가하기보다는 되도록 모든 것을 폭넓게 수용하는 것이 좋다. 미학적 관점에서의 사고는 다양한 이해와 접근을 수용하고 있지만 포스트모던한 관점에서 보는 사고와는 차이가 있다. 미학적 사고에서는 비판적 측면에서 원인이나 상황을 관찰할 것을 강조하고 다양성을 인정할 것을 강조한다. 즉, 현실을 미학적으로 가시화하고 감성을 중시하여 성인교육에서도 경험에 의해서 새롭게 사고하고 성찰하려고 노력할 것을 강조한다. 경험이나 체험은 칸트(Kant)가 주장한 감각적인 인식에 그 기초를 두고 있다. 이처럼 우리의 체험, 즉 지식은 이론을 통해서만 얻을 수 있는 것이 아니며, 학습자가 스스로 체험해 나가는 상황에서 습득이 가능하다.

체험을 통하여 얻은 지식은 두 가지 관점에서 큰 의의를 갖는다. 평생학습자들은 첫째, 실제로 존재하는 것에서 무엇인가를 발견하기보다는 새로운 것을 발견해 내려고 노력해야 한다. 둘째, 평생교육자들은 우리가 보고 있는 가시적인 사실 뒤에 실제보다 더 많은 것이 감추어져 있다는 것을 숙지해야 한다. 따라서 우리의 경험 및 체험이 과장되어 있다고 생각될 때는 일상생활에서의 문제를 비판적으로 관찰하고 인식하도록 노력해야 한다.

학습자는 자신의 인식능력을 고찰하고 그것의 꾸준한 함양을 위해 훈련하면 원하는 학습 결과를 이룰 수 있다. 학습자 간에도 새로운 정보를 인식하는 과정과 관심도는 각기 다른 관심 분야와 개인이 경험하는 다양한 사회화의 과정에 따라 많은 차이가 있다. 이것은 학습자의 학습환경뿐만 아니라 텍스트를 이해하는 능력, 토론에 참여하는 열정과 같은 태도가 저마다 다르기 때문이다. 그렇기에 특히 우리의 감각 인식은 더욱 개발되어야 할 것이다.

3. 유머를 이용한 교육방법

유머가 없는 사람들은 대부분 잘난 체하며 타인에 대하여 관대하지 못한 편이다. 유머는 세상과 자기 자신에 대한 여유로운 자세에서만 나올 수 있기 때문이다. 유머는 인간의 사고와 행동이 허무한 것이며 인간은 완벽하지 못하고 미약한 존재라는 것을 스스로 인지하는 것이므로 인간이 가진 아이러니라고 볼 수도 있다.

유머는 사람을 귀하게 생각하는 마음에서 비롯된다. 그래서 다른 사람의 불행을 보고 기뻐하는 것은 유머가 아니다. 유머가 절대적인 진리를 거부하므로 그것이 지니고 있는 인식론적 원칙의 특성은 바로 상대성이다. 유머란 자신과는 다른 일이나 사람을 인정하는 것이므로 관대하고 성숙한 태도에서 나온다. 모든 일을 유머스럽게 받아들이는 능력은 인간의 발달과정에서 생긴다. 인간의 성숙이란 스스로를 성찰하며 자신과는 다른 상이한 견해를 수용하는 것에서 시작된다. 나 스스로가 자신과 자신의 부조리성을 상대적으로 인정하지 않으며 스스로 웃어넘기지 못하면, 나는 나 자신의 함정에 빠져 스스로를 억압하게 된다(Hoefner & Schachtner, 1995).

1) 웃음 교육 및 웃음 패러다임

미국에서는 웃음을 연구하는 학문(Gelotologie)이 자리를 잡아 일상생활에서의 웃음이 병을 낫게 하는 힘의 원천으로 인식되고 있다. 웃음의 긍정적인 작용은 심리적인 측면에서 그치지 않고 실제로 인체에 좋은 반응을 끼치는 것으로 나타나 있다. 이러한 웃음의 치료 효과가 알려지면서 정신과에서도 웃음의 의미가 중시되며, 이에 웃음으로 얼굴 근육을 훈련시키는 프로그램들이 발달되어 있다.

(1) 웃음의 어원

그리스의 의학서에 웃음은 인간이 지니고 있는 특성으로 적혀 있다. 웃음의 어원은 'Hele(웃다)'로 행복과 건강을 의미한다(이임선, 2009). 우리가 웃을 때 횡경막은 호흡을 빨리 하게끔 돕는데, 이때 몸의 모든 근육이 이완되면서 기분이 좋아진다. 우리말의 웃음은 '웃다'라는 동사와 '숨'이라는 명사가 합쳐진 단어다. 웃음의 '웃'은 높다는 의미로서 우리 몸의 가장 높은 곳인 머리를 가리키고, '음'은 숨을 쉰다는 뜻을 내포하고 있다. 따라서 웃음은 우리의 머리가 숨을 쉰다는 의미이므로 웃을 때에만 머리가 숨을 쉰다는 사실도 알 수 있다.

웃음은 인간 사이를 친밀하게 만드는 의사소통의 한 종류이며 행복한 감정의 결과를 나타내는 신체의 반응이다. 아동은 생후 100일이 되면 소리에 반응을 하면서 가족들과 웃음으로 의사소통을 할 수 있는데, 웃음은 뇌가 정상적으로 기능할 때만 가능하다. 즉, 웃음은 정서적인 표현으로 상대방에게 즐거움과 유쾌한 감정을 전달하는 고도의 정신적인 의사소통의 한 방법이다. 또한 심리적, 정서적 행복이나 만족의 정도인 안녕감에도 영향을 미치는 요인이 된다. 프로이트는 웃음이 걱정, 분노, 공포, 근심 등 부정적인 감정에 억눌리지 않고 어려운 상황을 극복해 가는 중요한 방어기제가 된다고 보았다. 칸트도 웃음은 인간에게 가장 중요한 신체 발달과정을 촉진하여 건강한 느낌과 만족스러운 건강한 정서 상태를 유발한다고 보았다. 이와 같이 웃음은 부정적 감정을 줄여 주고 행복한 감정을 불러일으키는 역할을 담당하고 있다.

(2) 웃음에 대한 일곱 가지 이론

맥닐(McNeil)은 웃음에 대한 일곱 가지 이론을 다음과 같이 설명하고 있다.

- 자기 우월감 이론: 상대방에 대해 우월감을 느낄 때 웃음이 나온다.
- 불일치이론: 어떠한 차이에 의하여 웃음이 발생한다.
- 기분전환이론: 프로이트는 기분전환을 위하여 유머가 필요하다고 보았다.
- 관계성이론: 인간 사이의 관계에서 웃음은 관계를 결속시켜 주는 고리 역할을 한다. 우리는 상대방과 이야기를 하면서 웃음을 많이 사용하며, 인간관계나 의사소통을 더 잘하는 여성들은 관계의 향상을 위하여 웃음을 잘 사용하는 것으로 알려져 있다.
- 안도감이론: 성인들은 긴장 속에 있다가 긴장감이 사라지면 웃게 된다. 시험에 합격하였다는 소식을 들으면 우리는 환호성을 지르며 큰 소리로 웃는데, 이러한 것은 긴장감이 완화되는 안도감에서 나오는 것임을 알 수 있다.
- 인지적 능력이론: 농담이나 어떤 내용의 유머를 즐기려면 적절한 수준의 인지능력이 요구된다. 유머의 내용을 자신이 이해하지 못할 때는 즐길 수 없기 때문이다.
- 사회론: 베르그송(H. Bergson)은 사회적 요구에 적응하지 못하거나 이탈현상을 보일 때 웃음거리가 되므로, 사회의 변화 속에서 학습을 통하여 진화해 가야 할 것을 주장하였다.

유머와 현명함은 아주 밀접하게 연결되어 있어 아주 현명했던 사람들의 대부분은 유머감각을 소지하고 있었던 것을 알 수 있다. 현명한 사람은 자신의 견해가 순간적이며 제한되어 있다는 것을 알고 있어, 타인의 비판을 관대하게 수용하고 다른 사람이 갖고 있는 다양한 사고를 인정한다. 따라서 웃음은 타인을 수용할 줄 아는 포용력을 향상시킨다.

(3) 웃음의 이론적 효과

우리 속담에는 웃으면 복이 온다는 말이 있다. 그리스에서도 희극을 관람하면서 즐거운 마음으로 질병을 치료한 것으로 알려져, 웃음은 오래전부터 의학에서 질병치료의 목적으로 사용되어 왔음을 알 수 있다. 웃음은 엔도르핀을 증가시키고 신진대사를 촉진시켜 면역체계를 몇 시간 동안이나 강화시키는 것으로 나타났다. 우리의 몸에는 늘 최적의 상태를 유지하려는 생체 항상성(allostasis)이 있다. 이를 이용하여 우리는 자연적으로 우리 몸을 치유할 수도 있다. 우리가 스트레스를 받으면 몸은 신체적 안정을 되찾기 위해 혈압과 맥박, 호흡 등을 스스로 조절해 가며, 반대로 항상성은 인체의 적응적 변화를 유도하여 생명을 유지시키려는 역할을 한다. 웃음의 효과는 생명을 유지하는데, 혈압과 맥박 그리고 호흡의 변화에 영향을 미쳐서 운동성을 극대화하는 효과가 있는데, 이것이 웃음의 리셋 효과(reset effect)다.

(4) 웃음의 생리적 효과

- 통증 완화: 웃을 때 뇌하수체에서 분비되는 엔도르핀은 자연 진통제의 효과가 있다. 암 환자들은 웃음교실에 참가한 후에는 별다른 통증 없이 편안한 수면을 취하고 한나절을 보내게 된다.
- 경피증과 알레르기 개선: 피부가 딱딱해지는 경피증을 8년이나 앓았던 60세 여성은 처음에는 스스로 옷을 입거나 벗을 수도 없을 정도였다. 그러나 웃음치료를 받은 지 5개월이 되자 어두운 얼굴이 펴져 웃음을 되찾게 되었는데, 이때부터 인상이 풀리면서 딱딱해진 피부가 열리기 시작했다고 한다(이임선, 2009). 웃음을 통해서 행복감을 느끼게 되면 알레르기가 개선되고 피부도 촉촉해진다고 한다.

이 외에도 웃음은 감기를 예방하고 기분을 좋게 만들며 소화를 촉진시킬 뿐만 아니라 기분을 좋게 하고, 인체의 쾌감 중추가 식욕 중추를 억제하여 식사량을 감소시킨다고 한다. 그리고 세로토닌의 분비를 촉진해서 행복을 느끼도록 하여 만성피로를 풀어 준다. 웃음은 운동 효과를 나타내기도 한다. 웃을 때 근육이 이완되어 어깨 통증 등도 완화되며, 면역계를 활성화시켜 면역력을 증진시키고, 심장 박동수를 높여 주어 혈액순환을 도와 심장병과 뇌졸중을 예방하며, 운동의 효과를 높여 주어 당뇨병을 개선해 주는 것으로 알려져 있다.

(5) 웃음의 정신적 효과

- 자신감 회복: 웃음은 자신감을 높여 주는 것으로 알려져 있다. 유머를 사용하여 자신의 감정을 표출할 때 자신감도 상승된다.
- 스트레스 호르몬 감소: 웃음은 스트레스를 해소시킨다. 급성 스트레스는 스트레스 호르몬을 증가시켜 혈압, 맥박, 동공 확대 등 생리적 변화뿐만 아니라 우울증, 불안감, 좌절감을 일으켜 인간을 패닉 상태로 만든다. 스트레스를 받게 되면 수행능력이 점점 떨어지고 자신감이 없어지는데, 이러한 경우에는 악순환이 계속될 수 있다. 웃는 행위는 그 자체로 타인에 대한 열린 마음의 상태를 표현한다. 웃음이라는 유머를 통하여 심리적 긴장감을 완화시키고 스트레스를 줄이면 자신감을 키워 나갈 수 있다.
- 대인관계 및 자긍심 증가: 인간은 마음이 열려야 관계가 열리고, 또 관계가 좋아져야 일도 잘된다. 웃음은 상호 간에 오해를 없애고 억압된 감정을 경감시켜 자긍심을 높여 주는데, 이러한 낙천적인 사고방식은 타인에 대한 분노를 줄이고 자신에 대한 자긍심을 높이는 데 기여한다.
- 열정: 열정이란 우리가 삶을 살아가는 데 원동력이 된다. 웃을 수 있는 사람은 언제나 삶의 에너지가 넘친다. 웃으면 자존감은 물론 자신감까지 높아지므로 모든 일에 열정을 갖게 되고 삶이 긍정적으로 변화하게 되는데, 이것이 자신의 잠재력을 개발시켜 열정을 발휘하도록 한다. 웃음은 즐거운 경험을

통하여 감정을 조절하고 질병이나 현 상태를 올바르게 수용하도록 하며 불안이나 공황장애로부터 벗어나도록 지지해 준다.

- 창의력 증가: 웃을 때에는 뇌에 전달되는 혈류량이 늘어나 산소의 유입량이 많아져서 머리가 맑아지고 뇌의 활동이라 할 수 있는 시냅스(synapse)의 움직임이 빨라진다. 즐거운 감정과 유머가 수반된 웃음은 우리가 창의적으로 자신의 문제를 해결하도록 감정적인 지지를 해 준다.

우리는 웃음을 통하여 자신의 미래를 긍정적으로 사고하도록 언제 어디서나 계속적으로 웃을 수 있는 습관과 태도를 길러야 할 것이다.

2) 희극에서 유머를 이용한 평생학습

감정을 전달하고자 할 때는 학습자들이 연극을 하도록 지도하여 자신의 감정을 잘 전달하게 할 수 있다. 개인들은 연극을 통하여 자신의 생각을 표현할 수 있고, 구체적인 연기를 통하여 감정을 표현할 수도 있다. 특히 교육 수준이 낮은 성인을 대상으로 교육을 실시할 때는 언어를 사용하여 내용을 전달하는 지루한 강의보다 상징이나 몸짓으로 내용을 전달하는 수업이 더욱 효과적일 수 있다. 유머는 희극과 매우 깊은 연관이 있는데, 성인교육을 할 때 유머를 이용하면 학습 효과가 높아진다. 유머는 자연스러운 상황에서 나오는 꾸미지 않은 아이러니이며 교육방법의 성패를 좌우하는 결정적 요소가 될 수 있다. 능력 있는 교수자들은 학문적인 깊이나 소지하고 있는 뛰어난 방법론 때문이 아니라 그 사람이 지니고 있는 유머스러운 분위기 때문에 알려져 있다.

언어는 우리의 일상생활을 제대로 정확하게 표현해 내는 데 한계가 있다. 희극에서는 유머를 자아내기 위하여 흔히 아이러니를 사용한다. 아이러니는 사건 자체뿐만 아니라 사건이 일어나는 시간과 그 행간의 의미를 이해하는 것이 더 중요하다.

학습자는 때로는 직면하고 있는 사건이 우스꽝스러워 웃을 뿐만 아니라 타인이 전혀 기대하지 못한 것을 질문하거나 생각할 때에도 웃게 된다. 이러한 경우에 학습자는 너무나 분명한 일을 다시 한 번 성찰하게 되는 생활 태도를 학습하게 된다.

눈에 보이는 분명한 것을 아주 새롭게 보고 다시 의문점을 제시할 때, 캐리커처나 풍자 또는 은어로 표현할 수 있다. 아이러니를 교육의 목적으로 사용할 때는 흑백으로 모든 것을 나누는 모순의 한계성과 흑백논리를 거부하는 양가적인 태도를 중시한다. 희극에 나타나는 유머는 '인간의 선과 악에 대한 판단' '피해자와 가해자'의 구별, 문명과 비문명의 구별을 풍자하며 거부하기도 한다.

아이러니는 바로 학습자가 가지고 있는 무능력을 보충하는 데 결정적인 역할을 한다. 마쿼트(Marquard, 1991)는 많이 이야기할수록 우리가 우리 인식의 한계를 더 많이 느끼게 된다고 보았다. 따라서 학습자는 항상 행위능력이 충분하도록 그것을 끊임없이 보충해야 한다고 하였다. 행위능력을 보충하는 능력에는 바로 언제, 어디서, 누구에게 컨설팅을 받아야 하는지, 무엇을 학습해야 하는지, 언제 상세하게 알아야 하는지, 언제 개괄적인 지식이 필요한지, 언제 신중한 결정을 내려야 할 것인지를 판단하는 능력이 포함된다. 아이러니는 학습자의 학습을 촉진하게 되므로, 유머를 많이 사용하는 사람이 학습을 끊임없이 수행해 가도록 지원해야 할 것이다.

생각해 보기

1. 에듀테인먼트를 이용한 교육방법을 생각해 보자.
2. 문화예술교육의 개념과 교육방법을 생각해 보자.
3. 유머를 이용한 교육의 개념과 교육방법에 대하여 이야기해 보자.

참고문헌

강심호 외(2003). 디지털 스토리텔링. 서울: 황금가지.

김승윤 역(2002). 예술과 과학. 일리안 스트로스베르 지음. 서울: 을유문화사.

김형숙(2010). 미술교육, 사회와 만나다. 파주: 교육과학사.

류분순(2000). 무용 · 동작치료학. 서울: 학지사.

백영균(2005). 에듀테인먼트의 이해와 활용. 서울: 정일.

변학수(2005). 문학치료. 서울: 학지사.

이임선(2009). 몸과 마음을 치유하는 웃음치료. 서울: 하남출판사.

Barton, B., & Booth, D. (1990). *Stories in the Classroom*. Portsmouth, NH: Heinemann.

Hoefner, E., & & Schachtner, H. U. (1995). Psychotherapie is eine ernste Sache. oder? In: *Psychologie heute*, 9, 25ff.

Kade, J., & Seitter, W. (1995). Teilnahmemotive. In: *Report 35*, 291ff.

Marquard, O. (1991). *Abschied vom Prinzipiellen*. Stuttgart.

Lankshear, C., & Knobel, M. (2003). *New literacy*. Open University Press.

Lieberman, J., N. (1977). *Playfulness: Its relationship to imagination and creativity*. New York: Academic Press.

Reheis, F. (1998). *Kreativitaet des Langsamkeit—Neuer Wohlstand durch Entschleunigung*. Darmstadt.

Tapscott, D. (1998). *Growing Up Digital: The Rise of the Net Geueratim*. McGraw-Hill.

Wells, G. (1986). *The Meaning Makers*. Portsmouth, NH: Heinemann.

제5장 시민사회를 위한 평생교육방법

학습개요

5장에서는 대상집단 중심의 교육방법과 1970년대에 새로운 사회운동으로 시작된 지식생산 공작소의 개념과 교육방법을 소개한다. 또한 모든 사회의 구성원이 인간답게 살 수 있도록 공동체의 일원이 되게끔 이끌어 가기 위한 시민교육의 개념과 교육방법을 소개한다.

학습목표

1. 대상집단 중심의 교육방법을 익히고 현장에 적용할 수 있다.
2. 창의적인 방법으로 문제해결을 지향하는 지식생산 공작소의 개념과 교육방법을 익힌다.
3. 학습자가 공적 시민으로 성장하도록 사회에 참여하는 능력과 비판적 사고력 향상을 위한 교육방법을 습득한다.

1. 대상집단 중심의 교육방법

성인학습이 초·중등 및 대학 교육과 구별되는 것은 학습자 중심의 교육을 실행하기 때문이다. 유럽에서는 1970년대부터 성인을 학습의 대상자로 규정하는 평생교육에 대한 비판이 시작되면서 성인교육의 가능성과 한계가 나타나게 되었고, 이에 성인의 다양한 경험을 중시하는 학습 모델이 만들어졌다. 소외된 성인에게 학습을 지원하여 삶의 질을 향상시키려는 목적에서 시작된 평생학습은 다음과 같은 역사적 배경을 통하여 발전하였다.

1) 세계 여러 나라의 대상집단 중심의 교육방법 발달

1700년대부터 유럽에서는 학습에서 소외된 계층인 소녀와 농부를 대상으로 계몽교육이 시작되었는데, 이것은 대상집단 중심의 교육방법이 시작되는 계기가 되었다. 1800년대에는 시민독서회가 만들어지고 수공업자로 구성된 노동자 교육단체가 결성되면서 조직적인 학습이 시작되었다.

1850년대에 독일에서는 콜핑(Kolping)이 장인(Meister)을 만들어 내는 직업교육을 주장하면서 콜핑 협회(Kolpingverein)를 조직하였다. 덴마크에서는 그룬트비히(Grundtvig)가 교육의 혜택을 받지 못한 농민과 근로자를 대상으로 지역사회에 시민대학(Heimvolkshochschule)을 세워 성인교육을 시작하였고, 하르트코트(Harkort)는 사회민주주의 교육과 여성교육을 시작하였다.

1920년대에는 지식과 기술의 습득을 강조한 마르크스(K. Marx)의 기본적인 이념을 토대로 노동자를 위한 학교가 세워져 중간관리자 양성을 위한 직업교육이 시작되었다. 제1차 세계대전 이후에는 고향으로 돌아온 귀환자와 실직자를 대상으로 시민대학에서 성인교육이 시작되었다.

1965년에는 학습자 중심의 새로운 패러다임이 성인교육에 적용되는 전환점이 되었지만, 학습자의 다양성과 학습자 집단이 소지하고 있는 고유한 특징을 고려하지 않은 채 일반적인 교육방법이 성인학습자 교육에 적용되었다.

1970년대에는 정규교육에서 소외된 성인들을 위한 교육이 집중적으로 전개되면서 학습자의 임파워먼트 교육이 시작되었다.

1980년대에는 장기 실업자와 외국에서 이주한 이주노동자의 학습권을 평생교육정책 차원에서 보장해 주고 학습 기회를 제공하였다.

1990년대에는 마케팅 전략으로서 시장 분할이 강조되면서 계층 지향적인 마케팅 전략이 중시되자 평생학습에서도 사회계층의 특성을 중시한 교육방법이 발달하기 시작하였다.

대상집단 중심의 교육방법에서는 학습자가 속해 있는 계층의 상황과 사회적 성향에 근거한 성인교육방법이 중시되었다. 대상집단 중심의 연구에서는 교육방법에 대한 전략 및 계획의 수립을 중시하는 반면, 학습자 중심의 연구에서는 교육기회의 제공과 실천을 최우선적으로 중시하였다. 대상집단 중심의 교육은 1970년대 초에 사회계층에 따른 교육 불평등을 줄여 사회의 양극화를 감소시키는 데 가장 큰 역점을 두었다. 따라서 대상집단 중심의 교육은 사회 비판적이며 개혁적인 성향에 기반한 성인교육방법이라고도 볼 수 있다.

2) 대상집단 중심의 교육방법

대상집단 중심의 교육방법은 사회적으로 불이익을 받는 소외계층의 교육 기회를 향상시키고 그들의 삶의 질을 높이기 위하여 정치적 능력을 함양시키는 데 목적이 있다. 소외된 학습집단에 대한 연구는 대부분 일상생활에서 나타나는 불평등 재생산 및 불이익 해소를 위한 정치교육이 강조되었다.

사회경제적 지위(social economic status: SES)가 낮은 저소득층이 겪게 되는 불이익은 교육 불평등으로 나타나기 때문에 그 해소를 위해 필요한 지식을 습득하는 것이 가장 중요시되었다. 평생교육사는 집단의 공통적인 특징을 중시하고 학습자들이 현재 겪고 있는 상황을 개선하기 위하여 학습할 것을 중요한 교육 목표로 강조하였다.

(1) 학습 목적과 비전의 공유

사회의 불평등 해소가 사회의 주요 관심사가 되면서 대상집단 연구를 진행하는 가장 큰 목적은 소외계층이 학습하는 과정을 효과적으로 관찰하여 학습 효과가 극대화되도록 지원하는 데에 목적이 있다. 효과적인 학습은 교육 목적이 명확하며 학습자 전체가 학습해야 하는 목적이나 비전이 잘 공유되고 학습자의 학습동기가 높은 경우에 이루어질 수 있다. 따라서 학습자 중심의 교육방법을 적용할 때는 교수자와 학습자 상호 간에 학습 목적이나 비전을 수시로 점검하는 과정이 필수적으로 요구된다.

(2) 사회정치적 중심

일반적으로 정치에 대한 국민들의 비판의식이 강해져 소외계층에 대한 연구가 활성화되면 정치인들은 이를 위기로 인식하는 경향이 있다. 국가는 헌법에 명시되어 있는 국민의 삶의 질 향상이나 행복추구권 보호의 의무를 수행해야 하기 때문에 소외계층의 고통은 행복추구권 보호 의무를 외면한다는 비판으로 이어지기 때문이다.

국가가 헌법에 명시된 책무를 제대로 실현하지 못하는 경우에는 장기 실업자, 장애자, 마약 중독자 등이 증가하게 된다. 따라서 학습자 중심의 교육은 이 같은 소외자를 지원하기 위하여 시작되었다. 이처럼 사회에서 배제되는 자 또는 소외되는 자를 위하여 성인이 자기 삶의 주체가 되도록 직업능력 및 자격증의 취득을 지원하는 학습자 중심의 교육방법이 직업교육이다.

(3) 여성해방운동과 여성교육

1960년대에 미국에서 인권운동이 시작되고, 유럽에서는 1968년 학생운동이 일어나 새로운 사회 건설을 위한 시민운동이 활성화되었다. 이러한 사회운동의 맥락 속에서 문제해결을 위해 자발적으로 학습하는 학습집단이 나타나기 시작하였다. 자발적인 학습집단은 자조집단(self-helf group)과는 그 출발을 달리하였으나 학습자들이 자발적으로 학습을 한다는 맥락에서 서로 융화되기 시작하였다. 이후 1970년대에는 여성해방운동이 활발해지면서 여성 스스로 자신의 현재 상황을 변화시킬 수 있도록 교육방법을 학습할 것이 강조되었다.

(4) 집단 중심의 학습활동

비교적 자유로운 활동이 가능한 교회, 노동조합, 농업 관련 단체들은 대부분 자신들의 관심과 일치하는 집단들과 함께 학습하는 것을 선호한다. 집단 중심의 학습활동은 지속 가능한 사회를 만들어 가기 위하여 증가하는 결혼이주 여성을 지원하고 다문화가정 및 이주노동자를 지원하는 것 등을 예로 들 수 있다. 교회를 비롯한 종교단체는 이주노동자들을 인본주의적 차원에서 보호하고 서비스를 제공하기 위하여 집단 중심의 학습활동을 전개하였으며, 이후 민간, 시민 단체들도 지역의 상황 및 정부의 다문화 지원정책의 강화에 따라 상담 및 의료 등의 복지 서비스를 제공하고 교육 프로그램의 운영을 확대하고 있다.

(5) 사회통합을 위한 시민교육

학습자 중심의 집단교육은 학습자들이 동일한 집단의식을 만들어 가는 데 기여하게 된다. 성인교육은 「평생교육법」에 근거하여 모두를 지원하는 교육이다. 그러나 평생학습이 활성화되고 있는 현장을 보면 노인이나 장애인을 위한 교육 기회는 청년이나 비장애인에 비하여 상대적으로 적은 실정이다. 노인, 장애인, 다문화가정의 아동들을 결손집단으로 낙인찍을 수 있는 위험이 따르므로, 지속 성장 · 발전이 가능한 사회를 만들어 사회통합을 이룩하려면 시민들이 공통의 집단의식을 만들어 가도록 학습자 중심의 시민교육을 활성화하여야 할 것이다.

(6) 사회 캠페인

성인학습의 목표는 민주사회를 만들어 가는 것이므로 민주사회의 건설을 위한 정치활동으로서 사회 캠페인이 활성화되어야 한다. 민주사회 건설을 위한 캠페인은 다양한 사회 영역에서 바람직한 행동양식의 변화를 목표로 하는 교육방법을 주로 사용하는데, 성인을 위한 대표적인 사회 캠페인은 다음과 같다.

- 건강 관련 캠페인: 흡연, 음주, 마약, 에이즈, 영양, 신체단련, 암 예방 등
- 가족계획 관련 캠페인: 임신 및 피임 등
- 안전 관련 캠페인: 범죄 예방, 승용차 안전벨트, 교통규칙, 산불 예방 등
- 생태학 관련 캠페인: 쓰레기 분리수거 및 처리, 환경보호, 에너지 절약, 반핵 운동
- 인권 관련 캠페인: 다문화 이해, 폭력 예방, 양성평등, 장애인차별 금지 등
- 기부 관련 캠페인: 헌혈, 세계 기아 및 아동보호를 위한 모금활동 등
- 학습 관련 캠페인: 비문해 퇴치, 자격취득 강화, 평생학습 참여 등

캠페인의 가장 중요한 목표는 학습자의 시각을 변화시키는 것이다. 캠페인은 시민사회 건설을 위하여 대중매체를 통해 인간관계를 변화시키고, 시민의 정신적 성숙을 위한 정보를 제공한다.

정치적 목표를 달성하기 위하여 성인교육은 각종 사회폭력예방 및 외국인에 대한 적대감 해소 운동이나 사회 캠페인 행사를 실시할 수 있다. 일반인들을 위한 평생학습은 민주사회의 건설을 위하여 해결되어야 할 문제가 무엇인지를 탐색하는(outreach) 학습자 중심의 교육을 실시해야 할 것이다.

3) 대상집단 중심 학습

우리는 일반적으로 몇 가지 특성에 따라 학습자를 단순하게 구분하고 그들이 갖고 있는 몇 가지의 일반적인 특징에 따라서 교육방법을 선택한다. 학습자 집단은 교육 수준이나 성별, 나이, 직업, 경험과 같은 몇 가지 특성에 따라 구별되지만 실제로 학습자의 인격적 특징은 중시되지 않는다. 예를 들면, 퇴직을 앞둔 근로자를 대상으로 강의할 경우 그들이 근로자라는 사실을 염두에 두어 근로자의 인격적 특성을 고려하지 않고, 미래의 노인으로 인지하여 노년이란 주제에 대해서만 강의하는 오류를 범하는 것이다. 이처럼 학습자 집단을 구성주의적 특성에 따라서 구분하고 정의하는 것은 쉬운 일이 아니다.

구성주의는 우리가 상호작용하는 인간에 대한 관찰을 매우 중시한다. 우리가 여성, 노인, 실업자, 재소자 등을 학습 대상으로 정의할 때는 그들 스스로가 정의하는, 자기 정체성과 같은 자화상과 교수자가 정의하는 학습자상이 서로 일치하지 않는 점에 유의해야 한다. 대상집단 중심의 학습을 적용할 때는 다음과 같은 점에 주의해야 한다.

- 평생학습에서 우리가 소외집단을 지칭할 때는 흔히 학교교육을 제대로 받지 못한 소외자만을 생각하는 경우가 많다. 그러나 소외집단을 정의하고 이해할 때는 민주사회로의 발전을 저해하는 집단도 결손집단으로 이해하고 평생학습 대상자에 포함시켜야 한다.
- 집단 중심의 학습[1)]에서는 성인이 직업을 수행하는 데 필요한 자격의 취득을 중요한 교육 목표로 삼아야 한다. 예를 들면, 취업 희망자나 교도소 수감자

1) 1981년 쉐프터(O. Schaeffter)는 교육이 소외자의 문제를 중재하기 위하여 가능한 구조를 찾아야 한다고 주장하였다. 이것은 사회적 의도나 교수방법적인 문제뿐만 아니라, 소외자를 위하여 교육이 문제해결을 위한 교육을 제공해야 할 것을 역설한 것이다(Schiersmann, Thiel, & Voelker (Eds.) (1984). *Bildungsarbiet mit Zielgruppen*, Klickhardt, Bad Heilbrunn/Obb.)

를 대상으로 교육할 경우에는 경험 지향적 교육방법과 일상생활 지향적 교육방법을 모두 적용해야 할 것이다. 그들의 생애사에 따라서 적합한 교육 내용을 도출하여 현재 자신의 정체성을 재정립시켜 줄 수 있는 교육도 지원해야 한다.

- 교수자는 수업을 시작하기 전에 학습집단에 대하여 사전에 충분한 지식을 소지하고 학습자가 요구하는 관심뿐만 아니라 그들이 속해 있는 사회계층의 교육 수준 및 취미, 학습 태도, 예의범절과 같은 교양 수준 등도 고려하여 학습을 설계해야 한다.
- 소외된 학습집단은 사회복지나 상담을 선호하므로 학습자들이 학습을 게을리하지 않도록 특별히 배려해야 한다. 학습자들이 지식을 습득하는 데 실패하면 복지와 상담만을 중시하는 경향도 있어 학습의 의미가 경시될 수도 있다. 더구나 사회복지사나 상담사가 소외자들의 임파워먼트를 방해하게 되면 학습에 대한 의미가 감소되어 혼란이 일어날 수도 있다.
- 교수자와 학습자 간에는 학습목표에 대한 비전의 공유가 반드시 선행되어야 한다. 즉, 교수자는 학습자의 관점에서 학습자를 이해해야 하며, 무엇보다도 상이한 학습 형태와 학습 전략에 대하여 합의된 결정을 이끌어 내는 능력을 소지해야 한다.
- 문제해결을 위한 학습방법이 필요한 단계에서는 학습집단이 소지하고 있는 특징을 중시해야 한다. 대부분의 교수자들은 특정 집단에 대한 편견을 가지는 경향이 많으며, 학습 상황에 따라서 융통적으로 사고할 수 있는 능력이 요구된다.
- 티트겐스(Tietgens, 1981)는 교수방법에서 중시해야 할 것은 나이나 직업과 같은 인구통계학적인 특색이 아니라 학습집단이 사회화 과정에 따라 경험을 통해 형성한 기질이라고 하였다. 따라서 교수자가 학습자를 잘 이해하려면 학습자 집단을 잘 관찰하고 연구해야 할 것이다. 학습자 집단을 잘 이해하려면 그들의 태도 및 언어 사용 양식, 문제해결 방식 등에 대해 해석학적으로

이해할 수 있어야 하며, 그들이 학습에 부여하는 의미를 파악할 수 있어야 한다(Arnold, 1985).

- 좋은 교수자가 되려면 학습자 집단이 살아가는 환경 및 성향 그리고 학습 상황에 대한 지식을 갖추어야 한다.
- 성공적인 수업이 일어날 때는 교수자가 예견한 학습자의 인생관이나 생애사적인 경험 등이 일치하여 학습자의 요구에 맞춘 수업을 진행하는 경우다. 반대로 교수자가 학습자의 요구를 제대로 파악하지 못하는 경우에는 학습자의 개인적 요구가 충족되지 못하고, 수업에서 제공되는 지식이 삶의 질을 개선하는 데 도움이 되지 못하여 교육은 실패로 이어질 수 있다.
- 학습자와 교수자 간의 요구가 조화를 이루어 연대감이 형성되고, 교수자가 학습자를 배려하고 이해하는 마음, 수평적인 의사소통이 학습의 기본 원칙으로 중시되어야 한다. 교육 대상이 동질집단일 경우는 혼합집단인 경우보다 경쟁이 심하고 두세 명의 학습자가 수업에서 발표권을 주도하면서 비대칭적인 의사소통이 강해질 수도 있기 때문에 모든 학습자가 참여하도록 수업을 진행해야 한다.
- 학습자들의 자신감이 너무 강하게 지배될 때, 교수자는 대조적인 입장을 통하여 학습 상황을 잘 조절해 나가야 한다. 교수자는 수업 중에 다양한 학습자를 만나게 되는데, 때로는 상충되는 의견으로 학습자와 충돌할 수도 있으므로 다양한 학습자와 상호작용해 나가는 능력을 키워 가야 한다.
- 동질성을 가진 학습자 집단은 비슷한 환경에서 생활하는 학습자들로 구성되어 있어 대체로 공감이 잘 일어날 수 있다. 그러나 이질성을 가진 학습자 집단은 상이한 환경 속에서 다양한 경험을 하면서 생활하므로 학습자가 자기확신감을 갖고 개인 간의 차이를 수용하고 심리사회적으로 안정감을 찾도록 안내되어야 한다. 이처럼 학습자를 보호하고 배려하는 데 생애사학습(biographical learning) 등을 이용한 교육방법으로 사용할 수 있다. 생애사에 대한 구술 등이 이질적인 집단 사이에서 시작되면 각 학습자가 체험한 삶의 의

미 등이 자신이 살아가는 삶의 환경과 맥락 속에서 매우 상이하게 전개될 수 있으므로 반드시 중요한 전략으로 적용되어야 한다.

- 집단 중심의 학습은 평생학습기관에서 주로 적용되는 교육방법이다. 평생교육기관은 기업교육 중심의 평생교육기관, 사적인 이익을 추구하는 성인교육기관 그리고 공적인 성인교육기관 등으로 나누어진다. 그러나 집단 중심의 학습에서는 교육 소외자를 줄이는 것이 가장 중요한 목적이다.
- 집단 중심의 학습에서는 탐구의 속성이 교육방법으로 가장 중시되어야 한다. 학습자 집단의 요구를 만족시키려면 학습자가 스스로 학습하는 자기 주도적인 탐구학습을 계속하도록 지원해야 한다.
- 집단 중심의 학습은 교육의 질적 수준을 유지하면서 진행되어야 한다.

2. 미래를 위한 지식생산 공작소

1) 역사

미래를 생산하는 '지식생산 공작소(Zukunftwerkstatt)'로 불리는 워크숍에 관한 아이디어는 유럽에서 1970년대 환경과 평화에 관한 운동이 확산되어 있을 때 새로운 사회운동이 시작된 데서 유래하였다. '로마클럽(Club of Rome)'은 1968년 4월 이탈리아 사업가 아우렐리오 페체이(Aurelio Peccei)의 제창으로 서유럽의 정계, 재계, 학계 지도자들이 중심이 되어 로마에서 결성해 그 이름이 유래하였다. 지구의 유한성이라는 문제의식을 갖고 천연 자원의 고갈, 환경오염 등 인류의 위기에 대처하는 방법을 모색하고 위험을 인지하여 문제를 해결해 나가는 것이 목적이었다. 유럽의 경영자, 과학자, 교육자 등이 로마에 모여 회의를 개최하면서 로마클럽이란 이름이 붙여졌으며, 1972년 '성장의 한계(The Limits to Growth)'라는 보고서를 발표하여 제로 성장의 실현을 주장하며 주목을 받았다. 로마클럽은 부국과 빈국 사이의 경제적 격차에 따른 남북문제뿐만 아니라 공해로 인한 환경오염 그리고 핵문제에 이르기까지 점점 그 한계를 드러내고 있는 현대사회의 다양한 문제를 국제적 관점에서 시스템 분석을 통해 해결하려는 국제단체다.

로마클럽에서는 미래의 문제에 대하여 시민들이 많은 관심을 가져야 할 것을 제창하였고, 1979년에는 '인간의 딜레마'를 지적하면서 환경과 국제적인 위협에 대하여 우리 모두가 문제해결에 참여해 나갈 것을 강조하였다. 로마클럽이 미래의 문제로 지적한 내용은 다음과 같다.

- 산업국가에서 가장 잘사는 5%의 국민이 토지, 물, 공기, 에너지, 자원 그리고 산업 생산물을 소비하게 되면 지구는 어떻게 될 것인가?
- 시민들은 왜 환경재난으로 재앙과 위기를 경험한 후에 후회하는가?
- 기술, 경제, 사회 변화의 속도는 각 개인과 중소 규모의 공동체가 견딜 만한가?
- 환경을 계속 파괴하면서 진행되는 일과 소비의 급격한 성장은 미래를 파괴해 버리는 것이 아닌가?
- 생물학적, 기술적, 사회학적 시스템과 같이 여러 종류의 시스템을 자발적으로 조절할 수 있는 조정 메커니즘을 만드는 것을 목표로 연구하는 인공두뇌학인 바이오사이버네틱스가 인간과 자연 그리고 기술 간의 복잡한 상호작용을 더 잘 이해할 수 있는가?

이 같은 물음에 대하여 로마클럽 선언문으로 「지구 헌장」으로 불리는 리우 선언은 환경과 개발에 관한 스톡홀름 선언을 재확인하고 모든 국가와 사회의 주요 분야 그리고 모든 사람들 사이에 새로운 차원의 협력을 창조함으로써 공평하고 범세계적인 동반자적 관계를 수립해야 할 것을 제시하였다. 모두의 이익을 존중하고, 지구의 환경 및 개발 체제의 통합성을 보호하기 위한 국제협정 체결을 위하여 노력하며, 우리의 삶의 터전인 지구의 통합적, 상호 의존적인 성격을 인식하면서 총 27개 기본 원칙을 선언하였다. 이 중 학습과 관련된 문제는 다음과 같다.

- 학습문제: 재난 등을 사전에 예방하지 못하고 환경재난 등을 겪고 난 이후에야 방안을 모색하는 문제를 지적하였다. 우리가 위기를 겪고 나서야 위험성을 학습하는 것보다는 혁신적인 방법을 통하여 위기를 예방할 것을 제시하였다.
- 일과 과소비: 우리는 더 많은 것을 소비하기 위하여 더 많은 물건을 생산해내는 일을 계속하고 있다. 이 같은 일에 대한 가치가 변화하지 않는다면 환경의 파괴가 계속적으로 일어날 것을 경고하였다. 이러한 일에 대한 생각과 과소비를 위한 환경의 폐해를 줄이기 위해 새로운 길을 찾아야 하며, 인간이 일과 소비의 문화에서 휴식을 찾는 법을 배워 일에서 해방되어야 함을 강조하였다(Riesenberg, 1992).
- 네트워크 사고능력 향상: 앞으로 우리는 네트워크화된 사고를 해 나가도록 노력해야 한다. 학교와 직업 영역에서뿐만 아니라 개인생활 영역에서도 우리는 네트워크화를 통하여 열린 사고망을 만들어 가도록 노력해야 한다(Vester, 1988).
- 인간 활동의 회복: 우리의 조직이나 기업이 모두 종속적인 관계에 있으므로 이러한 위협에서 벗어나기 위해 국제화 사회에서는 인간적인 활동을 회복하는 방법을 학습해 나가야 한다.
- 근본적 사고능력 향상: 마인드맵을 통한 학습을 강조하였다. 마인드맵은 산업시대에 나타나는 연속적인 문제점을 한눈에 알아볼 수 있는 분석도구다. 마인드맵은 '근본적인 사고'를 할 수 있는 도구로서 인간의 정신을 가장 잘 성찰해 볼 수 있는 기능을 갖고 있다. 또한 우리의 모든 삶의 영역에서 더 나은 학습을 하거나 명확한 사고를 하도록 지원해 주므로 인간이 더 나은 삶을 경영해 가는 데 도움이 된다.
- 연대, 생태 그리고 삶의 방식(solidarity, ecology & lifestyle: SOL): 우리가 함께 연대하여 살아가는 생태학적 삶은 많은 것을 소유하기보다 소유하고 있는 것을 이용하기, 일과 복지가 함께 동반 성장하기 등이 중시되었다. 미래의 문

제를 해결하려면 우리의 삶을 반성해 보고 개선해 나가려는 실천이 뒤따라야 한다.

중세시대의 철학자 세네카(Seneca)는 인간의 행복이 무엇인가 하는 질문을 던졌다. 인간이 행복해지는 것은 경제적 풍요나 세속적인 권력을 차지할 때가 아니라 예지와 덕성을 쌓고 절제하고 근신하는 가운데 진정한 행복이 온다고 보았다. 죽음을 무릅써야 하는 어려운 상황에서도 스스로의 참된 철학에 입각하여 진리를 의연하게 실행하는 것을 행복으로 보았다.

로마클럽은 위협이 되는 세계의 재앙을 사전에 예방하려면 세계적으로 재학습의 과정이 필요하므로 우리는 새로운 삶의 질을 향상시킬 수 있는 학습을 요구하였다. 이러한 측면에서 새로운 학습이란 예상적 학습(anticipative learning) 또는 진단적 학습(prognostic learning)으로 불린다.

환경운동은 일리치(Illich)가 학교교육을 비판하는 과정에서 시작하여 독일에서 환경 캠페인으로 확장되었다. 로마클럽 운동과 탈학교론 운동이 토대가 되어서 미래를 위한 지식을 생산하자는 운동이 일어났으며, 반핵 운동가로 알려진 융크(Jungk)와 뮐러(Mueller)는 지식생산 공작소 운동을 발전시키는 주역이 되었다.

2) 목적

미래를 생산하는 워크숍이 지향하는 목표는 민주사회에 이바지하고 우리의 생존을 위하여 새로운 길을 찾을 수 있도록 사회적인 판타지를 발전시켜 가는 것이다.

융크는 인간이 점점 꿈과 판타지에 대한 능력을 잃어가고 있기에 미래에 대한 소망을 현실화하기 위하여 지식생산 공작소에서 판타지를 만들어 가는 학습을 시작하였다. 이러한 새로운 방향의 학습목표는 디지털화, 교육, 그리고 노인과 젊은이가 함께 살아가는 공동체생활 등을 만들어 가는 것이다. 미래를 생산하는 세미나의 주제는 개인적이며 지역적이고 부분적인 문제를 토의하는 것에서부터 시작되었지만, 이후에는 녹지대 조성, 기업의 폐쇄와 직원 해고 그리고 위험도가 높은 일자리에서의 고용 조건 등에 관한 것으로 확대되었다(Jungk & Mueller, 1981).

3) 지식생산 공작소 워크숍의 진행과정

미래의 문제해결을 위한 지식생산 공작소의 워크숍은 다음과 같은 단계를 거쳐서 과정적으로 구성되는 학습방법을 강조하였다.

- 준비 단계: 준비 단계에서는 학습 장소와 시간을 정하는 일, 학습자에게 홍보하는 일, 학습 자료를 만드는 일, 학습 공간을 잘 조성하는 일 등이 수행되어야 한다. 학습의 효과성과 효율성을 촉진시키려면 학습자의 학습 요구를 충족시켜 줄 수 있는 학습 자료가 제공되어야 한다. 다양한 학습자의 수준에 맞게 적정한 학습 내용이 흥미롭게 구성되어야 한다. 학습 자료는 학습자의 흥미를 이끌어 내도록 구성되어 학습자의 역동을 촉진할 수 있도록 체계적으로 만들어져야 한다.
- 비판 단계: 서로가 알아 가는 단계가 지나면 학습자의 비판과 불만을 표현하도록 한다. 학습자들이 모두 벽에 붙어 있는 차트에 의견을 기록하도록 한다. 집단 구성원이 모두 다르게 생각하더라도 비판은 하지 말고 그 차트에 점을 찍게 한 후 먼저 중요한 것부터 다루어 나간다. 개인이 소지하고 있는 비판은 개인적으로 만나서 문제를 해결하도록 기회를 마련한다.
- 판타지 단계: 판타지 단계에서는 꿈, 소원, 희망 그리고 유토피아를 이야기하도록 한다. 이러한 종합적인 브레인스토밍 방법을 통하여 창조적이고 다양한 사고를 확장시키게 한다. 정기적으로 '긴장 풀기 연습'을 한다. 판타지를 이용한 교육방법은 판타지가 타인과 함께 놀이하는 과정 중에 만들어지므로 경쟁이 유발되지 않도록 이끌어 가고, 공동으로 아이디어를 발전시키도

록 지원해야 한다(Jungk & Mueller, 1981). 초기에는 판타지에 대한 비판을 하지 않아야 한다. 판타지는 실제적인 것과 비실제적인 것 간의 구별이 어려우므로 선택을 하도록 한다. 구성원들이 선택한 것에 따라서 우선순위를 정하도록 하고 한 가지 주제에 따른 토의 집단을 만들어 간다. 진행자는 정체가 일어나지 않도록 주의하며 항상 창조적인 아이디어를 개발하도록 노력해야 한다.

- 실천 단계: 실천 단계에서는 사회적인 종속관계와 구조를 분석하도록 지원해야 한다. 유토피아적인 의견에 대해서는 현실 가능성을 검증해 보도록 한다. 실제적인 윤곽은 전략을 통하여 발전시키도록 하고 가시적인 프로젝트를 위한 수행을 계획하도록 한다. 전문적이고 전략적인 지식을 이용하여 실제 현실화를 위해 자신만의 고유한 생각을 하도록 한다. 이러한 프로젝트는 소수의 사람들에게 가시적인 영향을 줄 수 있도록 철저하게 계획하는 것이 좋다.
- 후속 단계: 프로젝트가 실시된 이후에는 미래를 생산하는 세미나는 실행되지 않지만 집단원은 만남을 계속하는 것이 바람직하다. 또한 성과와 잘못을

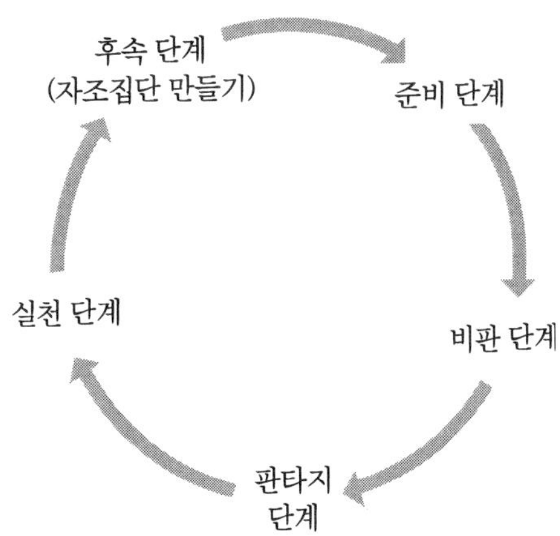

그림 5-1 지식생산 공작소 워크숍의 진행과정

함께 평가하여 프로젝트 계획을 재점검하고 새로운 행위를 모색하도록 한다. 미래를 생산하는 세미나는 영구적인 시민단체나 새로운 자조집단을 만들어 가는 것이 목적이다. 융크(1988)는 『프로젝트 만들기에 용기 주기(Projekt Ermutigung)』란 책에서 새로운 계몽을 주장하며 급진적으로 시민이 참여해야 할 것을 요구한다. 다양한 프로젝트를 만들어 가도록 용기를 주면서 그것만이 시민이 소지하고 있는 새로운 의지를 끊어지지 않게 하는 것이라고 주장한다. 그리고 이러한 단체를 이끌어 가는 개인이나 운영자들은 이와 같은 사회적 실험이 비폭력적이고 사회적인 변화를 이끌어 내도록 홍보할 것을 강조하였다.

4) 다양한 교육방법

미래의 문제를 해결하는 데 유용한 지식을 생산해 내기 위하여 다양한 교육방법들이 발전되었다.

(1) 판타지와 창의성을 촉진하는 방법

융크와 뮐러는 최우선적으로 개인 중심적인 판타지와 창의성의 촉진을 강조하면서, 문제를 분석해 봄으로써 앞으로 전개되는 문제를 예상할 수 있음을 강조하였다. 이러한 시뮬레이션 기법을 이용하면 예상되는 문제가 앞으로 전개 및 문제해결과정에서 나타날 수 있는 결과들을 미리 체험할 수 있다. 판타지와 창의성을 이용한 교육 효과를 새로운 지식을 만들어 가는 데 적용해야 할 것을 강조하였다. 예를 들면, 부모들이 자녀양육과 관련된 부모교육을 받게 될 때는 자녀양육과 관련된 지식과 정보의 습득을 위해서 그림이나 영상 등을 시각적으로 보여 줄 수도 있고, 부모가 직접 참여하기 등을 통하여 정보 습득을 안내할 수도 있다.

(2) 동아리

학습동아리를 이용한 교육방법에서는 참여의 원리가 강조된다. 평생학습기관에서는 모든 학습자에게 지식생산 공작소를 개방하고, 시민들이 조직한 동아리 중에서 지식생산 공작소라는 주제에 대하여 관심을 갖도록 홍보를 강화하여 학습자에게 알리고 동시에 참여를 지원해야 한다고 강조하였다. 학습자들이 학습에 능동적으로 참여할 때 더 많은 것을 배울 수 있기 때문이다.

(3) 프로젝트 방법

모든 학습 프로그램은 시간적으로 제한되어 있으나, 미래를 생산해 내는 능력을 중시하는 워크숍에서는 구체적이고 전문적이며 지역의 특성에 기반한 프로젝트를 진행하는 데 학습하는 시간이 구체적으로 정해져 있지 않다. 학습자들은 프로젝트가 진행되는 동안 계속 학습할 수 있는 이점이 있다. 프로젝트 방법을 이용한 학습에서는 프로젝트를 수행해 나가는 과정에서 새로운 지식과 문제해결력을 습득하여 이후에 새로운 문제를 해결해야 할 때에도 프로젝트에서의 경험을 적용하여 문제를 해결할 수 있다고 보았다.

(4) 동기 유발

동기 유발의 원리는 학습자들이 학습하기를 요구하고 학습할 준비가 되어 있고 학습해야 할 이유가 있을 때 학습이 가능하다는 것을 강조한다. 따라서 학습자 스스로가 학습하려는 동기를 유발할 수 있도록 학습자를 안내해야 한다. 학습동기가 유발되면 학습자들은 학습 분위기를 스스로 만들어 나갈 수 있다. 이를 유도해 내려면 학습자들이 잘 아는 내용에서 시작해서 잘 알고 있지 못하는 부분으로 교육을 진행하는 것이 바람직하다.

(5) 코멘트

학습은 항상 미래를 대비하는 행위이므로 지식이란 생애사적 또는 사회적으로 만들어진다. 학습자들이 문제해결을 위해서 적용하는 방법이 바람직한 것인지, 전문가는 문제해결의 과정을 지켜보고 해결이 가능한 지식을 활용하고 적용하는지를 코멘트해 줄 수 있다. 교육의 목적은 실제 행동의 변화를 이끌어 내는 것이다. 따라서 문제해결과정을 관찰해 보고 행동의 변화가 일어나는지를 경험이 있는 관찰자가 코멘트해 줄 수 있는데, 이러한 코멘트의 과정을 우리는 멘토링이나 튜터링으로 발전시켜 활용하고 있다.

성인교육의 특성은 앞으로 일상생활에서 일어날 수 있는 문제를 미리 예상하고 위기에 대비할 수 있는 경고 시스템이 되어야 한다는 것이다.

요나스(Jonas, 1989)는 미래에 일어날 수 있는 문제를 대비하는 성인교육의 예방적인 측면을 '책임 있는 윤리'로 표현하였다. 정치경제적인 변화와 기술의 발전으로 미래의 삶은 행위의 가능성이 제한받게 될 것이다.

여러 종류의 시스템을 연구하는 사이버네틱 연구자인 포스터(Foerster, 1979)는 미래를 대비하는 학습은 '윤리성이 토대'가 될 것을 강조하였다. 앞으로 다가올 미래를 예측하기 위하여 끊임없이 학습해야 하며, 끊임없는 학습은 미래 문제를 해결하는 데 도움이 된다고 보았다.

교육은 백년대계이며 미래의 사회 구성원을 교육시키는 교육의 책무성을 미래의 진단이 어려운 불확실한 미래가 예견될수록 중요성이 증가한다. 이러한 불확실성은 20세기가 시작되면서 급속하게 증가하므로, 학습의 목적은 학습자가 미래의 위기를 대비하도록 설계되어야 한다. 미래를 준비하는 학습능력은 평생교육 없이 전개되기가 매우 힘들다. 미래를 예상하고 개인의 일상생활에 나타날 수 있는 문제를 해결하도록 문제해결력을 향상시키려면 다양한 교육방법을 적용하여 학습자가 열린 사고를 할 수 있는 토대를 만들어 주어야 한다. 다양한 방법으로 사고할 수 있을 때 학습자의 열린 사고는 향상될 수 있다.

3. 시민사회와 시민교육

1) 시민교육의 개념

시민(citizen)은 동등한 권리를 갖고 있으며 자율적이고 참여의식을 갖고 있는 사회의 구성원이다. 시민사회는 공적 권력이 행사되는 국가 영역과도 구별되지만 가족이나 시장과 같이 생산과 재생산 활동이 이루어지는 사적 영역과도 구별된다. 즉, 시민사회는 국가 영역과 사적 영역 사이에 존재하는 중간 영역이 된다. 민주시민을 기르는 민주시민교육은 시민교육에 대한 반성과 성찰에서 나왔으며 시민성을 기르는 교육이다.

자본주의가 발달하고 사회주의가 등장하면서 모든 시민이 정치적으로 자유를 누리고 동등한 권리를 가져야 할 뿐만 아니라 경제적으로도 평등해야 한다는 인식이 자리 잡으면서, 진정한 평등은 정치적 평등뿐만 아니라 경제적 평등으로 이어져야 한다는 의식이 발달하였다. 프랑스 혁명과 계몽주의 시대에는 모든 인간에게 동등한 도덕적 가치가 강조되면서 인간이 자율적인 존재로 성장할 것과 참여가 강조되었다.

시민사회 이론을 정립한 18세기 스코틀랜드 계몽주의자 퍼거슨(D. Ferguson)은, 시민사회는 로마 공화정의 유산을 이어받아 공적 덕목을 소지한 시민들이 공동체를 만들어 상업 활동을 보호하고 문명화된 정치사회를 만들어 가는 것으로 보았다.

19세기에는 국가 또는 정치 공동체와 구별되는 시민사회의 개념이 헤겔(Hegel)에 의하여 정립되었다. 헤겔은 시민사회를 가부장적인 가정과 보편적인 국가 사이에 위치하는 역사적으로 형성된 인륜성, 윤리적 생활의 영역으로 보았다. 헤겔은 시민사회를 개인들의 이해와 관심에 토대를 두고 필요에 의하여 만들어진 사회적 관계망으로 보았지만, 동시에 빈곤, 불평등, 폭력 등도 있어 이중성이라는 딜레마를 갖고 있으므로 이러한 문제를 해결할 수 있는 해답을 공적 영역에서 찾았다. 헤겔은 시민이란 공적 덕성을 소지한 시민보다는 자기 이익만을 추구하는 부르주아지가 될 가능성이 높다는 것을 간파하고, 시민사회가 되기 위해서는 항상 최고의 권력을 소지하고 있는 국가가 통제해야 함을 강조하였다.

시민사회를 현대적인 의미에서 재해석한 프랑스의 정치이론가 토크빌(A. Tocqueville)은 사회는 개인들로 구성되는 것이 아니라 자율적으로 조직된 협의체들로 촘촘히 쌓여 있는 사회라고 정의하였다. 토크빌은 중앙집권적인 전제국가를 감시하고 통제할 수 있는 최선의 방법은 시민들의 공동의 문제를 해결하기 위한 협력을 증대시키는 시민협의체로 보았다.

1970년대에 그람시(Gramsci) 및 하버마스(Habermas) 등은 자본주의 사회의 경제적 양극화를 해소하기 위한 대안으로 시민사회를 제시하였다. 따라서 현대의 시민사회는 국가의 권력을 견제하는 동시에 경제 영역의 침투를 견제하는 '제3의 영역'으로서의 시민사회 모습이 강조되고 있다. 그람시는 이데올로기의 영역으로 교회, 노동조합, 학교 및 대중매체, 도서관, 단체, 클럽 등 여론에 영향을 줄 수 있는 조직들을 지적하였다. 따라서 시민사회는 헤게모니를 둘러싸고 있는 계층 간의 갈등이 벌어지는 정치적 영역이자 시민들의 일상생활이 이루어지는 사적인 활동 공간이다.

하버마스는 공공 영역의 담론에 대한 역사적 설명을 통해 시민사회론을 발전시켰다. 하버마스는 공공 영역의 기원을 살롱이나 클럽, 극장, 언론, 음악회, 경기장으로 보았다. 왕족이나 귀족에게 허용되었던 국립극장에 일반 평민들의 입장이 허용되면서 극장이 일반 평민들이 모이는 공론의 장이 되었기 때문이다. 그러나 자본주의의 발달로 공공 영역은 더 이상 전체 사회를 대변하지 못하고 상류층의 이익을 대변하는 권력기관이 되었으므로 이러한 현상을 '일상생활의 식민화'로 지칭하였다. 따라서 공공 영역의 구조 변화를 통하여 시민사회와 공공 영역에 관한 새로운 해석을 제시하였다. 그는 근대사회를 국가의 공적 권위의 영역과 시민사회 및 공공의 영역으로 구성된 사적 영역으로 구분하였다. 공공 영역은 초개인적으로 구조화된 사회로 개인 간의 행위와 의사소통이 이루어지는 영역으로 보았다. 사적 영역은 상품교환이 일어나고 사회적 노동으로 구성되는 영역으로서 소시민이 구성해 가는 공간으로 보았다. 부르주아 계급이 주도하는 정치적 공공 영역은 국가와 시민사회가 만나는 통로로서 여론정치의 주체가 된다. 그러므로 근대의 의회민주주의는 부르주아 계급의 전유물이 아닌 국가와 부르주아 계급의 갈등을 공개적인 토론을 통하여 해결하려는 정치체제의 한 형태가 되어야 할 것으로 보았다. 하버마스의 의사소통 행위이론에서 시민사회와 공공 영역의 개념은 체계와 생활 세계 모델로 명명되었다. 하버마스는 사회를 재화와 권력을 조정하는 체계로 보았는데, 이러한 체계는 경제체계와 행정체계로 구성된다고 보았다. 이와 달리 사회화를 담당하는 사적 영역 및 담론적 공론을 형성해 나가는 공공 영역은 생활 세계(life-world)로 보았다.

그러나 근대화가 진행되면서 체계는 복합성과 관료제가 강화되어 강제성이 증대하고 생활 세계를 위협하는 병리적인 현상이 나타나는데, 이것을 '생활 세계의 식민화'로 명명하였다. 하버마스에 따르면 '생활 세계의 식민화'는 국가 관료제의 비대화와 자본주의 경제체계의 극대화에 따라 공공 영역에서의 비판적 잠재력이 약화되고 소멸되는 현상이다. 즉, 정당은 여론을 나타내는 담론을 대표하지 못하여 기능을 상실하며 의회정치는 정권쟁취를 위한 시장으로 전락한 것이다. 그는 시민이 가진 잠재력을 높이 평가하여 의사소통 방식 또는 담론적 윤리가 일상생활에서 나타나는 문제들을 해결할 수 있을 것이라고 보았다. 즉, 문제들을 해결해 가는 담론은 숙고와 성찰의 과정을 통하여 만들어지게 된다는 것이다.

그람시와 하버마스는 국가권력과 시장경제의 위협을 막아내기 위해 '민주적인 공공 영역(publich sphere)'이 발달해야 할 것을 주장하였는데, 이것을 시민사회로 보았다. 시민사회란 부패, 타락, 억압하는 전제성(despotism)과 대비되는 정중하고 세련된 문명화된 사회(civilized society)의 개념으로 공공정신(public spirit)을 강조한다. 공공 영역은 시장에서 경제적 관계들을 지배하는 규칙들에 대해 공적으로 토론하는 민주적 장(場)이다. 시민이 공적으로 이성을 사용하면서 공공 영역의 형성이 점차 넓어지고 있다. 대중의 이목을 집중시키는 신문기사는 토론의 장을 만들어 내는데, 이러한 공적인 논의에서는 시민들이 국가와 시장경제를 비판할 수 있고, 이러한 담론에 참여하는 과정에서 시민의 자율성과 연대감은 확대된다. 또한 시민들은 국가권력에 대항하여 자유와 권리를 향상시켜 가기를 추구하므로 개인의 이익 추구를 목표로 하는 시장경제의 문제점에 대응하는 공동체적 연대감을 키워 갈 수 있다. 이러한 하버마스의 담론은 샌들(M. Sandel) 및 발저(Walzer) 등과 같은 공동체주의자들에게 이어지고 있다. 그들은 개인적 자유주의가 가져온 도덕적 상실을 극복하기 위하여 공동선과 전통, 사회적 실천을 위한 학습과 공동체 학습을 제창하고 있다.

(1) 공동선

시민사회의 덕목은 시민이 공동선을 우선시하도록 지원하는 것이다. 공동선이란 공적 차원에서의 책임을 소지하는 것으로 다양성과 관용에 가치를 두는 것이며, 공동의 이익 추구를 위하여 저항하는 것까지를 포함한다. 시민의 민주적 능력이란 일상생활의 문제를 해결하기 위하여 자신과 다른 생각을 가진 타인과 상호소통하는 능력을 말한다. 즉, 시민은 의사소통하는 능력, 대화하는 능력, 비판적 사고능력 등을 소지해야 한다. 공동체의 구성원은 비판적으로 성찰하고 권리와 책임을 행사하도록 지원하여 공동체를 만들어 나가도록 이끌어 가야 한다. 따라서 시민교육은 학습자들이 시민으로서 사고하고 행동을 통해 실천하도록 이론의 습득뿐만 아니라 일상생활 속에서 문제해결을 위해 참여하는 방법 및 앙가지망이 강조되어야 할 것이다.

(2) 거버넌스

지속발전이 가능한 사회에 대한 논의가 2002년 요하네스버그의 국제정상회의에서 시작되면서 거버넌스(governance) 체제의 구축이 매우 시급한 것으로 나타났다. 거버넌스의 원칙은 정부, 지자체, 시민단체, 이익을 추구하는 민간이 함께 파트너십을 이루어, 혁신과 창의성을 기초로 새로운 지역을 건설하는 데 참여하는 것이다(박성희, 2011). 즉, 국가와 시민사회를 연계하는 교량의 역할을 하는 것이 거버넌스다. 사회는 여러 계층 간의 갈등이 존재하는 갈등의 공간이 된다. 따라서 시민들은 다양한 계층이 소지하고 있는 요구가 상충하지 않도록 시민의 요구를 수용하여 문제를 해결하려는 자율적인 운동의 주체가 되어야 할 것이다. 시민의 사회참여에서는 거버넌스의 원칙이 중시되어야 한다. 거버넌스는 지나친 관료제를 제한하고 공공 영역에 활력을 불어넣어 시민사회를 만들어 가는 데 기여하게 된다.

(3) 공동체 학습

근대사회가 시작되어 개인의 자유와 권리의 측면이 강조되면서 개인들이 합리적으로 판단하고 행동함으로써 사회 전체의 질서가 유지될 수 있었다. 그러나 개인주의와 자유주의의 극대화로 인해 개인의 자기 이익 추구가 심화되고 사회의 양극화가 극대화되면서 시민사회의 형성을 통하여 이 문제를 해결하고자 하였다. 따라서 이러한 문제를 해결하기 위해 사회는 공동체라는 연대감을 형성하고 시민의 자발성에 근거하여 시민사회를 만들어 가기 위해 의사소통하고 공개적으로 의견을 표출할 수 있는 공론의 장을 활발하게 만들어야 한다. 공공 영역으로서의 시

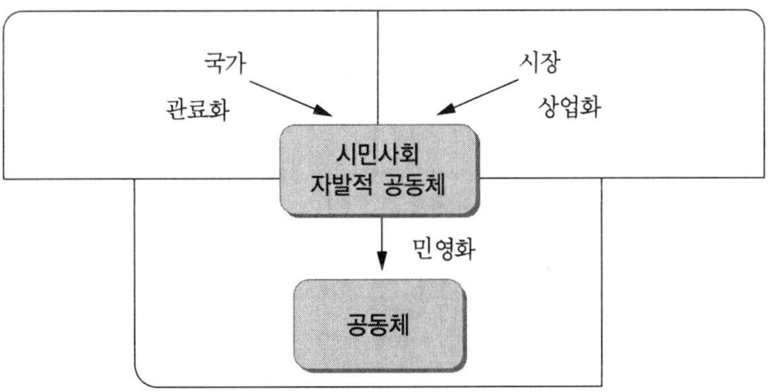

그림 5-2 국가, 시장 및 시민사회의 관계

출처: 심성보(2011).

민사회는 국가의 체계에 대하여 비판적으로 토론하고 견제하는 기능, 비판적 성찰을 통하여 토론에 참여하여 공동선을 달성하기 위해 공적 시민을 육성하는 교육적 기능을 수행해야 한다.

시민사회의 구성원들은 개인 간의 협력을 기초로 자발적이고 협력적이며 수평적인 연결망을 만들고 규범, 신뢰, 연대 등에 기반한 사회적 자본을 만들어 가야 한다(Putnam, 2000). 이것은 성숙한 시민 공동체에 기반을 둔 사회적 자본의 축적은 시장의 자생적 발전을 위한 핵심이 되기 때문이다. 사회적 자본을 가진 자조집단들은 작은 영역에서 보완적 역할만을 하는 것이 아니라 조직을 변화시키는 중요한 행위자로 부상하고 있다.

2) 시민교육을 위한 교육방법

(1) 봉사학습

자원봉사활동은 다른 사람들에게 도움을 주는 것을 지향하지만, 봉사학습(service learning)은 도움을 주고받는 사람들 사이의 관계를 심화시키는 배려적 관계를 지향한다. 또한 자원봉사활동은 개인의 인격 형성과 자비심의 개발에 목적이 있으나, 봉사학습은 개인과 사회의 변화에 목적이 있다. 그리하여 인간의 상호 의존성, 나눔과 베품의 가치를 직접 체험하게 해 주어 타인을 자신의 경쟁 상대가 아니라 더불어 살아가야 하는 동반자로 인식하게 한다.

시민들이 사회의 문제를 찾아내고 해결하기 위해서는 사회적 책임감을 소지하고 자발적인 참여가 이루어져야 하는데, 이것이 봉사학습이라고 할 수 있다. 봉사학습은 봉사 대상자를 인식하는 데 도움을 주고 공동체를 만들어 가기 위해서 해결해야 할 문제를 인식하는 데 도움을 주어 비판의식을 길러 가는 데 실천적인 지식을 제공해 준다. 또한 이러한 문제를 해결하기 위하여 정치의식을 소지하도록 동기를 유발시켜 준다. 이러한 봉사학습은 기존의 자원봉사활동이 소극적인 시민을 양성하는 것과는 달리 능동적이고 비판적인 시민으로 성장하도록 지지해 준다

(DeMeis & Sutton, 2009).

(2) 클레멘트 코스: 인문학

언론인 쇼리스(E. Shorris)는 뉴욕의 한 교도소에서 살인 사건에 연루되어 복역 중인 비니스 워커라는 여죄수를 면회하였다. 교도소에 오게 된 이유는 무엇이었냐는 질문에 여죄수는 “시내 중심가 사람들이 누리고 있는 정신적 삶이 없었기 때문이에요.”라고 대답하였다. 쇼리스는 “그것이 뭐죠?”라고 재차 질문하였고, 이에 여죄수는 “극장과 연주회, 박물관, 강연 같은 거, 그냥 인문학이요.”라고 대답하였다. 이러한 여죄수의 뜻밖의 대답에 자극을 받은 쇼리스는 얼마 후 사회의 그늘 속에 갇힌 노숙자, 빈민, 마약 중독자, 죄수 등을 대상으로 살아 있는 인문학을 가르치는 ‘클레멘트 코스’를 열었다. 시와 그림, 철학과 역사를 배우고 특히 연주회와 공연, 박물관과 강연 같은 살아 있는 인문학을 접하자, 소외된 성인들은 자아존중감을 다시 찾게 되었다고 한다(Shorris, 2006).

쇼리스는 가난한 사람들을 훈련시키는 방식은 복지 대상자를 능력이 부족한 사람 또는 가치가 없는 사람들로 인식하는 편견에서 나온 것이라고 보았다. 쇼리스는 복지 대상자를 위한 지원에 대하여 훈련이 아닌 인문학적 교양교육의 중요성에 역점을 두었다. 인문학 과정에서는 사회의 빈민층에게 시민의식을 불어넣어 주려면 교양교육을 실시하여 스스로 성찰적인 사유능력의 힘을 찾도록 지원할 것이 강조된다. 노숙자, 약물중독자, 빈민이 공동체의 일원으로 재참여(reengagement)할 수 있도록 인문학을 교육의 방법으로 사용할 수 있다. 빈곤한 사람이 교육의 불평등에서 벗어나 사회적 불평등을 겪지 않고 가난의 대물림의 악순환을 끊으려면 인문학적 소양을 길러야 할 것이다. 인문학은 빈곤한 사람에게 정치적인 삶을 알려 주며 진정한 힘이 존재하는 시민사회의 시민이 되도록 그들을 이끌어 주기 때문이다.

(3) 신문활용교육

신문활용교육(newspaper in education: NIE)은 인간의 삶 전체를 보여 주는 신문을 학습 자료로 활용함으로써 살아 있는 교육을 실시하려는 교육방법이다. 신문은 민주시민의 자질을 함양하는 데 매우 적절한 교수-학습 자료로 활용될 수 있다.

1955년 미국에서 확산된 신문활용교육은 초기에는 중 · 고등학생에게 실시되었으나, 1970년 이후 확산되어 수학, 역사, 에세이 등을 공부하는 교재로 신문이 활용되면서 학습 자료로 전 학년과 전 교과에서 적용되기 시작하였다. 1976년 이후에는 병원, 교도소, 기업체 등 학교 외의 기관에서도 폭넓게 적용되었다(이태종, 2006). 신문을 활용한 교육은 다음과 같은 장점을 지니고 있다.

- 지식과 정보를 찾는 기능을 향상시키며 지식을 기억하고 이해하는 사고력으로부터 비판력과 창의력을 향상시킨다. 또한 사회현상에 대한 여러 가지 자료들로 지식과 정보를 검색하는 능력, 자신의 관점을 토대로 여러 가지 지식과 정보를 비판하는 사고, 문제해결을 위해 새로운 아이디어를 구성해 보는 창의적인 사고를 자극한다.
- 학습자들 간의 의사소통과 공동 작업을 중시하여 경쟁적인 개별학습을 유도하기보다 모둠 중심의 협동학습을 통하여 협동심을 증진시킨다.
- 사회현상을 통합적으로 바라보는 안목을 기르는 데 도움을 준다.
- 대립된 논쟁점을 확인함으로써 의사결정학습이나 논쟁학습에 유리해진다. 사설이나 칼럼을 읽고 비판력이나 사고력을 향상시킨다.
- 자신이 속한 공동체와 공공선에 대한 관심을 향상시킨다.
- 리더십을 키워 준다.

생각해 보기

1. 대상집단 중심의 교육방법에 대한 개념을 이야기해 보자.
2. 시민사회를 만들어 가는 평생교육의 방법을 생각해 보자.
3. 시민사회 만들기를 위한 자신의 역할을 생각해 보자.

참고문헌

박성희(2011). 노인교육론. 파주: 양서원.

심성보(2011). 민주시민 교육. 서울: 살림터.

이태종(2006). NIE원론 I, II. 서울: 도서출판 통키.

Arnold, R. (1985). *Deutungsmuster und paedagogisches Handeln in der Erwachsenenbildung*. Bad Heilbrunn.

Botkin, J. W. u.a. (1979). *Das menschliche Dilemma, Zukunft und Lernen*. Molden.

Callenbach, E. (1978). *Ecotopia*. Pluto Press.

DeMeis, D., & Sutton, C. (2009). The Evolution of a Service-Learning Course. In: C. A. Rimmerman (Ed.), *Service-Learning and the Liberal Arts*. Lexington Books.

Foerster, H. (1979). "Cybernetics of Cybernetics", K. Krippendorff (Ed). *Communication and Control in Society* (pp. 5-8). Gordon and Breach: New York.

Freire, P. (1973). *Erziehung als Praxis der Freiheit*. Stuttgart.

Jonas, H. (1989). *Das Prinzip der Verantwortung*. Frankfurt.

Jungk, R. (1988). *Projekt Ermutigung*. Berlin.

Jungk, R., & Mueller, N. (1981). *Zukunftswerkstaetten*. Muenchen.

Marquard, O. (1991). *Abschied von Prinzipiellen*. Stuttgart.

Putnam, R. D. (2000). 사회적 자본과 민주주의(안청시 역). 서울: 박영사.

Riesenberg, H. J. (1992). *Arbeit bis zum Untergang, Die Geschichte der Naturzerstoerung durch Arbeit*. München: Raven Verlag.

Sandel, M. J. (2010). 정의란 무엇인가(이창신 역). 파주: 김영사.

Shorris, E. (2006). 희망의 인문학(고병헌 외 역). 서울: 이매진.

Siebert, H. (2003). *Didaktisdes Handeln in der Erwachseneubildung*. München: Luchterland.

Tietgens, H. (1981). *Die Erwadseneubildung*. München.

Toffler, A. (1970). *Der Zukunftsschock*. Scherz.

Vester, F. (1988). *Leitmotiv vernetztes Denken*. München: Wilhelm Heyne Verlag.

제2부

평생교육방법의 실제적 이해

제6장 문제 중심 교육방법

학습개요

6장에서는 문제 중심의 교육방법을 학습한다. 효과적인 성인교육방법은 다양한 경험을 활용하는 것이다. 다양한 경험은 성인 학습자를 자연스럽게 참여하게 하고 몰입하게 하는 원동력이다. 성인 학습자의 다양한 경험은 새로운 경험을 하게 하는 활동에 활용된다. 그런 의미에서 문제 중심 교육방법은 여러 성인 학습자들과의 상호작용을 통해 성인 학습자의 경험으로부터 유용한 기법을 배우는 데 도움이 된다.

이 장에서는 문제 중심 교육방법으로 브레인스토밍, 브레인라이팅, KJ법, 체크리스트법, 결점 열거법, 희망점 열거법, 사례연구법을 제시한다. 각 교육방법과 관련해서는 유래와 정의, 특징과 사용할 상황, 실제 진행방법, 실습 내용 등을 상세하게 기술하여 쉽게 활용할 수 있도록 한다.

학습목표

1. 브레인스토밍 기법의 과정을 설명할 수 있다.
2. KJ법의 진행방법을 설명할 수 있다.
3. 결점 열거법과 희망점 열거법의 사례를 설명할 수 있다.
4. 사례연구법의 진행방법을 설명할 수 있다.

1. 브레인스토밍

1) 유래와 정의

브레인스토밍(brainstorming)은 뇌에 폭풍을 일으키는 방법이란 뜻으로, 유명한 광고인이며 미국 광고 대행사인 BBDD(Batten Barton Dur stine and Osborn)의 사장인 오스본(A. Osborn)에 의해 개발되었다. 오스본이 근무하고 있던 광고회사에서 아이디어를 개발하기 위해 처음 시도된 브레인스토밍은 여러 사람이 모여 아이디어를 생각해 내는 대표적인 방법 중 하나다.

이 방법은 주어진 문제나 관심 분야에 대하여 비교적 짧은 시간 내에 학습자들로부터 여러 가지 해결 방안이나 아이디어를 얻어 내는 회의기법(Osborn, 1993)이므로, 제안된 해결 방안이나 아이디어는 질보다 양에 더 관심을 갖는 것이 특징이다.

2) 브레인스토밍의 특징과 필요한 상황

브레인스토밍의 특징은 다음과 같다. 첫째, 어떤 상황이나 문제라도 적용이 용이하며 단시간 내에 많은 양의 아이디어를 도출해 낼 수 있다. 둘째, 광범위하거나 복잡한 문제일 경우와 시행착오를 거쳐야 하는 상황일 경우에는 적합하지 않다. 셋째, 교수자의 자질과 운영능력이 아이디어나 문제해결에 결정적인 역할을 한다. 넷째, 브레인스토밍은 모여서 하기 때문에 돌아다니거나 따로 토론을 하지 않아야 한다.

브레인스토밍이 필요한 상황은 현실적인 제약 없이 자유분방하게 아이디어를 내고 싶을 때, 문제의 근본 원인을 모두 찾으려 할 때, 문제의 해결책을 찾거나 해결해야 할 문제가 어떤 것인지를 결정하려 할 때, 어떤 개선활동을 해야 할지를 결정해야 할 때, 그리고 프로젝트의 각 단계마다 계획을 세워 아이디어를 내고자 할 때다.

3) 브레인스토밍의 기본 전제

브레인스토밍의 기본 전제는 두 가지다. 첫째, 양이 질을 낳는다. 처음부터 좋은 아이디어를 내려고 하기보다는 많은 아이디어를 내게 되면 그 가운데 좋은 아이디어가 있다는 것이다. 둘째, 아이디어를 낸 후 나중에 판단한다. 이 전제는 학습자들이 낸 아이디어를 비판하지 않으면 많은 아이디어가 나올 뿐 아니라 비약적이고 독창적인 아이디어가 된다는 것이다.

4) 브레인스토밍 시 학습자 자격과 역할

학습자는 주제(문제)와 관련 있는 5~15명 정도로 선정한다. 최적 인원은 교수자와 서기를 포함하여 12~13명이 적당하다. 교수자는 전반적으로 아이디어를 내는 데 있어서 중요한 역할을 하게 된다. 교수자에게는 리더십뿐만 아니라 창의력, 분석력, 관찰력이 있으면 좋다. 또한 아이디어가 나오지 않을 때 분위기를 활성화할 수 있는 유머가 필요하다. 서기는 요점을 파악하여 알기 쉬운 용어로 빨리 쓸 수 있는 사람으로, 참가 인원이 적을 때에는 교수자가 겸할 수도 있다.

브레인스토밍을 할 때 교수자는 특정인을 지목하여 아이디어를 요구하지 않아야 한다. 나오는 아이디어의 맥락과 범주를 잘 파악하고, 새로운 각도 또는 방향에서 아이디어가 나올 수 있는가 주의를 기울인다. 또한 브레인스토밍의 규칙이 잘 지켜지도록 학습자들을 지지하고 격려해야 한다.

브레인스토밍의 네 가지 규칙

① 평가의 금지 및 보류: 자신의 의견이나 타인의 의견에 대하여 일체의 판단이나 비판을 의도적으로 금지한다. 아이디어를 내는 동안에는 어떠한 경우에도 평가를 해서는 안 되며 아이디어가 다 나올 때까지 평가는 보류하여야 한다.

② 자유분방한 사고: 어떤 생각이든 자유롭게 표현해야 하고 또 어떤 생각이든 거침없이 받아들여야 한다.

③ 양산: 질보다는 양에 관심을 가지고 아이디어를 많이 내려고 노력한다.

④ 결합과 개선: 남들이 내놓은 아이디어를 결합시키거나 개선하여 제3의 아이디어를 내보도록 노력한다.

서기는 학습자들로부터 나온 아이디어를 요약하지 말고 있는 그대로 써야 한다. 이미 나온 아이디어가 또 나온다 하더라도 다시 기록하며, 번호를 붙이면서 기록하면 더 좋다.

학습자는 다른 학습자들의 의견을 잘 경청하며 떠오르는 아이디어를 자연스럽게 말한다. 다른 학습자들이 아이디어를 낼 때마다 적극적인 공감을 표시하며, 많은 아이디어가 나올 수 있도록 격려하고 분위기를 조성하는 데 적극적으로 동참해야 한다.

5) 주제의 선정

브레인스토밍 주제는 판단만을 필요로 하는 것이 아니라 다양한 아이디어가 요구되는 구체적인 것이어야 한다. 복합적인 주제는 안 되며 하나의 주제이어야 한다. 광범위한 문제라면 적당한 크기로 세분화하고, 학습자들의 지식이나 경험만으로도 상상이 가능한 문제이어야 한다.

6) 브레인스토밍 진행방법

- 6~12명의 학습자들이 한 집단이 된다. 학습자의 인원수가 너무 많으면 많은 아이디어를 모두 수용하기 어렵게 되므로 13명 미만이 되도록 하는 것이 좋다.
- 교수자와 서기를 선발한다. 회의 마감 시간을 정확히 지켜야 한다면 시간 관

리자(time keeper)를 1명 둔다.

- 브레인스토밍을 시작하기 전에 교수자는 문제가 무엇인지를 알려 준다.
- 집단의 학습자들은 문제에 대한 해결안을 제시한다.
- 학습자들은 다음 네 가지 기본 규칙을 준수한다.
  - –비판 금지
  - –자유분방
  - –다다익선
  - –결합 개선
- 서기는 학습자들이 아이디어를 제시할 때마다 전지나 플립차트에 기록한다.
- 아이디어가 충분히 나왔으면 잠시 휴식을 취한 뒤에 아이디어 평가를 한다.

〈 실습 〉

브레인스토밍을 통하여 신문지가 어떤 용도로 활용될 수 있는지 토의하시오.

2. 브레인라이팅

1) 유래와 정의

브레인라이팅(brain writing)은 독일 프랑크푸르트의 배텔레 연구소(Battelle Institute)에서 개발된 방법이다. 이 방법은 학습자들의 아이디어를 기록하기 위해 비언어적 접근방법을 사용하는 집단 아이디어 발상법이다. 브레인스토밍과 비슷하게 학습자들이 문제를 해결하거나 공정을 개선하기 위한 아이디어를 생각해 내는 방법이다.

브레인라이팅은 카드나 종이쪽지에 아이디어를 기록하고 한데 모아서 다른 사람 것과 교환하여 검토한다. 이런 과정을 거치면서 부수적으로 관련된 아이디어나 개선된 아이디어가 나오게 된다. 브레인라이팅은 침묵 속에서 진행하기 때문에 개인의 사고를 최고도로 살릴 수 있는 집단 발상법이라고 할 수 있다.

이 방법은 전원이 처음부터 끝까지 침묵한 상태에서 다른 사람들이 쓴 의견을 참고하면서 새로운 아이디어를 낼 수 있게 한다. 자신이 생각한 아이디어가 위에 이미 적혀 있다면 기입하지 말고 이를 참고해서 연상하고 구체화하며 발전시키거나 결합하는 방식으로 새 아이디어를 만드는 것이 이 방법의 핵심이다.

2) 브레인라이팅이 필요한 상황

브레인라이팅이 필요한 상황은 문제의 근본 원인을 찾으려 할 때, 문제에 대한 해결책을 찾을 때, 더욱 초점이 맞춰지고 발전된 아이디어를 수집하려 할 때, 학습자가 각자 서로의 아이디어를 수정 및 개선하도록 할 때, 그리고 쟁점이 되는 주제에 관련된 아이디어를 창출하도록 하고 아이디어를 낸 사람의 익명성을 유지하려 할 때 주로 사용한다.

3) 브레인라이팅 진행방법

- 6~8명의 학습자들이 테이블 주위에 앉는다.
- 교수자는 주제를 플립차트나 화이트보드에 보여 준다.
- 학습자는 각각 말없이 카드 위에 아이디어를 적는다. (예: 가로 3행×세로 6열의 표가 그려진 A4 용지에 처음 5분 동안은 표의 첫째 줄 세 칸에 아이디어를 쓴다.)
- 각자의 카드를 테이블 가운데에 올려놓는다.
- 다른 사람의 카드를 읽고 아이디어가 떠오르면 그 카드에 적는다. (예: 5분 동안 오른쪽 사람이 쓴 아이디어에 더하여 카드의 두 번째 줄에 아이디어를 세 개 적는다.)
- 충분한 양의 아이디어가 나올 때까지 계속한다. (예: 5분 간격으로 용지를 총 6번 돌리면서 아이디어를 쓴다.)

• 나중에 평가를 하기 위해 모든 아이디어를 플립차트에 부착한다.

〈 실습 〉

브레인라이팅을 활용하여 다문화가정의 아이들이 학교에서 잘 적응하기 위해 학교와 학부모, 지역사회가 어떻게 하면 좋은지 아이디어를 내보시오.

3. KJ법

1) 유래와 정의

KJ법은 동경공업전문대학 문화인류학과 교수이던 가와키타 지로(Kawakita Jiro, 1977)가 1964년 브레인스토밍을 수년간 해 오며 많은 시행착오를 경험한 끝에 독자적으로 개발한 발상법이다. KJ법은 그의 이름 머리글자를 따서 명명한 것이다. KJ법의 기본 원리는 많은 자료(아이디어, 안건, 의견, 사실 등) 및 정보를 분류 · 집약해서 새로운 문제의 구조를 착안하는 발상법이다. 이 방법은 원인을 도출하고 이를 범주화하기 용이한 방법으로 원인을 분석한 후 범주화하는 모든 활동이 카드(메모지)를 이용하여 이루어지므로 일명 카드기법이라고도 불린다. 이 기법은 팀의 창조성과 직관력을 촉진시키는 데 유용하다.

2) KJ법의 특징과 필요한 상황

KJ법의 특징은 다음과 같다. 첫째, 원하는 결과를 쉽게 얻기 어렵다. 둘째, 언어적 표현이 문제가 될 수 있고 중요한 의미를 지닌다. 셋째, 귀납과 연역의 사고를 반복적으로 동시에 경험할 수 있다. 넷째, 원문제에 대한 사적 지식과 경험이 영향을 미칠 수 있다. 그러나 KJ법은 단수가 아닌 여러 사람이 작업을 하는 경우 단계별 의사결정과 합의가 필요하다. 또한 예측하지 못한 결과가 나올 수도 있으며, 최종 결론을 얻기까지 장시간의 작업이 필요할 수 있다.

KJ법이 필요한 상황은 고려해야 할 변수나 현상이 다양하게 분포할 때, 브레인스토밍류의 발상기법 후 나온 다양한 아이디어를 수렴 · 정리 · 평가하고 싶을 때, 고객의 요구를 확인하려 할 때다. 또한 아이디어와 정보를 새로운 형태로 조직하여 문제를 더 나은 관점에서 다루려 할 때, 문제의 속성을 정의하려 할 때 필요하다. 그리고 팀 또는 개인에게 문제해결이나 공정 개선이나 신제품 혹은 신제품 개발의 올바른 방향을 제시하려 할 때, 다량의 자료를 유사성에 따라 분류할 때, 공정 개선을 위한 핵심 아이디어를 찾으려 할 때, 실행계획의 필요 조건을 결정할 때, 겉으로 보기에는 서로 관련이 없어 보이는 인자들 사이의 패턴을 찾을 때 활용된다.

3) KJ법 진행방법

- 교수자는 학습자들에게 일정분의 카드를 나누어 주고 문제를 제시한다.
- 학습자들은 각자 문제의 원인에 대한 아이디어를 1장의 카드에 따로따로 기록한다. 브레인스토밍을 통해 카드에 직접 아이디어를 기록할 수도 있다.
- 카드 작성이 모두 끝나면 작성자가 누구인지를 모르게 섞는다. 섞은 카드를 모아서 테이블이나 바닥에 무작위로 펼쳐 놓아 모든 사람들이 볼 수 있도록 한다.
- 다시 각자에게 동일한 카드량을 분배한다.
- 한 사람씩 돌아가면서 1장의 카드를 꺼내 읽고 이를 테이블의 중앙에 놓는다.
- 테이블 중앙에 놓은 카드와 동일한 성격의 카드를 가진 학습자는 카드를 내려놓는다. 어떤 방식으로든 서로 관련된 아이디어들을 찾아서 그 아이디어가 적혀 있는 카드들을 가까이 모아서 놓는다. 이때 분류 작업에 영향을 줄 만한 대화는 삼가야 한다.

• 전원의 손에 카드가 한 장도 남지 않을 때까지 계속하여 반복한다. 모든 아이디어의 분류 작업이 끝나면 각 그룹의 제목이 될 만한 아이디어를 골라서 그 카드를 해당 그룹의 상단에 놓는다. 그런 카드가 없으면 새 카드에 써서 대표 제목으로 사용한다. 이때는 대화가 허용된다.

〈 실습 〉

KJ법을 활용하여 여름(겨울) 방학을 잘 보내는 방법에 대한 아이디어를 내보시오.

4. 체크리스트법

1) 유래와 정의

체크리스트(checklist)법은 브레인스토밍의 창시자인 오스본에 의해 개발된 방법이다(임연웅, 2000). 아이디어나 개선점을 찾고자 할 때 막연하게 생각하기보다 생각할 수 있는 모든 점을 미리 항목별로 써 놓고 하나씩 대조하면 중요한 점을 빠뜨리지 않으며 일도 쉽게 할 수 있다는 데에서 착안한 것이다. 즉, 개선점을 구하기 위해 모든 질문을 설정하고 하나씩 체크하면서 아이디어를 내고자 하는 것이 체크리스트법이다. 신상품 기획 등 참신한 아이디어를 내놓고 싶지만 비슷한 아이디어밖에 나오지 않을 때 사용하면 효과적이다.

2) 체크리스트법의 특징과 필요한 상황

체크리스트법의 장점은 개선점을 찾기가 비교적 용이하며, 중요한 점을 빠뜨리지 않고 정확하게 검토할 수 있고, 반복되는 작업의 경우에 특히 편리하게 사용할 수가 있다는 것이다. 그러나 단점은 체크리스트에 너무 의지하면 당면한 새 문제에 필요한 것을 빠뜨릴 우려가 있으며, 없는 것까지 체크하므로 시간을 낭비할 우려가 있다. 또한 체크리스트에 너무 의지하여 스스로 생각을 해 내지 않을 우려가 있다는 것이다.

체크리스트법이 필요한 상황은 주로 특정 아이템의 개선이 요구될 때와 창의적 발상의 기본 범주를 이용한 여러 각도의 아이디어를 탐색할 때, 인문 · 사회 · 과학적인 것보다는 가시적 아이템이 요구될 때다.

3) 체크리스트법 진행방법

- 교수자는 주제나 아이템을 제시한다.
- 각 학습자들은 적합한 체크리스트를 찾는다.
- 학습자들은 체크리스트별 항목 대비 아이디어를 낸다.
- 정리하고 평가한다.

열 가지 체크리스트

1. 다른 데 용도는 없는가?
   - 현재 그대로 다른 목적에 사용할 수 없는가?
   - 분해하여 부품이나 부분을 다른 데 전용할 수 없는가?
   - 조금 손질하여 다른 데 사용할 수 없는가?

2. 다른 곳에서 아이디어를 빌려 올 수 없는가?
   - 다른 분야의 기술을 가지고 오면 어떨까?
   - 과거에 비슷한 것은 없었는가?

3. 바꾸면 어떨까?
   - 의미, 형태, 모양, 색깔, 레이아웃(배치) 등을 바꿔 보면 어떨까?

• 약간 바꾸면 어떨까?

4. 확대하면 어떨까?

• 큰 것은 좋은 것이라는 이미지로 시간, 횟수, 규격, 기능 등을 확대해 본다.

5. 축소한다면 어떨까?

• 작게, 얇게, 가볍게, 짧게 해 나간다. 분할 · 생략 등을 생각해 본다.

6. 대용하면 어떨까?

• 사람 · 물건 · 부품 · 재료 · 기능 등의 대용을 생각해 본다.

• 동력 · 에너지원 등의 대용도 생각해 본다.

7. 대체해 보면 어떨까?

• 사람이나 순서 또는 요소를 대체해 본다.

• 일정이나 계획 그리고 마음까지도 대체해 보면 재미있다.

8. 반대로 하면 어떨까?

• 상하 · 좌우 · 전후 · 표리 등 반대의 경우를 생각해 보면 된다.

• 역할이나 레이아웃 등도 해 보면 대단히 효과가 높다는 사실을 깨닫게 된다.

9. 짝지으면(결합하면) 어떨까?

• 목적이나 아이디어 또는 단위의 배합을 생각한다.

• 성분이나 재료의 배합도 흥미 있다.

10. 취소 · 폐지하면 어떨까?

• 어쨌든 문제를 일으킬 만한 부품이나 기능에 대해 '이것 없이는 안 되는가?' '폐지하면 어떤가?' 등을 닥치는 대로 생각해 나간다.

〈 실습 〉

체크리스트법을 활용하여 환경오염을 줄이는 방법으로 무엇이 있는지 아이디어를 생각해 보시오.

5. 결점 열거법

1) 유래와 정의

결점 열거법(bug list)은 아이디어를 내는 것에 문제가 있으며 본질적으로는 어떠한 결점이 있다는 전제에서 출발한다. 결점을 알게 되면 '그 결점을 제거하기 위하여 어떻게 하면 좋은가?'라는 극히 아이디어가 나오기 쉬운 상태가 된다. 그리하여 학습자들은 제품의 조그마한 흠이라도 열거하면서 가능한 한 많은 단점을 찾아낸다. 그런 결점을 찾아 정리하여 방법을 도출해 내는 것이 결점 열거법이다(김정훈, 2009).

결점 열거법은 문제점을 찾아내고 각각의 주제에 브레인스토밍을 하여 더욱 좋은 제품을 만드는 방법이다. 이 방법은 내용이 쉽고 진행하기도 쉬워 많이 쓰이고 있다.

2) 결점 열거법의 특징과 필요한 상황

결점 열거법의 특징은 다음과 같다. 첫째, 진행과정이 쉽다. 둘째, 가시적인 아이템이 개선에 효과적이다. 셋째, 아이디어 도출보다는 문제의 도출 측면에서 효과적으로 활용할 수 있다. 그러나 결점 열거법은 인문 · 사회 · 과학적 접근이 쉽지 않으며, 문제해결 과정상 초기 단계에 활용하며, 기존 아이템에서 문제를 찾아내고 싶을 때 활용할 수 있다.

3) 결점 열거법 진행방법

- 교수자는 학습자들에게 제품이나 서비스 등에서의 결점이나 문제점을 1인당 5~10개 정도 찾아내라고 요청한다.
- 학습자들은 찾아낸 결점들을 모아서 정리한 다음 공통적인 것들을 찾아내어 목록을 작성한다.
- 학습자 전원이 그 목록을 살펴보고 결점이나 문제점이 가장 많은 목록에 투표를 한다.
- 학습자들은 브레인스토밍을 통하여 목록에서 상위에 있는 것부터 검토하며 해결할 방법을 찾는다.

〈 실습 〉

결점 열거법을 활용하여 고무지우개의 결점이 무엇인지를 생각해 보시오.

6. 희망점 열거법

1) 배경과 정의

결점 열거법이 문제를 파악하는 방법으로는 소극적인 방법이라면, 희망점 열거법은 희망점을 열거하기 때문에 적극적인 방법이다. 적극적으로 희망을 열거한다면 기대 이상의 아이디어가 나오게 된다. 결점 열거법이 기존 아이디어의 문제를 찾음으로써 단순히 개선 아이디어를 도출하는 데 유리하다면, 희망점 열거법은 결점 열거법에 비해 상대적으로 적극적인 개선 아이디어를 전개할 때 필요한 방법이다. 기타의 다른 방법과 연계해서 사용하는 것이 바람직하며, 사용 시 자유분방한 분위기를 조성하는 것이 필요하고, 소비자나 제3자의 시각에서 도출될 수 있는 결과가 이용 가치가 높다.

2) 희망점 열거법의 특징과 필요한 상황

희망점 열거법의 특징은 다음과 같다. 첫째, 진행과정이 쉬우며 가시적인 아이템의 개선에 효과적이다. 둘째, 아이디어 도출보다는 문제의 도출에 활용한다. 그러나 인문, 사회, 과학 분야에서는 접근하기가 쉽지 않으며 문제해결과정상 초기 단계에 사용이 가능하다는 것에 주의해야 한다.

희망점 열거법이 필요한 상황은 보다 공격적이고 참신한 방향에서 문제점을 도출하고 싶을 때와 현재보다는 미래 시점에 새로운 제품을 개발할 때다. 또한 단순한 개선보다는 신제품의 개발이나 획기적인 아이템의 변경을 요구할 때 유효하게 사용 가능하다.

3) 희망점 열거법 진행방법

- 교수자는 개선해야 할 상품이나 서비스를 학습자들에게 제시한다.
- 학습자들은 상품이나 주제에 대해 개선해야 할 사항을 열거한다.
- 학습자들은 중요 희망사항을 결정한다.
- 열거된 희망사항에 대한 아이디어를 산출한다.

〈 실습 〉

희망점 열거법을 활용하여 고무지우개의 희망점이 무엇인지를 생각해 보시오.

7. 사례연구법

1) 정의와 유래

사례연구(case study)법은 1900년대 초 하버드 비즈니스 스쿨(Harvard Business School)에서 처음으로 활용되었다. 하버드 비즈니스 스쿨은 포드 재단의 지원을 받아서 교수와 훈련을 위한 사례연구를 개발하고 활용하였다. 하버드 프로그램이 운영되고 있는 동안 이루어진 두 가지 연구 결과에 의해서 사례연구가 어떻게 의사결정을 내리고 문제를 해결해야 하는지에 대한 방법을 관리자에게 가르치는 데 효과적이라는 것이 밝혀졌다(Pfeiffer & Ballew, 1988).

사례연구법은 어떤 학습자 또는 조직이 어려운 상황에 직면했을 때 그것을 어떻게 극복했는지에 대한 사례를 바탕으로 학습자들이 사례 속에서 취해진 행동들을 분석하고 비판해 보는 것이다. 이 활동을 통해서 적절하게 취해진 행동은 무엇이었고, 다르게 행해질 수 있었던 행동은 무엇이었는지 등을 판단해 냄으로써 문제해결력을 기를 수 있다(Yin, 2004).

사례연구법은 현실에서 벌어지는 사건을 대상으로 하며, 사건과 관련된 행동들을 통제할 수 없을 때 선호된다. 문서, 가공물, 인터뷰, 관찰 등 다양한 증거를 사용할 수 있다는 점이 사례연구법의 장점이다.

2) 사례연구법의 특징

사례연구법은 분석, 통합, 평가를 포함하는 고도의 지적 기술을 개발하는 데 효과적이다. 따라서 사례연구법을 위해 교수자는 학습자들에게 사례에 대한 그들의 분석을 준비하고 토론하기 위한 기회를 제공해야 한다. 또한 교수자는 학습자들에게 분석을 완성하기 위한 충분한 시간과 동기를 부여해야 한다. 뿐만 아니라 사례연구법을 위한 필수 요소인 학습자들끼리의 상호작용을 위한 기회를 면대면과 전자적 수단(컴퓨터 통신 등)을 활용하여 제공해야 한다.

사례연구법은 주로 진단적 목적을 위해서 활용되기 때문에 그 상황과 관련된 모든 자료가 포함되어야 한다. 특히 기업에서 일어나는 실제적 사건을 다루는 사례연구에서는 실제 기업 내 복잡한 상황을 다루게 되므로 관련된 경제적, 기술적, 사회적, 인간적 요소들을 모두 언급해 주어야 한다.

3) 사례연구법이 필요한 상황

사례연구법은 다양한 교수 목적을 위해 활용될 수 있다.

(1) 분위기 조성과 집중

분위기 조성과 집중과 관련된 사례는 특정한 과정이나 프로그램에 학습자들을 적극적으로 참여시키기 위해 활용된다. 학습을 위한 효과보다는 학습자들의 주의 집중을 목적으로 한다.

(2) 태도의 변화

조직에서 발생하는 주요 문제에 대해 학습자의 태도나 마음을 변화시킬 목적으로 활용된다. 사례연구법을 통해 새로운 기술이나 지식을 얻으려고 하기보다는 새로운 기술을 학습해야겠다는 마음가짐이나 새로운 시각에서 일상적인 상황을 바라보는 기회를 제공한다.

(3) 문제해결 기술과 전략학습

학습자들은 사례를 통해 새로운 정보나 능력을 얻을 수 있다. 직접적으로 교수자가 단계별 절차를 제시하지 않는다고 하더라도 사례에 대한 토론을 통해 비슷한 문제 상황에 직면했을 때 이를 극복할 수 있는 기술이나 전략을 학습하게 된다.

(4) 실제 적용 기회 제공

학습자들은 사례연구법을 통해 최근 교육과정에서 습득한 능력 및 자질을 적용해 보는 기회를 가질 수 있다.

(5) 학습자 평가

사례는 학습자들의 지식을 평가하기 위해서도 활용될 수 있다. 교수자는 주어진 사례에 대한 학습자들의 평가를 점검해 보고 그 평가의 질에 대해 판단함으로써 학습자의 지식을 평가할 수 있다.

4) 사례 개발 방법

일반적으로 사례에는 첫째, 개인적 문제를 다루는 것, 둘째, 독립된 사건을 다루는 것, 셋째, 조직적 문제를 다루는 것, 넷째, 이들 세 요소가 혼합된 상황의 네 가지 종류가 있다. 사례 개발 시에는 세 가지 차원에서 고려해야 한다. 즉, 교수 목적 차원에서는 교과과정의 목표, 목적, 개념적 문제, 학습자 등의 요소를, 행정적 제한점 차원에서는 실시 날짜, 이용 가능한 자원 및 시간을, 그리고 교수방법 차원에서는 상황적으로 선호되는 교수방법이 무엇인지를 고려해야 한다. 이 같은 요소들을 고려해 본 결과, 사례를 개발하기로 결정 내렸을 때는 다음의 다섯 단계를 거친다.

(1) 제1단계: 이야기 선택

좋은 교육용 사례를 개발하기 위해서 처음으로 해야 하는 일은 사례가 될 적절한 이야기를 찾아내는 일이다. 이를 위해서 신문, 잡지, 소설, 조사 결과 등의 자료들이 활용될 수 있다.

(2) 제2단계: 정보 수집

사례로 활용될 적절한 이야기를 선정한 후에는 이를 정교화하기 위한 정보를 수집해야 한다. 실제 이야기에 기반을 두는 사례연구법의 정보를 수집하는 과정은 순환적인 성격을 띤다. 우선 실제 그 사건에 참여한 사람을 인터뷰하고 그로부터 이야기를 보다 정교하게 해 줄 샘플 자료와 문서 자료를 얻는다. 인터뷰와 정보 수집 과정은 더 이상 새로운 정보가 나오지 않을 때까지 반복한다.

(3) 제3단계: 이야기 개요 준비

이야기 개요를 준비하는 단계는 정보를 수집하는 단계와 동시적으로 이루어진다. 정보를 수집하면서 발견한 새로운 사실이나 중요 사건을 연대기 순으로 기록한다.

(4) 제4단계: 행정적인 이슈 결정

이 단계에서는 사례연구법을 어떻게 제시할 것인지를 두 가지 측면에서 결정한다. 첫째, 어떤 매체를 활용하여 전달할 것인가를 결정해야 한다. 인쇄매체, 비디오, 강의, 컴퓨터 등에 대한 결정은 이용 가능한 매체와 활용되는 사례의 성격에 달려 있다.

둘째, 사례에 대한 실습을 어떻게 조직화하고 조화시킬 것인가를 결정해야 한다. 사례에 관한 요약정보는 어떻게 전달할 것인가, 개별적으로 활동하게 할 것인가 혹은 팀별로 활동하게 할 것인가, 학습자들이 분석활동을 행할 장소는 어디로 할 것인가, 학습자들이 사례를 통해 발견한 사항들은 어떻게 보고하게 할 것인가 등에 대해 결정해야 한다. 이에 대한 결정은 활용되는 매체와 이용 가능한 장소와 시간, 사례의 복잡성에 달려 있다.

(5) 제5단계: 사례 자료의 준비

사례 자료의 준비를 위해서는 네 가지 단계 활동이 진행된다. 첫 번째 단계는 실제 샘플을 수집하는 단계로, 우선 사례 정보와 함께 제공할 실제 샘플을 모아야 한다. 이 실제 샘플에는 논문, 그래픽, 업무 명세서, 메모, 지도, 신문, 사진 등이 속한다.

두 번째 단계는 이야기를 직접 쓰는 단계로, 사례 정보를 위한 상세한 해설적 묘사를 시작할 때는 이야기의 문맥을 이해할 수 있도록 배경이 되는 이야기부터 시작하는 것이 좋다. 이어서 각각의 등장인물의 시각에서 사건을 묘사하고, 그들 사이의 대화도 있는 그대로 포함하는 것이 보다 현실감을 제공해 줄 수 있다. 이러한 사례는 주요 인물이 중요한 의사결정을 내려야 하는 시점에서 끝을 맺어야 한다.

세 번째 단계는 사례에 대한 질문을 쓰는 단계로, 전체 이야기가 준비된 후에는 학습자들의 분석활동을 안내해 줄 주요 질문들을 준비해야 한다. 이러한 질문의 예로는 '주요 등장인물은 누구인가?' '그들이 어떻게 관련되어 있는가?' '그들이 직면한 문제는 무엇인가?' 등을 들 수 있다. 이들 질문은 사례를 이해하기 위한 가장 기초적인 질문들이다. 이러한 질문들이 완성된 후에는 학습자들이 보다 넓은 시각을 가지고 주요 등장인물의 행동을 평가하고 다양한 분석활동을 할 수 있도록 도와주는 질문들을 준비해야 한다.

네 번째 단계는 오프닝 시나리오를 쓰는 단계로, 사례에 흥미를 유발시킬 수 있는 소개문을 작성한다. 이는 학습자들의 주의를 끌 목적으로 제공되는 것이므로 가장 기본적인 정보만을 제공하며 짧게 작성되어야 한다.

〈 실습 〉

농촌 지역의 다문화 실태를 사례 개발 방법 단계에 따라 작성하고 토의해 보시오.

생각해 보기

1. 브레인스토밍을 활용할 때 네 가지 규칙 중 평가 금지는 왜 중요한지 토의해 보자.
2. 브레인스토밍과 브레인라이팅의 유사점과 차이점, 장단점을 토의해 보자.
3. 결점 열거법과 희망점 열거법의 유사점과 차이점, 장단점을 토의해 보자.
4. 사례연구법에 적합한 사례를 찾아 실습해 보고 어느 부분이 어려운지 토의해 보자.

참고문헌

김정훈(2009). 발명교육을 통한 미술 수업지도안 연구: 창의적 아이디어 발상을 중심으로. 공주대학교 교육대학원 석사학위논문.

임연웅(2000). **디자인 방법론 연구**. 서울: 미진사.

Kawakita, Jiro (1977). *A Study of intellectual exploration*. Tokyo: Kodansha.

Osborn, A. F. (1993). *Applied imagination* (3rd ed.). Buffalo, NY: Creative Education Foundation Press.

Pfeiffer, J. W., & Ballew, A. C. (1988). *Using case studies, simulations, and games in human resource development*. University Associates.

Yin, R. K. (2004). *The case study anthology*. Thousand Oaks, CA: Sage.

제7장 사람 중심 교육방법

학습개요

7장에서는 사람중심 교육방법을 학습한다. 문제의 중심에는 사람이 있다. 문제를 일으키는 것도 사람이고 문제를 해결하는 것도 사람이다. '열 길 물속은 알아도 한 길 사람 속은 모른다'라는 속담도 있듯이 오묘하고 쉽게 알 수 없는 것이 사람의 마음이다. 성인 학습자의 감정의 경험과 표현에 부여하는 중요성의 정도는 다르지만, 감정 및 표현의 과정들이 문제를 일으키고 또 해결하는 데 중심에 있다는 것은 확실하다. 따라서 직접적인 업무나 과업 문제를 해결하기 전에 먼저 선행되어야 할 것이 바로 사람과의 관계다. 이 장에서는 사람과 관련된 여러 가지 평생교육방법 중 상담기법, 적극적 경청, 나 전달법, 피드백, 역할연기 기법을 다룬다. 각 기법에 대한 개념뿐만 아니라 실제적으로 활용할 수 있는 방법을 제시한다.

학습목표

1. 적극적 경청과 나 전달법이 왜 중요한지를 성인 학습자의 입장에서 설명할 수 있다.
2. 역할연기 기법을 통해 얻을 수 있는 성인 학습자의 이점을 설명할 수 있다.
3. 로저스의 인간 중심 상담 절차 12단계를 기술할 수 있다.

1. 상담 기법

1) 상담의 정의

상담(counselling)의 어원은 라틴어 consulere에서 유래되었다. consulere는 고려하다(to consider), 성찰하다(to reflect), 숙고하다(to deliberate), 조언을 받다(to take counsel), 자문하다(to consult) 등의 다양한 의미를 내포하고 있다. 상담은 무엇을 목적으로, 어떤 사람에게, 어떤 종류의 도움을 주느냐에 따라 의미가 달라진다. 오늘날 상담은 교육학, 심리학, 정신의학, 철학, 종교학, 문화인류학, 사회학, 정치학, 경제학 등 다양한 분야에서 활용되고 있다.

상담은 일반적으로 상담자와 내담자 간에 수용적이고 구조화된 관계를 형성하고, 이 관계 속에서 내담자가 자기 자신과 환경에 대해서 올바르게 이해하도록 하여 문제점을 발견하고, 내담자 스스로가 효율적으로 의사결정을 하고 여러 가지 심리적 특징이 긍정적인 방향으로 변화하도록 도와주어 내담자의 성장 · 발전 및 적응을 촉진하는 심리적 조화과정이다(이형득 외, 1984).

2) 상담의 목표

상담의 일반적인 목표는 내담자의 생각, 감정, 행동이 바람직한 방향으로 변화하도록 도와주는 것이다. 상담의 주요한 목표는 다음과 같다. 첫째, 내담자의 행동 변화를 긍정적인 방향으로 촉진한다. 둘째, 인간관계의 유지와 발전을 위한 내담자의 능력을 향상시킨다. 셋째, 내담자의 업무 수행 능력을 효율적으로 향상시킨다. 넷째, 내담자가 스스로 결정할 수 있는 자기 결정과정을 증진시킨다. 다섯째, 내담자의 잠재력을 개발하고 촉진시킨다.

이와 같이 상담의 목적은 상담자와 내담자의 상호관계에 의하여 내담자의 바람직하지 못한 생각, 행동, 감정을 보다 바람직한 방향으로 변화 · 성장시키는 데 있다. 특히 내담자의 감정은 매우 복잡하고 다양하기 때문에 상담자는 내담자의 감정이나 느낌을 잘 알아야 한다. 내담자의 바람직하지 못한 분노, 갈등, 공포, 슬픔 등의 감정을 올바르게 이해하지 못하고 내담자를 바람직한 감정으로 변화시킨다는 것은 어렵다. 더 나아가 내담자가 스스로 인격적 성숙과 자기실현을 할 수 있도록 도와주어야 한다.

3) 상담자의 자질과 태도

상담자에게 요구되는 전문적 자질에는 인성 자질, 촉진 자질, 배려 자질, 경청 자질, 소통 자질이 있다. 인성 자질로는 올바른 윤리의식과 인격을 지녀야 하며, 촉진 자질로서 내담자의 잠재력을 이끌어 내고 개발할 수 있어야 한다. 또한 배려 자질로서 내담자를 존경하고 진정한 관심이 있어야 하며, 경청 자질로서 내담자의 문제 자체보다 내담자 자체에 귀를 기울여야 하며 내담자의 말에 해석과 비판을 하지 말아야 한다. 그리고 소통 자질로서 내담자가 상담을 잘할 수 있도록 대화를 촉진시켜야 한다.

상담자의 바람직한 태도를 살펴보면 다음과 같다. 첫 번째, 상담자가 지녀야 할 성격으로서 온화함과 감수성이다. 내담자와의 관계는 확실한 한계와 통제도 있어야 하지만 애정도 있어야 한다. 내담자에 대해서 정직한 관심으로 지나치게 초연해서도 냉담해서도 안 되지만 지나치게 동정을 주어서도 안 된다. 두 번째, 내담자의 감정을 자연스럽게 표현하도록 도와주는 허용성이다. 도덕적 태도로 대하지 않고 모든 것을 진실로 이해하려는 태도를 가져, 내담자가 자신의 생활을 저해하는 하지 말아야 할 충동과 말 못할 감정과 태도를 다 표현하도록 해야 한다. 세 번째, 상담하는 상황에서 내담자의 감정을 자유롭게 표현하는 것은 자유이지만 행동에는 확고한 한계를 두어 내담자가 상담자를 마음대로 지배할 수 없게 해야 한다. 네 번째, 상담자의 지식과 경험을 바탕으로 한 어떤 종류의 압력이나 강요도 없어야 한다. 상담자의 희망, 편견을 상담 장면에 투입하는 것은 자제해야 한다(Rogers, 1942).

4) 상담자의 상담 시 유의사항

상담자가 내담자와 상담할 때 유의해야 할 사항은 다음과 같이 일곱 가지로 정리할 수 있다. 첫째, 내담자가 자발적으로 상담을 받을 수 있도록 유도하는 노력이 있어야 한다. 둘째, 상담자는 상담이 모든 문제를 해결할 수 있다는 생각은 잘못된 것임을 알아야 한다. 셋째, 모든 것을 잘하는 사람, 모든 것을 못하는 사람은 없다는 인식이 있어야 한다. 넷째, 내담자의 잘못에 대한 가치판단을 피하고 인격 존중에 유의해야 한다. 다섯째, 모든 사람에게는 기본적으로 인지적, 정서적, 행동적 문제가 있음을 인정해야 한다. 여섯째, 내담자의 인간성 자체에 대해 긍정적이고 희망적인 이미지를 가져야 한다. 일곱째, 내담자와 상담했던 내용은 기록을 하되, 비밀을 지켜야 한다.

5) 상담 절차

인간 중심 상담을 주장한 로저스(Rogers, 1980)는 상담자와 내담자의 관계에 대해 일치성, 긍정적 존중, 공감적 이해의 세 가지를 제시하였다. 일치성은 상담자가 자신의 부정적 감정을 표현할 뿐 아니라 내담자가 표현하는 부정적 감정을 받아들일 수 있을 때 내담자와의 솔직한 의사 및 감정의 교류가 가능해진다는 것이다. 긍정적 존중은 내담자를 한 인간으로서 존중하며, 내담자의 사고 · 행동 · 감정을 평가하거나 판단하지 않고 있는 그대로 받아들이는 것을 의미한다. 무조건적이고 긍정적이어야 한다는 것이다. 공감적 이해는 내담자의 경험과 감정을 상담자가 예민하고 정확하게 공감하고 이해하는 것을 말한다. 공감은 동정이나 동일시와는 다르다. 상담자가 내담자의 입장이 되어 내담자를 깊게 이해하면서도 결코 자기 본연의 자세를 버리지 않는 것이 공감이다. 상담은 이 세 가지 관계 속에서 이루어진다.

로저스가 주장한 인간 중심 상담 절차는 다음과 같다.

① 내담자가 상담자에게 도움을 청한다.
② 양자 간에 상담이라는 상황이 정의된다.
③ 상담자는 내담자로 하여금 문제에 대한 감정을 자유롭게 표현할 수 있게 도와준다.
④ 상담자는 표출되는 내담자의 감정을 수용하고 인정해 주고 정리해 주어야 한다.
⑤ 부정적 감정을 완전히 표현할 수 있게 되면 잠정적이기는 하지만 성격 형성에 도움이 되는 긍정적 감정과 충동이 나타나게 된다.
⑥ 상담자는 내담자의 부정적 감정을 받아들인 것과 마찬가지로 긍정적 감정을 인정하고 받아들인다.
⑦ 부정적 감정과 긍정적 감정을 경험하면 자기 이해와 자기 수용, 즉 통찰이 일어난다. 이에 내담자는 감정으로 인해 바르게 볼 수 없었던 현실 내지 진실을 볼 수 있게 된다.
⑧ 내담자는 통찰과 동시에 여러 가지 의사결정을 할 수 있는 길이 선명하게 보이게 된다.
⑨ 내담자는 생활에서 더욱 정확하고 완전한 분별을 한다.
⑩ 내담자는 보다 긍정적 행동을 한다.
⑪ 문제 증상이 감소되고 덜 불편해진다.
⑫ 상담자의 도움을 받을 필요성을 덜 느끼게 되고, 내담자는 치료관계를 종결해야겠다는 생각을 한다.

〈 실습 〉

최근에 가정생활, 직장생활 또는 사회생활에서 일어난 사례 중에서 부모나 상사 또는 친구와 상담했던 사례를 제시하고, 내담자 입장에서 상담자가 잘한 것은 무엇인지, 부족한 것은 무엇인지를 토의해 보시오.

2. 적극적 경청

1) 적극적 경청의 정의

적극적 경청(active listening)이란 상대방이 전달하고자 하는 말의 내용은 물론 그 내면에 깔려 있는 동기나 정서에 귀를 기울여 듣고 이해한 바를 상대방에게 피드백해 주는 것이다. 이것은 평가, 의견, 충고, 분석, 의문을 전달하는 것이 아니라 상대방이 의미하는 것 자체가 무엇인가를 이해하며 듣는 것이다(주현정, 2010).

예를 들면, 상대방이 "왜 나는 하는 일마다 안 되는지 모르겠습니다. 제가 전생에 무슨 죄를 많이 저질렀기에 실패만 계속하는 겁니까?"라고 하소연 내지는 불만을 표현한다면 "왜 그런지 생각해 보십시오."(충고), "당신만 그런 게 아닙니다."(평가, 판단), "내가 도와줄 게 없을까요?"(의견), "아마도 사업 초기에 시장 분석을 잘못한 것 아닙니까?"(분석), "꼭 실패했다고 볼 수 없을 것 같습니다."(의문) 등으로 대답하게 된다. 이러한 것을 일반적 경청이라고 한다. 반면에 적극적 경청은 "자꾸 실패만 하니 많이 속상하겠네요." "많이 힘들겠어요." 등과 같이 상대방의 속마음과 기분, 느낌을 경청하는 것을 말한다.

2) 적극적 경청의 내용

적극적 경청을 해야 하는 것으로는 상대방의 비언어적 표현, 언어적 표현, 표현되지 않은 감정 및 동기, 상대방의 객관적 현실 등이 있다. 이러한 요소들은 적극적 경청을 더 잘할 수 있는 단서가 된다.

(1) 비언어적 표현

- 신체적인 행동: 자세, 몸동작, 제스처
- 얼굴 표정: 미소, 찡그리기, 눈썹 치켜 뜨기, 입술의 경련
- 목소리: 높이, 빠르기, 억양, 단어 간의 간격, 강조하는 말, 유창한 정도
- 생리적 변화: 숨쉬기, 얼굴 붉힘, 창백해짐, 조급해짐
- 신체적인 특징: 체격, 키, 몸무게, 혈색
- 전체적인 외모: 옷차림 등

(2) 언어적 표현

- 경험: 상대방에게 일어난 것
- 행동: 상대방이 한 것 혹은 하지 않은 것
- 감정: 경험이나 행동의 결과로 유발되는 느낌

(3) 표현되지 않은 감정 및 동기

- 상대방이 언어적 혹은 비언어적 표현을 통해 암시하고 있는 것은 무엇인가?
- 상대방이 표현한 것 이면에 전달하고자 하는 메시지는 무엇인가?
- 상대방이 혼돈된 방식으로 표현하고자 한 바는 무엇인가?

(4) 상대방의 객관적 현실

- 상대방의 친구관계는 어떠한가?
- 상대방의 재정 상태는?
- 상대방의 취미는?

3) 적극적 경청을 방해하는 요인

(1) 부정확한 청취

상대방이 이야기하는 것을 제대로 알아듣지 못하게 하는 요소로는 다음과 같은 것들이 있다.

- 매력: 상대방이 당신에게 너무나 매력적이거나 전혀 매력이 없을 때
- 신체 조건: 당신이 아프거나 피곤할 때
- 관심사: 상대방의 관심사가 아닌 당신의 관심사에 사로잡혀 있을 때
- 지나친 집착: 상대방이 이야기한 부분에 지나치게 집착했을 때
- 문제의 유사성: 상대방의 문제가 당신의 문제와 유사할 때
- 이질감: 상대방과 그의 경험이 당신의 경험과 이질적일 때

(2) 평가적인 청취

- 상대방 자체를 좋다 또는 나쁘다라고 평가한다.
- 상대방이 말하는 내용이 옳다 또는 그르다라고 판단한다.
- 상대방이 말하는 제3자에 대해 용서할 수 있다 또는 용서할 수 없다 등으로 판단한다.

(3) 왜곡된 청취

- 문화적인 편견
- 의사소통자의 편견
- 편파적인 지식
- (상대방에 대한) 동정심

4) 적극적 경청 활용 시 주의사항

적극적 경청을 효과적으로 활용하기 위해서는 몇 가지 주의사항이 있다. 첫째, 상대방의 모든 발언에 대해 피드백을 줄 필요는 없다. 경우에 따라서는 승인이나 침묵 반응을 보일 수도 있다. 둘째, 외적인 정보, 자원을 제공해 주어야 하는 문제인 경우에는 적극적 경청만으로는 부족할 수 있다. 적극적 경청만으로 문제가 해결되는 것은 아니다. 그러나 이것은 문제를 정의하고 해결책을 모색하는 데 필수적인 단계다. 셋째, 적극적 경청은 상대방의 감정을 '수용' 하는 것이지 그것이 옳다고 '동의' 하는 것은 아니다. 넷째, 상대방의 이야기를 듣고 싶지 않을 경우에는 그 이유를 설명하고 이야기를 들을 수 있을 때 다시 찾아 달라고 요청하는 것이 좋다. 다섯째, 상대방의 문제와 관련되지 않은 경우에는 다른 방식의 의사소통도 필요하다.

적극적 경청의 자세: 주의 기울이기

1. 상대방을 정면으로 바라보라.
   - 대화할 의사가 있음을 전달해 준다.
   - 이것이 너무 위협적으로 보일 경우에는 약간 비스듬히 비껴 앉는다.
2. 개방적인 자세를 취하라.
   - 손이나 다리를 꼬지 않는 자세는 상대방에게 마음을 열어 놓고 있다는 표시다.
3. 가끔 상대방 쪽으로 몸을 기울여라.
   - 상대방의 이야기를 열심히 듣고 있음을 전달해 준다. 너무 많이 몸을 기울이면 상대가 놀라게 되므로 자연스럽게 앞으로 숙였다 뒤로 젖혔다 한다.
4. 시선을 계속 접촉하라.
   - 상대방에게 관심을 갖고 있음을 전달해 준다.
5. 편안한 자세를 취하라.
   - 전문가다운 자신만만함을 보여 주고 상대방도 느긋하게 하는 데 도움이 된다.

〈 실습 〉

다음의 대화를 적극적 경청으로 작성해 보시오.

- 과장님! 저도 나름대로 뭔가 하고 있다는 생각이 듭니다.

  →

- 부장님! 생각처럼 그렇게 쉬운 줄 아십니까?

  →

- 선생님! 입장을 바꿔 놓고 생각해 보십시오.

  →

- 상담사님! 세상은 원리원칙만 가지고는 힘들지 않습니까?

  →

- 대리님! 하필 제가 왜 그 일을 해야 되는지 모르겠습니다.

  →

- 부장님! 저 나름대로 열심히 일을 해도 우리 과장님은 항상 불만이십니다.

  →

- 상담사님! 오죽하면 제가 이런 말을 다하겠습니까?

  →

- 과장님! 저는 오늘 제가 할 일을 다해 놓고 친구가 왔길래 잠깐 나갔다 왔는데 부장님은 자리를 비웠다고 야단이십니다.

  →

3. 나 전달법

1) 나 전달법의 정의

나 전달법(I-message)은 상대방의 감정을 인식하고, 상대방의 태도에 대한 나의 감정을 표현하는 것을 말한다. 감정을 바르게 표현하기 위해서는 감정을 확인하고 그 이유를 같이 전달하는 것이다. "나는 ~ 이유 때문에 ~ 감정이 든다."라는 식으로 나의 감정을 상대방에게 전달하는 것이다. 나 전달법의 반대 개념은 너 전달법(You-message)이다(송영선, 2011). 나 전달법이 '나'를 주어로 하여 상대방의 행동에 대한 자신의 생각이나 감정을 표현하는 대화 방식이라면, 너 전달법은 '너'를 주어로 하여 상대방의 행동을 표현하는 대화방식이다. 나 전달법은 상대방에게 나의 입장과 감정을 전달함으로써 상호 이해를 도울 수 있고, 상대방에게 개방적이고 솔직하다는 느낌을 전달하게 되며, 상대는 나의 느낌을 수용하고 자발적으로 자신의 문제를 해결하고자 하는 의도를 지니게 되는 효과가 있다. 반면 너 전달법은 상대방에게 문제가 있다고 표현함으로써 상호관계를 파괴하게 되며, 상대방에게 일방적으로 강요, 공격, 비난하는 느낌을 전달하게 되며, 상대는 변명하려 하거나 반감, 저항, 공격성을 보이게 되는 역효과가 있다.

1. ① 입을 다물어라, 더 이상 말하지 마라. (×)
   ② 방금 너의 말이 나를 무시해서 나는 화가 난다. (○)
2. ① 넌 무얼하고 있느냐? 내가 일하는 것이 보이지 않느냐? (×)
   ② 내가 이렇게 바쁘게 일하는데 넌 TV만 보고 있으니 몹시 화가 난다. (○)
3. ① 너는 매우 훌륭하다. (×)
   ② 나는 너의 친절한 마음을 존중한다. (○)

2) 나 전달법의 3단계

- 1단계: 문제가 되는 상대방의 행동과 상황을 구체적으로 말한다.
  - "나는 자네가 나에게 말대꾸를 할 때~." (○)
  - "자네가 나에게 건방지게 말대꾸를 할 때~." (×)
- 2단계: 상대방의 행동이 자신(팀, 조직)에게 미친 영향을 구체적으로 말한다.

–“자네가 말도 없이 자리를 비우니까, 나는 자네가 해야 할 일을 다른 사람에게 시키거나 기다리고 있어야 하네.” (○)

–“자네가 자리를 자주 비우니까 내가 힘들어.” (×)

• 3단계: 그러한 영향 때문에 생겨난 감정을 솔직하게 말한다.

–“자네가 지난번 무단결근을 해서 무슨 일이 생겼는지 궁금하네.” (○)

–“자네가 지난번 무단결근을 한 건 도대체 무슨 심보인가.” (×)

〈 실습 〉

1. 신입사원인 김○○는 내가 업무와 관련된 지시를 하면 꼭 말대꾸를 한다. 오늘도 내가 업무 지시를 하니 또 말대꾸를 한다. 오늘 점심식사 후에 신입사원 김○○를 부른 나는…….

① 평소의 당신이라면 이 경우에 무엇이라고 말하겠는가?

② 위와 같이 말했을 때 상대방의 느낌은 어떠할까?

③ 나 전달법을 사용하여 표현해 보자.

④ 나 전달법을 사용하여 말했을 때 상대방의 느낌은 어떠할까?

2. 회의 자료의 수치가 잘못되어 중요한 발표를 망쳐 버렸다. 관련 업무 담당자인 송OO를 부른 나는…….

① 평소의 당신이라면 이 경우에 무엇이라고 말하겠는가?

② 위와 같이 말했을 때 상대방의 느낌은 어떠할까?

③ 나 전달법을 사용하여 표현해 보자.

④ 나 전달법을 사용하여 말했을 때 상대방의 느낌은 어떠할까?

3. 박 대리는 업무 시간에 이유도 없이 자리를 자주 비우는데 오늘도 또 자리를 비웠다. 다른 팀에 업무 협의를 하러 가다가 박 대리와 마주 친 나는…….

① 평소의 당신이라면 이 경우에 무엇이라고 말하겠는가?

② 위와 같이 말했을 때 상대방의 느낌은 어떠할까?

③ 나 전달법을 사용하여 표현해 보자.

④ 나 전달법을 사용하여 말했을 때 상대방의 느낌은 어떠할까?

4. 최 주임은 가끔 규정된 퇴근 시간에 앞서 퇴근을 하곤 한다. 그래서 지난번에 팀에서는 퇴근 시간 준수와 관련해서 이야기를 나누었다. 그런데 최 주임은 어제도 퇴근 시간에 앞서 퇴근을 했다. 그를 부른 나는…….

① 평소의 당신이라면 이 경우에 무엇이라고 말하겠는가?

② 위와 같이 말했을 때 상대방의 느낌은 어떠할까?

③ 나 전달법을 사용하여 표현해 보자.

④ 나 전달법을 사용하여 말했을 때 상대방의 느낌은 어떠할까?

5. 김 과장은 몹시 아파서 조퇴를 신청했다. 그러나 한 사람이 빠지면 업무가 적잖은 영향을 받는 상황에서 조퇴를 허락하기는 매우 어려운 입장이다. 김 과장을 부른 나는…….

① 평소의 당신이라면 이 경우에 무엇이라고 말하겠는가?

② 위와 같이 말했을 때 상대방의 느낌은 어떠할까?

③ 나 전달법을 사용하여 표현해 보자.

④ 나 전달법을 사용하여 말했을 때 상대방의 느낌은 어떠할까?

6. 신입사원이 실수를 하여 야단을 쳤더니 "팀장님은 늘 저만 나무라시는군요. 제가 고의로 잘못한 것도 아닌데 너무 하십니다."라고 말한다. 팀장인 나는…….

① 평소의 당신이라면 이 경우에 무엇이라고 말하겠는가?

② 위와 같이 말했을 때 상대방의 느낌은 어떠할까?

③ 나 전달법을 사용하여 표현해 보자.

④ 나 전달법을 사용하여 말했을 때 상대방의 느낌은 어떠할까?

4. 피드백

1) 피드백의 정의

피드백(feedback)은 상대방 또는 상대방 집단의 어떤 행동이 다른 사람에게 어떤 영향을 미쳤는가에 대한 정보나 자료를 당사자에게 제공하는 것을 말한다.

2) 피드백의 유형

피드백에는 지지적 피드백(supportive feedback), 교정적 피드백(corrective feedback), 학대적 피드백(abusive feedback), 무의미한 피드백(insignificant feedback)의 네 가지 유형이 있다(이민주 역, 2007). 첫째, 지지적 피드백은 소통의 긍정적인 에너지에 바탕을 둔다. 서로가 서로의 견해를 존중하고 배려하고 격려하는 지지적 피드백은 모든 인간관계의 선한 근원을 이룬다. 하지만 지지적 피드백을 주고받을 수 있는 남다른 마인드와 각별한 노하우를 습득하기란 쉽지 않다.

둘째, 교정적 피드백은 기존에 형성된 관계를 개선하거나 발전시켜 나가는 데 유용하다. 열정과 성실함을 갖춘 상대방과의 관계에서 교정적 피드백을 통해 반복되는 실수나 잘못 등을 적절하게 고쳐 나갈 수 있다. 교정적 피드백을 잘 활용하면 예상치 못한 큰 시너지를 창출해 낼 수 있다. 지지적 피드백이 찾아내지 못하는 대인관계의 공백을 교정적 피드백을 통해 훌륭하게 보완해 나갈 수 있다.

셋째, 학대적 피드백이다. 사실 인생의 많은 관계들이 바로 이 학대적 피드백에 둘러싸여 있다고 해도 지나치지 않다. 우리는 상대방에게 상처와 절망을 주는 학대적 피드백에 자신도 모르게 익숙해져 있다. 그리하여 점점 더 큰 갈등을 빚어내는 많은 관계 속에서 고통스러워한다.

넷째, 무의미한 피드백은 아무런 의미도 없는 피드백이다. 어떤 면에서는 학대적 피드백보다도 더 학대적일 수 있다. 무의미한 피드백은 관계를 형식적인 차원으로 전락시키고, 나아가 어떤 유의미한 발전도 도모하지 못한 채 그저 관계의 타성과 나태함, 권태로움만을 양산할 뿐이다. 학대적 피드백과 함께 무의미한 피드백은 상대방이 행복한 삶과 즐거운 일터를 꿈꾼다면 반드시 지양해야 한다.

3) 효과적인 피드백의 조건

피드백을 효과적으로 하기 위한 조건은 다음과 같다. 첫째, 상대방을 다루려고 하지 말고 도움을 주려고 노력한다. 둘째, '내 생각에는'이라는 말로 주관적인 견해임을 이해시킨다. 셋째, 그 즉시 혹은 가능한 한 빠른 시간 안에 피드백한다. 넷째, 부정적으로 덮어씌우려 하지도 탓하지도 않는다. 다섯째, 평가와 판단을 하지 말고 사실이나 행동을 그대로 알려 준다. 여섯째, 진실하고 솔직하게 말하고 신뢰와 존경을 받도록 마음을 쓴다. 일곱째, 상호 학습을 위해 격려한다. 여덟째, 최근의 일을 대상으로 구체적이고 명확해야 한다. 아홉째, 잘하고 있는 점과 잘못하고 있는 점을 균형 있게 피드백해 준다.

4) 효과적인 피드백 방법

효과적인 피드백 방법은 다음과 같다. 첫째, 평가적인 용어는 피하고 서술적으로 표현해야 한다. 둘째, 주관적인 심증만으로 피드백을 주는 것을 가능하면 피하고 객관적인 증거를 근거로 하여 이루어져야 한다. 셋째, 내담자에게 행동 변화를 강요해서는 안 된다. 행동 변화의 주체는 상대방이므로 책임도 그에게 있음을 분명히 해야 한다. 넷째, 가급적이면 처음에는 긍정적인 것부터 시작하는 것이 좋다. 다섯째, 주관적인 판단은 피하는 것이 좋다. 그러나 그럴 만한 근거가 있을 때는 그 근거하에 판단할 수도 있다. 이 경우 그 판단을 절대시해서는 안 된다. 단지 가능성을 이야기할 따름이고, 최종적인 판단은 상대방에게 유보해야 한다.

〈 실습 〉

다음의 대화 내용을 읽고 피드백 방법을 사용해 보시오.

- "최근 며칠 동안 김 대리는 얼굴에 생기가 없는 것 같아요. 무엇인가 걱정거리가 있는 모양이지요?"
- "박 대리, 컴퓨터 실력이 많이 늘었어요. 오타가 이젠 거의 없네요. 그동안 연습을 많이 했나 봐요."
- "이 과장! 최 과장과 사이가 안 좋은 것 같군요. 전에는 늘 점심식사를 같이 하더니 요즈음은 같이 하는 모습을 거의 보지 못했어요."
- "팀장님께서는 오늘따라 기분이 안 좋으신 것 같습니다. 사소한 일에 자꾸 큰 소리로 야단을 치시네요."

5. 역할연기

1) 역할연기의 정의

역할연기(role play)는 현실에 있었던 또는 일어날 수 있는 문제를 규정하여 보통 2명 이상의 참가자에게 일정한 역할을 부여하고 가상적인 대조 장면을 마련하여 각자의 역할에 따른 행동을 통하여 '상대방의 역할'과 '상대방으로부터 기대되는 자기의 역할'을 이해시키는 종합적인 능력 개발 기법이다(한국산업훈련연구소, 1989). 역할연기는 타인의 역할을 경험해 봄으로써 자신과 타인을 이해하는데 도움을 주고자 극화하는 놀이다. 역할연기는 인간관계의 일반적 영역에서 어떤 상황이나 문제를 극화한 것으로서 소집단에게 개인별로 서로 다른 역할을 주고 가상 상황에서 서로 협의하여 어떤 결정을 하게 함으로써 다른 역할을 맡은 사람들과 원만한 타협을 보도록 하는 기법이다.

2) 역할연기의 목적

역할연기를 활용하는 목적은 다음과 같다. 첫째, 참가자의 태도 변화 측면이다. '상대방의 입장' '상대방 행동의 배경' 및 '상대방으로부터 기대되는 자기의 역'에 대해 실제로 느껴 봄으로써 상호 이해 촉진에 큰 효과를 가져와 태도의 변화를 유도한다. 또한 조직 속의 현실적인 상황에 대한 예를 들면, 상사와 부하라는 관계를 떠나서 자유롭게 행동할 수 있으므로 자발적이고 창조적인 상황을 스스로 만들어 내는 효과를 가져와 참가자의 태도 변화를 가져올 수 있다.

둘째, 참가자의 기술 습득 및 연마 측면이다. 역할연기에는 동작, 표정, 음성에 의한 표현이 필요하기 때문에 연기를 통해 창의력이 길러질 수 있고, 세일즈 기법, 인터뷰 기법 등과 같은 기술들을 실제 체험을 통해 습득할 수 있다.

셋째, 문제해결 능력의 함양 측면이다. 역할연기는 궁극적으로 다른 사람의 행동심리에 대한 통찰력을 양성하고 자기의 행동이 상대방에게 어떻게 작용할 것인가를 이해하는 의사소통 기능의 성장을 가져와 문제해결의 힘을 길러 줄 수 있다.

넷째, 코칭이나 상담, 고객과의 관계 등과 같은 원리를 학습하기 위한 측면이 있다. 역할연기는 코칭이나 상담 등의 다양한 기법을 종합적으로 활용하여 만들어진 기법이기 때문에 다양한 기법들의 원리를 학습할 수 있다.

다섯째, 다른 사람들이 어떻게 생각하고 느끼는지를 배우기 위한 측면이 있다. 역할연기를 통해 다른 참가자들이 지적해 준 장점과 단점을 확인할 수 있으며, 단점을 개선할 수 있는 계기가 될 수 있다.

3) 역할연기를 위한 시나리오 작성

역할연기 시나리오를 작성하기 전에 역할연기의 활용 여부를 결정해야 한다. 이때 사용할 수 있는 질문은 다음과 같다.

- 다루고자 하는 주제는 현실적인 문제인가?
- 주요 인물들 사이에 두드러진 갈등의 요소가 존재하는가?
- 간단명료하게 쓰일 수 있는 내용인가?
- 두세 명의 등장인물만을 필요로 하는 것인가?
- 관찰자들을 위한 역할이 존재하는가?

보다 현실적으로 자신이 직면하고 있는 문제 상황에 대한 역할연기를 수행하기 위해서는 그들이 직면하고 있는 문제에 대한 시나리오를 작성해 보게 하는 것이 좋다.

① 두드러진 갈등의 요소를 가지고 있으며 단지 두세 명의 등장인물만을 필요로 하는 문제를 선정한다. 이 문제는 현실적인 것이어야 하지만 지나치게 복잡해서는 안 된다.

② 각각의 등장인물에 이름, 나이, 성별, 직업 및 직책, 성격 특성, 문제를 바라보는 시각 등을 부여한다. 각각의 등장인물에게 역할연기를 하는 동안 달성해야 할 목표를 제공한다. 단, 이 목표는 참가자들이 다양한 대안 행동들을 연기해 볼 수 있도록 개략적인 것이 좋다.

③ 상황 설정에 대한 내용들을 작성한다. 이 내용은 문제에 대한 사실적 내용과 본질적 정보만을 담은 아주 간결한 것이어야 한다.

④ 관찰자들이 역할연기를 보는 동안 생각해 보아야 할 문제들을 작성하고, 역할연기 종료 후 토론할 내용에 대한 목록을 작성한다.

4) 역할연기의 단계

역할연기는 크게 워밍업(warm up), 실행(action), 마무리(closure)의 세 단계에 걸쳐 진행된다.

(1) 워밍업

참가자들은 보통 역할연기를 할 때 어색해하거나 부담을 갖기 때문에 이를 풀어 주어야 한다. 워밍업 단계에서 이루어지는 활동들은 다음과 같다.

- 참가자들끼리 라포(rapport)를 형성하고 서로 간의 상호작용을 원활히 할 수 있는 분위기 조성하기
- 과정에 대해 소개하기
- 역할연기 실시를 위해 참가자들 준비시키기

(2) 실행

참가자들을 소집단으로 나누고, 전원이 동시에 자리에서 일어나 몸을 움직일 수 있는 활동을 실시한다. 이 활동은 참가자들에게 초점이 맞추어진 것으로 흥미로운 것이어야 한다. 이러한 활동의 수행을 통해 역할연기를 위한 준비가 자연스럽게 이루어지고 참가자들 간에 라포가 형성되도록 유도한다. 이러한 활동이 끝난 후에는 왜 역할연기를 하는지 설명해 주어 참가자들이 역할연기에서 다루어지는 문제들이 자신과 밀접하게 관련이 있으며 실제적인 것이라는 점을 이해하도록 한다.

(3) 마무리

마무리 단계에서는 역할연기를 하는 동안 학습한 내용을 강화시키고 이를 어떻게 현업이나 생활 속에서 적용할 것인가에 초점을 맞춘다. 이를 위해 마무리 단계에서는 다음과 같은 활동을 한다.

- 역할연기를 하는 동안에 얻은 경험을 성찰하고 이를 진술해 보도록 한다.
- 주인공과 조연이 서로 상대방의 행동에 대해 느꼈던 점들에 대해 공유하는 시간을 갖는다.
- 전 참가자들을 작은 소집단들로 나누고, 실제 업무 현장에서 비슷한 상황이 발생했을 때 어떻게 대처할 것인지에 대해 토론할 시간을 제공한다.

〈 실습 〉

주변에서 일어날 수 있는 갈등(예: 팀장과 팀원 간의 갈등, 부모와 자녀 간의 갈등, 친구 간의 갈등, 점원과 고객 간의 갈등)에 대해 역할연기 시나리오를 작성하여 실제적으로 연기를 해 보고 느낀 점, 깨달은 점을 서로 공유해 보자.

생각해 보기

1. 적극적 경청을 할 때 겉으로 드러난 내용뿐만 아니라 기분, 느낌, 감정 등을 경청해야 한다는 의미가 무엇인지 생각해 보자.
2. 교수자와 학습자가 상담을 할 때 문제에 대한 해결방법을 학습자에게 직접 제시해서는 안 되는 이유를 생각해 보자.
3. 역할연기 기법을 활용할 때 마무리 단계에서 역할연기를 했던 내용을 토의하는 이유에 대해 생각해 보자.

참고문헌

강진구(2004). 단기상담 훈련프로그램의 개발과 효과연구. 연세대학교 대학원 박사학위논문.

김영석(1993). 공감과 직면의 반응순서가 상담성과에 미치는 영향: 모의상담 관찰자의 지각을 통한 연구. 서울대학교 대학원 박사학위논문.

송영선(2011). **효과적인 상담 기술 교재**. 미간행.

이민주 역(2007). **사람을 움직이는 힘: 피드백 이야기**. 서울: 토네이도.

이형득(2001). **상담훈련과정**. 대전: 한국발달상담연구소 대전센터.

이형득 외(1984). **상담의 이론적 접근**. 서울: 형성출판사.

주현정(2010). 청소년 부모자녀의 의사소통과 관계향상을 위한 '가족구성원들간의 의사소통' 단원의 교수 · 학습 과정안 개발 및 적용: 적극적 경청, 나 전달법을 이용한 비교집단과 갈등해결 방법을 이용한 실험집단 비교. 한국교원대학교 대학원 석사학위논문.

한국산업훈련연구소 편저(1989). **롤 플레잉 매뉴얼**. 한국산업훈련연구소.

Carkhuff, R. (2000). *The art of helping in 21st century VIII*. Amherst, MA: HRD Press.

Gazda, G., Asbury, F., Balzer, F., Childers, W., & Phelps, Q. (1998). *Human relation development: A manual for educator* (6th ed.) Boston, MA: Allyn and Bacon.

Rogers, M. C. (1942). *Counseling and psychotherapy*. Boston: Houghton Mifflin Company.

Rogers, M. C. (1980). *A way of being*. Boston: Houghton Mifflin Company.

Williams, R. L. (2007). *Tell me how I'm doing: A fable about the importance of giving feedback*. AMACOM.

제8장 기법 중심 교육방법

학습개요

8장에서는 기법 중심의 교육방법을 학습하기 위하여 프레젠테이션 기법, 토론법, 퍼실리테이션 기법에 대하여 전반적인 개념과 실제 방법을 구현할 수 있도록 제시한다. 먼저 프레젠테이션의 기본 구조와 단계별 전개과정을 제시함으로써 효율적인 프레젠테이션의 구성을 설명한다. 다음으로, 토론법에서는 토론에 대한 전반적인 이론들을 이해하고 토론법의 절차와 원칙을 제시하여 토론능력 개발 훈련과 실제로 설득력 있게 말할 수 있는 방법을 숙지할 수 있도록 한다. 마지막으로, 퍼실리테이션 기법에서는 주요 개념과 역할, 기술 등을 제시함으로써 퍼실리테이터로서 문제해결 능력을 배양해 줄 수 있는 주요 내용들을 다룬다.

학습목표

1. 기법 중심의 평생교육방법으로서 프레젠테이션의 설계를 위한 기본 구조와 단계별 전개과정에 대하여 설명할 수 있다.
2. 토론법의 개념과 필요성은 무엇인지, 그리고 토론법의 절차와 원칙에 대하여 설명할 수 있다.
3. 퍼실리테이션 기법의 개념과 역할, 주요 기술은 무엇인지 설명할 수 있다.

1. 프레젠테이션 기법

우리의 삶은 프레젠테이션의 연속이라고 할 수 있다. 조직에서는 물론이고 일상생활에서도 많은 부분에서 프레젠테이션 형태의 커뮤니케이션이 이루어진다.

프레젠테이션이란 말은 사전적 의미로 발표, 소개, 표현 등을 의미하는데, 일반적으로는 자신의 의견, 아이디어, 경험, 노하우 등 제반 정보를 상대방에게 전달하거나 설득하는 모든 행위를 가리킨다. 여러 사람들 앞에서 자신의 생각이나 의견을 진술하는 프레젠테이션의 영역은 광범위하다. 프레젠테이션은 사전에 합의된 시간 안에 학습자에게 원하는 목적을 정확히 전달하고, 학습자로 하여금 판단 및 의사결정을 쉽게 할 수 있도록 효과적으로 유도하는 일종의 커뮤니케이션이다(김문수, 2011; 이재란, 2006). 즉, 프레젠테이션은 학습자에게 무언가를 전달하려고 하는 커뮤니케이션의 행위다. 평생교육 활동에 프레젠테이션을 효율적으로 활용하고자 한다면 준비방법과 전개과정을 분명히 이해하고 있어야 한다. 이 장에서는 프레젠테이션의 기본 구조와 단계별 전개과정에 대해서 알아보고자 한다.

1) 프레젠테이션의 기본 구조

무슨 일이든 올바른 준비방법이 있다. 제대로 절차를 밟아 가며 탄탄하게 준비하면 원하는 성과를 올릴 수 있다. 프레젠테이션 역시 마찬가지다. 프레젠테이션을 하게 되었다면 무턱대고 요리를 바로 시작할 것이 아니라 먼저 재료를 생각하면서 사전 준비를 한 뒤에 시작해야 한다. 우선 프레젠테이션 전략을 세워 시나리오를 작성한 뒤, 전달하는 연습을 거쳐 성공의 피라미드를 완성해야 한다.

그러기 위해서 발표자가 가장 먼저 해야 할 일은 프레젠테이션의 목표를 정하는 것이다. 왜 프레젠테이션을 해야 하는가, 학습자들은 발표자에게 무엇을 기대하는가, 프레젠테이션이 끝난 뒤 무엇을 얻고 싶은가 등의 질문에 답하지 않고 프레

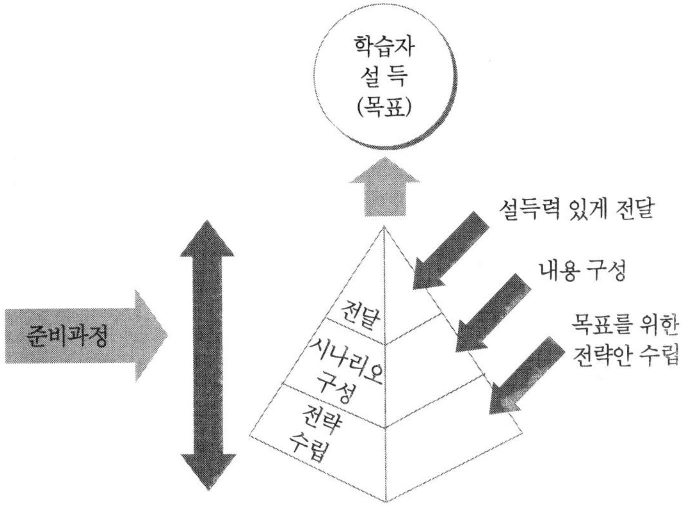

그림 8-1 프레젠테이션의 기본 구조

젠테이션을 시작한다면 실패할 확률이 높다. 따라서 목표란 학습자들에게 단순한 사실, 내용만을 알려 주는 것이 아니라 학습자의 마음을 움직이게 하는 것이다.

프레젠테이션의 목표는 학습자를 설득하는 것이다. 듣는 사람을 설득하기 위해서는 전략이 필요하다. 무턱대고 프레젠테이션을 해서는 성공하기 어렵다. 따라서 누구에게, 무슨 목적으로, 어떤 장소에서 프레젠테이션을 행할 것인가, 목표를 달성하기 위해 어떤 정보, 어떤 설비와 기구가 필요한가, 또 시간은 얼마나 필요한가 등을 세부적으로 분석해야 한다. 이를 위해 프레젠테이션의 기본 구조로서 세 가지 요소를 제시하면 [그림 8-1]과 같다.

(1) 전략 수립

프레젠테이션의 준비과정에서 전략적인 계획 수립은 발표자가 의도하는 바를 학습자에게 명확히 이해시키고 의사결정을 효과적으로 유도하기 위하여 필요한 단계다. 발표자는 프레젠테이션의 전략을 수립할 때 다음과 같은 사항을 고려하여야 한다.

첫째, 학습자의 입장에서 준비하여야 한다. 그러기 위해서는 먼저 준비과정부터 자신의 신발을 벗어 버리고 학습자의 신발을 신고 프레젠테이션을 준비해야 한다(김경태, 2008). 그래서 발표하고자 하는 내용이 어떤 내용인지를 학습자들에게 설명해야 한다. 이때 학습자들에게 별 필요가 없거나 의미가 없다고 생각되는 것들은 과감하게 삭제하는 것이 좋다.

둘째, 큰 그림을 이야기해야 한다. 프레젠테이션의 내용을 설명할 때 세부적인 사항을 알려 주기에 앞서 큰 그림을 먼저 보여 주는 것은 프레젠테이션에서 대단히 중요한 기술 중의 하나다. 우리 속담에 '장님 문고리 잡듯 한다'는 말이 있다. 전체를 보지 못한 상태에서 한 부분만을 보고 그것이 전부인 양 판단하는 것을 말한다. 처음부터 큰 개념이나 개요가 아니라 세부사항을 자세히 설명하다 보면, 학습자들은 내용과 그 의미를 전체적인 맥락에서 파악하면서 이해하기가 어려울 것이다.

셋째, 프레젠테이션의 내용을 체계적으로 조직화하여야 한다. 내용을 체계적으로 조직하려면 일단 항목별로 비슷한 것끼리 잘 묶어야 한다. 도서관에서 관련 주제별 도서들이 정리되어 잘 분류되어 있으면 자료를 쉽게 찾을 수 있는 것처럼, 프레젠테이션의 내용을 주제별로 묶어서 구성하면 그만큼 학습 효과는 더 커지게 된다.

(2) 시나리오 구성

프레젠테이션은 비행기를 조종하는 일과 같다. 학습자를 비행기에 태워, 이륙하는 순간의 스릴과 재미를 즐기며 최종 목적지까지 즐겁게 하늘을 누비다가 순조롭게 착륙하는 것이다. 학습자의 관심을 끌면서 매끄럽게 이야기를 시작하여 논리적으로 전개한 뒤, 학습자들을 감동시키면서 마무리를 짓는다. 따라서 프레젠테이션 기법을 배우지 않은 채 바로 학습자들 앞에 서는 것은 면허도 없이 비행기를 조종하는 일과 같다.

프레젠테이션의 전략을 세웠다면, 그다음은 그 전략을 토대로 시나리오를 구성

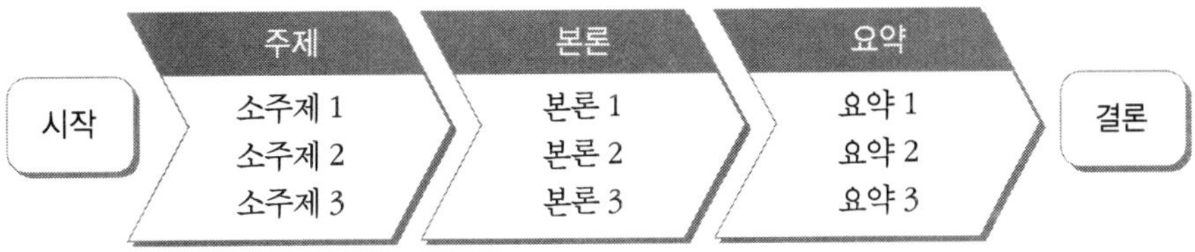

그림 8-2 시나리오의 3단계 구조

해야 한다. 프레젠테이션 시나리오를 구성하는 것은 먼저 학습자에게 어떤 이야기로 시작하여, 무슨 내용을 가지고 이야기를 하고, 어떻게 마무리를 지을까 하는 과정을 미리 그려 보는 것이다. 효율적인 시나리오를 구성하기 위해서는 [그림 8-2]와 같이 시작, 본론, 결론의 3단계 구조로 정리할 수 있다(야하타 히로시, 2007).

- 시작: 시작 단계는 먼저 주제를 제시하고 앞으로 할 이야기가 학습자에게 얼마나 중요한지를 알려 주는 동기 유발 단계다.
  - 주제: 지금부터 프레젠테이션 할 내용이 무엇인지를 말하는 단계
  - 소주제: 발표자가 지금부터 무슨 이야기를 할 것인지를 학습자에게 미리 알려 주는 단계로, 보통 세 가지로 나누어 본론의 개요를 제시하는 단계
- 본론: 각각의 소주제와 관련된 내용을 자세히 말하는 단계다.
  - 요약: 본론에서 이야기한 것을 다시 한 번 요약하여 정리하는 단계
- 결론: 지금까지 이야기한 것을 정리하는 최종 마무리 단계다.

(3) 전달

프레젠테이션 전략에 근거하여 시나리오를 구성하였다면, 다음은 학습자들 앞에서 프레젠테이션을 어떻게 전달하는가를 생각해야 한다. 즉, 발표자가 전하고 싶은 내용을 효율적으로 학습자에게 전달하는 것이다. 아무리 철야 작업도 마다않고 치밀하게 전략을 세워 탄탄한 시나리오를 구성하였다 하더라도 전달에 실패한다면 모두 물거품이 된다. 말이 너무 빠르거나, 할 말을 깜빡 잊거나, 말이 막히

거나 횡설수설하는 등 전달에는 많은 함정이 도사리고 있다. 따라서 실전에 임하기 전에 미리 전달하는 연습을 해 두어야 한다.

발표자에게 흔히 발생할 수 있는 문제가 되는 파워포인트 전달방식을 제시하면 다음과 같다(김경태, 2008).

- 불필요하게 긴 프레젠테이션 시간
- 단조로운 톤으로 슬라이드를 읽어 내려가는 발표자
- 그래픽의 요소 없이 평범한 텍스트로만 가득 찬 슬라이드
- 모든 텍스트마다 애니메이션과 소리가 담긴 슬라이드
- 너무 작고 읽기도 어려운 내용으로 꾸며진 슬라이드

단순하면서 절제된 프레젠테이션 슬라이드를 만들려면 매 작업마다 다음과 같은 사항을 고려하여 작성한다.

- 이 슬라이드에서 전달해야 할 핵심 메시지는 무엇일까?
- 슬라이드 안에 불필요한 요소는 없는가?
- 이 슬라이드에서 학습자에게 무엇을 남겨야 할까?

2) 프레젠테이션의 실전

(1) 시작 단계

사람과 사람 사이의 만남에서 가장 중요한 것은 첫인상이다. 프레젠테이션 역시 사람과 사람 사이의 커뮤니케이션이다. 어떤 이야기로 첫 마디를 시작하고 어떤 슬라이드나 자료를 먼저 보여 주느냐에 따라 나머지 프레젠테이션의 효과가 달라진다. 프레젠테이션의 시작은 발표자의 첫인상이라고 할 수 있으며, 학습자들의 관심과 기대감을 불러일으키는 중요한 역할을 담당한다. 발표자는 효과적인

시작 포인트를 잘하기 위해서는 다음과 같은 사항을 고려하는 것이 좋다(이재란, 2006).

〈효과적인 시작 포인트를 위한 체크 사항〉

- 집중되어 있지 않은 학습자의 생각을 붙잡는다. 학습자의 눈은 발표자를 바라보더라도 머릿속은 온갖 생각으로 산만한 상태이므로 학습자들을 발표에 집중할 수 있도록 유도한다.
- 발표자와 학습자들이 같은 배를 타고 있다는 점을 인식시킨다. 학습자의 입장에서 발표자와 공유하는 시간이라는 점을 강조하고 편안한 분위기에서 진행할 수 있도록 한다.
- 강의 주제와 연관성을 갖는다. 발표자가 설명하는 오프닝을 들으며 강의하는 내용과 연관성을 가질 수 있도록 구성해야 한다.
- 학습자의 능력을 인정하고 자존심을 높여 준다. 참석한 학습자들은 전문가들이므로 예리한 판단을 할 수 있다는 점을 강조하여 학습자의 참여를 유도한다.
- 학습자가 흥미를 갖도록 유도한다. 서로 간의 첫 만남이므로 앞으로의 시간이 지루하거나 아깝지는 않겠다는 확신을 준다.
- 학습자의 호기심을 자극한다. 먼저 학습자의 호기심을 자극했다면 그 프레젠테이션은 반은 성공한 셈이다. 자주 접하지 못했거나 새로운 것으로 학습자의 시선과 호기심을 자극한다.

(2) 본론 단계

본론 단계는 프레젠테이션의 핵심 단계다. 프레젠테이션을 샌드위치에 비유하면 시작과 결론은 빵이며 본론은 내용물이다. 본론은 샌드위치에서 가장 맛있는 부분으로, 재료를 음미하며 멋진 솜씨를 발휘해 요리해야 한다.

본론 내용은 보통 세 개의 큰 항목을 중심으로 제시할 수 있다. 이때 본론에서는 중심 생각이 담긴 핵심 내용에 대한 구체적인 사례, 통계, 수치, 분석 결과 등을 제시하고 도출된 해결안에 대한 논리적인 근거 등을 제시하는 것이 좋다. 따라서 제시된 문제에 대한 해결안도 모두 본론에서 제시되어야 한다.

또한 학습자의 집중력 측면에서 볼 때 시작 단계보다는 본론 단계에서 학습자의 집중력이 차츰 높아지게 된다. [그림 8-3]과 같이 집중력이 최고로 높아질 때 본론에서 다음과 같은 사항들을 제시하면 효과적이다(야하타 히로시, 2007).

첫째, '큰 항목 I'을 먼저 제시하고 '중간 항목'으로 넘어간다. 이런 방법으로 이야기를 전개하면 학습자들은 프레젠테이션에 집중할 수 있다. 이때 '큰 항목 II'가 끝나면 바로 '큰 항목 III'으로 넘어가지 말고 다시 한 번 로드맵을 제시하는 것이 좋다.

> "지금까지 첫째, ○○○에 대해 둘째, ○○○에 대해 말씀드렸습니다. 그럼 마지막으로 ○○○에 대해 말씀드리겠습니다."

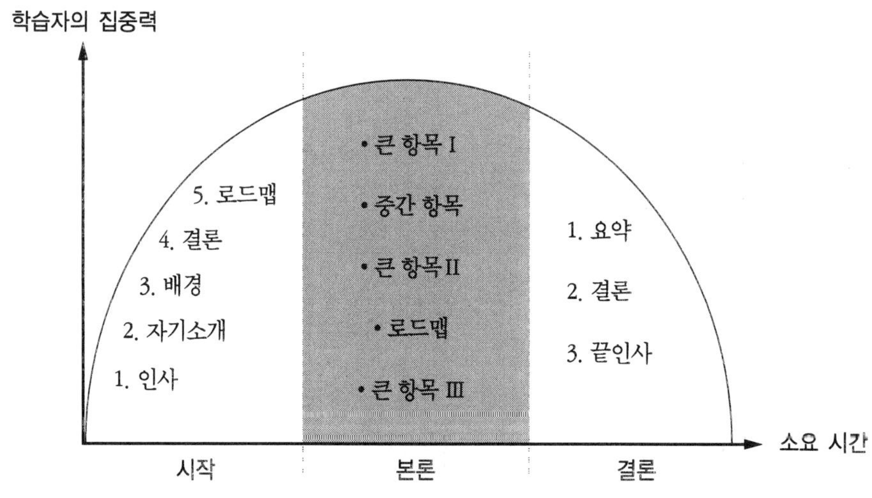

그림 8-3 학습자의 집중력과 전개 순서

출처: 야하타 히로시(2007). p. 200에서 재정리.

본론 중간에 이와 같은 로드맵을 제시하면 학습자들은 이야기의 전체 그림과 지금 서 있는 위치를 쉽게 알 수 있다. 일반적으로 발표자가 학습자들에게 상세한 설명만 계속한다면 전체 그림을 놓칠 수 있고, 전체 그림을 놓치면 학습자들은 부분적으로만 이해할 가능성이 높다.

(3) 결론 단계

이야기를 시작한 지 많은 시간이 흘렀는데도 도무지 무슨 이야기인지 종잡을 수 없는 프레젠테이션이 있다. 이것은 프레젠테이션의 목표를 명확하게 결정하지 않은 채 내용을 설명하기 시작했기 때문이다.

결론 단계는 시작이나 본론 못지않게 중요하다. 마무리 단계가 발표자에게 가장 중요한 시간이 될 수도 있다. 또한 마무리 시간은 프레젠테이션이 끝난 후 학습자들이 오늘의 프레젠테이션을 평가할 때 가장 생생히 기억해 줄 수 있는 부분이다. 그래서 발표자는 더욱 특별한 구성과 세심한 주의가 필요하다.

따라서 본론 단계에서는 학습자들이 지금까지의 프레젠테이션에서 얻은 느낌과 소감이 흐트러지지 않도록 최소한 말을 아끼고 단순화시켜야 한다. 효과적인 결론을 제시할 때는 다음과 같이 마무리를 정리해 볼 수 있다(김경태, 2008).

- 인용구를 활용한다. 발표 전체의 핵심을 대변할 수 있는 멋진 인용구를 찾는다. 그리고 그것을 한 장의 슬라이드로 만드는 것이 좋다. 그 인용구를 통해 발표자의 핵심 메시지를 다시 한 번 강조하는 것이 필요하다. 그러면 학습자는 마지막 인용구를 오랫동안 기억할 수 있다.
- 감성적으로 마무리한다. 프레젠테이션의 마무리는 가급적 이성적이거나 논리적인 이야기보다 감성적인 메시지를 사용하는 것이 좋다. 마무리는 논리적으로 상대를 설득하기에는 너무 늦은 시각이다. 마지막 순간에는 사람들의 가슴 속에 남길 수 있는 여운과 감동의 감성적 메시지를 전달하는 것이 좋다.
- 새로운 이야기를 꺼내지 않는다. 결론은 말 그대로 마무리다. 지금껏 이야기

한 것들을 정리하여 잊지 않도록 만드는 단계다. 마무리에 새로운 메시지나 정보를 내보내게 되면 학습자는 혼란스러워할 수 있다.

2. 토론 기법

1) 토론의 개념과 필요성

토론의 세계는 바다처럼 드넓어서 자유로운 생각의 파도가 있고 그 파도를 지혜롭게 넘어 끝없이 항해를 지속하는 토론자라는 배들이 떠다닌다. 안전한 항해와 여유로운 파도 타기를 놓치지 않으려면 첫째, 말하기의 바다인 토론의 현장에 서야 하고, 둘째, 토론의 성격과 진행과정을 잘 알고 있어야 한다(전개강, 윤천근, 한경희, 2011).

동양에서 토론은 B.C. 1세기 중국의 한나라에서 시작되어 국정을 논하던 경연제도에서 유래되었고, 서양에서는 B.C. 5세기에 소크라테스로부터 시작되어 사회의 모든 영역에서 중요한 의사결정방법으로 사용되고 있다. 요즘 우리나라에서는 토론문화가 일어나고 있고 이에 따라 대학에서도 토론식 수업방식에 관심을 갖게 되었다. 최근 평생교육 현장에서도 민주시민교육 차원에서 다양한 시각으로 토론문화가 강조되는 추세이기도 하다.

토론(debate)은 어떤 문제에 대하여 여러 사람이 각각 의견을 말하며 논의하는 것을 의미한다(최형용, 김수현, 조경하, 2011). 즉, 정해진 규칙에 따라 긍정과 부정으로 대립하는 두 개의 팀이 주어진 논제에 대해 논거에 의한 주장과 이에 대한 검증, 의논을 되풀이함으로써 이성적 판단을 내리는 과정이라 할 수 있다. 한자어의 뜻을 풀이하면 토(討)는 말을 나누거나 쪼개어 분석한다는 의미를 내포하고 있으며, 논(論)은 말을 돌려 가며 진행한다는 뜻을 내포하고 있다. 영어로 토론은 debate인데, 이는 원래 전쟁에 비유한 표현과정에서 출발하여 언어로서 개념화되었다고 한다.

그렇다면 일상생활에서 우리가 토론을 해야 하는 이유는 무엇인가?(박현희, 2011)

첫째, 문제를 함께 해결하기 위해서다. 우리는 유일한 존재이며 그 누구하고도 같지 않다. 우리는 수많은 관계 속에서 살아간다. 서로 다른 이들과 끊임없이 영향을 주고받으며 관계를 맺고 살기 때문에 함께 해결해야 할 문제 역시 굉장히 많다. 이때 토론이 필요하게 된다. 우리는 서로 다르기 때문에 서로 다른 생각과 의견이 있다. 상대방의 생각을 들어 보고 내 생각을 이야기하면서 토론을 하는 가운데 우리는 해결책을 찾아 나갈 수 있다.

둘째, 문제를 바람직하게 해결하기 위해서다. 대립이 있는 곳에는 토론이 있어야 한다. 내가 상대방을 잘 설득하여 내 의견에 상대방이 동조하게 되는 만큼, 또 내가 상대방의 의견을 잘 들어 보고 그 의견에 수긍하게 되는 만큼 공유의 폭은 넓어진다. 갈등이 비합리적인 방향으로 극단으로 치닫지 않고, 합리적으로 해결될 수 있는 가능성이 커지는 것이다.

셋째, 서로 이해하기 위해서다. 결국 평행선일 뿐 결코 그 차이가 좁혀지지 않는데 왜 토론을 하느냐고 많은 이들이 묻는다. 하지만 토론 전과 후에 의견 차가 좁혀지지 않았다 하더라도 성과는 남는다. 그만큼 상호 이해의 폭이 넓어지기 때문이다.

2) 토의 · 토론의 비교

토의(discussion)와 토론(debate)은 사실상 그 개념의 뚜렷한 구별이 어렵다. 하지만 엄밀히 말하면 토의와 토론은 다음과 같은 점에서 서로 차이가 있다.

토의가 어떤 주제에 대해서 여러 사람들이 정보와 의견을 교환하여 그 주제에 대해 학습하거나 문제를 해결하려는 협력적 말하기라면, 토론은 문제의 논제에 대하여 찬성과 반대의 양편을 나누어 서로 논쟁을 벌이는 것이다(정문성, 2004; 최형용 외, 2011). 그래서 토의는 자유로운 논의 끝에 문제의 해답을 얻고자 한다면, 토론은 자기주장의 정당함과 합리성을 상대편에게 설득하여 납득시키고자 한다. 이상에서 말한 토의와 토론의 차이점을 대비하여 정리하면 다음과 같다(장원길, 최경호, 박인성, 박정미, 2010).

첫째, 토의는 어떤 문제를 해결하기 위해서 회의를 통해 가장 모범적인 답안을 얻고자 하는 것이며, 토론은 각 토론자가 이미 가지고 있는 바의 해답을 설득하는 데 중점을 둔다.

둘째, 토의는 서로 의논하면서 각자가 생각하는 바를 개진하면서 그 논의를 점차로 넓혀 나가는 것이라면, 토론은 어떤 논제에 대해 긍정, 부정의 대립으로 나누어 자기의 의견을 정면으로 주장하면서 상대방의 주장이 옳지 않음을 논박해 나가는 논쟁이다.

셋째, 토론은 규칙과 절차 그리고 방법 등에 따라 의논을 전개해 나가지만, 토의는 그런 제약을 받지 않고 자유롭게 의논하고 발언할 수 있다.

넷째, 토의는 이기고 지는 것이 문제가 아니라 서로의 합의된 결론을 도출해 낼 수 있는 것이라면, 토론은 긍정하고 부정하는 양측이 상반된 의견을 가지고 찬성, 반대의 어느 한쪽으로 결정된다.

다섯째, 토의는 흉금을 털어놓지 않는 한 진정한 합의에 도달하기가 쉽지 않으나, 토론은 사실과 논리를 토대로 이루어지므로 흥정이나 정실 개입의 여지가 없

〈표 8-1〉 **토의, 토론 및 논쟁의 비교**

토의	토론	논쟁
• 의견 교환을 통해 최선의 방안을 모색 • 상호 협력적 의견 교환의 과정 • 대체적인 형식이 있음	• 자기주장을 설득 • 상호 대립적 주장, 반박과 질의, 응답의 과정으로 구성 • 교육토론에서는 규칙이 엄격하지만, 자유토론에서는 덜 엄격한 편	• 자기주장만 내세우고 상대방을 격렬하게 비판함 • 상호 대립적 주장과 반박의 과정으로 구성규칙이 없음

출처: 이정옥(2009). p. 25에서 재정리.

는 과학적 화법이다.

한편 논쟁(contention)은 토론과는 다른 의미를 가지고 있다. 우리말의 논쟁에서 상대 의견을 전적으로 무시하고 상대를 비판 · 공격하는 데 열중함으로써 때로는 감정싸움으로 치닫기도 한다. 그리고 논쟁은 토론과는 달리 일정한 규칙없이 진행된다(이정옥, 2009).

3) 토론의 절차와 원칙

실제로 우리가 살아가는 사회는 역동적이고 변화무쌍하지만 말을 나누는 시공간은 매우 제한적이고 단편적이다. 토론을 위한 시공간은 우리가 의도적으로 기획하고 만든 것으로 삶의 공간과는 다른 원칙과 규칙이 따른다. 토론의 성립은 사회의 변화를 필요로 하는 사람들의 의견과 주장에서 출발한다. 변화할 이유가 없는 입장이라면 현재를 지속적으로 유지하면 되고, 이때 토론의 성립은 불가능해진다.

효율적인 토론의 성립을 위해서는 다음과 같은 여덟 가지 절차가 필요하다(장원길 외, 2010).

첫째, 토론 주제를 미리 정한다. 토론 주제는 찬성과 반대의 주장이 대립될 수 있는 것이어야 하며, 둘 이상의 주장을 가지고 있으면 혼란을 줄 수 있으므로 주장은 반드시 하나이어야 하고, 주제의 내용이 분명해야 한다. 따라서 토론 주제는 '~는 ~이어야 한다' 또는 '~는, ~는가'와 같은 문장 형식으로 명확하게 제시해야 한다.

둘째, 찬반에 대한 자신의 입장을 정한다. 토론 주제에 대하여 찬성 입장에 설 것인지 혹은 반대 입장에 설 것인지 자신의 입장을 분명하게 정한다.

셋째, 자기의 주장에 대한 타당한 근거를 준비해 둔다. 책, 인터넷, 신문, TV 방송 등을 통하여 자기의 주장에 대한 근거 자료를 충분히 마련하고 필요하다면 사진이나 그림, 도표 등을 수집한다.

넷째, 예측되는 상대방의 주장을 반박할 수 있는 근거 자료를 마련해 둔다. 상대방이 준비할 만한 주장에 대한 근거 자료를 미리 예측해서 상대방의 그런 근거를 반증할 수 있는 자료까지도 미리 준비해 둔다.

다섯째, 토론 방식을 결정한다. 토론에는 다음과 같은 여러 방식이 있으며, 학습자들은 이 중에서 나름대로 토론 방식을 정하면 된다.

- 지명토론 방식: 사회자의 지명에 따라 토론 순서가 정해지며, 토론 순서 및 배분이 공평하게 이루어지는 것을 원칙으로 한다.
- 자유토론 방식: 사회자의 지명 없이 토론이 이루어지며, 토론자 개개인의 설득력이 중요한 토론 진행 요소가 된다.
- 혼합토론 방식: 지명토론 방식과 자유토론 방식이 혼합된 방식으로, 사회자의 진행에 따라 토론 방식이 변하게 된다(이연택, 2003).

여섯째, 토론에 필요한 일정한 규칙을 정한다. 토론 규칙은 대체로 다음과 같이 정할 수 있다.

- 자신의 주장을 나타내고자 할 때는 사회자에게 요청한다.
- 발언 시간을 제한하고, 각자의 발언 시간은 반드시 지킨다.
- 발언 순서를 정한다.
- 찬성 팀의 의견과 반대 팀의 의견을 번갈아 가며 듣는다.
- 상대편의 주장을 끝까지 들어야 하고 중간에 끼어들어 상대편의 말을 중단시켜서는 안 된다.
  - 찬성 팀과 반대 팀의 발언 시간을 같게 하고, 반론과 질문은 정해진 순서에 따라 한다.
  - 토론 주제에서 벗어난 말을 하지 않는다.
  - 사회자는 어느 한쪽 편에 치우쳐서는 안 되고, 중립의 입장에서 공평하게

토론을 진행한다.

일곱째, 토론을 진행한다. 토론이 진행되면 토론자는 상대방의 주장을 잘 듣고 논리적으로 차분하게 반박해야 하며, 이성적이고 합리적으로 토론 규칙을 잘 지키며 토론해야 한다. 토론은 대체로 다음과 같은 단계로 진행한다.

- 토론 입론의 단계로, 찬성 팀 토론자와 반대 팀 토론자가 각각 대표발언을 한다.
- 질문과 반론의 단계로, 찬성 팀 토론자와 반대 팀 토론자 간의 질의응답 및 보완발표를 한다. 쟁점 부각 시에는 '자유토론'이 가능하다.
- 마지막 변론의 단계로, 찬성 팀 토론자와 반대 팀 토론자 각자가 자기주장의 마지막 변론을 한다.

여덟째, 마지막 정리 부분이다. 정리 단계는 토론이 끝난 이후에 토론의 결과에 대하여 종합적인 정리를 하는 단계다. 판정인은 토론 판정의 결과와 그 이유를 말하고, 사회자는 그동안 토론 내용의 핵심을 압축하여 정리하고 토론을 마무리 짓는다. 그리고 사회자의 마지막 정리 단계에서 토론 결과에 대한 구체적 실천 문제를 곁들이면 더욱 유효한 토론이 될 것이다.

한편 토론에서 지켜야 하는 원칙은 다양하나 일반적으로 추정의 원칙, 평등의 원칙, 의사소통의 원칙 세 가지로 정리할 수 있다(전개강 외, 2011).

- 추정의 원칙: 확실하지 않은 사실은 반대 증거가 있을 때까지 진실한 것으로 인정한다. 즉, 전통적으로 내려오는 기존의 가치관, 제도, 정책을 적극적으로 부정하지 않을 경우에는 현재의 상황에서 기존의 것이 그대로 통용된다고 보는 자동적인 의사결정의 규칙을 일컫는다.
- 평등의 원칙: 민주주의 원리에 따라 토론 참여자는 골고루 발언할 수 있다.

교육토론에서 발언 시간, 발언 기회를 공평하게 분배한다.

• 의사소통의 원칙: 핵심 내용과 요점을 먼저 말하고 설명과 근거를 덧붙이다.

3. 퍼실리테이션 기법

1) 퍼실리테이션의 개념

사회적 동물인 인간은 같은 목적을 가진 사람들과 힘을 합침으로써 혼자서는 달성할 수 없는 것도 이루어 낸다. 조직을 만들고, 협업이라는 지적 상호작용을 통해서 중지를 모아 공통의 목적을 달성해 간다. 그러한 집단에 의한 문제해결, 아이디어 창출, 합의 형성, 교육, 학습, 변혁, 자기 표현 등의 모든 지식 창조 활동을 지원하고 촉진하는 활동이 퍼실리테이션(facilitation)이다. 퍼실리테이션은 문제해결이나 합의 형성을 촉진하는 기술로서 미국에서 탄생하였다. 퍼실리테이션이란 모든 지식 창조 활동을 지원하고 촉진하는 활동을 말한다. 영어사전을 찾아보면 퍼실리테이션이란 '(일을) 쉽게 하다, 촉진하다'라는 의미의 facilitate의 명사형이다. 즉, 사전적 의미는 무엇을 하는가라는 내용에 관한 것이라기보다는 어떻게 하는가(how you do somehting)라는 절차에 관한 것이라고 할 수 있다. 또한 퍼실리테이션은 움직임에 관한 것이기도 하다. 어떤 것을 A에서 B로 옮기는 것과 같은 움직임에서 좀 더 쉽게 목적지에 이르게 하는 일련의 과정을 퍼실리테이션이라고 이해하면 좋을 것이다. 이때 퍼실리테이터는 이러한 절차를 좀 더 쉽고 편리하게 해 주는 사람, 즉 절차 도우미라 할 수 있다. 즉, 집단의 목표를 효과적으로 달성하기 위해 토론의 방향을 유지하고, 토론 중 혼란스러운 점들을 명확하게 정리하며 참여자들의 지속적인 참여를 유도하고, 참여자들의 묵시적인 의견 표현을 포착하여 적절하게 대응하는 등, 집단을 이룬 사람들이 달성하고자 하는 목표를 보다 효과적으로 성취할 수 있도록 도와주는 사람을 퍼실리테이터라고 한다

(정혜선, 2005).

아울러 보다 넓은 의미의 퍼실리테이션은 '집단에 의한 지적 상호작용을 촉진시켜 바람직하고 창조적인 성과를 끌어내는 행위'를 말한다. 조금 더 구체적으로 설명하면, '중립적인 입장에서 팀의 과정을 관리하고 팀워크를 이끌어 내어 그 팀이 최대한의 성과를 얻을 수 있도록 지원하는 것'이 퍼실리테이션이며, 그러한 역할을 담당하는 사람이 '퍼실리테이터'다(호리 기미토시, 2006). 퍼실리테이터의 목적은 궁극적으로 학습을 가속화하는 것으로, 팀이 취하는 다양한 행동에 대한 피드백을 제공하고 성찰을 고무하며 학습자들이 문제를 어떻게 해결하고 있는지 성찰하고 학습을 촉진하는 데 도움을 주는 것이다(김미정, 유영만, 2003).

이때 퍼실리테이터가 초점을 맞추는 것은 집단 과정으로 팀 구성원들이 팀의 목적과 목표를 위해 얼마나 효과적으로 협력하고 있는가에 관심을 두는 것이지, 팀이 해결하려는 과제를 위한 전문 지식을 제공해 주는 원천은 아니라는 것이다.

벤스(Bens, 2000)는 효과적인 퍼실리테이터가 되기 위해서는 다음과 같은 사항을 고려하여야 한다고 하였다(박수홍, 안영식, 정주영, 2010).

- 사람들은 모두 이해가 빠르고 정확한 판단을 내릴 능력이 있고 유능하며, 올바른 일(right thing)을 하고 싶어 한다.
- 집단(팀)은 어떤 한 사람이 혼자서 할 수 있는 것보다 더 나은 의사결정을 할 수 있다.
- 모든 이의 의견은 지위나 직책에 상관없이 동일한 가치를 가지고 있다.
- 사람들은 그들이 관여된 아이디어와 계획을 실행할 때 주도적으로 참여하게 된다.
- 참가자들은 그들의 의사결정에 대해 진정한 책무성을 맡을 때 책임 있게 행동할 수 있고 또 행동할 것이다.
- 집단(팀)은 올바른 도구(tool)와 학습활동이 주어진다면 그들 자신의 갈등, 행동 및 관계를 관리할 수 있다.

• 과정이 잘 설계되고 정직하게 적용된다면 결과를 달성할 수 있을 것이라고 신뢰한다.

2) 퍼실리테이터의 역할

퍼실리테이터의 역할은 팀이 도출할 수 있는 최대의 성과를 견인한다. 원래 회의란 서로 다른 지식이 부딪침으로써 새로운 아이디어를 이끌어 내고, 더 나은 결정을 하려는 방법이다. 그런데 지식 창조라는 원래의 의도와는 반대로 시간 낭비라고 해도 좋을 만큼 내용 없는 회의가 너무도 많다. 평행선을 달리는 논의가 계속되다가 자신에게 유리한 이론만 내세워 결론이 나지 않는 논쟁이 되기 십상이다. '모이되 논하지 않고, 논하되 결정하지 않으며, 결정하되 행하지 않고, 행하되 책임지지 않는다.'는 식이다. 그래서 등장한 것이 회의의 과정을 관장하는 퍼실리테이터다.

퍼실리테이터는 리더(의사결정자)도 아니고 사회자도 아니다. 퍼실리테이터의 업무는 어떠한 목적(과제)를 위하여 누구를 모아서 어떠한 논의를 해야 하는가라는 장의 설계로부터 시작된다. 나아가 어떻게 회의를 진행하여 목적을 달성할 것인가에 대해 회의의 리더와 협의를 진행한다.

회의가 시작되면 의장이 아닌 퍼실리테이터가 순서를 진행해 나간다. 회의에서 검토해야 할 내용(what)에는 관여하지 않고, 과정(how)을 관장함으로써 팀이 도출할 수 있는 최대의 성과를 견인한다. 퍼실리테이터는 단순한 진행자의 역할이 아니다. 의사소통의 장을 만들고 사람과 사람을 이어 주어 팀으로서의 역량을 이끌어 내고, 다양한 사람들의 생각을 정리해 간다. 회의에 참가자의 주체성을 길러 주고 더 나은 의견을 도출할 수 있도록 모든 지혜를 발휘한다. 또한 논의가 대립적인 상황에 빠지면 서로의 주장이 올바르게 전개될 수 있도록 연결 핀 역할을 한다. 그렇게 함으로써 문제해결을 촉진하고 합의의 질을 높인다(호리 기미토시, 2006).

또한 퍼실리테이터는 팀 활동에서 팀 구성원들이 문제해결과정 중 효과적이고 효율적인 활동을 하도록 지원하는 촉진자로서의 역할을 다음과 같이 수행한다고 설명하고 있다(박수홍 외, 2010).

- 문제해결 및 학습 과정에서의 컨설턴트: 퍼실리테이터는 일반화된 전문가(general specialist)여야 한다. 즉, 액션러닝 팀이 수행하는 문제해결 및 학습 과정과 관련된 다방면의 전문적인 능력을 갖고 있는 사람이어야 한다. 팀의 성과를 창출하기 위해서는 팀을 효과적, 효율적으로 지원 및 관리하여야 한다. 따라서 팀 학습의 전문가이자 관리자여야 한다.
- 집단 역학의 조정자: 액션러닝 팀은 신뢰성을 바탕으로 조직되었지만 이질적인 성향을 가진 팀 구성원들이 모여 팀을 형성하였기 때문에 팀 활동의 과정에서 집단사고와 연관된 약점이나 사회적 태만 그리고 다원적 무지와 같은 팀 활동에 내재한 부정적 현상들이 많이 표출될 수 있다. 즉, 팀 구성원들 간의 원활하지 못한 의사소통이라든가 팀 활동에 부정적이고 역기능적인 사고, 즉 무임승차나 집단적 · 이기적 사고 등과 같은 것을 조정할 수 있어야 한다.
- 창조적 아이디어 유발자: 액션러닝 팀의 문제해결과정은 온통 질문으로 가득 차 있다고 해도 과언이 아니다. 문제해결과정에서 팀 구성원 상호 간의 질문, 팀 구성원과 퍼실리테이터와의 질문을 통해 학습이 이루어지며, 이를 통해 팀의 문제를 해결할 수 있는 것이다. 따라서 퍼실리테이터는 다양한 상황에서 적절한 질문을 통해 팀 구성원들이 창조적인 아이디어를 쉽게 이끌어 낼 수 있도록 해야 한다.

3) 퍼실리테이션의 주요 기술

퍼실리테이터는 팀 퍼실리테이팅(team facilitating)에 필요한 높은 수준의 기술을 지니고 있어야 한다. 즉, 토론 및 의사소통 기술 등에 전문적인 기술을 가지고 있어야 한다.

로스웰과 스레들(Rothwell & Sredl, 1992)은 퍼실리테이터가 다음과 같은 역량을 갖추어야 한다고 제시하고 있다(박수홍 외, 2010).

- 효과적인 비언어적 행위 사용하기: 어떤 종류의 비언어적 행위를 사용해야 하는가에 대한 지식을 말한다.
- 적극적으로 경청하기: 팀 구성원들의 생각과 감정 상태까지도 들으려는 자세다.
- 효과적으로 정리하기: 팀 구성원들이 교환한 정보를 정리할 수 있는 능력을 말한다.
- 효과적으로 요약하기: 팀 구성원들이 교환한 많은 정보를 요약할 수 있는 능력을 말한다.
- 행동 관찰하기: 팀 구성원들의 행동을 읽어 내거나 팀 활동을 관찰할 수 있는 능력을 말한다.
- 효과적으로 질문하기: 능숙하게 질문함으로써 팀 사고와 행동을 촉발할 수 있는 능력을 말한다.
- 아이디어와 감정 표현하기: 팀 구성원들의 사고와 감정에 불필요한 영향을 끼치지 않으면서 퍼실리테이터가 생각하고 느끼는 것을 표현할 수 있는 능력을 말한다.
- 집단의 주의집중 유도하기: 팀의 관심을 핵심 쟁점 혹은 주제로 결정화할 수 있는 능력을 말한다.
- 집단 사고력 지도하기: 주제에 대한 팀의 생각을 자극할 수 있는 능력을 말한다.
- 소집단의 통찰력 자극하기: 팀의 집단 시너지 효과가 나타나게 자극함으로써 팀 구성원들이 새로운 아이디어를 개발할 수 있도록 유도하는 능력을 말한다.

따라서 퍼실리테이터에게 요구되는 기술은 매우 광범위하며, 활용되는 분야에 따라 바뀌게 된다. 이 장에서는 기관 회의나 프로젝트에서의 퍼실리테이션을 염두에 두고, 다음과 같이 활동의 흐름에 따라 네 가지 기술을 정리한다(호리 기미토시, 2006).

- 과정 설계 기술: 무엇을 목적으로, 누구를 불러서, 어떠한 방법으로 논의할 것인가, 지적 상호작용의 장 만들기로부터 퍼실리테이션은 시작된다. 단순히 사람들이 모이기만 한다고 해서 팀이 되는 것은 아니다. 목표의 공유에서 협업 의지의 고취까지 팀 구축의 성패가 활동을 좌우한다. 또한 중요한 것이 활동의 과정 설계다. 문제해결 과정이나 체험학습 과정 등 기본이 되는 패턴은 몇 가지가 있다. 그것을 기초로 활동의 목적과 팀의 상태에 따라 각각의 활동을 수립해야 한다. 그러나 현재까지는 퍼실리테이터 개인의 경험과 노하우에 의존하는 경우가 많다.
- 의사소통 기술: 활동이 시작되면 자유롭게 생각을 이야기하고 모든 가설을 이끌어 내면서 팀 의식과 상호 이해를 높여 간다. 문제해결의 발산 단계다. 이때 퍼실리테이터는 상대의 메시지에 포함된 의미나 마음속 깊은 곳에 있는 진실을 이끌어 내야 한다. 경청, 맞장구, 질문, 주장, 비언어 메시지 등의 의사소통 기술이 요구된다.
- 구조화 기술: 발산이 끝나면 수렴의 과정이다. 논리적으로 논의를 종합해 가면서 전체적인 논의 모습을 정리하고 논점을 좁혀 간다. 퍼실리테이션 그래픽이라고 불리는 도표를 활용한 구조화 수업을 통해 논의를 알기 쉽게 정리한다. 여기서는 논리적 사고가 가능한 사고계 기술이 요구된다.
- 합의 형성 기술: 논점이 어느 정도 정리되면, 창조적인 '합의'를 향해 의견을 좁혀 간다. 문제해결을 위한 의사결정 단계다. 대부분의 경우에는 여기서 대립, 갈등이 생기고 쉽게 의견이 모이지 않는다. 퍼실리테이터의 역량이 가장 중요하게 발휘되는 단계이며, 갈등관리 기술이 요구된다.

이와 같이 평생교육 현장에서는 이 흐름이 2~3시간의 회의로 완결되기도 하지만, 1박 2일 정도의 워크숍으로 추진되는 경우도 있다. 장기간에 걸친 프로젝트에서는 이 사이클을 몇 번씩 반복 진행한다.

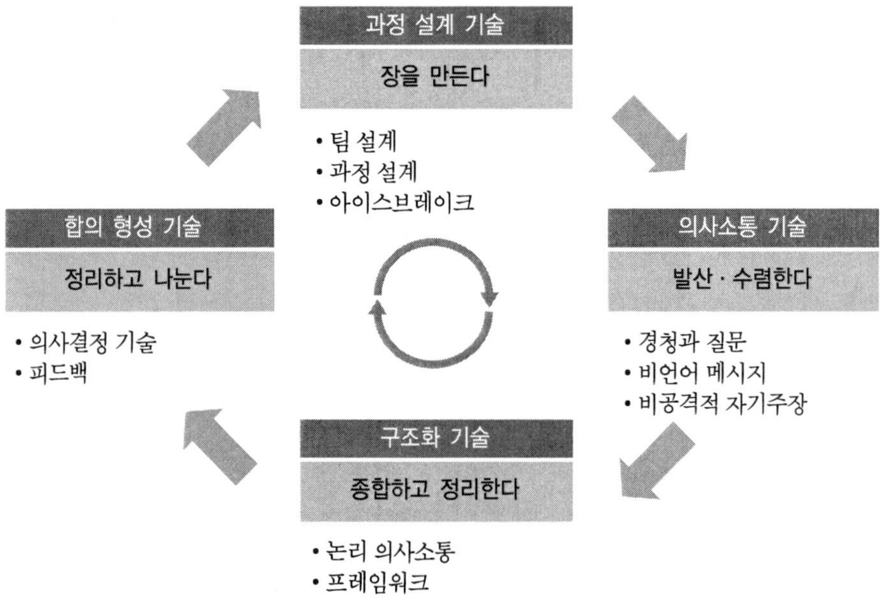

그림 8-4 퍼실리테이션의 네 가지 기술

출처: 호리 기미토시(2006). p. 47.

TIPS

협업을 이해하기 위한 게임

① 10~20인이 한 조가 되어 손을 잡고 커다란 원을 만든다. 원이 만들어지면 눈을 감고 퍼실리테이터의 지시를 기다린다.

② 퍼실리테이터는 '절대로 눈을 뜨지 말고, 전원이 정사각형을 만들 것'을 지시한다(게임 중 소리를 내도 좋다). 모양이 완성되었다고 생각하면 작업 종료를 소리 내어 보고한다. 퍼실리테이터는 집단별로 완성될 때까지의 시간을 측정

하여 경쟁하게 한다.

③ 같은 방식으로 정삼각형, 이등변삼각형, 직사각형 등으로 모양을 바꾸어, 완성할 때까지의 시간을 겨룬다.

④ 각각의 게임이 끝나고 나면 의사소통의 적절성, 리더십, 자주적 참여 등에 관해 이야기를 나눈다.

아이스브레이크 연습

① 4~6인의 집단으로 나누어, A4용지 절반 크기의 종이를 나누어 주고, 각각 자신에 관해 네 가지 사실을 적는데, 이때 한 가지는 거짓된 사실을 적는다(교묘하고도 대담한 거짓말이 효과적이다).

② 순서대로 이름과 함께 그 목록을 읽으면 남은 사람들은 그 가운데 무엇이 거짓인지를 상담하여 함께 결정해야 한다.

③ 발표한 사람은 정답을 공개하고, 네 가지 사실에 관련해 자기소개를 하면서 해설한다. 짧은 시간에 즐겁게 상대방을 알 수 있으며 보기와는 다른 성격을 발견할 수도 있다.

출처: 호리 기미토시(2006).

생각해 보기

1. 프레젠테이션을 할 때 학습자 분석은 무엇을 말하며, 어디까지 분석해야 하는지 알아보자. 또한 프레젠테이션을 진행할 때 학습자들에게 감동과 참여를 유도할 수 있는 다양한 방법들이 있다면 무엇인지, 실제 사례들을 들어 이야기해 보자.
2. 왜 토론을 해야 하는지를 설명하고, 합의에 도달하지 못해도 토론은 의미가 있는지 이야기해 보자.
3. 퍼실리테이션이 가져다주는 효과는 무엇이고, 리더와 퍼실리테이터의 차이점을 비교 · 설명해 보자.

참고문헌

김경태(2008). 스티브 잡스의 프레젠테이션. 서울: 멘토르.

김문수(2011). 대학생을 위한 프레젠테이션 스킬. 서울: 비즈프레스

김미정, 유영만(2003). 액션러닝과 조직변화. 파주: 교육과학사.

박수홍, 안영식, 정주영(2010). 조직 및 지역의 창조적 변화를 이끄는 체계적 액션러닝. 서울: 학지사.

박현희(2011). 토론의 달인을 키우는 토론수업. 서울: 즐거운 학교.

야하타 히로시(2007). 완벽한 프레젠테이션(정미애 역). 서울: 21세기북스.

이연택(2003). 토론의 기술. 서울: 21세기북스.

이재란(2006). 정확하게 전달하고 ok를 이끌어 내는 프리젠티이션. 서울: 새로운 제안.

이정옥(2009). 토론의 전략. 서울: 문학과지성사

장원길, 최경호, 박인성, 박정미(2010). 매혹적인 말하기와 프레젠테이션. 서울: 글누림.

전개강, 윤천근, 한경희(2011). 발표와 토론. 서울: 박이정.

정문성(2004). 토의 · 토론 수업 방법. 파주: 교육과학사.

정혜선(2005). 감사, 퍼실리테이션으로 거듭나다. 서울: 시그마프레스.

최형용, 김수현, 조경하(2011). 발표와 토론. 서울: 박이정.

호리 기미토시(2006). 돈 잘버는 회사들이 선택한 퍼실리테이션테크닉 65(임해성 역). 서울 : 비즈니스 맵.

Bens, I. (2000). *Facilitatiing with ease*. San Francisoco: Jossey-Bass Inc., Publishers.

Rothwell, W., & Sredl, H. (1992). *The ASTD reference guide to professional human resource development roles and competencies*. Amherst, MA: HRD Press.

제9장 집단 중심 교육방법

학습개요

9장에서는 집단 중심의 교육방법에 대하여 살펴본다. 집단 중심의 평생교육방법은 매우 다양하지만, 강의법, 액션러닝, 감수성 훈련 등에 대한 기본 개념과 접근할 수 있는 주요 방법 등을 기술한다. 첫째, 강의법에서는 효과적으로 강의가 진행되기 위해서 사전에 준비할 사항은 무엇이고, 강의 내용으로 어떤 것들이 구성되어야 하며, 그리고 강사의 자질과 역할은 무엇인지에 대하여 기술한다. 둘째, 액션러닝에서는 액션러닝의 기원과 개념 등을 살펴보고, 구성 요소와 과정은 무엇인지를 체계적으로 정리하여 기술한다. 셋째, 감수성 훈련에서는 그 개념과 의미를 알아보고, 이에 따른 감수성 훈련의 목표와 주요 방법 등을 제시한다.

학습목표

1. 집단 중심의 평생교육방법으로서 강의법의 준비와 강의 내용, 강사와 자질과 역할에 대하여 설명할 수 있다.
2. 액션러닝의 개념과 구성 요소, 과정에 대하여 설명할 수 있다.
3. 감수성 훈련의 개념과 목표와 특징, 감수성 훈련의 방법과 주요 내용이 무엇인지 설명할 수 있다.

1. 강의법

1) 강의법의 실제

강의법은 오랫동안 사용되어 온 가장 전통적이고 보편적인 교수방법이다. 강의법은 강사가 특정 공간에 모인 학습자들에게 구두로 지식을 전달하기 때문에 집단 중심의 교육방법으로 매우 적합하다(기영화, 2004). 원래 강의는 조선시대 서당이나 향교, 성균관 등의 교육기관에서 시행한 강(講)의 진행방식을 말하던 것으로 강식(講式)이라고 하였다. 여러 사람 앞에서 큰 소리로 외워서 또는 책을 읽고 난 다음 그 뜻을 묻고 답하는 식으로 진행되었다고 한다. 사전적인 정의로, '강의'는 학문이나 기술의 일정한 내용을 체계적으로 설명하여 가르치는 것이다.[1] '체계적으로 설명'하든 '해설'하든 '듣는 사람이 알기 쉽게 풀어서 말해 준다'는 것이 핵심일 것이다. 물론 대학에서 교수가 전공 분야의 내용을 풀어서 설명하는 강의(lecture)[2]는 수준 높고 심도 있는 내용으로 구성되므로 해당 분야를 잘 아는 전문가가 할 수밖에 없고, 교수자 주도의 일방성을 가질 수밖에 없다고 하겠다. 하지만 이런 형태의 교수자 중심의 일방적인 전달은 초 · 중 · 고등학교 수업에서 흔히 볼 수 있는 장면이기도 하다(유승우 외, 2010). 사실 강의는 예술적 창조활동과 같다. 학습자 집단의 요구를 반영하여 그들에게 바람직하고 유익한 지식과 정보를 준비하고 효과적으로 전달할 수 있어야 한다(배을규, 2006).

강의법이 효과적으로 진행되기 위해서는 철저한 사전 준비와 강의 내용 구성이 필요하다. 여기서는 사전에 준비할 사항은 무엇인지와 성공적인 강의 내용 구성 방법에 대해서 살펴보고자 한다.

---

1) 네이버 국어사전(http://krdic.naver.com)

2) 강의를 뜻하는 영어 lecture의 사전적 의미는, '① ~에게 강의(강연)하다, ② 훈계하다, ③ ~에게 잔소리하다' 등이다.

강의는 사전 준비 단계에서 먼저 그 적절성을 파악하여야 한다. 학습자의 특성을 분석하고 교육 목표와 교육 내용 등을 파악하여 강의법이 효과적인가를 먼저 점검해 보아야 한다.

(1) 학습자 분석

최고의 강의는 강의를 듣는 학습자가 가장 원하는 것을 줄 수 있는 강의다. 그러기 위해서는 학습자를 분석하여 그들의 입장이 되어야만 한다. 따라서 강사는 강의 전에 학습자에 대한 정보를 최대한 수집하여 강의 포인트를 찾아야 한다(류석우, 2008).

학습자들이 무엇을 원하는가를 찾아내는 것이 강의의 가장 중요한 출발점이다. 요구분석을 통하여 프로그램을 만드는 것과 동시에 실행을 하면서 학습자의 요구를 계속적으로 파악하고 반영하는 것이 중요하다. 학습자의 요구를 분석하고 나면 목표를 세울 수 있다(정혜선, 2005).

누구나 자신이 준비하고 진행하는 강의에 성공이라는 단어를 붙이려고 노력한다. 하지만 성공적이었다고 할 만한 강의법을 찾아보기란 결코 쉬운 일이 아니다. 성공하는 강의법의 핵심 요소를 묻는 질문에 어떤 답을 할 수 있는가? 우리가 단호하게 답변할 수 있는 것은 학습자의 눈으로 보고 학습자의 입장에서 생각하라는 것이다. 학습자에게 맞는 그릇에 음식을 담는 것은 실력이 아니라 상대방에 대한 기본적인 에티켓이기 때문이다.

학습자 분석을 위한 네 가지 분석 요소는 다음과 같다(이재란, 2006).

- 학습자의 규모
  - 소수: 체계적이고 구체적인 주제를 가지고 진행한다. 보조자료는 한꺼번에 나눠 주기보다 발표 시 설명하고자 하는 시점에서 배포한다.
  - 다수: 전체가 이해할 수 있는 일반적인 주제를 선정하고 복잡한 시각 자료는 자제한다. 배포할 자료가 있다면 시작 전에 일괄적으로 배포한다.

• 학습자의 수준

– 참석한 학습자의 학력, 전공, 경력사항 등을 사전에 확인한다.

– 학습자의 학력과 경력에 따라 발표 자료의 난이도를 측정한다.

– 학습자가 발표하고자 하는 내용에 대한 전문가일 경우에는 추후에 발생할 수 있는 질문에 대해 충분한 추가 자료와 반론을 준비한다.

– 참석 대상이 일반인이라면 전문 용어의 사용을 자제하고 생활에서 체험할 수 있는 사례를 활용한다.

• 학습자의 연령

– 젊은층: 혁신적이고 이상적인 내용을 강조하고 학습자의 심리를 자극할 수 있는 사례를 들어 주며, 말의 속도를 조금 빠르게 하고 악센트를 활용하여 힘이 느껴지도록 연출한다.

– 중년층: 현실적이며 실제적인 내용을 준비하고 원칙에 입각하여 논리적으로 설명하여 신뢰감을 줄 수 있는 정중한 태도를 유지한다.

• 학습자의 성별

– 여성일 경우: 실제적인 경험담이나 사례를 접목시켜 발표하고 감정적인 부분을 자극할 수 있는 요소를 모색한다.

– 남성일 경우: 수치적인 자료를 통해 정확한 근거를 제시하고 공신력 있는 자료와 연관지어 논리적으로 구성한다.

(2) 강의 목표 설정

강의를 시작하기 전에 강의의 목표를 계획하는 것이 필요하다. 강의 목표가 정해져야 내용과 방법을 결정할 수 있기 때문이다. 목표가 정해지면 그것을 달성하기 위해 다루어야 할 내용을 선정한다. 내용을 선정한 후에는 그 내용을 가장 잘 펼쳐 낼 수 있는 교수방법을 선정하는데, 이 과정에서는 학습 효과를 최대화할 수 있는 적합한 매체를 선택해야 한다. 정확한 요구분석에 따라 정확한 목표를 정하는 것은 출발점이 되는 동시에 다음 과정을 진행하기 위해 매우 중요하다(정혜선,

2005).

기영화(2004)가 지적한 바와 같이 강의법은 적극적인 교육 목표를 달성하는데, 이는 다음과 같은 효과가 있다. 첫째, 강의법은 강사 자신의 정열로써 학습자를 고무시킬 수 있고, 둘째, 강사의 학습 영역을 인간적 목표(또는 학습자의 흥미)와 관련지을 수 있으며, 셋째, 이론과 연구를 실제 문제에 관련지을 수 있다. 즉, 강의를 통해 학습자 집단에 전달된 의사소통은 대부분의 강의 효과를 극대화하는 것이 그 목표다.

(3) 강의 내용 구성

구체적으로 강의 목표가 정해지면, 그 목표를 효과적으로 달성하기 위하여 필요한 내용은 어떻게 구성할 것인지 계획하여 관련 내용을 수집하는 과정이 있어야 한다. 강의 내용의 필수 요소는 다음과 같이 정리해 볼 수 있다(류석우, 2008).

- 왜(why)-제1요소: 학습자들에게 그 강의를 왜 들어야 하는지에 대해 명확한 목적을 설정하게 해 주는 내용이다. 즉, 강의를 듣는 이유에 대한 것이다. 강의 시작과 동시에 서론 부분에 구성이 되며, 이 강의를 통해 얻을 수 있는 혜택과 이 강의를 통해 변화하여 이를 수 있는 비전을 제시하며 학습자를 적절히 자극한다. 따라서 학습자는 자신이 강의를 왜 들어야 하는지에 대한 목적의식을 뚜렷이 가질 수 있다.
- 무엇을(what)-제2요소: 강의를 통해 전하고자 하는 핵심을 말하는 것이다. 즉, 강의의 주된 내용이 담겨져 있는 부분이라 할 수 있다. 그렇기에 '무엇을'에 대한 부분을 말할 때에는 학습자가 핵심을 명확히 인지할 수 있도록 하나하나 잘 정리하여 짚어 주는 것이 관건이며, 충분히 설명하여 학습자가 쉽게 이해하고 수용할 수 있게 만들어야 한다. 즉, 이러한 과정은 강의의 핵심 포인트를 구성하는 데 있어 중요한 작업이며, 이러한 과정을 수행해 낸다면 내용 면에서 알찬 강의를 만들어 낼 수 있다.

- 어떻게(how)−제3요소: 내용의 핵심을 제시했다면 핵심을 들은 학습자에게 그것이 제시하고 있는 방향과 구체적인 행동 절차, 또는 강의를 통해 얻을 수 있는 구체적인 방법들에 대해 명확한 설정을 해 주어야 한다.
- 비전(vision)−제4요소: 강의에 있어서 비전이란 것은 하나의 예술작품을 만드는 데 필수 요소라 할 수 있다. 학습자에게 처음부터 강의를 듣는 목적에 대해 명확히 알게 해 주면서 그 목적을 달성할 수 있는 핵심을 전달해 주고, 그 핵심을 통해 변화할 수 있는 방법까지 제시했다면, 그 모든 것을 바탕으로 학습자의 머릿속에 자신의 미래 그림을 명확히 그려 줄 수 있는 비전 부분을 강하게 어필해야 하는 것이다.

2) 강사의 자질과 능력

강사는 성인 학습자들을 인정해 주고 성취감을 느낄 수 있도록 하며, 학습활동을 통해 참여를 유도하여 성인 학습자들이 업무적으로나 개인적으로 발전할 수 있도록 도와주어야 한다. 따라서 강사는 학습자가 능동적으로 참여할 수 있도록 다음과 같은 자질을 갖추어야 한다(김영균, 2011).

첫째, 강의 내용을 완벽하게 이해하고 정보를 갖추고 있어야 한다. 강사는 교육과정에 대해 정확한 이해를 하고 있어야만 학습자를 명확하게 이해시킬 수 있다. 강사가 학습 내용에 대한 이해가 부족할 때, 이를 바라보는 학습자의 심정은 어떠하겠는가? 모든 학습자들은 강사의 이런 모습을 냉철하고 정확하게 파악하고 있다.

둘째, 강사는 좋은 전달방법을 제시하여야 한다. 좋은 강사는 어려운 내용을 쉽게 전달하는 사람이다. 가장 나쁜 강사는 쉬운 내용을 어렵게 전달하는 사람이다. 우리 주변에는 좋은 교육 콘텐츠임에도 불구하고 강사의 역량이 부족하여 교육 효과가 거의 없는 경우도 있고, 반면에 과거에는 별 반응이 없었는데 강사가 바뀌면서 큰 호응을 얻는 경우가 있다. 그만큼 강사는 좋은 전달방법을 통해서 학습자들에게 교육 효과를 높일 수 있는 역량을 갖추는 것이 필요하다.

셋째, 강의를 하는 사람은 누군가를 가르칠 때 개념이나 느낌을 전달하는 역할을 하기도 하지만 가장 중요하게는 학습자로 하여금 행동으로 실천하려는 의지와 열정을 불러일으킬 수 있는 태도가 필요하다.

또한 요리사의 능력을 알아보기 위해 그가 만든 요리를 먹어 보듯 강사의 능력을 말해 주는 것은 학습자의 성적이라 할 수 있다. 학습자에게서 좋은 학습 결과를 이끌어 내기 위해 강사에게 요구되는 능력은 다음과 같다(정혜선, 2005).

첫째, 판단력이다. 강사에게는 섬세하고 정확한 판단력이 요구된다. 섬세한 교육적 판단력은 학습자의 심리적이고 정신적인 상황을 섬세하게 직감할 수 있는 통찰력이라고 할 수 있다.

둘째, 추리력이다. 강사는 추리력을 지녀야 한다. 인지심리학에서는 인간의 사고에 대해 지식을 활용하여 추론을 행하는 것이라 정의하고 있다. 인간은 새로운 문제에 직면했을 때 그것을 해결하고자 여러 가지 궁리를 하게 마련이다. 그러나 그것은 무에서 유를 창조하는 작업이 아니다. 과거의 경험이나 지식을 동원하여 뇌 안에서 다양한 형상을 그려 가며 문제를 해결하기 위한 답을 도출해 내는 작업이다.

셋째, 기획력이다. 놀이공원이나 어떤 행사에서 이벤트가 있을 때 사람들의 흥미를 끄는가 아닌가는 기획력에 달려 있다. 이는 강의라는 하나의 과정을 만들어 가는 과정에서도 필수적인 능력이라 할 수 있다.

넷째, 창조력이다. 창조력이란 기초적인 지식을 쌓아 올려 그것을 바탕으로 여러 가지 형태로 추론을 행한 끝에 성립되는 것이다. 강사는 풍부한 지식을 쌓은 후 추론을 통한 사고체계를 몸에 익히면서 창조력의 폭을 넓혀 가야 한다.

다섯째, 표현력이다. 학습자들 앞에서 발표를 한다는 것은 상당히 어려운 일임에 틀림이 없다. 올바른 발표훈련을 통해 적절한 표현력을 기르는 것은 강사 스스로가 자신감을 가지게 함은 물론이고 학습자들이 강의를 이해하는 데에도 큰 도움이 될 것이다.

아름다운 진주에는 핵이 있고 그것이 없으면 아름다운 진주가 될 수 없듯이, 강사 역시 그 나름의 핵, 즉 학습자에게서 좋은 학습 결과를 끌어낼 수 있는 능력을 갖추었을 때 비로소 유능한 강사라 할 수 있을 것이다.

따라서 유능한 강사의 자질과 역량 강화를 위해 다음과 같은 자기진단 평가표를 활용하는 것은 단점을 보완하고 장점을 발휘할 수 있는 한 방법이기도 하다.

〈표 9-1〉 강사 자기진단 평가표

진단 항목		언제나 그렇다		보통	아니다	
번호	내용	1	2	3	4	5
1	강의하기 전에 미리 학습자에 대해 조사한다.					
2	강의를 위해 교안을 작성한다.					
3	강의 시 사용하기 편리하게 교안을 작성할 수 있다.					
4	미리 강의 연습을 한다.					
5	강의 연습을 할 때 녹음을 하거나 비디오 촬영을 한다.					
6	학습자의 질문을 예상하고 그에 대한 답변을 준비한다.					
7	학습자의 주의를 집중시키면서 강의를 시작할 수 있다.					
8	강의 시 몸이 굳어 있거나 강단에 기대지 않는다.					
9	강의를 하면서 자연스러운 제스처를 쓴다.					
10	자료를 볼 때 이외에는 항상 학습자와 시선을 맞춘다.					
11	학습자들 앞에서 편안하게 말할 수 있다.					
12	강의 시 목소리는 떨리거나 더듬지 않고 안정적이다.					
13	내용에 따라 음성을 다양하게 구사할 수 있다.					
14	강의를 하는 동안 학습자의 행동을 잘 조절할 수 있다.					
15	학습자와의 상호작용을 쉽게 이끌어 낼 수 있다.					
16	학습 내용을 체계적으로 전달할 수 있다.					
17	학습 내용의 전달과 정리를 위해 시각 자료를 이용한다.					
18	시각 자료는 단순하고 읽기 쉽고 효과적이다.					
19	강의의 속도와 흐름을 조절할 수 있다.					
20	정해진 강의 시간을 지킨다.					

〈표 9-2〉 강사로서의 자기 점검

점검 항목		언제나 그렇다		보통	아니다	
분야	내용	1	2	3	4	5
언어적 표현	1. 발음이 정확한가?					
	2. 말하는 속도가 적절한가?					
	3. 목소리 크기가 적절한가?					
	4. 내용에 따라 목소리의 높낮이를 잘 구사하는가?					
얼굴 표현	1. 얼굴 표정은 부드러운가?					
	2. 미소를 띠고 있는가?					
	3. 모든 학습자를 골고루 둘러보는가?					
	4. 시선은 자료와 학습자에게만 주고 있는가?					
몸동작	1. 자세는 바른가?					
	2. 몸동작이 자연스럽고 적절한가?					
	3. 긴장하지 않고 적절하게 움직이고 있는가?					
	4. 긍정적인 느낌을 줄 수 있는 태도를 취하는가?					
강의 진행	1. 강의에 열의가 느껴지는가?					
	2. 강의 속도와 흐름은 적절한가?					
	3. 강의 시간 조절은 잘하고 있는가?					
강의 구성	1. 강의에 시작은 있는가?					
	2. 강의에 끝맺음은 있는가?					
	3. 강의에 숨돌릴 여유가 있는가?					
	4. 강의가 호기심을 유도하는가?					
	5. 가장 중요한 내용이 부각되는 가?					
평가	자신의 강의에 만족하는가?					

2. 액션러닝

1) 액션러닝의 개념

우리말에 백문불여일견(百聞不如一見)이라는 말이 있다. 백 번 듣는 것이 한 번 직접 보는 것만 못하다는 의미이며, 보는 것이 믿는 것이라는 의미다. 학습의 효과를 증진시키기 위해서 강의실 의자에 앉아서 백 번 듣는 것보다 현장에 한 번 가서 경험하는 것이 바람직하다는 것이다. 기업이나 정부 정책을 수립하고 집행할 때 또는 문제의 대안을 찾고자 할 때 사무실에 앉아서 백 번 듣고서 기안하기보다 현장에 한 번 가서 직접 눈으로 보는 것이 더 나은 것이다. 이를 위해 기여하는 것이 액션러닝이다(천대윤, 2008).

액션러닝은 지난 50년 동안 조직이 대변혁의 문제를 다룰 수 있도록 도움을 주었다. 국내외의 수많은 기업들뿐만 아니라 최근 공공기관에서도 공통적으로 액션러닝이라는 강력한 실천을 통한 학습(learning by doing)을 활용하고 있다. 기업과 공공기관들은 액션러닝을 통하여 수많은 신상품과 서비스를 개발했고, 서비스의 질을 향상시켰으며, 비용과 시간을 줄여 조직문화를 근본적으로 개선했다. 액션러닝은 이처럼 조직에서 중대하고 복잡한 문제들을 해결하기 위해 우선적으로 사용하고 있으며, 동시에 리더 양성, 팀 구축, 기업 역량 향상을 위한 주요 방법론으로 활용되고 있다.

일반적으로 액션러닝의 창시자는 레번스(R. Revans)로 알려져 있다. 1940년대에 레번스는 세계 최초로 웨일즈와 영국의 탄광산업에 액션러닝을 도입하였다. 그는 물리학자로서 분석적이고 논리적인 관점에 바탕을 두고 액션러닝이라는 개념을 최초로 제시하였으며 액션러닝을 문제해결 모델로 개념화하였다. 이후 액션러닝은 여러 학자들에 의해 발전되었다(박수홍, 안영식, 정주영, 2010).

잉글리스(Imglis, 1994)는 액션러닝을 "문제에 대한 해결책을 마련하기 위해 구성원이 한 자리에 모여 개인과 조직의 개발을 함께 도모하는 과정"이라고 하였고, 맥길과 비티(McGill & Beatty, 1995)는 "목표의식을 가지고 동료 구성원의 지원을 토대로 이루어지는 학습과 성찰의 지속적인 과정"이라고 하였다. 즉, 액션러닝은 실행(action)을 통해서 학습이 일어나며, 이는 하나의 과정이고, 성찰(refection)을 통해서 지속적으로 학습이 되어야 하는 지속성을 가진 일련의 과정이라 할 수 있다.

마쿼트(Marquardt, 2004)는 보다 구체적으로, "액션러닝이란 소규모로 구성된 한 집단이 기업에서 직면하고 있는 실질적인 문제를 해결하는 과정에서 학습이 이루어지며, 그 학습을 통해 각 집단 구성원은 물론 조직 전체에 혜택이 돌아가도록 하는 일련의 과정이자 효과적인 프로그램"이라고 정의하였다. 특히 그는 액션러닝에 있어서 정확하게 문제의 원인을 찾는 것이 중요함을 강조하고 있다.

봉현철(2006)은 "교육 참가자들이 학습 팀을 구성하여 팀 내에서 꼭 해결하고자 하는 실존하는 과제를 팀 전체 또는 각자가 주체가 되어 정해진 시점까지 해결하거나 과제 해결 방안을 도출하는 동시에 그 과정에서 지식 습득, 질문, 피드백 그리고 성찰을 통하여 과제의 내용 측면과 과제 해결의 과정 측면을 학습하는 프로세스"라고 정의하였다. 그는 팀워크를 통해서 실제 문제의 과정을 성찰을 통해 학습할 수 있도록 지원하여야 한다고 지적하였다. 한편 액션러닝은 기존의 전통적인 교육방법과 다른데, 유영만(1995)은 전통적인 교육방법과의 차이점을 패러다임, 철학, 교수-학습 전략 등 여덟 가지 측면으로 나누어 〈표 9-3〉과 같이 제시하고 있다. 요컨대, 액션러닝은 수요자 중심의 학습으로, 내부 구성원 모두가 문제해결과정에 참여하여 적극적으로 문제를 해결하고 그러한 과정을 통해 이론과 실천을 통합함으로써 높은 성과를 달성할 수 있도록 하는 학습기법이다. 반면 전통적인 교육방법은 공급자 중심의 학습으로, 전문 지식을 가진 외부 전문가를 통해 문제를 해결하는 이론과 실천이 분리된 학습이며, 교육생들은 단지 수동적으로 지식을 흡수하는 입장에 처하는 학습기법이다.

이상의 정의들을 통하여 볼 때, 액션러닝이 가지는 가장 중요한 가치는 개인과

〈표 9-3〉 액션러닝과 전통적 교육방법 비교

비교 요인	액션러닝	전통적인 교육방법
패러다임	수요자 중심의 학습 (학습활동의 중요성)	공급자 중심의 교수 (강사의 상대적 우월성)
철학	문제 상황에 직면하고 있는 내부 구성원 모두가 전문가	문제 상황에 대한 전문적인 지식을 가지고 있는 소수의 외부 전문가
이론과 실천 관계	이론과 실천의 통합	이론과 실천의 분리
교수-학습 전략	참여식	주입식
적합한 영역	일반적 경영관리 능력 개발	전문적 지식 및 기술에 대한 집중적인 단기간 훈련
교육생의 역할	적극적 참여자	수동적 지식의 흡수자
강조점	현장 중시의 비구조적 문제 또는 기회의 해결 및 발견	현장과 관련이 적은 전통적인 내용 중시
교육과 경영 관계	경영성과 기여도의 극대화 교육 전략=경영 전략	교육을 위한 교육 교육 전략≠경영 전략

팀, 그리고 외부의 변화에 보다 효과적으로 대응할 수 있는 능력을 기를 수 있는 것이라고 볼 수 있다.

기관 차원에서 이러한 액션러닝을 도입하면 구체적으로 다음과 같은 도움이 될 수 있다(서울시 인재개발원, 2007).

• 기관적인 측면

- 기관의 고성과 창출에 도움이 된다. 지식기반사회에서 리더 한 사람이 문제를 해결하는 종전의 방식보다, 기관 전체가 함께 의논하고 아이디어를 공유하는 방식의 조직학습만이 문제해결을 통해 조직의 성과를 높인다는 것이다.
- 팀 의사소통 능력이 강화된다. 액션러닝은 서로 경청하고 칭찬하면서 상대

방을 인정해 주는 민주적인 의사결정을 할 수 있는 체제로 팀 의사소통에 많은 기여를 하고 있다.

• 개인적인 측면
  – 리더십 역량 개발에 도움이 된다. 액션러닝은 리더십의 문제인식 및 문제해결 역량, 전략적 사고 역량, 의사소통 역량, 협조성 및 협상능력, 발표능력 등을 개발하는 데 많은 도움을 준다.
  – 민주적 회의 운영 역량 향상에 도움이 된다. 액션러닝은 팀원들 간에 회의를 하면서 팀원 모두 적극적인 태도로 임하고, 회의에서 자신의 의견을 하나라도 내기 위해 모두가 노력하며, 모든 사람의 의견을 잘 경청하면서 민주적으로 의사결정을 할 수 있도록 회의를 운영하는 기술을 체득하게 된다.
  – 인적 네트워크 형성에 도움이 된다. 액션러닝을 통해 스폰서(후원자), 러닝코치, 동료 참가자 등 다양한 사람들과 네트워킹하면서 생생한 방법을 학습하고, 액션러닝이 끝날 때쯤 되면 한 가족처럼 친근해지고, 끝난 후에도 지속적인 모임을 가지고 서로 정보를 교환하게 된다. 이렇게 효과를 체험하고 체득된 인적 네트워크가 차후 현업에서 사용되는 것이다.

2) 액션러닝의 구성 요소

액션러닝의 주요 구성 요소에 대한 연구자들의 견해는 매우 다양하다. 여기에서는 마쿼트의 견해에 따라 액션러닝의 핵심 구성 요소를 살펴본다(봉현철, 2006).

• 과제: 액션러닝의 과제는 부서 또는 조직 전체 차원에서 꼭 해결해야 할 중대하고 난해한 문제이어야 하며, 가상으로 만든 문제가 아니라 조직의 이익이나 생존에 직결되는 실제 문제이어야 한다.
• 학습 팀: 액션러닝에서는 팀으로 학습한다. 일반적으로 학습 팀의 규모는 5~6명이 적절하다. 7명 이상이 되면 팀원 간의 상호작용이 너무 복잡해지고

팀 활동에서 각 개인에게 배당되는 발언 및 성찰의 시간이 너무 적어서 효과적인 활동을 기대하기 어렵기 때문이다.

- 러닝코치 또는 퍼실리테이터: 액션러닝에서는 러닝코치(또는 퍼실리테이터)라는 독특한 역할을 수행하는 사람이 학습 팀을 도와준다. 러닝코치는 학습 팀원들이 그들의 문제해결 과정, 의사결정 과정, 의사소통 과정 및 갈등관리 과정을 진행하도록 도와주는 역할을 한다.
- 후원자와 실행 의지: 후원자는 교육 참가자들이 액션러닝을 통해 개발한 해결 대안에 대해 최종적인 의사결정 권한을 가진 사람을 말한다. 후원자는 과제 조인식에서 과제 승인을 하고 최종 보고를 받아 실행 여부를 확정한다. 실행 의지는 액션러닝의 설계와 운영을 위한 핵심 구성 요소로서 교육과정에서 도출된 문제해결 대안에 대한 실행 의지가 매우 중요하다.
- 질문과 성찰: 질문 및 성찰은 액션러닝이 다른 교육 프로그램과 대비되는 가장 큰 특징 중의 하나다. 액션러닝은 학습 팀이 문제를 해결하는 과정에서 문제의 본질과 효과적인 문제해결 방법에 대해 스스로 탐구하고 질의와 성찰을 하는 가운데 학습이 일어난다. 이런 의미에서 액션러닝에서는 다음의 공식을 사용하고 있다.

> L(학습)=P(정형화된 지식)+Q(질문)+R(성찰)
>
> L: Learning(학습)
>
> P: Programmed knowledge(정형화된 지식)
>
> Q: Question(질문)
>
> R: Reflection(성찰)

또한 액션러닝은 학습 팀원들 간에 성찰의 시간을 갖게 한다. 학습 팀원들은 학습 팀 회의와 교육 시간에 배운 내용을 정리하고 실행 계획을 세워 실천하

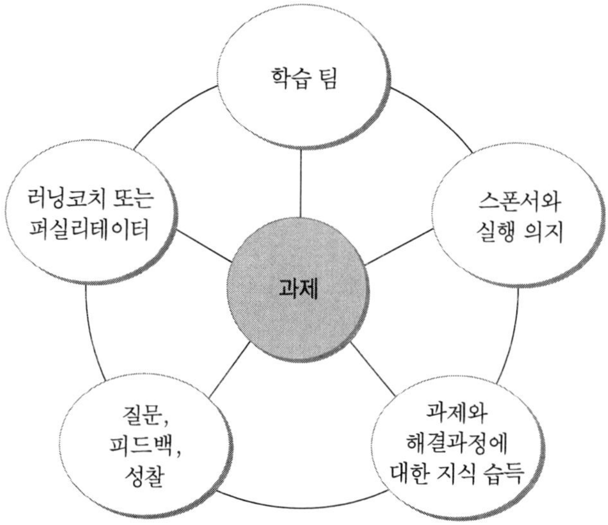

그림 9-1 액션러닝의 구성 요소

출처: 서울시인재개발원(2007), p. 16에서 재인용.

도록 한다.

- 과제의 내용과 해결과정에 대한 학습: 액션러닝에서는 단순히 실행만을 하는 것이 아니라 과제에 대한 탐구와 과제의 해결과정에 대한 지식을 습득하게 된다.
  - 과제에 대한 탐구 지식: 과제 내용 관련
  - 과제 해결과정에 대한 지식: 과제 해결 과정과 관련된 지식으로 문제해결 과정, 팀 리더십, 의사소통 기법, 프레젠테이션 기법, 프로젝트 관리, 갈등 관리, 회의 운영기술 등 포함

3) 액션러닝의 과정

액션러닝의 구성 요소를 바탕으로 액션러닝을 운영하는 단계는 크게 오리엔테이션, 실행, 회의, 발표와 성찰의 4단계로 이루어진다. 이를 정리하면 다음과 같

다(봉현철, 2006).

- 오리엔테이션 단계: 액션러닝의 기본 개념과 해당 액션러닝 프로그램 및 과정을 이해하고 과제 선정 지침에 따라 자신이 혹은 자신이 소속한 팀이 해결해야 할 과제를 선정한다. 그 과제의 선정 배경과 학습 팀 또는 학습자가 얻어 내야 할 구체적 결과 등을 포함하는 과제기술서를 작성하고 개인 또는 팀 단위로 과제 수행 계획을 수립한다.
- 실행 단계: 실행 단계는 오리엔테이션에서 세운 과제 수행 계획에 따라 학습 팀원들이 현업에 돌아가서 머물면서 실시하는 현장조사 활동을 뜻한다. 예를 들면, 고객의 다양한 욕구를 조사한다든가, 경쟁사 혹은 다른 기관을 벤치마킹한다든가, 기관의 현장을 방문하는 것이다.
- 학습 팀 회의 단계: 회의 단계에서는 팀원 각자가 일정한 역할을 분담하여 실행 단계에서 팀원별로 수행했던 과제의 내용을 발표하고 과제 관련 문제점과 원인 그리고 해결 방안을 위한 팀 전체 차원의 공동 의견을 도출한다.

<table>
<tr><td>과제 명칭</td><td colspan="2"></td></tr>
<tr><td>과제 선정 배경</td><td colspan="2"></td></tr>
<tr><td>과제 해결을 통해
학습 팀이 얻어 내야
할 구체적인 결과</td><td colspan="2"></td></tr>
<tr><td rowspan="3">학습 팀의 과제 해결
여부 및 정도를
평가(측정)할
수 있는 지표</td><td>해결 대안 제출 직후</td><td></td></tr>
<tr><td>6개월 경과 후</td><td></td></tr>
<tr><td>1년 경과 후</td><td></td></tr>
</table>

그림 9-2 과제기술서 예시

출처: 봉현철(2011), p. 148에서 재정리.

• 발표 및 성찰 단계: 이러한 실행과 회의의 결과를 바탕으로 최종적으로 스폰서에게 과제 수행과 과정 결과를 발표하는데, 이때 스폰서는 각 학습 팀이 수행한 과제의 내용을 듣고 필요한 경우에 과제 해결 대안의 실행에 대한 의사결정을 하게 되며 과제 수행의 과정과 결과에 대하여 피드백을 제공한다. 마지막으로 성공적인 액션러닝을 위해서 프로그램 참가자들이 오리엔테이션에서부터 발표에 이르기까지 전 과정에 걸쳐 학습한 내용을 토대로 학습 결과 보고서를 작성하게 된다. 이 단계를 통하여 참가자들은 과제 수행의 전체 과정을 통해서 보고 느끼고 배운 여러 가지 지식과 경험, 교훈과 시사점, 정보 등을 총정리하고 이러한 과제 수행과정에서 얻은 교훈을 향후 다른 업무 또는 개인생활에 활용할 수 있는 구체적인 계획을 수립한다.

3. 감수성 훈련

1) 감수성 훈련의 개념

인간은 태어나면서부터 타인과의 끊임없는 상호작용과 소통을 통해 자아정체성을 확립하고 대인관계를 형성해 간다. 성숙한 대인관계를 원만히 형성하기 위해서는 자신과 타인의 성격 특성과 욕구 등을 이해하는 것이 중요하다. 감수성 훈련(sensitivity training)은 자신과 타인과의 만남에서 관계를 개선하고 이해를 도모하기 위하여 탄생하였다. 감수성 훈련을 통해서 과거의 이야기가 아니라 지금-여기에서의 나와 타인의 이야기를 상호 주고받게 된다. 또한 생각이나 책에서 읽었던 이야기, 바람직한 이야기가 아니라 생생하게 느끼는 기분을 솔직하게 주고받는 것이다. 따라서 감수성 훈련은 이론이나 지식을 배우는 것이 아니라 직접 체험을 통해 학습을 촉진하는 기법이다.

감수성 훈련의 역사는 1946년 미국 MIT 집단역학연구소의 사회심리학자인 쿠

어트 레빈(Kurt Lewin) 등에 의해 시작되었는데, 그 당시 T집단(T-group)이라는 이름으로 널리 사용되었다. 여기서 'T'는 인간관계 내에서의 훈련(training in human relation)을 지칭한다. 감수성 훈련과 비슷한 용어로는 'T집단, 참만남 집단, 대인기술 집단, 마라톤 집단, 인간잠재력 집단, 인간관계 훈련, 영성훈련, 심성훈련' 등이 다양하게 사용되고 있다.

로빈스(Robbins, 1994)는 감수성 훈련을 "비조적적 소집단을 활용하여 행동의 개선을 유도하는 대인관계 증진기법으로 실험실 훈련, 참만남 집단 또는 T집단이다."라고 정의하였다. 여기서 감수성이란 사회적 감수성(social sensitivity)으로 자신과 타인의 기분을 알며 집단의 기분을 아는 것이다(장혁표, 강효기, 1987). 또한 세키 카즈오는 감수성 훈련을 자기나 상대방의 기분과 표현하는 언어를 정확하게 느끼고 이해하는 훈련, 감정의 수련이라고 했다(한국청소년연맹, 2001). 이장호와 김정희(1992)에 따르면 감수성 훈련은 나와 타인 그리고 상호관계에서 나타나는 감정과 마음의 흐름을 예민하게 감지하고 적절히 반응함으로써 자기 자신의 내면 세계에 보다 정확한 인식과 조화를 기하고 마음과 감정의 교류를 체험적으로 학습하는 일종의 '정서교육'이라고 할 수 있다. 즉, 상호작용을 강화하고 체험을 통해 자신과 타인을 깨닫게 하는 만남의 훈련이요 대화의 훈련방법이라는 것이다.

김종표와 이복희(2006) 등은 감수성 훈련을 "소집단으로 상호작용을 하면서 인간관계에 대한 이해와 기술을 향상시키고자 하는 것"이라고 정의하였으며, 가상 상황을 실제로 경험하는 것처럼 만들어서 이에 대한 집단 구성원의 반응을 통해 상대방의 심리적 상태와 감정을 이해하는 기법이라고 하였다.

종합하자면, 감수성 훈련이란 소집단 내에서 상호 간의 직접적이고 개방적인 경험을 통하여 나와 타인 및 상호관계에 대한 정서적 민감성을 계발함으로써 자신과 타인을 이해하고 수용하며 인간관계의 협동적 발전을 돕는 체험학습이라고 할 수 있다.

2) 감수성 훈련의 목표와 특징

유동수(2007)는 감수성 훈련의 목표를 크게 자기 성장, 인간관계 개선, 조직 활성화의 세 가지로 설명하고 있다.

- 자기 성장에는 긍정적 자아개념 확립, 자기 탐색(사고, 판단, 느낌, 행동, 성격), 자기 이해, 자기 수용, 자기 개방의 하위 목표가 있다.
- 인간관계 개선에는 타인에 대한 이해능력 증진, 존중감, 신뢰감, 친밀감 개발, 성장 · 발달을 돕는 능력, 타인과의 관계 형성 및 수용 방식의 이해 습득의 하위 목표가 있다.
- 조직 활성화에는 환경 변화의 대처 및 적응 능력, 과업 달성, 의사결정, 문제 해결 능력, 협동적인 사회행동 개발의 하위 목표가 있다.

감수성 훈련의 목표는 자신과 타인을 이해하고 수용하는 능력과 인간관계 능력의 증진이라고 요약할 수 있다.

이러한 감수성 훈련의 특징을 이용하여 평생교육사는 지식의 전수, 설명, 교훈 등으로 학습자들을 교육하지 않으며, 지식보다는 생각을, 생각보다는 느낌을 소중하게 다루고 표현하도록 장려해야 한다. 또한 과거보다는 이 순간에, 저기보다는 바로 여기에 모든 초점과 주의를 기울이고, 학습자 상호 간의 반응에 대해 판단과 평가적 발언을 자제하고 존중과 공감 및 수용의 자세를 유지시켜 나가야 한다.

감수성 훈련에 참가한 학습자들은 처음에는 다소 어색함과 주저함을 보이다가 조금씩 평생교육사를 따라 개방을 시도하고 반응을 드러내는 용기를 보이게 된다. 그들은 안정감과 자유감이 증대됨에 따라 심리적 방어로부터 해빙되어 하나의 단기적 집단 체험과정을 거치게 된다. 이러한 과정이 잘 이루어지려면 학습자들의 심리 내적인 요구와 평생교육 지도자의 전문적인 지도력이 잘 발휘되어 조화롭게 상호작용할 수 있는 분위기가 조성되어야 한다.

3) 감수성 훈련의 방법

감수성 훈련의 방법은 주로 대화 형식을 취하되, 훈련 참여자들은 자신과 다른 참여자에 대한 관심을 표현하고 서로 반응한다. 가능한 한 '지금-여기'에서 '나와 당신' 그리고 '나와 당신의 관계에 대한 느낌'에 반응하도록 한다. 그리고 자신의 표현과 반응의 의미를 정리하고, 이전보다 더 정확하고 적절한 표현과 반응으로 자신과 타인에 대한 탐색을 시도하며, 체험적으로 검증하도록 하는 것이다. 감수성 훈련의 학습방법과 일반 학습방법을 비교하면 〈표 9-4〉와 같다(유동수, 2007).

요약하면, 감수성 훈련의 방법은 소집단이라는 학습 형태와 정서적 영역과 현재의 문제라는 학습 내용, 그리고 학습방법이 체험학습으로서 참가자가 자발적, 능동적인 형태를 가진다. 즉, 감수성 훈련의 방법은 자신과 타인에 대한 감정을 탐색하고 표현하는 과정을 통해 집단원들 상호 간의 정서적 상호 교류가 이루어지도록 하는 데 초점을 두고 있다.

감수성 훈련의 주요 기법에는 피드백, 해빙, 관찰적 참여, 인지적 보조 등이 있다.

〈표 9-4〉 **감수성 훈련과 일반 학습의 방법 비교**

구분	감수성 훈련	일반 학습
목표	인간적인 성장	전문 지식 및 기술 습득
주제	제시된 교재나 주제가 없음	제시된 교재와 주제가 확고함
학습 형태	소집단 중심	대집단 중심
학습 내용	정서적 영역과 현재의 문제	객관적 사실, 과거나 미래의 문제
학습방법	체험학습(느낌), 모든 참가자 중심, 자발적, 능동적	강의식, 주입식(사고), 교사 중심, 수동적
학습 효과	실생활에 적용하는 전이능력 향상	행동화하려면 많은 노력이 필요
분위기	허용적, 안전함	억압적, 규제적

출처: 유동수(2007).

첫째는 피드백으로, 서로가 상대방의 거울 역할을 하면서 자기에게 비춰진 모습을 되비추어 주는 것이다. 피드백의 효과는 상대방에게 전달된 자신의 모습이 확인되고, 인간관계의 오해와 갈등이 감소되고, 효과적인 피드백을 통하여 새로운 만남이 이루어지며, 타인 개방에도 도움이 된다는 것이다.

둘째는 해빙으로, 개인이 갖고 있던 과거의 신념체계가 해체되는 과정을 말한다. 집단이 안전한 곳으로 경험되면 참여자들은 자신 및 타인과의 관계에서 소중하게 간직했던 많은 가정과 신념을 재검토하게 되며, 새로운 신념을 받아들이고 새로운 행동을 두려움 없이 실험해 보게 된다.

셋째는 관찰적 참여로, 학습자들이 집단에 감정적으로 참여하면서 동시에 자신과 집단을 객관적으로 관찰하는 것이다. 감수성 훈련은 학습자들이 인지적 평가와 정서적 경험을 함께 할 때 가장 효과적이다.

넷째는 인지적 보조로, 자신과 타인의 기분을 알며 집단의 기분을 알아 감으로써 학습자들의 성장을 촉진시킬 수 있다. 그 예로 조해리(Johari)의 '마음의 창'을

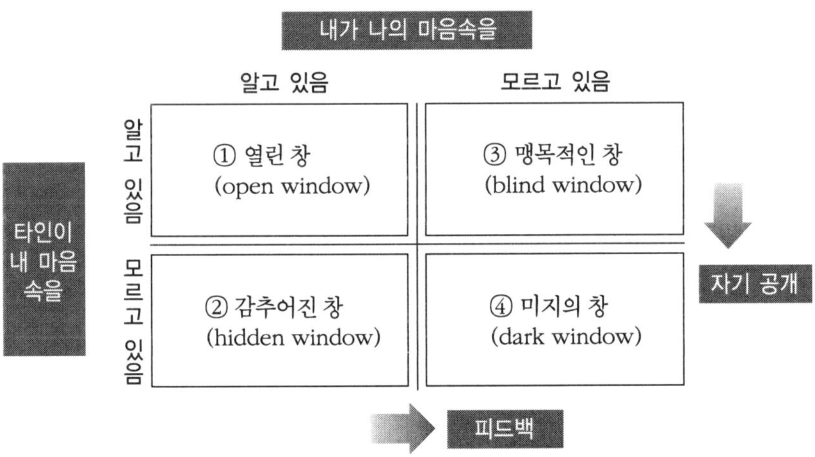

※자기 개방과 피드백의 상승 효과에 의해 잠재적인 능력이 개발되어 간다. 미지의 창에 다가가는 자기 찾기는 자신을 공개하는 것에서 시작되는 것이다.

그림 9-3 조해리의 창

출처: 호리 기미토시(2006), p. 170.

들 수 있다. 즉, 자기 자신과 타인을 이해하고 수용하며 인간관계의 협동적 발전을 돕는 양방향 체험학습이라 할 수 있다.

'조해리의 창(The Johari Window)'은 심리학자인 조 러프트와 해리 잉햄(Joe Luft & Hary Ingham)이 고안한 것으로, 자신의 마음속을 자신이 알고 있다 또는 모르고 있다, 타인이 알고 있다 또는 모르고 있다로 구분하여 2×2의 매트릭스를 만든다. 이것은 [그림 9-3]에 나타난 것과 같은 4개의 영역으로 구분할 수 있다.

적극적으로 타인에게 자신을 공개하면 ① 열린 창과 ③ 맹목적인 창이 확대되고, 타인의 반응을 통하여 자신에 대해 깨닫게 되면 ① 열린 창과 ② 감추어진 창이 확대된다. 즉, 자신을 공개하고 그에 대하여 타인이 피드백하는 선순환이 만들어지면 ④ 미지의 창이 점점 작아지는 것이다. 이와 같이 선순환을 창출하기 위해서는 상대방을 비판하거나 직접적으로 조언하는 것이 아니라 스스로 느끼고 상대방이 느끼도록 하는 공감적인 의사소통이 중요하다.

이러한 감수성 훈련의 단계는 도입(introduction) 단계, 분위기 조성(warming up) 단계, 만남의 경험(group experience) 단계, 그리고 피드백과 정리(feedback & closing) 단계의 4단계로 나눌 수 있다. 대체적으로 도입 단계와 분위기 조성 단계에서는 자신을 소개하고 상대방을 이해하게 되며, 만남의 경험 단계에서는 감정의 교류와 신뢰의 회복을 경험하게 된다. 그리고 피드백과 정리의 단계에서는 서로 간에 피드백을 주고받으며 타인과 어울리는 삶과 새 삶을 설계하게 된다.

생각해 보기

1. 내가 학습자일 때 나의 호기심과 흥미를 끌었던 강사가 있다면 누구인지 기억해 보고, 그 이유가 무엇인지 생각해 보자.
2. 액션러닝이 전통적인 교육방법과 구분되는 특징을 예를 들어 설명하고, 액션러닝의 구성 요소가 무엇인지 평생교육 현장과 관련지어 비교 · 설명해 보자.
3. 감수성 훈련은 일반 학습과 비교할 때 어떠한 의미가 있는지, 또한 감수성 훈련을 활용할 때 필요한 전략과 접근방법에 대하여 설명해 보자.

참고문헌

기영화(2004). 평생교육방법론. 서울: 학지사.

김영균(2011). 강의법에 길을 묻다. 서울: 상사채널.

김종표, 이복희(2006). 평생교육방법론. 파주: 양서원.

류석우(2008). 세계 최고의 명강사를 꿈꿔라. 서울: 씨앗을 뿌리는 사람.

박수홍, 안영식, 정주영(2010). 조직 및 지역의 창조적 변화를 이끄는 체계적 액션러닝. 서울: 학지사.

배을규(2006). 성인교육의 실천적 기초: 이론과 방법. 서울: 학지사.

봉현철(2006). 성공적 학습을 위한 Action Learning Workbook. 서울: 다산서고.

봉현철(2011). 성공하려면 액션러닝하라. 서울: 행성 B 웨이브.

서울시인재개발원(2007). 서울시 창의실행을 위한 액션러닝 매뉴얼. 서울: 서울시인재개발원.

유동수(2007). 감수성훈련: 진정한 나를 찾아서. 서울: 학지사.

유승우, 임형택, 권충훈, 이성주, 이순덕, 전희정(2010). 교육방법 및 교육공학. 파주: 양서원.

유영만(1995). 지식경제시대의 학습조직: 한국기업의 학습조직 구축방안. 서울: 고도컨설팅 출판부.

이장호, 김정희(1992). 집단상담의 원리와 실제. 서울: 법문사.

이재란(2006). 정확하게 전달하고 ok를 이끌어 내는 프리젠티이션. 서울: 새로운 제안.

장혁표, 강효기(1987). 감수성 훈련의 원리와 실제. 서울: 형설출판사.

정혜선(2005). 강사 퍼실리테이터로 거듭나라. 서울: 시그마프레스.

천대윤(2008). 현장중심 액션러닝 변화혁신 리더십. 서울: 북코리아.

한국청소년연맹(2001). 인간관계 훈련의 이론과 실제. 파주: 양서원.

호리 기미토시(2006). 돈 잘 버는 회사들이 선택한 퍼실리테이션테크닉 65(임해성 역). 서울: 비즈니스 맵.

Marquardt, M. J. (2004). *Optimizing the power od action learning: solving problems and building leaders in real time*. Palo Alto, CA: Davies-Black Publishing.

McGill, I., & Beatty, L. (1995). *Action learning: A practitioner's guide* (2nd ed.). London: Kogan page.

네이버 국어사전 http://krdic.naver.com

제3부

생애 발달 단계별 평생교육방법

제10장 아동기 교육

학습개요

10장에서는 인간의 생애 발달 단계에 있어 아동의 사회성 발달과 교육과정에 대하여 설명한다. 아동은 가정 및 학교에서 사회적 존재로 성장해 나간다. 이 장에서는 아동의 자기 주도적 학습법을 살펴보고, 아동을 위한 평생교육기관을 살펴본다. 또한 아동의 교육방법으로 연극놀이, 견학, 시청각매체의 활용 등을 살펴본다.

학습목표

1. 아동기 학습의 특징을 설명할 수 있다.
2. 아동교육을 담당하는 평생교육기관에 대하여 설명할 수 있다.
3. 아동의 자기 주도적 학습을 지원하는 교육방법에 대하여 설명할 수 있다.

1. 아동기 학습의 특징

1) 에릭슨의 아동기 발달 단계

아동기는 초등학교 입학 전 단계인 만 3~6세, 그리고 초등학교에 입학하게 되는 학령기인 만 6~11세를 지칭한다. 인간의 전 생애 발달을 주장하는 사회심리적 발달론자들은 아동기에 사회적 기술과 태도 등을 학습하는 것이 민주시민으로 성장하는 데 매우 중요하다고 보았다.

사회심리적 발달이론의 대표적 학자인 에릭슨(Erikson, 1963)은 학령전기인 만 3~6세 아동에게 가장 중요한 사회적 상호 대상자를 가족으로 보았다. 그러나 가족과의 관계 속에서 보호와 안정감을 충분히 받지 못하는 경우에는 스스로 탐구할 수 있는 기회가 결여되어 죄의식을 발달시키게 된다고 보았다. 따라서 사회는 아동이 스스로 성취해 낼 수 있다는 자발성을 키워 나가도록 지원해야 한다.

만 6~11세의 학령기에 있는 아동에게 또래집단과 교사는 가장 중요한 상호작용 상대자가 되는데 사회 적응을 위하여 필요한 기술을 숙달하는 것이 과업이라고 하였다. 그러나 사회 적응에 필요한 기술을 습득하지 못하는 경우에는 또래집단인 친구들과 교사로부터 칭찬보다는 부적절한 피드백을 받게 되어 열등감을 발달시키게 된다.

따라서 아동의 긍정성과 자기 주도성의 발달을 지지하기 위하여 학령기에는 적절한 훈련과 격려가 제공되어야 한다. 아동이 친구와 교사로부터 칭찬 같은 긍정적인 피드백을 받고 필요한 기술을 숙달하게 되면 근면성을 발달시켜 나가게 된다. 이러한 내용을 정리하면 〈표 10-1〉과 같다.

〈표 10-1〉 에릭슨의 학령전기 및 학령기 발달 단계

단계	연령	중요한 상대자	과업 또는 위기	사회적 조건	심리사회적 결과
3단계 학령전기	만 3~6세	가족	자신의 한계점을 탐구하며 부모로부터 독립할 수 있는가?	탐구를 잘하도록 격려, 탐구할 수 있는 기회 박탈	주도성 대 죄의식
4단계 학령기	만 6~11세	또래집단, 교사	적응을 위하여 필요한 기술을 숙달할 수 있는가?	적절한 훈련과 격려, 부적절한 훈련과 명확하지 않은 피드백	근면성 대 열등감

2) 아동과 사회성 발달

(1) 애착

아동의 사회성 발달은 애착 형성에서 시작된다. 초기 아동이 보이는 애착 형성에 관한 질은 그 이후에 정서적 안정과 대인관계의 중요한 기초가 되며 지속적으로 영향을 미치게 된다. 애착은 아동이 자신과 가장 가까운 사람에 대해서 느끼는 강한 정서적 유대관계를 말한다(박찬옥 외, 2001). 애착은 일방적으로 만들어지는 것이 아니라 아동과 양육자 간에 적극적인 상호작용을 통하여 만들어진다.

(2) 자아개념

유아기에 형성되어 인간의 전 생애 발달 기간 동안 인간의 행동에 지속적인 영향을 미치게 되는 자아개념은 개인의 행동뿐만 아니라 성격과 정신건강에 많은 영향을 준다. 아동의 사회적 경험은 아동의 자아개념 발달에 지속적인 영향을 주므로, 아동이 긍정적인 자아개념을 형성하도록 도와주는 것은 매우 중요하다. 자아존중감이 높은 아동의 부모들은 아동의 다양한 태도를 수용하며 애정을 표현하고 아동이 요구하는 것을 만족시켜 주기 위하여 조직적인 도움을 주는 것으로 나타났다. 또한 아동이 자신의 의견을 자유롭게 표현하도록 하며 가족활동과 의사

결정과정에 참여하도록 지지하는 것으로 알려져 있다.

(3) 역할 수용

역할 수용(role-taking)이란 아동이 타인의 입장이 되어서 타인의 생각이나 느낌, 행동 또는 시각을 이해하고 판단할 줄 아는 능력을 갖게 됨을 가리키는 말이다. 이처럼 타인의 관점을 취할 수 있는 역할 수용능력은 아동이 인지적 활동을 할 수 있다는 것을 의미한다.

(4) 우정

부모 이외에 아동에게 가장 중요한 사회적 관계는 친구와의 관계다. 또래와의 상호작용은 아동이 자기중심성에서 벗어나는 데 매우 중요한 역할을 하며, 사회적 발달에 매우 큰 영향을 준다. 아동이 또래와 애정 및 친근감을 형성해 나가는 것은 아동의 발달 단계에서 매우 중요하다. 또래와의 관계 속에서 경험하게 되는 갈등은 가정에서는 경험할 수 없는 것으로 매우 독특하고 소중한 정서적, 사회적 경험을 제공해 준다.

(5) 성역할

성에 대한 관심은 출생에서부터 노인에 이르기까지 계속 진행된다. 아동이 성역할을 인지하고 그에 반응하는 행동 경향은 유아기부터 심화되어 유아기 사회화 과정에서 매우 중요한 역할을 담당한다. 성역할이란 남성과 여성에 따라서 달리 기대되는 행동양식으로, 자신의 성에 따라 자신이 살고 있는 사회에서 규정하는 성에 적합한 행동, 태도 및 가치를 학습하게 되는 것을 말한다. 아동은 자신의 성에 대한 정체감을 유지하고 일관성을 발달시킨다.

(6) 도덕성

아동이 발달시키는 도덕성은 성장과 발달 과정에서 다른 어떤 특성보다도 중요한 과업이다. 아동은 그 사회에서 생존하기 위하여 사회가 요구하는 여러 가지 행동 규준을 학습하게 되며 나름대로 선하고 옳은 것에 대한 가치와 판단 기준을 발달시킨다.

3) 자기 주도적인 학습자

아동기 교육의 특징은 가정 및 학교에서 성장하는 아동이 사회적 존재로서 의의와 가치를 소지하도록 필요한 자질을 키워 주는 것이다. 아동 스스로 다양한 문제를 탐구하는 경험을 통해 지식을 구성해 나가도록 지원하면, 아동은 자기 주도적인 학습자로 성장해 갈 수 있다.

브루너(Bruner)는 아동 스스로 사회적 문제들을 반성적으로 사고하고 문제를 해결해 가는 과정을 통하여 사회과학적 지식들을 발견하고 구성해 갈 수 있으므로, 아동 스스로 지식을 체계화해 갈 수 있도록 유아를 위한 평생교육 시스템의 도입을 주장하였다.

아동은 의식주에 관련된 기본적인 생활 습관을 습득하고 말하고 쓰기, 친구 사귀기, 또래와의 갈등문제 해결하기, 양보하기, 공유하기, 분배하기, 협동하기, 친구 돕기, 필요한 물건 사기, 길 찾기 등 실제적으로 일상생활을 살아가는 기술을 갖게 될 때 사회적으로 유능한 민주시민으로 성장한다.

교사는 아동이 민주시민으로 성장하게 하는 가치와 태도를 습득하도록 교육을 통하여 지도하거나 아동이 가치를 발전시킬 수 있게 동기를 유발하는 방법을 사용할 수도 있다. 그러나 아동이 스스로 가치를 발전시키도록 동기를 유발시킬 때 아동은 자신의 행동에 대한 정당한 이유를 찾고 자신의 가치를 논리적으로 정당화하는 학습을 통하여 자기 발달과정을 달성해 갈 수 있다. 아동은 자신이 생활하는 가정과 학교에서 또래와의 상호작용을 통해 개인 존중, 다양성, 통제, 공유 등을 경험하게 되며 평생교육을 통하여 평등한 권리, 지식, 기술, 태도, 성향을 학습해 나갈 수 있다.

〈표 10-2〉 교사 중심과 아동 중심의 교육

기준	교사	아동
학습의 주체	• 교사가 능동적 주체 • 교육 목적, 내용, 방법, 절차 등을 결정함	• 아동이 능동적 주체 • 사고, 가치, 태도, 흥미 등을 수업에 적극 반영함
학습활동의 목적	• 교육 목표를 달성하기 위하여 아동의 변화를 유도함	• 아동의 지적, 정서적, 기능적 자아 개발을 중시함
교육의 절차	• 아동의 발달 수준, 능력, 흥미를 배려하지 않고 교육 목표, 내용, 방법을 선정함 • 교사는 중요한 정보를 선택하고 강조함 • 암기를 위해 다양한 전략을 사용함 • 교사의 평가기준에 따라서 아동을 평가하고 지도함	• 아동의 발달 수준, 능력, 흥미, 개인차에 따라 교육 목표, 내용, 방법을 결정함 • 교사 및 아동 간의 상호작용 기회가 풍부함 • 아동 스스로 자신의 문제를 발견하고 해결하도록 교사가 안내하고 지원함 • 문제해결의 결과는 아동과 교사 모두가 함께 평가함

이상의 내용을 종합하여 아동에 관한 평생교육의 개념을 정의하면 다음과 같다. 아동을 위한 평생교육은 아동이 자신과 주변 환경의 관계를 탐구하고 판단하는 경험을 통하여 사회적 지식을 습득하고 기술 및 태도를 익히고 활용함으로써 유능한 민주시민으로 성장하도록 돕는 교육의 영역이다(박찬옥 외, 2001).

아동을 위한 평생교육에서는 아동의 자기 주도적 학습이 강조되는데, 이를 교사 중심의 아동교육과 비교해 보면 〈표 10-2〉와 같다.

4) 아동의 평생교육을 위한 교육과정

(1) 사회생활 교육과정

1923년 힐(P. S. Hill)은 아동 발달이론과 정신분석이론들을 배경으로 하여 아동을 위한 시민교육으로 사회생활 교육과정(social-living curriculum)을 제시하였다. 아동에게 필요한 기술과 습관을 길러 주는 것이 중요하므로 아동이 사회생활을 통하여 이러한 능력을 습득할 것을 주장하였다. 힐은 정신분석이론의 영향을 받아 아동이 자신의 감정을 표현하는 것을 중시하였으며 아동의 사회정서적 발달에 초점을 맞추고 있다.

아동이 민주사회의 시민이 되도록 아동교육은 아동이 기본적인 생활 습관을 형성하고 사회적 기술을 발달시켜야 한다고 보았다. 아동은 단체생활에서 요구되는 기술을 학습할 수 있는 준비가 되어 있으므로 가장 먼저 자신이 누구이며, 구성원으로서 어떻게 행동해야 할 것인지를 배우고, 사회생활에 필요한 사회적 기술들을 발달시켜 가야 한다. 특히 심리사회적 생활을 강조하는 정신분석적 측면에서는 아동이 자신의 감정을 표현하고 사회정서적 지지를 받을 수 있을 때 건강하게 사회생활을 할 수 있다고 보았다. 따라서 아동기의 사회정서적 발달에서 가장 큰 역점을 두어야 할 것은 다음과 같다.

- 자신감을 발달시켜 간다.
- 자신의 행동에 책임감을 갖는다.
- 가족 및 친구들과 행복하고 건강한 관계를 발달시킨다.
- 교재 · 교구와 아이디어를 공유하는 방법을 학습한다.
- 호기심과 주의집중하는 능력을 발달시켜 간다.
- 다른 사람들과 친밀한 관계를 만들어 나가며 협동한다.
- 다른 사람의 가치와 기여도를 인식한다.
- 자아개념과 자기존중감을 발달시킨다.

(2) 지금-현재에 기초한 교육과정

1934년 미첼(L. S. Mitchell)은 아동의 '지금-현재'에 기초한 교육과정(here and now curriculum)을 중시하였다. 지금-현재에 기초한 교육방식은 듀이(Dewey)의 진보주의 교육운동과 아동 발달에 관한 이론에 기초하여 아동이 주변 환경을 직접 경험함으로써 학습할 수 있다는 것에 역점을 두었다.

교사는 아동이 주변 세계를 이해하고 스스로 자신의 지식을 확장시키도록 실제적인 교육방법을 사용해야 한다. 미첼(Mitchell, 2000)은 아동을 위한 평생학습은 아동이 현재 생활하고 있는 환경을 직접적으로 경험하면서 세계를 발견하도록 지원해야 한다고 보았다. 예를 들면, 아동은 자신이 살고 있는 집 주변을 걸어다니면서 다양한 사람들을 만나며 자신의 집을 둘러싸는 담장, 나무, 도로, 그 주위에 있는 가게 및 간판 등을 익히게 되며 도로에 다니는 차들을 보고, 시장이나 유치원 등 주요 기관의 위치를 알게 된다. 처음에는 이러한 것들을 각각 별개의 것으로 경험하게 되지만 시간이 지나면 그 모든 것이 자신의 집을 둘러싸고 있는 동네라는 것을 이해하게 된다. 아동이 현재 생활하는 위치에서 경험하는 사실이나 현상 간에는 관계성이 형성되어 있으므로 이들 간의 상호 의존적인 네트워크를 감각적으로 느끼고 생각하는 것이 중요하다. 또한 아동은 유아원이나 학교에서 교사와 많은 시간을 보내면서 교사의 역할을 관찰하게 되는데, 이때 교사와 아동 간의 관계를 인지하며, 이러한 과정에서 관계적 사고를 발달시켜 나간다. 아동은 자신의 경험을 일반화해서 연극으로 표현하기도 하는데, 이러한 과정에서 아동은 지적 능력을 개발시켜 나간다.

(3) 발현적 교육과정

레지오 교육은 유아를 유능하고 권리를 가진 주체로 인정한다. 따라서 성인과 삶을 공유하면서 상호작용하고, 사회적 관심에 참여하고, 타인과 의사소통하며 통합적인 사고를 할 줄 아는 총체적 유아(whole child)의 육성을 교육목표로 삼았다. 이러한 교육 목적을 달성하기 위하여 유아, 교사, 부모, 지역사회가 다각적으로 관계를 맺고 아동을 지원하는 교육체제를 만들어 가고 있다.

1950년대 이탈리아에서는 유아교육의 질과 양을 향상시켜야 한다는 교육학자와 부모들의 토론이 시작되면서, 듀이의 진보주의 교육과 프랑스 교육자 프레네(Freinet)의 민중학교운동(popular school movement)이 활성화되었다. 레지오 교육은 이탈리아의 북부 레지오 에밀리아(Reggio Emilia)라는 작은 도시에서 1964년

제2차 세계대전 직후 시작되었다. 레지오 교육은 폐허가 된 도시에서 부서진 벽돌로 집을 지으며 자녀를 양육하는 부모들과 말라구치(Malaguzzi) 등에 의해 체계화되었다.

레지오 교육에서는 아동들이 스스로 계획을 세우고 협동하면서 또래나 교사와 함께 지식 생성에 자발적으로 참여하는 파트너가 된다(Malaguzzi, 1998). 아동은 교사로부터 기존의 사회문화적 지식을 일방적으로 배우는 수동적인 존재가 아니라, 사회문화적 상황이나 환경에 적응해 나가면서 자신의 몸과 마음을 능동적으로 발달시키는 주체적 존재로 인식되었다.

발현적 교육과정(emergent curriculum)에서는 교사가 함께 참여하여 아동이 지식을 생성해 가도록 민감하게 반응해 주고 이끌어 가야 한다. 발현적 교육과정은 아동이 잠재능력을 최대한 신장시키고 창의적이고 자발적으로 성장하도록 지원한다. 레지오 교육은 일정한 방향이 설정되어 진행되는 교육이 아니므로 교사가 맥락에 따라 아동의 생각에 참여하여 자극하거나 함께 생각하고 활동에 참여한다. 이 과정에서 아동은 자발적 동기에 의해 활동하고 지적 호기심을 유지하면서 생각 및 활동을 확장 혹은 발현해 가므로, 교사는 적절한 자료와 교수 전략을 적용해 지도해야 한다. 따라서 레지오 교육에서는 교사가 아이디어를 만들어 아동이 흥미를 유지하도록 하는 교육방법이 매우 중시된다. 교사는 아동이 위대한 잠재력의 소유자임을 지각하고 아동을 권리를 소지한 존재로 인식하며, 창의성의 향상을 위하여 지원해야 한다. 레지오 교육에서는 '아틀리에리스타'라는 특별교사를 두어 과정을 촉진시키며, 아동이 모방을 통하여 자신의 고유한 창작물을 만들어 내도록 하는 교수방법이 특징이다.

(4) 교육복지적 접근

1960년대에 이르러 세계 경제가 대호황을 누리게 되면서 사회의 소외계층에 대한 관심이 증대되었다. 교육 기회의 불평등에 대한 문제가 제기되면서 미국에서는 인종, 종교, 문화, 성별, 경제적인 지위에 관계없이 누구나 교육을 받을 수 있는 교육 기회의 보장이 강조되었다. 교육 불평등(inequality)은 과거에는 학생의 타고난 재능이나 능력, 지능, 성취동기 등의 부족에 기인하는 것으로 생각되어 개인의 능력 부족을 그 원인으로 보았다. 그러나 점차 교육 불평등의 원인을 개인적 차원보다는 사회적 불평등이 반영된 구조적 차원 속에서 찾고 있다. 학교교육을 사회 지배계층의 이해관계를 유지하기 위한 도구라고 생각하는 갈등론자들은 불합리한 사회구조로 인하여 교육 불평등이 발생하고 있음을 주장하였다. 미국의 행정부가 가난에 대한 전쟁을 선언하면서, 1965년에는 초등학교 및 중등교육법에 빈곤 아동 지원을 명시하고 헤드스타트(Head start) 프로그램이 시작되어 자기효능감을 강화시키고 문화 지체가 일어나지 않도록 다양한 체험학습 등을 지원하면서 아동들이 학업부진에서 벗어나 긍정적인 발달을 수행하게 되었다. 헤드스타트 운동으로부터 시작된 미국의 교육투자우선지역사업은 슬럼가 아동들의 교육문화적 핸디캡을 보상하기 위하여 최우선 지원대상 아동들에게 최대지원을 제공하는 교육복지를 실천하고 있다.

2. 아동을 위한 평생교육기관

1) 지역아동보호센터

(1) 센터의 특성 및 목적

지역아동보호센터는 방과 후 부모의 돌봄과 교육적 지원이 부족한 농촌지역 저소득층 초등학생이 자존감을 키워 나가도록 지원하는 것이 목적이다. 가정에서 부모의 돌봄을 제대로 받지 못하는 아동이 방과 후에 점심 및 저녁 식사와 간식 등을 지원받고 숙제를 하면서 돌봄을 받는 기관이다.

최근에는 지역에 소재하고 있는 다문화가정지원센터와 연계하여 영어교육 등을 받을 수 있으며 지역에 소재하고 있는 다양한 인적, 물적, 사회적 자원을 활용하여 다양한 네트워크 사업을 펼쳐 나가고 있다. 이러한 사업은 센터를 이용한 학생들이 대학교 진학 이후에 다시 자원봉사자로 참여하고 있어 매우 긍정적인 돌봄기관으로 평가되고 있다.

(2) 프로그램 운영

- 체험활동 및 역사유적지 탐구 프로그램 운영: 빈곤지역의 아동을 대상으로 다양한 체험활동과 역사유적지 탐구 프로그램을 운영하고 있다. 이러한 체험활동이 일회성 견학에 그치지 않고 공부방 학습 등과 연계하여 아동이 동기를 유지하고 흥미롭게 학습하도록 지원하고 있다.
- 사고력 통합교육 프로그램: 아동들이 서로의 강점을 발견하면서 자신감을 키우고 상대방을 이해하며 존중하는 태도를 기르게 되었다. 또한 아동은 학교폭력에서 자유로울 수 있는 기회를 획득하였다.
- 읽기능력 향상 및 학습동기 강화 프로그램: 읽기능력 및 학습동기 강화를 위한 학습환경을 구축하고자 노력하였다. 효율적인 학습을 위해 집단교육뿐만 아니라 개별지도도 실시하였다. 참여학생의 자발적인 학습 수행을 위해 지원하고, 영어체험학습 또는 영어마을에 참여할 수 있는 기회를 부여하여 특별활동 기회를 제공하였다.

(3) 개선해야 할 점

프로그램에 참여하는 아동들을 위해 전문적으로 지원하고 상담해 줄 수 있는 상근 인력이 부족한 상태다. 지역에서는 자원봉사 인력을 활용하고 있지만 이러한 인력으로는 한계가 있다. 또한 센터를 맡고 있는 사업 실무책임자의 저소득층 아동, 청소년에 대한 애정과 열의는 매우 높지만, 관련 분야의 전문적 역량 강화를 위한 교육이 필요한 상태다. 지역아동보호센터에서는 학력 결손 및 학력 격차를 줄이기 위한 배움터를 운영하고는 있으나 질적으로 우수한 대안 프로그램 개발이 요구되고 있다.

2) 연중돌봄학교

교육 기회의 불평등은 정부의 집중적인 교육환경 개선으로 향상되었으나, 여전히 도시와 농촌 간의 교육시설이나 교육여건 그리고 학생의 학업성취도 같은 교육의 질적 수준에서 현저한 교육 격차(경기개발연구원, 2006)가 나타나며, 도·농 간 교육 격차 문제는 심화·재생산되어(이두휴, 2011; 한만길 외, 2008) 사회 양극화가 심화되고 있다.

농촌학교에서는 면지역 학생이 읍지역으로 이탈하게 되어 읍·면 지역 간의 교육격차가 심화되고 있다. 따라서 읍지역 학교에서는 학생 수가 증가하여 과밀학급이 형성되고 있으며, 면지역에 남아 있는 학생의 전학 희망률이 높아 학교의 소규모 황폐화가 지속적으로 진행되고 있다. 최근 전반적인 출산률의 감소와 농촌인구의 감소로 농촌학교의 폐교가 예상되므로 작은 농촌학교가 증가할 것이다.

면지역의 가정은 대부분 기초생활수급자 가정, 저소득층 그리고 차상위 계층으로 구성되어 있다. 모부자가정, 조손가정, 소년소녀가장 가정, 자녀들만 거주하는 가정, 다문화가정 등 가정이 돌봄의 기능을 제대로 할 수 없는 취약계층의 비율이 매우 높다. 면지역 학교의 취약계층 비율은 읍지역의 1.5배 이상이며 도시지역의 2배가 넘는다. 2007년 8월 면지역에는 11.9%, 읍지역에는 7.7%, 도시지역에는 5.5%의 취약계층이 있는 것으로 조사되었다. 이처럼, 정부는 소외계층의 교육기회 보장을 위해 2009년에는 전국 군의 면지역 소재 유치원, 초등학교, 중학교, 고등학교 중 378개를 연중돌봄학교로 선정하여 지원하였다.

(1) 연중돌봄학교의 추진 목적 및 방향

연중돌봄학교사업의 수행지원 및 사후관리를 담당하는 곳은 교육과학기술부다. 교육과학기술부는 사업의 수행지원 및 사후관리를 위하여 우수 사례를 발굴하고, 사업을 추진하는 관계자의 전문성 강화를 위하여 모니터링과 컨설팅을 지원한다. 사업 성과를 분석하기 위하여 운영 결과를 평가하고 만족도를 조사한 후, 사업 결과를 토대로 향후 발전 방안을 모색하고 있다.

시 · 도교육청은 전반적인 사업을 총괄하며, 지역교육청은 행 · 재정지원을 담당하고 있다. 학교의 과제는 사업 운영을 위한 추진체제를 구축하여, 프로그램을 운영하고, 학생지원체제를 구축하는 것이다. 지역 및 학교의 환경 분석을 통해 프로그램을 기획하며, 학생 요구에 기반한 수요자 중심의 프로그램을 기획하거나 운영하는 것이다. 학교의 장점을 최대한 활용한 특성화 프로그램을 기획하고 운영하며, 일회성 프로그램이 아닌 지속 가능한 프로그램을 개발하고자 프로그램의 지속적인 개선과 운영의 극대화를 추진하고 있다. 학생의 학습 효과 증진을 위한 체제를 구축하고, 기초안전망 보장을 위한 지원체제를 마련하였다.

〈표 10-3〉 연중돌봄학교 추진체제

부처	역할과 기능
교육과학기술부	사업 수행지원 및 사후관리, 사업성과 분석
시 · 도교육청	전반적인 사업총괄, 관리, 지역교육청, 학교의 행 · 재정 지원, 평가, 연수 및 컨설팅
지역교육청	행 · 재정 지원, 효과적 사업 수행을 위한 지역협의회 구축 공동사업 기획, 전문성 강화를 위한 연수 컨설팅 자체평가를 통한 성과지표 달성 여부 확인 및 만족도 조사 운영계획 수립 총괄 효과적인 사업 수행을 위한 지역협의회 구축 공동사업 기획, 운영 전문성 강화를 위한 연수 · 컨설팅 자체평가를 통한 성과지표 달성 여부 확인 및 만족도 조사
학교	사업운영 추진체제 구축 프로그램 운영 학습자 지원체제 구축

출처: 교육과학기술부, 경상남도교육청, 한국농촌교육연구센터(2011).

(2) 연중돌봄학교사업 실행 목적

연중돌봄학교사업을 실행하는 목적은 학생의 실질적 교육 기회 보장을 통한 도·농 간 교육 격차 해소에 있다. 지역 간 교육 격차 해소를 위한 세 가지 목표는 다음과 같다.

- 농·산·어촌 학생의 학습 결손을 예방하고 치유를 통한 학력 증진
- 농·산·어촌 학생의 건강한 신체, 정서 발달 및 복지지원을 통한 기초안전망 구축
- 농·산·어촌 학생의 사회성 함양 및 문화 체험 지원

이러한 목적을 달성하기 위하여 연중돌봄학교 추진체제를 구축하고 있다. 연중돌봄학교 계획을 수립하고, 특성화 교육 프로그램을 운영·연계시켜 협동을 이끌어 내고, 학업성취 수준을 향상시켜, 면지역에서 읍지역으로의 학생 이탈을 줄여서 학생, 학부모, 교사의 삶의 질을 향상시키기 위해 노력하고 있다.

연중돌봄학교 추진 방향은 시·도 및 지역 교육청의 자율적 추진 역량과 지원 기능을 강화시키고, 지역학교의 특성을 강조한 자율적, 맞춤형 교육 프로그램을 개발하여 자율적인 운영을 지원하는 것이다. 이러한 과정을 통하여 학교가 지역 교육공동체 구축의 중심이 되도록 하는 것이다.

(3) 여섯 가지 프로그램 영역

① 기본생활안전망 구축 프로그램

교육복지가 충족되는 환경 속에서 학업에 전념할 수 있도록 학교가 정서적 안정을 제공하고 사회성 발달을 도모하는 데에 목적이 있다.

〈표 10-4〉 기본생활안전망 구축 프로그램

<table>
<tr><th>영역</th><th colspan="2">세부 내용</th></tr>
<tr><td>급식 지원</td><td colspan="2">• 조식, 중식, 석식 및 간식비 지원</td></tr>
<tr><td>보건 · 의료 지원</td><td colspan="2">• 의류 및 신발 지원
• 목욕, 이발 · 미용료 지원
• 안과 검진 및 안경비 지원
• 비만학생 대상 비만교실 운영</td></tr>
<tr><td rowspan="2">돌봄교실</td><td>초등
학교</td><td>• 방과 후 5시까지 운영
• 숙제지도 및 학습보충 지도
• 학습 습관 교육
• 토요 휴업일, 공휴일 등에 학습활동과 체험학습 운영</td></tr>
<tr><td>중학교</td><td>• 국어, 영어, 수학, 과학 및 독서논술 지도
• 신문구독</td></tr>
<tr><td>교통지원</td><td colspan="2">통학버스 운영</td></tr>
</table>

출처: 교육과학기술부, 경상남도교육청, 한국농촌교육연구센터(2011).

② 기초학력신장 프로그램

모든 학생들이 국가가 요구하는 기초학력 이상을 소지할 수 있도록 학습 결손을 예방하는 것이 가장 큰 목적이다. 학습 결손으로 인해 자신감을 상실한 학생들이 자신감을 회복하고 학교생활의 적응력을 향상시키는 것이 목적이다.

〈표 10-5〉 기초학력신장 프로그램

영역	세부 내용
교과학습 증진	• 국어, 영어, 수학 및 독서논술 지도 • 숙제지도
영어 특성화	• 영어로 이야기하기, 스토리텔링 등의 내용을 원어민 교사, 영어교사와 협력하여 수업
독서 및 논술	• 교육과정에 맞는 독서교육, 인근 도서관과 연계한 독서교육 프로그램 운영
학력진단 시스템	• 기초학력 미달 학생을 최소화하고 기초학력 우수 학생을 확대하는 기초학력증진 프로그램

출처: 교육과학기술부, 경상남도교육청, 한국농촌교육연구센터(2011).

③ 심리정서발달 프로그램

농 · 산 · 어촌 학생의 정서적 발달 및 심리적 안정 도모로 학교 적응력을 향상시키는 것이 목적이다. 가정의 취약한 교육환경이 원인이 되는 심리, 행동상의 문제를 극복하도록 전문적 심리진단 및 치료 프로그램을 제공한다.

〈표 10-6〉 심리정서발달 프로그램

영역	세부 내용
상담 및 심리검사	• 위기학생 관리 프로그램, 자아존중감 증진 프로그램 • 성격검사, 학습상담, 미술치료, 음악치료 • 부모교육 프로그램
예절교육 (인터넷, 예절, 게임)	• 인터넷 중독 예방, 게임중독 예방 프로그램 • 예절교육
성교육 및 성폭력 예방교육	• 성교육 프로그램 • 성폭력 예방 프로그램
진로지도 및 품성계발	• 다양한 직업 이해 프로그램, 진로상담 • 명사초청 강연 • 자아성장 프로그램 및 봉사활동
학교폭력	• 학교폭력 사례 및 대처방안 교육 • 파출소와 연계한 학교폭력 예방교육
기타	• 동식물 기르기, 식물원 관리

출처: 교육과학기술부, 경상남도교육청, 한국농촌교육연구센터(2011).

④ 사회문화적 소양증진 프로그램

농 · 산 · 어촌 학생이 가정 및 지역사회의 건전한 구성원으로 성장하도록 지원하는 것이 목적이다. 지역사회 및 지역사회 구성원에 대한 이해를 바탕으로 지역에 대한 자부심을 향상시키도록 지원하고 있다.

〈표 10-7〉 사회문화적 소양증진 프로그램

영역	세부 내용
문화 체험 및 현장 체험학습	• 서울 등 도시문화 체험 • 내고장 마을 체험, 생태 체험 • 전통문화 체험, 박물관, 역사문화 탐방 • 주말 체험학습
봉사활동	• 경로당 및 복지관 위문품 전달 및 봉사활동
체육활동	• 수영 체험, 겨울 스포츠 체험

출처: 교육과학기술부, 경상남도교육청, 한국농촌교육연구센터(2011).

⑤ 특기적성계발 프로그램

다양한 특기적성 활동을 통해 농 · 산 · 어촌 학생들이 잠재적 역량을 계발하고, 교육과정의 내용과 연계된 문화체험 활동을 지원하여 학습 흥미를 유발시키고, 교육과정의 운영을 보충하고 심화시키는 것을 지원한다.

〈표 10-8〉 특기적성계발 프로그램

영역	세부 내용
예 · 체능 특기교육	• 각종 스포츠, 미술, 악기교육, 연극반 운영 등 예술, 체육 관련 특기적성 프로그램 운영
독서, 한자, 역사, 과학 관련 특기교육	• 논술 및 글짓기 교실, 한자교실, 읽기능력 향상 교육 • 로봇교실, 발명반 • 역사 문화지 답사, 한자자격증 취득
컴퓨터 교육	• 컴퓨터 활용 관련 일반 교육과, 컴퓨터 자격증반 • UCC 제작 및 플래시 활용반
생태학습, 노작교육	• 지역사회에 서식하는 동식물 알기, 환경교육

출처: 교육과학기술부, 경상남도교육청, 한국농촌교육연구센터(2011).

⑥ 사업지원 프로그램

목적의 실현을 위하여 학부모 및 지역주민의 요구를 반영한 프로그램을 개발하고, 학교와 교사의 교육복지사업에 대한 이해를 높이고 사업 추진을 위한 전문적인 지식과 기술을 제공하는 것이 목적이다. 또한 돌봄학교의 홍보를 위하여 학부모 및 지역주민의 활성화를 통해 학교 중심의 지역교육 공동체를 구현하는 것이 목적이다.

〈표 10-9〉 사업지원 프로그램

영역	세부 내용
교사 · 학부모를 위한 교육	• 교사 및 초빙강사 전문성 향상 교육 • 연중돌봄학교 우수교 견학 • 부모교육
협의회	• 연수 및 교육복지 추진 협의회를 통한 협의체제 구축 • 지역 기관과 연계한 지역사회 협의체제 구축
학예회 및 발표회	• 돌봄학교 관련 프로그램의 운영 후 학생 성과 발표회
홍보	• 홈페이지 및 가정통신문을 활용한 홍보 • 학생 작품 전시를 통해 지역사회에 돌봄학교 홍보 • 학부모 간담회 및 건의사항 조사

출처: 교육과학기술부, 경상남도교육청, 한국농촌교육연구센터(2011).

3) 외국의 교육복지 지원기관

(1) 미국의 21세기지역사회학습센터

미국에서는 1994년 의회의 승인으로 처음 교육복지적 지원이 시작되었다. 미국의 교육부에서 각종 행정지원을 담당하는 이 사업은 그 재정지원 규모나 참여 지역과 학교 수가 해마다 증가하고 있다. 2003년 현재 1,420개 지역의 6,800여 개 공립학교가 21세기지역사회학습센터에 참여하였다. 21세기지역사회학습센터는 1개 공립학교에서 방과 후 프로그램 수준으로 진행하는 것이 아니라 지역 내의 공공기관, 비영리단체, 기업, 고등교육기관, 과학 · 문화 단체들이 모두 연계하여 지원하는 것이 특징이다.

최근 미국은 '21세기지역사회학습센터(21st Century Community Learning Centers: CLC)' 사업을 추진하고 있다. 전통적인 지역사회교육운동(Community

School Movement)의 연장선상에서 진행되는 이 사업은 1994년 클린턴 행정부에서 시작하였다. 이것은 과거 미국 부시 행정부가 입법하였던 「아동낙오방지법(No Child Left Behind)」에 의하여 시행되는 핵심 지원 중의 하나다. 이 사업은 지역사회교육의 측면에서 지역 개발, 학교와 지역사회의 관계 회복, 성인 문화교육 등의 프로그램 지원사업으로 전개되고 있다.

(2) 영국의 교육우선지역정책

영국의 집권 노동당은 심화되는 학교 간 격차 문제를 해소하기 위해 1970년대 이전에 노동당 정부가 탄광촌 등의 빈곤지역을 중심으로 추진한 교육투자우선지역정책의 후속 사업으로 교육우선지역(Education Action Zone: EAZ) 정책을 입안하고 실행하였다.

이것은 선별적 투자를 특징으로 하는 교육복지정책으로서 특정 지역에서 나타나는 교육불평등 재생산의 문제를 해결하기 위해 고안된 정책이다.

소외계층 거주 지역의 아동은 높은 무단 결석률, 낮은 학업성취가 나타나고 있으며 최근 다문화가정이 늘어나면서 부모가 자녀 교육에 무관심한 현상 등이 증가하여 교육문제는 학교만의 노력으로는 해결하는 데 한계가 있다. 이러한 문제를 해결하는 데 학부모, 지역사회, 지역의 기업들이 적극적으로 참여하고, 학교에는 보다 많은 자율권을 주어 지역사회에 적합한 교육을 실시할 수 있도록 특정 지역을 EAZ로 선정하여 지원하는 정책을 시행하고 있다.

(3) 프랑스의 교육우선지역정책

프랑스의 교육우선지역(Zones d'Education Prioritaires: ZEP)은 1981년 봄 대선에서 승리한 사회당 정권의 핵심적인 교육정책이었다. ZEP의 목적은 교육 결과의 사회적 불평등을 해소하고 사회경제적 배경에 관계없이 모든 학생들이 사회에 진출하는 데 요구되는 최소한의 능력과 자격을 획득하도록 하는 것이다. 열 가지 사업 방향은 다음과 같다.

- 모든 학생들에게 학교 지식에 접근할 수 있는 가능성을 평등하게 보장한다.
- 독서 및 언어 능력을 보장한다.
- 문화활동, 스포츠 활동, 영상교육을 발달시킨다.
- 조기 취학을 장려한다.
- 학습 곤란이 심각한 학생들을 보충 지도하여 학교 실패를 막는다.
- 시민정신을 함양한다.
- 학교와 학부모의 연대를 강화한다.
- 지역사회와의 연대를 강화하고 학교를 지역사회에 개방한다.
- 현장 활동가들에게 성과를 평가할 수 있는 효과적인 도구를 제공한다.
- 교사들에 대한 지원을 확대하고 보다 능률적으로 그들의 활동을 유도할 수 있는 여건을 만든다.

(4) 독일의 학교교육복지사업

1960년대부터 독일은 소외지역의 아동 · 청소년교육에 대하여 관심을 갖고(Weishaupt, 2005), 사회적으로 저소득층 학생과 주민의 질 높은 교육 기회의 보장을 강조하였다. 학교는 교육받는 곳, 아동의 행복권이 보장되는 곳, 학생의 다양한 요구와 관심이 충족되는 곳, 학생의 사회적 능력이 개발되는 곳, 다양한 발달 과업이 개발되고 삶의 문제를 극복하도록 지지하는 곳이 되도록 지원하고 있다. 소외된 아동 · 청소년을 위하여 학교교육복지사업(Schulsozialarbeit)을 지원하고 있다.

학교교육복지사업이 명시되어 있는 「아동 · 청소년지원법(KJHG)」에는 아동의 지원뿐만 아니라 제16조에서 가족의 양육능력을 지원하여 자녀교육에 대한 책임감을 분명히 인지하도록 부모교육을 명시하였다. 가족교육을 위하여 교육과 컨설팅 제공을 명시하고, 가족의 휴가, 가족의 레저를 위한 프로그램을 제공하고, 필요한 경우 아동의 양육지원을 명시하였다. 제21조에는 부모의 수입이 적어 아동의 의무교육을 지원할 수 없는 경우 아동이 21세에 도달할 때까지 상담과 지원 제공을 명시하였다. 이 외에 학생의 숙식 제공, 생계비 지원, 의료 지원도 명시하였다.

제22조에서는 유치원, 방과 후 공부방과 같은 돌봄기관은 전일제 또는 일정 시간 아동의 돌봄을 담당해야 하며, 아동이 책임감을 소지하고 공동체에서 생활할 수 있는 인성을 기르도록 지원을 명시하였다.

3. 아동 교육방법

1) 연극놀이

연극놀이는 아동이 사회 내의 다양한 상황이나 역할을 상상하고 이야기하도록 스토리텔링을 촉진하여, 이를 가작화하는 놀이다. 극놀이 활동은 아동이 자신을 적극적으로 표현하도록 지지해 준다. 이러한 연극놀이 과정에서 아동은 자신이 알고 있는 이야기, 동화, 견학 등을 통하여 학습한 내용을 실제로 표현해 보고 다른 사람의 반응과 감정을 이해하는 능력을 키워 갈 수 있다. 연극놀이는 다음과 같이 세 가지 활동으로 나누어진다.

(1) 사회적 극놀이

사회적 극놀이(socio-dramatic play)는 아동이 어떠한 상황을 자발적이며 창의적으로 자유롭게 연출해 내는 것을 말한다. 이것은 각본이 필요하지 않기 때문에 연극과는 다르다. 또한 역할놀이와도 달라서 사건을 진행시키는 데 필요한 미완성된 이야기나 문제를 설정하는 상황이 필요하지도 않다. 사회적 극놀이는 아동 스스로가 주제를 선택하고 자연적인 충동을 표출하는 것으로, 사회에서 일어나는 각종 활동이나 사건을 유아가 연기하도록 지원한다. 아동은 극놀이를 하는 동안 문제해결에 대한 대안을 발견하게 되고 의사결정을 해 볼 수 있다. 이러한 극놀이는 아동의 언어 발달과 사회성 발달에 도움을 주며, 협동능력을 증가시켜 사고가 풍부해지는 데 기여한다. 또한 아동이 자신의 감정을 자연스럽게 표현하게 되어 자신의 요구, 불안, 슬픔 등을 꾸밈없이 표현함으로써 정서적 안정을 지원해 준다. 사회적 극놀이를 할 때 아동은 흔히 경찰관 놀이, 병원놀이, 소꿉놀이를 하는 것으로 나타났다.

(2) 역할놀이

아동이 하나의 가정된 역할을 수행해 보는 놀이를 역할놀이(role play)라고 한다. 아동의 역할놀이를 통해서 우리는 어떤 상황과 사건을 아동의 시각에서 이해할 수 있게 된다. 역할놀이의 기능은 다음과 같다.

- 아동은 역할놀이를 통하여 타인의 시각을 이해하게 되어 자기중심성에서 벗어날 수 있다.
- 아동은 역할놀이를 통하여 공감능력을 키워 간다.
- 역할놀이를 통해서 새로운 행동이나 기술을 학습하게 된다.
- 다양한 문제를 해결할 수 있는 능력을 발달시키게 된다.
- 도덕관념의 발전과 윤리교육에 강력한 도움을 준다.

(3) 인형극

인형극놀이는 아동이 자신을 숨기고 자신의 내부의 감정과 생각을 표현할 보호벽을 만들어 준다. 아동이 인형과 쉽게 동일시하므로, 인형극은 언어치료, 생활지도, 정서적 안정, 협동, 문제해결 등에 광범위하게 사용될 수 있다.

이와 같은 극놀이는 유아의 문제해결력을 증가시키고, 아동의 사회적 기술을 발달시킨다. 아동들은 극화놀이를 통해 다양한 역할을 경험할 수 있으며 감정이입이나 협동하는 기술 등을 익히게 되어 사회정서적 행동을 발달시킨다. 또한 극화놀이는 아동의 추상적 사고 발달을 돕고 언어적 기술과 언어 사용의 발달을 지지해 준다.

2) 견학

아동은 언어를 사용하여 대상을 설명해 줄 때보다는 견학을 하여 구체적으로 사물을 관찰하게 될 때 이해, 흥미나 관심이 촉진된다. 예를 들면, 아동에게 시장을 설명해야 할 때 시장으로 견학을 가게 되면 많은 가게가 한곳에 모여서 물건을 파는 곳이라는 사실을 쉽게 이해하게 된다. 또한 시장에서 상인들이 물건을 팔고 구매자들이 돈을 지불하는 모습을 보고 필요한 물건을 살 때 돈을 지불해야 한다는 사실을 익히게 되어 민주사회에서 시장경제 및 화폐에 관한 개념에 호기심을 갖게 된다. 이 외에 아동들이 경찰서, 우체국, 소방서, 기차역 등 공공시설을 견학하면 시민을 보호하고 민주사회의 질서 유지를 위해 공적인 역할을 담당하는 경찰서 및 소방서의 역할, 수신 및 통신의 기능을 담당하는 우체국 그리고 공적인 교통기관을 이용하는 방법 등을 쉽게 이해하게 된다. 뿐만 아니라 사회의 유지를 위한 공적 기관의 역할을 익히고 민주시민이 되는 자신의 역할을 찾게 되며, 여러 일을 하고 있는 사람에 대하여 친밀감과 감사하는 마음을 갖게 되며, 여러 사회의 모습을 보면서 사고하는 인식의 폭을 넓혀 갈 수 있다.

학급에서 이루어지는 학습에서 벗어나 아동과 함께 견학을 계획할 때는 다음과 같은 점에 유의해야 한다.

- 견학을 통해 기대하는 학습의 결과를 결정하고 목표를 가장 잘 달성할 수 있는 장소를 선택한다.
- 견학의 경험이 풍부한 교사와 상의하여 견학의 목적이나 가치에 대하여 의견을 들어 보고 참고하는 것이 좋다.
- 목적지를 미리 답사하여 추가적인 정보를 얻고 화장실, 상수도 시설, 주차장 등 부대시설이 갖추어 있는지 점검해야 한다. 특히 아동이 방문하기에 안전한 곳인지, 장애아동의 이동 등이 편리한 곳인지도 살펴본다.
- 견학 장소의 안내자를 만나 아동의 눈높이에 맞추어 설명할 것을 부탁하며

적절한 단어 등을 사용하여 견학의 목적이 달성되도록 세심한 주의를 기울인다.

- 견학에 필요한 교통수단을 계획한다.
- 견학을 계획할 때는 반드시 학부모들에게 견학과 관련하여 동의를 얻어야 한다. 견학에 관한 부모 동의서에는 특이사항으로 아동의 옷차림 및 점심 또는 간식 그리고 준비물에 대하여 안내하고 날짜, 견학 시간, 출발 및 도착 시간 등에 관하여 공지해야 한다.
- 천재지변이나 이상기후 그리고 방문기관의 사정 등으로 인하여 견학이 취소될 경우를 대비하여 대체활동을 계획해 두어야 한다.
- 견학활동은 아동의 언어 발달을 촉진시키고, 개념에 관한 신속한 이해를 지원하며, 읽기 준비능력을 발달시키고, 또래들과의 집단활동을 통하여 사회적 태도를 길러주는 장점이 있다.
- 견학을 하고 난 후에는 반드시 추후활동을 하여 재미있었던 것, 기억에 남는 것을 그림으로 그려 보게 하거나, 토의 등을 통하여 아동의 학습 경험을 내러티브로 학습시켜 개념에 대한 학습을 강화시키는 활동을 해야 한다.

3) 시청각매체의 활용

시청각 자료는 말로 설명하는 것보다 아동의 청각, 시각, 감각, 촉각 등을 자극하는 데 효과적이므로 학습 효과가 매우 높아 학습활동을 촉진시키거나 필요한 정보를 제공해 주는 데 매우 유효하다. 아동의 학습을 촉진하는 시청각 자료로는 영화와 비디오, 슬라이드나 사진, 게시판, 융판, 녹음 자료, 그림 자료, 영화 등이 있다.

(1) 영화와 비디오

영화와 비디오는 유아들에게 정보를 제공할 수 있는 효과적인 교육 자료다. 영화나 비디오를 선정할 때는 아동들의 주의집중 시간을 고려하여 상영 시간이 짧은 것을 선택하는 것이 좋다.

- 시청 전 주의해야 할 사항: 영화나 비디오를 보여 주기 전에 교사는 반드시 사전에 영상물을 보고 아동이 주의 깊게 보아야 할 것, 의문 나는 점 등을 제시해 주는 것이 좋다. 만약 영상물 중에 아동이 이해하기 어려운 내용이 있다면 미리 설명해 주는 것도 좋다.
- 시청 중 주의해야 할 사항: 아동들이 비디오나 영화를 보는 동안 서로 이야기하고 질문하고 요점을 만들어 보도록 격려해 준다.
- 시청 후에는 추후활동을 하는 것이 아동의 학습을 촉진하는 데 도움이 된다. 영화나 비디오의 주제를 반영하는 소품으로 극놀이를 하는 것이 좋으며 주제와 관련된 책을 아동과 함께 읽어 보는 것도 도움이 된다. 영화 등에서 아동이 본 것을 기초로 해서 미술, 음악, 리듬 활동을 할 수도 있다. 아동은 또래들과 영화의 내용을 이야기하고 환경을 관찰할 때 그 주제에 대하여 깊이 탐구할 수 있다.

(2) 그림

교사가 아동을 지도할 때 문제해결을 위하여 그림을 사용하는 목적은 멀리 있는 사람에게 장소, 물건에 대한 정보를 제공하는 것이다. 그림을 사용하는 기술은 저절로 발달되는 것이 아니므로 아동들이 서로 그림을 분류하고 비교하거나 대조하는 경험이 필요하다. 그림지도는 다음과 같은 단계로 이루어진다.

- 그림 읽기의 첫 단계는 보이는 사물에 명칭을 붙이는 것이다. 아동들이 그림에 명칭을 붙이고 목록을 만들고 이야기해 보고 해석하도록 안내한다.
- 그림에 명칭을 붙이고 설명하는 능력이 숙달되면 그림 속에서 일어나는 일에 대하여 해석하거나 이야기해 보도록 한다. 모든 아동이 같은 그림을 모두 같

은 방법으로 인식하는 것은 아니다.

- 그림 속에서 어떤 일이 일어나는지를 논의하게 되면 앞으로 어떤 일이 진행될지를 예측하는 능력이 발달하게 된다. 아동이 갖고 있는 인식의 차이가 있으므로 소집단으로 논의해 보도록 한다.
- 모든 구성원 앞에서 서로 반대되는 논의를 이끌어 가는 두 집단에게 발표를 하도록 하고 비판적, 분석적 사고를 하도록 한다.

(3) 모델링

모델링은 사회적으로 가치 있는 행동을 유아들에게 제시하고 학습하도록 지원하는 데 매우 효율적이다. 아동들은 사회적 환경에서 직접적 상호작용과 시행착오를 통하여 학습을 하기도 하지만 영향력 있는 부모, 형제자매, 교사, 친구를 관찰함으로써 학습을 할 수도 있다. 아동은 자신이 닮아 가고 싶은 모델이 사회적으로 세련된 행동을 하는 경우, 높은 지위에 있는 경우, 친근하게 도움을 주는 경우, 모델의 성, 연령이 같은 경우에 동기화가 더욱 잘되는 것으로 나타났다.

생각해 보기

1. 아동기의 바람직한 발달 과업에 대하여 이야기해 보자.
2. 아동을 위한 평생교육기관을 살펴보고, 소외된 아동을 지원하는 외국의 교육복지 사례를 살펴보자.
3. 아동의 교육방법을 이야기해 보자.

참고문헌

경기개발연구원(2006). 지방화시대의 교육경쟁력 강화 방향 및 과제.

교육과학기술부, 경상남도교육청, 한국농촌교육연구센터(2011). 2010 농산어촌 연중돌봄 학교 평가결과 보고서.

박찬옥, 김영중, 황혜경, 엄정례, 조경서(2001). **유아사회교육**. 서울: 정민사.

송미령, 박주영 (2007). **선진국 농촌정책의 최근 동향과 시사점: 영국, 프랑스, 독일**. 한국농촌경제연구원.

이경영(1997). **유아를 위한 사회교육**. 파주: 교육과학사.

이두휴(2011). 도시와 농촌 간 교육양극화 실태 분석. **교육사회학연구, 21**(2), 121-148.

한만길 외(2008). 농산어촌 교육복지 실태 분석 연구: 초중학교. **한국교육개발원 연구보고서 RR 2008-11**.

Erikson, E. H. (1963). *Childhood and Society*. New York: London.

Hill, P. S. (1923). *A Conduct Curriculum for the Kindergarten and First Grade*. Charles Scribner's Sons.

Malaguzzi, L. (1998). The hundred languages of children. *The Reggio Emilia Approach*. Ablexpublishing Corporation.

Mitchell, L. S. (2000). *Revisiting a progressive pedagogy*. State University of New York: Albany.

Weishaupt, H. (2005). Bildung und Region. In: R. Tippelt & B. Schmidt, *Handbuch Bildungsforschung*. Wiesbaden: VS Verlag fuer Sozialwissenschaft.

제11장 청소년기 교육

학습개요

11장에서는 청소년기의 발달 특성, 청소년기 학습의 특징, 청소년기 학습지도의 관점, 청소년 교육기관, 청소년기 교육방법을 다룬다. 오늘날 청소년에게는 가정, 학교, 교우관계 및 과외활동에 있어서 다양한 요인들이 복합적으로 사회성 발달에 영향을 미치고 있다. 가령 가족 형태의 변화나 학교 형태의 다양화에 따라 사회화 과정에 작용하는 경험적 맥락이 청소년마다 크게 다를 수 있다. 따라서 청소년들이 성인이 되어 가는 과정에서 청소년기의 학습지도 관점과 학습방법을 살펴보는 것은 청소년을 올바르게 지도할 뿐만 아니라 사회 구성원으로서 청소년의 모습을 예견하는 데 도움이 될 수 있다. 또한 각각의 발달에 필요한 교육방법을 제시함으로써 청소년기의 사회화 과정을 도와줄 수 있을 것이다.

학습목표

1. 청소년의 학습 특징을 설명할 수 있다.
2. 청소년의 학습지도 관점을 기술할 수 있다.
3. 청소년의 교육방법 중 한 가지 이상을 지도할 수 있다.

1. 청소년기의 발달 특성

인생에 있어 청소년기의 중요성은 아무리 강조해도 지나치지 않다. 청소년기를 훌륭히 보내고 성인이 된 많은 사람들은 청소년기에 경험하여야 할 참여 활동이 얼마나 필요한지를 역설한다. 청소년들은 보다 나은 상태를 지향하는 성장과정에 있는 존재이므로 그들의 생각과 행동을 판가름하는 기준은 완전과 완벽에 있기보다 성장에 얼마나 도움이 되는 활동인가로 이루어져야 한다(남윤정, 2009).

청소년기에 일어나는 주요한 발달 특성은 다음과 같다(조학래, 1996). 첫째, 사춘기로 불리는 생리적 변화를 경험하고, 이런 변화에 따라 신체적 성장과 성적 성숙이 급격히 이루어진다. 둘째, 사고과정이 구체적 조작을 넘어서 형식적 조작 단계에 도달하여 합리적이고 추상적인 논의를 하게 되며 타인의 입장을 고려하게 된다. 셋째, 상급학교의 진학과 함께 사회화의 장이 확대됨에 따라 인간관계가 확장되고 새로운 대인관계에 필요한 지식과 기술을 습득하게 된다. 넷째, 준거집단으로서의 또래집단의 영향력이 커지고 또래와의 관계가 중요시되며 동성 간의 우정 및 이성 간의 친밀한 관계를 형성하게 된다. 다섯째, 부모나 어른들의 사랑과 보호를 통해 얻은 인간에 대한 신뢰를 토대로 자신과 타인의 관점을 경험적으로 이해하는 능력을 배양하게 된다.

따라서 위와 같은 청소년기의 발달 특성을 아는 것은 교육방법을 연구하는 데 도움이 될 것이다.

2. 청소년기 학습의 특징

청소년기는 아동기를 벗어나는 시기이므로 아동기처럼 천진난만한 인간의 자연적 특성도 소멸되면서 인격의 전반적인 영역에서 미숙하고 불안정한 상태라고 볼 수 있다. 특히 청소년기의 특성은 정서적인 면, 이성에 대한 관심, 사회적 성숙, 가정의 통제, 지적 성숙, 직업의 선택, 여가 선용, 인간 삶의 철학, 자기 주체성 등의 영역에서 나타나고 있는데, 미완성의 상태에서 보다 바람직한 방향으로 노력하는 것이 청소년기의 목표라고 할 수 있다(나길님, 2000). 청소년기 학습의 특징은 목적, 장소, 내용, 평가 측면에서 살펴볼 수 있다.

1) 청소년기의 학습 목적

청소년기의 학습 목적은 넓게는 지적, 정의적, 행동적 능력을 함양하며 전인적인 인간으로 발달하는 것이고, 좁게는 자신의 진로를 개척하는 데 필요한 지적 능력을 함양하는 것이다. 이는 규범적인 양상으로 교육기본법 제2조의 교육이념과 목적을 실현하는 데 있다. 그러나 현실적인 양상의 청소년기 지적 능력 함양은 입시제도에 의해 왜곡되거나 축소되어 나타난다. 즉, 학습의 본질적 목적에서 벗어나 대학 입시에 도움이 되는 지식을 이해하고 습득하는 데 머무르게 되어 자아실현과 인격 형성의 즐거움보다는 스트레스와 고통을 더 크게 느끼게 된다.

2) 청소년기의 학습 장소

청소년기의 학습 장소는 대부분 학교와 사교육기관인 학원이다. 인격 형성과 학습 터전으로서 학교는 위기에 처해 있으며, 학원의 팽창에 따라 청소년의 육체적, 정신적 부담은 가중되고 학부모의 경제적 부담 또한 증가되고 있다. 그 외에도 지역사회, 종교단체, 시민단체, 청소년단체, 가정 등이 청소년의 학습 터전으로 활용된다.

3) 청소년기의 학습 내용

청소년 학습의 주된 내용은 교육기본법 제2조의 홍익인간의 교육이념에 바탕을 두고 있다. 추구하는 인간상은 전인적인 성장을 토대로 개성을 추구하는 사람, 기초능력을 토대로 창의적인 능력을 발휘하는 사람, 폭넓은 교양을 바탕으로 진로를 개척하는 사람, 우리 문화에 대한 이해의 토대 위에 새로운 가치를 창조하는 사람, 민주 시민의식을 기초로 공동체의 발전에 공헌하는 사람이다.

청소년기의 교육과정은 국가가 학교교육을 통해서 청소년에게 학습시키려고 하는 것을 내용으로 정한 기본적인 방침이다. 이러한 교육과정 이외에도 청소년은 미디어, 체험활동, 독서, 동아리 활동 등을 통해서 학습하기도 한다.

4) 청소년기의 학습 평가

청소년기의 학습 평가는 학교 단위의 시험을 통해 이루어진다. 학습 평가는 상대평가에 의해 내신성적이 산출되고 진학에 반영된다. 상대평가 성적 산출방식은 청소년들 간의 경쟁이 치열해지고 공동체적인 학교문화와 인간관계가 파괴되는 원인이 되기도 한다. 또한 학교 단위 시험 외에도 국가 수준의 학업성취도 평가와 대입수학능력시험도 있으며, 국제 수준의 평가인 PISA, TIMSS 등도 있다. 이러한 평가시험들은 원래 학습활동의 결과를 평가하며 학습활동 개선을 위한 것으로 사후적이고 종속적인 것이어야 한다. 하지만 현실에서는 평가시험이 학습활동의 방향과 내용, 방법을 좌우하는 사전적이고 주된 것이 되고 있어 여러 부작용으로 나타나기도 한다.

3. 청소년기 학습지도의 관점

청소년기에는 진로를 개발하고 결정하는 데 필요한 능력을 학습을 통해서 갖추어야 한다. 그 결과로 학습문제에 대한 다양한 고민이 있게 된다. 청소년이 학습을 하도록 대부분의 시간을 투자하는 부모나 교사는 다음과 같은 관점을 토대로 청소년의 학습 고민에 귀를 기울여야 한다. 청소년기 학습지도의 관점은 크게 다양성의 관점, 대상 중심성의 관점, 유기성의 관점, 미래지향성의 관점, 긍정성의 관점이 있다.

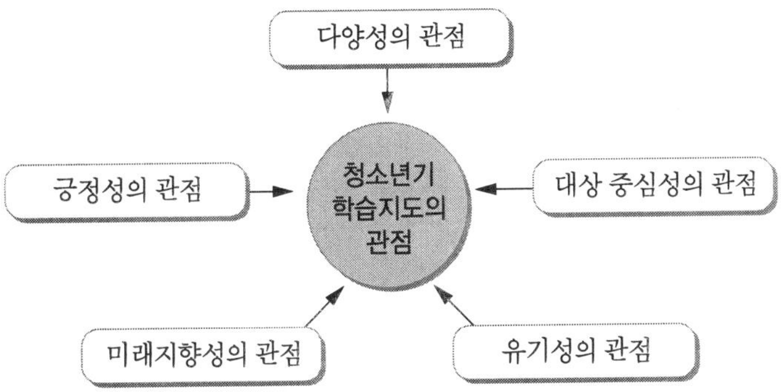

그림 11-1 청소년기 학습지도의 관점

1) 다양성의 관점

현대의 사회구조에서 청소년을 둘러싼 물질적, 정서적 환경의 변화로 인해 청소년의 삶, 가치, 문화, 문제 등은 더욱 다양한 양태로 나타난다(한국청소년학회 편, 1999). 또한 청소년들의 희망, 흥미, 능력, 적성 등은 다양하다. 청소년들의 진로지도와 학습지도는 이러한 다양성을 인정하는 관점에서 이루어져야 한다.

2) 대상 중심성의 관점

물을 먹는 것은 마부가 아닌 말인 것처럼, 교수자의 학습지도도 청소년의 주체성과 자율성을 인정하고 그들의 희망과 적성을 존중하여 지도하는 것이 중요하다. 또한 부모나 교사, 교수자의 희망과 관점을 강요하기보다 청소년의 입장을 고려하는 학습지도가 이루어져야 한다.

3) 유기성의 관점

청소년기에 있어 가정은 일차적인 삶의 토대이며, 학교는 학습지도를 전문적으로 담당하는 기관이다. 청소년의 학습지도는 가정과 학교, 부모와 교수자의 유기적인 협력을 필요로 한다. 학습의 주체인 청소년도 유기적인 협력 구조에 포함되어야 한다. 즉, 교수자와 학습자의 유기적인 협력도 필요하기 때문에 가정, 학교의 유기적인 협력 구조의 중심에는 청소년도 반드시 포함되어야 한다.

4) 미래지향성의 관점

청소년기의 학습지도는 전인적인 인격 형성과 진로 개발을 위해서 필요하므로 미래지향적인 관점에서 이루어져야 한다. 또한 구체적인 미래사회의 모습으로 제시되는 지식기반사회, 창조사회, 학습사회의 특징을 이해하고 학습지도에 반영해야 한다.

5) 긍정성의 관점

청소년은 무궁무진한 가능성을 가진 존재이므로, 교수자는 표면적으로 드러나는 현상만을 가지고 청소년을 판단해서는 안 된다. 교수자는 항상 긍정적인 관점에서 청소년이 지닌 잠재적 능력과 가능성을 발현시켜야 한다.

4. 청소년을 위한 평생교육기관

청소년들은 많은 시간을 학교에서 보내고 있을 뿐만 아니라, 방과 후에도 상급 학교 진학을 위하여 교과 내용과 관련된 학습활동에 전념하고 있다. 그러나 인지적 발달만으로는 전인적인 인간으로 성장할 수 없으므로 청소년은 과중한 학업 부담감에서 벗어나 자아와 정체성을 확립하고 심리적 갈등을 해소시켜 정서적인 안정을 이루어야 한다(허정철, 2004).

1987년 제정된 「청소년육성법」이 9세 이상~24세 이하의 청소년이 대상인 「청소년기본법」으로 1991년에 대치되면서, 청소년 정책에서는 육성과 보호의 두 가지 측면만이 강조되었다. 그러나 1997년 「청소년보호법」이 제정되고 2004년에 「청소년기본법」이 전면적으로 개정되는 것 이외에 2004년에는 「청소년활동진흥법」 「청소년복지지원법」이 제정되어 청소년의 삶의 질 향상을 위한 통합적인 청소년 정책이 마련되면서 청소년을 사회의 구성원으로 수용하는 이념과 청소년의 활동, 보호, 복지를 통합하는 정책을 위한 기틀이 마련되었다. 즉, 「청소년기본법」의 하위 법률로서 「청소년보호법」 「청소년활동진흥법」 「청소년복지지원법」이 만들어졌다. 이후 2012년에 「청소년기본법」이 재개정되어 기본이념과 추진방향은 변화하지 않았으나 내용 구성의 측면에서는 크게 변화되었다. 청소년 정책의 변화는 다음의 〈표 11-1〉과 같다.

〈표 11-1〉 청소년 정책의 변화

	제1차 청소년육성 5개년 계획 (1993~1997)	제2차 청소년육성 5개년 계획 (1998~2002)	제3차 청소년육성 5개년 계획 (2003~2007)	제4차 청소년육성 5개년 계획 (2008~2012)
비전	건강한 청소년 문화의 창달	스스로 생각하고 활동하는 주체적인 삶의 영위	도전하는 청소년, 꿈이 있는 사회	꿈을 키우는 청소년, 희망을 더하는 가족, 밝은 미래사회
목표	산업 사회 역군으로서의 근검, 절약	삶의 질 향상과 민주시민 의식 함양	주류화, 지역화, 차별화, 파트너십	자기주도적 역량 증진 가족기능 및 사회 안전망 강화
중점과제	건전한 사회환경 조성	청소년의 복지증진과 자립지원	권리신장 및 자발적 참여기반 구축 취약계층 청소년의 복지지원 강화	시민역량 증진, 인성교육 강화, 자기주도적 진로개척 지원
주관부처	1991년부터 체육청소년부 청소년정책 조정실 주관 1993년부터 문화체육부 청소년정책실 주관	1998년부터 문화관광부 청소년국 주관	2005년부터 국가청소년위원회 주관	2008년부터 보건복지가족부 청소년정책실 주관 2010년부터 여성가족부 청소년가족정책실 주관
비고	문제청소년 중심 지원	모든 청소년을 대상으로 주체화를 강조	참여, 소통, 체험 청소년상담사 자격제도 실시	가족기능 강화, 청소년 사회안전망 강화, 유형별 맞춤형 서비스 강화 Wee 프로젝트 실시 학교 Wee 클래스에 청소년상담사, 사회복지사 등 상담인력 배치

출처: 진혜경(2012)에서 참고하여 수정함.

우리나라에서 청소년을 대상으로 하는 교육기관은 학교 형태 평생교육시설과 원격매체, 각종 학원, 청소년 수련시설 및 문화시설로 구분해 볼 수 있다. 하교 형태의 시설이나 학원, 학원매체를 이용한 평생교육 프로그램은 학교의 연장선상에서 이용하는 것들이 대부분이기 때문에 제외한다. 청소년을 위한 각종 시설은 청소년들에게 정서적 안정을 심어 주는 역할을 해야 한다. 따라서 청소년 교육기관은 청소년들에게 매력을 줄 수 있도록 좋은 프로그램을 개발하여 청소년들의 잠재된 능력을 키워 나가고 건전한 성장을 위한 토대를 제공해야 한다.

청소년 교육기관은 청소년 육성을 목적으로 설치되어 그 관련 업무를 수행하는 모든 형태의 조직체다. 청소년 기관은 학교를 비롯한 교육기관을 제외하고 청소년 활동 전반에 걸친 영역의 청소년 관련 기관으로 청소년 육성을 도모하는 조직적인 활동을 하는 모든 형태의 조직체라고 볼 수 있다. 청소년 육성은 청소년의 건전한 성장 · 발달을 위하여 지역사회의 자연 속에서 실시되는 직접적인 체험활동을 그 내용으로 한다.

1) 청소년보호센터와 청소년재활센터

「청소년보호법」은 유해한 매체물과 약물 등이 청소년에게 유통되는 것과 청소년이 유해한 업소에 출입하는 것 등을 규제하고, 학대 · 폭력 행위 등을 포함한 각종 유해한 환경으로부터 청소년을 보호 · 구제함으로써 청소년이 건전한 인격체로 성장할 수 있도록 지원하는 법률이다. 「청소년보호법」에 의하여 청소년보호센터가 만들어졌다. 청소년 폭력, 학대 등 유해 환경으로부터 청소년을 임시로 보호하기 위한 청소년보호센터와 청소년 폭력 · 학대 등의 피해 · 가해 청소년 및 약물로부터 고통을 받는 청소년의 재활을 위해 청소년재활센터를 여성가족부에 설치하도록 규정하였다.

2) 청소년수련시설과 청소년이용시설

「청소년활동진흥법」에서는 청소년의 수련활동을 인증해 주는 인증제를 도입하여, 문화활동 및 교류활동을 위한 다양한 청소년활동을 체계화하였다. 「청소년활동진흥법」 제10조에서는 청소년활동시설의 종류를 청소년수련시설과 청소년이용시설로 구분하고 있다.

(1) 청소년수련시설

청소년수련시설은 수련활동에 필요한 여러 시설, 설비, 프로그램 등을 갖추고 청소년 지도자의 지도하에 체계적이고 조직적인 수련활동을 실시하는 시설을 말한다.

청소년수련시설은 2005년부터 청소년수련관, 청소년수련원, 청소년 문화의 집, 청소년 특화시설, 청소년 야영장, 유스호스텔로 구분된다. 청소년수련관은 다양한 수련거리를 실시할 수 있는 각종 시설 및 설비를 갖춘 종합수련시설이다. 청소년수련원은 숙박 기능을 갖춘 생활관과 다양한 수련거리를 실시할 수 있는 각종 시설과 설비를 갖춘 종합수련시설이다. 청소년 문화의 집은 간단한 수련활동을 실시할 수 있는 시설 및 설비를 갖춘 정보, 문화, 예술 중심의 수련시설이다. 청소년 특화시설은 청소년의 직업 체험, 문화예술, 과학정보 및 환경 등의 특정 목적의 청소년 활동을 전문적으로 실시할 수 있는 시설과 설비를 갖춘 수련시설이다. 청소년 야영장은 야영에 적합한 시설 및 설비를 갖추고 수련거리 또는 야영 편의를 제공하는 수련시설이다. 유스호스텔은 청소년의 숙박체계에 적합한 시설 및 설비와 부대, 편의시설을 갖추고 숙식 편의 제공, 여행청소년의 활동지원 등을 주된 기능으로 하는 시설을 말한다(국가청소년위원회, 2007).

(2) 청소년이용시설

청소년이용시설은 청소년수련시설이 아닌 시설이지만, 설치 목적의 범위 내에서 청소년활동시설과 청소년의 건전한 이용 등에 제공할 수 있는 시설을 의미한다. 청소년이용시설에는 문화시설, 과학관, 체육시설 등이 있다. 문화시설로는 청소년들의 정서 함양을 위해 국가가 건립한 국립중앙극장, 국립중앙박물관, 국립현대미술관, 국립국악원, 국립민속박물관, 국립중앙도서관 등이 있다. 그리고 지역별로 박물관, 미술관, 도서관, 문예회관, 지방박물관 등의 시설이 있다. 문화 공간은 공연시설(공연장, 영화상영관, 야외음악당 등), 전시시설(박물관, 미술관, 화랑, 조각공원), 도서시설(도서관, 문고), 지역문화복지시설(문화의 집, 복지회관, 문화체육센터, 청소년수련시설), 문화보급전수시설(지방문화원, 국악원, 전수회관) 등으로 분류된다(국가청소년위원회, 2007).

과학관 중 대표적인 이용시설로는 국립중앙과학관과 국립서울과학관이 있다. 국립중앙과학관의 상설 전시관에는 4개 분야의 약 4,100여 점의 전시품이 전시되고 있다. 이 밖에 탐구관, 천체관, 영화관, 특별전시관, 야외전시장 등을 갖추고 있다. 국립서울과학관은 상설전시관, 특별전시관, 영화관, 과학교실, 세미나실, 놀이 및 휴식 공간 등을 갖추고 있다(국가청소년위원회, 2007).

현재 정부가 지원하고 있는 공공체육시설의 종류로는 생활체육공원, 국민체육센터, 마을단위 생활체육시설, 동네 운동장, 길거리 농구대, 시 · 군 기본 체육시설 등이 있다(국가청소년위원회, 2007).

3) 청소년상담복지센터

「청소년복지지원법」이 2012년 전면 개정되어 청소년 복지지원기관으로 위기청소년 발견, 보호, 지원을 위해 1991년 설립된 한국청소년상담원을 2012년에는 한국청소년상담복지개발원으로 명칭을 변경하여 청소년 상담과 복지와 관련된 정책을 연구하고 인력의 양성을 지원하도록 하였다. 시도 및 시군구에는 청소년상담복지센터를 설치 · 운영할 것과 이주배경을 가진 청소년을 위해 지원센터를 설치 · 운영하도록 한 것 이외에, 청소년쉼터, 청소년자립지원관, 청소년치료재활센터 등의 청소년 복지시설의 종류를 규정하였다.

여성가족부장관 또는 지방자치단체의 장은 청소년의 가출을 예방하고 가출한 청소년의 가정 · 사회 복귀를 돕기 위하여 상담, 청소년쉼터의 설치 · 운영, 청소년쉼터 퇴소 청소년에 대한 사후지원 등 필요한 지원을 하도록 하였다.

5. 청소년 교육방법

1) 한 방향 대화와 쌍방향 대화 방법

(1) 배경 및 필요성

청소년기는 일상생활의 대부분이 대화를 통해 이루어진다. 일단 대화를 하면 그 대화에 책임을 져야 한다. 청소년들은 대화를 통해서 새로운 상황을 이해하고 현실을 개선하거나 창조한다. 그러나 대화를 하다가 갑자기 대화가 통하지 않거나 꼬이거나 오해를 받아서 답답해지는 경우가 있다. 심지어는 전달하는 과정에서 잘못 전달되어 대화가 단절되거나 갈등을 일으키기도 한다. 전달하는 과정에서 가치관의 차이, 입장의 차이, 과거의 경험, 감정 등이 영향을 주기 때문이다.

한 방향 대화(one-way communication)와 쌍방향 대화(two-way communication) 방법은 어떤 그림을 보지 않고 말로 전달하여 그리게 하되, 일방적인 한 방향 대화를 했을 때와 쌍방향 대화를 했을 때 결과를 비교해 봄으로써 쌍방향 대화의 중요성을 체험해 보는 것이다. 시간은 약 45~60분 정도 소요된다.

(2) 준비물

- 1인당 2장의 백지와 볼펜
- '그림 1' '그림 2' 시트 각 1장
- 플립차트(전지), 마카펜

(3) 진행방법

① 도입

- 참가자들은 상대방의 그림을 볼 수 없게 앞을 향해 앉는다.

• 참가자 중 시범을 보일 대표자 1명과 관찰자 1명을 선발한다.
• 나머지 참가자들에게는 백지 2장과 필기도구를 나누어 주고, 백지 각 장에 '그림 1' '그림 2'라고 적게 한다.
• 교수자는 참가자들에게 대표자가 어떤 그림을 말로 설명하면 참가자들은 대표자가 설명하는 대로 그려야 한다고 안내한다.
• 대표자에게 '그림 1'을 주고 사각형의 배열 모습을 연구하도록 2분간 시간을 준다.
• 관찰자에게 참가자와 대표자의 행동을 관찰하고 정리하게 한다.
• 교수자는 '표 1, 2, 3'을 게시한다.

② 전개

• 한 방향 대화 방법
 – 참가자 대표는 다른 참가자들을 볼 수 없도록 등을 돌리고 서거나 스크린 뒤에 서서 자신이 설명할 수 있는 한 가장 정확하고 간결하게 [그림 11-2]

지시문 1: 다음의 사각형들을 주의 깊게 보십시오. 당신은 다른 참가자들에게 등을 돌리고 서서 그들에게 아래 그림을 그리는 방법을 설명해야 합니다. 위쪽에 있는 사각형부터 설명을 시작하십시오. 사각형 간의 관련성을 특히 주의 깊게 전달해야 합니다. 이 과정 중에는 어떠한 질문도 주고받을 수 없습니다.

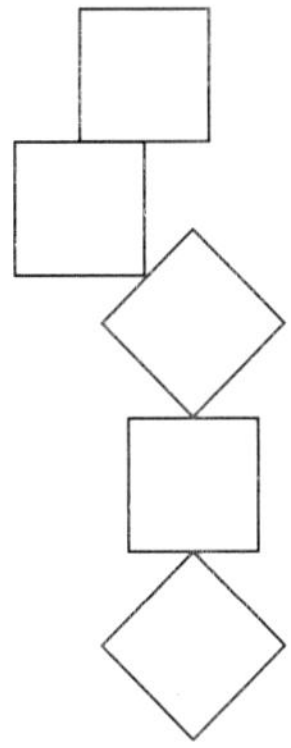

그림 11-2 한 방향 대화

에 대해서 설명한다. 교수자는 질문이 오가지 않도록 참가자들에게 한 번 더 주지시킨다.

-교수자는 시간을 기록하고, 참가자들은 자신이 제대로 그렸다고 생각되는 사각형의 수를 '표 1'에 기입한다(正자 표시). 교수자는 그림을 그리는 데에 소요된 시간을 재고 평균을 내어 '표 3'을 정리한다.

• 쌍방향 대화 방법

-동일한 방법으로 [그림 11-3]을 설명하고 그리게 한다. 이때 교수자는 참가자들을 향해 질의응답이 가능하다고 설명한다. 마찬가지로 자신이 정확하게 그렸다고 생각되는 사각형의 수를 '표 2'에 기입하게 한다. 교수자는 '표 3'에 [그림 11-3]에 대한 참가자들의 결과(추정치) 평균을 기록한다.

-교수자는 정답을 보여 준다. 각자 '표 1, 2'에 실제 결과를 기록하고 '표 3'을 완성한다.

지시문 2: 다음의 사각형들을 주의 깊게 보십시오. 당신은 다른 참가자들을 향해 서서 그들에게 아래 그림을 그리는 방법을 설명해야 합니다. 위쪽에 있는 사각형부터 설명을 시작하십시오. 사각형 간의 관련성을 특히 주의 깊게 전달해야 합니다. 특히 이번에는 자유롭게 질문을 받고 답변할 수 있다고 이야기합니다.

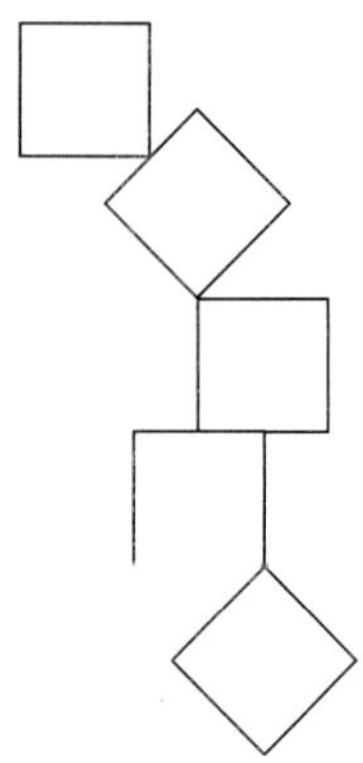

그림 11-3 쌍방향 대화

〈표 1〉 그림 1용		
정답 수	추정	실제 결과
5		
4		
3		
2		
1		
0		

〈표 2〉 그림 2용		
정답 수	추정	실제 결과
5		
4		
3		
2		
1		
0		

〈표 3〉		
	그림 1	그림 2
소요된 시간		
추정치 평균		
실제 결과 평균		

– 교수자는 참가자들에게 시간, 정확성, 확실성 등의 결과에 대해 자유롭게 이야기하게 한다.

– 교수자는 다음의 질문을 가지고 토의를 유도한다. 두 가지 대화 방법의 결과를 비교해 볼 때 시간, 결과의 정확성 등에서 어떠한 방법이 효과적인가? 왜 그렇다고 생각하는가? 보다 나은 대화를 위해서 어떤 기술이 필요하다고 생각되는가?

2) 피드백

이 교육방법을 통해 청소년들은 학교나 가정 등의 생활에서 정확한 대화의 중요성을 인식함과 동시에 효과적인 대화를 위한 요소들은 무엇이 있는지 생각해 볼 수 있다. 어떤 두 사람이 대화를 나눌 때 그들의 대화는 개인의 성격, 태도, 가치관, 배경, 경험, 상대방에게 의도하는 바 등에 따라 조금씩 변형된다.

교수자가 피드백을 할 때에는 첫째, 대화가 이루어지기 위해서는 우선 쌍방향의 의견 교류가 있어야 한다는 것을 강조한다. 서로의 느낌과 생각, 가치관의 교류를 통해 진정한 대화가 일어난다. 일방적인 한 방향 대화는 무엇을 알리고자 했고 무엇을 들었는지에 대한 확인이 이루어지지 않기 때문에 매우 비효율적이다.

둘째, 대화의 내용을 서로 확인해야 한다는 것을 강조한다. 서로가 가진 대화의 장벽으로 인한 오류를 최소화하기 위해서는 상대방과의 대화에서 자신이 이해한 것을 다시 한 번 확인하는 활동을 습관화해야 한다.

셋째, 대화를 하는 사람은 자신의 말에 대한 반응을 파악해야 한다는 것을 강조한다. 이는 자신과 정보를 공유하고자 하는 사람들의 피드백을 얻음으로써 가능하다.

넷째, 내용을 전달하는 대화에는 순서가 있다는 것을 강조한다. 먼저 큰 그림(이미지)부터 설명한다. 그리고 핵심적인 특징을 설명하고 숫자는 반복해서 전달하는 것이 중요하다.

3) 숫자게임을 통한 학습 의욕 고취 교육방법

(1) 배경 및 필요성

청소년들은 성인과는 다르게 다양한 경험이 부족하기 때문에 어려움이 닥치면 쉽게 당황하거나 포기한다. 또한 학원, 과외, 학교생활의 과정을 반복하게 되면 자신도 모르게 인내심이 약해질 수 있다. 단순 반복된 습관은 공부하는 방법에도 영향을 준다. 난이도가 있는 과제나 문제가 주어지면 시도조차 하지 않거나 흥미를 잃는다. 또한 공부하다가 지치면 집중력이 떨어진다.

숫자게임은 처음부터 끝까지 인내심을 가지고 몰입할 것을 요구한다. 일정하지 않게 놓인 숫자 찾기를 계속 반복하면 끈기가 생기고 성취의 기쁨을 맛보게 된다. 이러한 인내와 성취의 기쁨이 학습 의욕을 고취시킨다. 숫자게임은 학습의 정체기를 극복하게 해 주는 좋은 방법이다.

(2) 준비물

• 숫자 게임 시트 : 1인당 8~10장씩

(겉표지에는 백지를 붙여서 숫자들을 가려 둔다.)

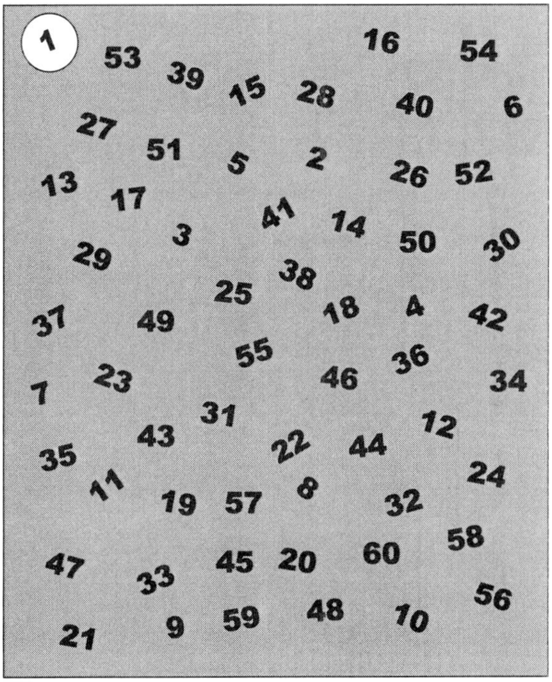

(3) 진행방법

① 도입

• 1에서 60까지 숫자가 어지럽게 적힌 숫자 용지(1인당 8~10장씩)와 필기도구를 전 참가자들에게 나누어 준다.

• 교수자는 참가자들에게 '이 교육방법은 주어진 시간 내에 손과 눈이 얼마나 마음먹은 대로 빨리 움직일 수 있는가를 알아보는 간단한 테스트'라고 얘기한다.

- 교육방법의 법칙을 설명한다. "백지를 치우고 각자 가지고 있는 펜으로 1, 2, 3 차례대로 숫자를 찾아 선을 이어 가세요. 멈추라고 할 때까지 계속하겠습니다. 자, 시작!"
- 60초 후 최종 숫자에 동그라미를 그리고 첫 페이지 옆에 1이라고 적게 한다. 같은 테스트를 8회 이상 반복한다. 각 페이지마다 번호를 기록하게 한다.

② 전개

- 다음과 같은 질문으로 토의를 유도한다. "이 게임을 통해 어떤 것을 느꼈습니까?" 대답은 다양하게 나타날 것이다. 부단한 연습이 완벽한 결과를 가져온다는 가정이 사실이라면 우리가 최종적으로 도달한 숫자는 계속해서 증가하여야 합니다. 여러분 모두의 결과가 이와 같이 나타났습니까? 만일 아니라면 왜 그렇습니까? 최종 도달한 숫자가 매번 지속적으로 증가한 사람이 있습니까?
- 우리는 종종 '학습 정체기(learning plateau)'를 직면하게 됩니다. 왜 이런 현상이 생겨난다고 생각합니까? 우리가 이러한 학습 정체기를 자주 맞이하는 경향이 있다면 이를 극복하고 적응해 가기 위해서는 어떻게 해야 합니까?

(4) 피드백 방법

이 교육방법의 목적은 동일한 상황을 반복하여 실행하게 함으로써 그 속에서 학습 정체기를 극복하는 방법을 모색해 볼 수 있게 하는 데 있다.

교수자가 피드백을 할 때에는 첫째, 이 교육방법은 바로 청소년기에 학습 정체기를 극복하고 새로운 학습 의욕을 고취시키기 위한 것임을 강조한다. 이 교육방법을 실시해 보면 마지막에 도달한 숫자의 값이 지속적으로 매번 증가하는 일이 매우 드문 것임을 알 수 있다. 만일 부단한 연습이 매번 지속적인 학습으로 이어졌다면 결과는 매번 증가하였을 것이다. 그러나 최종 도달한 숫자는 한번 상승 곡선을 그린 후에는 비슷한 자리에서 왔다 갔다 하는 경우가 대부분이다. 심지어는 최종 숫자가 오히려 다소 감소하는 경우도 있다. 대부분 처음에 10~14 사이에 있다가 3, 4회쯤 되어서는 20 정도에서, 5~8회에는 30 전후에 있는 경우가 많다. 특히 숫자들 간의 상관관계(지그재그식의 배열이나 숫자를 이은 선의 모양 등)를 눈여겨 본 사람이라면 결과가 더 좋게 나타날 수 있다.

둘째, 참가자들에게 학습 정체기를 만드는 요인들은 매우 다양하다는 것을 강조한다. 학습의 필요성을 느끼지 못하는 경우나 변화를 싫어하는 경우, 집중력·기억력의 저하, 자유시간의 부족, 배타적인 태도 등의 여러 요인들이 학습을 저해한다. 학습의 도입부에 이 교육방법을 진행함으로써 학습 정체기를 만드는 요인들과 이를 극복하는 방안에 대해 간단한 토론이 이루어지게 되면 보다 적극적이고 개방적인 자세로 학습에 임하는 교육 분위기를 조성할 수 있을 것이다.

셋째, 이 교육방법은 청소년의 학습 의욕을 높이는 방법으로 활용될 뿐만 아니라 삶의 태도를 변화시키는 교육방법에도 응용할 수 있음을 강조한다. 인생은 끊임없이 학습하고 학습한 것을 적용하는 과정의 연속이다. 특히 학습사회인 오늘날은 다른 사람보다 먼저 학습하고 그것을 활용할 수 있는 사람만이 살아남는다. 무언가 새로운 것을 배우기 위해서는 기존의 낡은 방식을 깨뜨리고 새로운 것을 접하려는 노력이 있어야 하는데 이 방법이 하나의 대안이 될 수 있다.

4) 구체적인 사물연상 훈련을 통한 창의력 개발 교육방법

(1) 배경 및 필요성

창의력은 관계가 없다고 생각되었던 사실들 사이의 어떤 관계를 찾아내거나 유사점이 없다고 생각되었던 아이디어들 간의 공통성을 발견하여 기존 요소를 새롭게 조합함으로써 새로운 것을 생산해 내거나 문제를 해결할 수 있는 능력이다(송영선, 2010). 이러한 창의력은 비록 그 수준의 차이는 있을지라도 정상적인 사람이면 남녀노소를 막론하고 잠재적으로 가지고 있다. 정보화된 사회에서 변화하는 환경에 능동적으로 적응하고 새로운 정보경영의 마인드를 획득하기 위해 창의성은 필수 불가결한 요소라고 할 수 있다. 창의적인 사고와 개방적인 마인드가 없이는 역동적인 시대에 살아남을 수가 없기 때문이다(정은이, 2002). 이렇게 중요한 창의력이 참가자들마다 차이가 나는 것은 타고난 지능의 정도가 아닌 노력에 달려 있다. 따라서 창의력을 끄집어내고 발휘하기 위해서는 절대적인 노력과 인내가 필요하다.

구체적인 사물연상 훈련을 통한 창의력 개발 교육방법은 100여 개의 형용사를 적어 놓고 그중 하나를 골라 그것이 특정 명사(여기서는 '삼각형')와 어떠한 관련성이 있는가를 참가자 중 아무나 말하게 한다. 한 참가자가 자신의 논리를 말하고 그에 대해 다른 사람들의 동의를 얻으면 발표자에게 점수를 준다. 그러나 마지막에 시상할 때는 발표한 횟수 이외에 다른 사람의 발표 내용에 동의해 준 횟수도 점수를 주게 된다.

이 교육방법을 통해 혼자만 아이디어를 많이 내는 것이 중요한 게 아니라 남의 아이디어를 이해하고 그에 동의해 줄 수 있는 팀워크 정신도 중요하다는 것을 피드백할 수 있다. 교육방법 진행 중 온갖 기상천외한 제안이 나옴으로써 즐겁고 유쾌한 분위기를 이끌어 낼 수 있다. 팀 내 협조적 분위기를 조성할 수 있고 창의적 아이디어 발상, 회의 진행 요령에 있어 긍정적 피드백의 자세 설명을 위한 간단한 교육방법으로 실행할 수 있다. 시간은 약 45분 소요되며, 참가 인원은 10~30명 사이가 적당하다.

(2) 준비물

- 지시문: 참가자 수만큼
- 필기도구, 상품
- 점수 산출이 용이하도록 미리 그려 둔 참가자들의 좌석 배치도

(3) 진행방법

- 교육방법 지시문을 배포하고 읽어 보게 한다.

- 교육방법 지시문에 적힌 100개의 형용사 중에서 교수자는 임의의 한 항목(예: '남성적인')을 선정하여 "왜 삼각형이 남성적일 수 있나요?" 하고 묻고 참가자 중 누구라도 그 이유를 설명하게 한다. 이때 교수자는 설명이 합당한지를 다른 참가자들에게 묻고 그에 동의하면 거수로 표시하게 한다. 3명 이상(전체 10명 정도인 경우)이 동의를 표하면 발표자에게 1점을 주고 2명 이하의 동의를 받으면 1점을 감점한다.
- 이때 총 팀원 수에 따라 필요 동의자 수를 바꿀 수 있다. 참가자가 5명이라면 1명이라도 가능하고 15명이라면 4명의 동의를 필요 조건으로 한다. 그러나 팀이 15명을 넘게 될 때는 7~8명 단위의 2개 팀으로 나누어 2명 정도를 필요 동의자 수로 정하고 진행하는 것이 좋다. 교수자는 미리 보조해 줄 사람을 구하여 요령을 설명해 준 다음 각 개인별 손드는 횟수를 참가자들이 눈치채지 못하도록 하면서 기록해 두게 한다. 사람 수가 적을 때는 교수자가 이 일을 하고, 인원이 5명 이상 되면 보조하는 진행자(참가자)를 한 명 둔다.
- 필요한 수의 동의를 얻지 못했을 경우 교수자는 두 번째까지 다른 참가자에게 기회를 줄 수 있다. 그래도 그 문제에 대해 점수를 얻는 사람이 없으면 다음 형용사로 넘어가서 똑같은 절차에 따라 점수를 내게 된다. 교수자는 가장 많은 점수를 얻은(3인 이상의 동의를 얻어 채택된 아이디어가 가장 많은) 사람에게 상품을 준다고 미리 공지해 둔다.
- 동일한 방법으로 약 30분 동안 15개 정도의 문제를 풀도록 한다. 집단의 크기와 시간, 참가자들의 흥미도 등을 고려하여 문제 수를 조절할 수 있다.
- 15개 정도 문제를 다 푼 후에 개인별 점수를 합산하여 순위를 가리게 된다. 이때 1등은 유효한 아이디어를 가장 많이 낸 참가자라고 처음에 설명했지만 실제로는 개인의 취득 점수와 남의 아이디어에 손을 들어 준 횟수를 더하여 나온 총점이 가장 큰 사람을 1등으로 한다. (만약 점수가 동일하면 유효 아이디어가 많은 사람으로 결정한다.)
- 이 교육방법의 중요한 교육 목표 중의 하나는 혼자만 아이디어를 많이 내는

것이 아니라 남의 아이디어를 이해하고 그에 동의해 줄 수 있는 팀워크 정신도 마찬가지로 중요하다는 것이다.

- 시간이 충분하거나 참가자들의 호응도가 아주 좋은 경우에는 '삼각형' 대신에 '사랑'이라든지 '우리 부장님' '우리 회사(또는 우리 부서)' 등을 그 대상으로 하여 교육방법을 계속할 수 있다. 형용사들도 좀 더 재미있는 것들을 첨가하여(예를 들어, 특정인의 이름을 사용하여 '○○○ 같은') 실시해도 좋다.

지시문

다음에는 100개의 형용사들이 나열되어 있습니다. 삼각형과 어떤 식으로든 관계될 수 있는(삼각형이 그런 특성을 가질 수 있는) 형용사들을 이 중에서 골라 주십시오.

각 형용사가 관계가 있다고 생각되면 '○'를, 관계가 없다고 생각되면 '×'를 밑줄 위에 적어 주시면 됩니다. 삼각형과 각 형용사의 관계를 하나씩만 음미한 다음 결정해 주십시오.

1. ___ 뜨거운	2. ___ 신비한	3. ___ 제한된	4. ___ 무시무시한
5. ___ 분리된	6. ___ 평범한	7. ___ 일반적인	8. ___ 위험한
9. ___ 복잡한	10. ___ 깨어진	11. ___ 아리송한	12. ___ 열린
13. ___ 허술한	14. ___ 모방적인	15. ___ 역사적인	16. ___ 친근한
17. ___ 이상적인	18. ___ 핼쑥한	19. ___ 경제적인	20. ___ 이기적인
21. ___ 어두운	22. ___ 엉뚱한	23. ___ 자상한	24. ___ 가족적인
25. ___ 즉각적인	26. ___ 새로운	27. ___ 잊힌	28. ___ 정열적인
29. ___ 사실적인	30. ___ 삐뚤어진	31. ___ 세련된	32. ___ 따분한
33. ___ 조용한	34. ___ 구겨진	35. ___ 주기적인	36. ___ 정당한
37. ___ 간단한	38. ___ 투명한	39. ___ 비슷한	40. ___ 영원한
41. ___ 자연스러운	42. ___ 효과적인	43. ___ 남성적인	44. ___ 유용한
45. ___ 텅 빈	46. ___ 모순된	47. ___ 상업적인	48. ___ 촌스러운

49. ___ 들뜬	50. ___ 관능적인	51. ___ 추상적인	52. ___ 조숙한
53. ___ 여린	54. ___ 깊은	55. ___ 멋쩍은	56. ___ 헌신적인
57. ___ 별난	58. ___ 통속적인	59. ___ 주도면밀한	60. ___ 소홀한
61. ___ 우월한	62. ___ 규칙적인	63. ___ 멍청한	64. ___ 예상된
65. ___ 극단적인	66. ___ 화려한	67. ___ 동떨어진	68. ___ 연결된
69. ___ 평등한	70. ___ 똑똑한	71. ___ 보수적인	72. ___ 담담한
73. ___ 순수한	74. ___ 불확실한	75. ___ 난해한	76. ___ 운명적인
77. ___ 이단적인	78. ___ 가혹한	79. ___ 매끈한	80. ___ 착실한
81. ___ 감정적인	82. ___ 적절한	83. ___ 소비적인	84. ___ 일시적인
85. ___ 유명한	86. ___ 낡은	87. ___ 안전한	88. ___ 어울리는
89. ___ 인기 있는	90. ___ 솔직한	91. ___ 심각한	92. ___ 꽉 막힌
93. ___ 기적적인	94. ___ 대립되는	95. ___ 쓸모없는	96. ___ 피곤한
97. ___ 중요한	98. ___ 가득한	99. ___ 인공적인	100. ___ 여자 같은

(4) 피드백 방법

이 교육방법은 구체적인 사물연상 훈련을 통해 개인의 창의성을 일깨우고 집단 전체적으로는 서로의 창의적 아이디어를 인정해 주고 북돋아 주는 분위기를 이끌어 내는 훈련이다.

첫째, 교육방법의 핵심은 바로 막판 뒤집기에 있다는 것을 강조한다. 중요한 것은 혼자만 아이디어를 많이 내는 것이 아니라 남의 아이디어를 이해하고 그에 동의해 줄 수 있는 팀워크 정신도 마찬가지로 중요하다는 것을 일깨워 주려는 것이다.

처음 설명에 따르면 남에게 손을 들어 주는 것은 곧 자신에게 불리해지는 것을 의미한다. 그러나 아무리 혼자만의 아이디어가 좋아도 남이 그것을 인정해 주고 북돋아 주지 않으면 소용이 없다. 남의 아이디어를 인정하고 지원해 주는 것도 독창적인 아이디어를 내는 것 못지않게 중요하다는 것을 극적으로 강조하기 위해서

이 교육방법을 실시하는 것이다.

따라서 처음의 거짓말은 정당화될 수 있을 것이다. (그러나 자신의 아이디어는 하나도 내지 않고 손만 많이 들어 점수가 제일 높은 사람의 경우는 제외한다. 기본적으로 자신의 아이디어가 최소한 하나라도 통과되어야 하며, 두 사람이 동점일 경우라면 채택된 아이디어가 많은 사람을 1등으로 한다.)

생각해 보기

1. 오늘날 인터넷, 스마트폰 등의 다양한 매체가 청소년들에게 미치는 영향 중 긍정적인 것과 부정적인 것을 토의하고 부정적인 것을 줄이거나 제거하기 위해 우리가 해야 할 일은 무엇인지 생각해 보자.
2. 청소년을 위한 각종 시설을 활용하여 할 수 있는 교육방법에는 어떤 것들이 있는지 토의해 보자.
3. 청소년의 심리적 · 정서적 안정을 고취할 수 있는 교육방법으로는 무엇이 있는지 토의해 보자.

참고문헌

국가청소년위원회(2007). 2007청소년백서. 서울: 국가청소년위원회.

나길님(2000). 청소년상담현장에서의 상담기법 활성화 방안에 관한 연구. 강남대학교 대학원 석사학위논문.

남윤정(2009). 청소년 평생교육 사례연구: 청소년교육문화기관 라온센터를 중심으로. 영남대학교 대학원 석사학위논문.

송영선(2010). 창의력 개발과정교재. 미간행물.

정은이(2002). 일상적 창의성과 개별성-관계성 및 심리 · 사회적 적응의 관계. 고려대학교 대학원 박사학위논문.

조학래(1996). 자원봉사활동이 청소년의 자아정체감과 도덕성 발달에 미치는 영향 연구. 연세대학교 대학원 박사학위논문.

진혜경(2012). **청소년정책론**. 서울: 학지사.

한국청소년학회 편(1999). **청소년학 총론**. 파주: 양서원.

허정철(2004). 청소년 정책수립을 위한 전인교육 프로그램의 영향에 관한 실증적 연구. 조선대학교 대학원 박사학위논문.

제12장 성인기 교육

학습개요

12장에서는 성인 학습자의 인지적, 심리적, 사회적 특성을 살펴보고 학습 가능성, 한계, 학습방법 등의 이해를 위한 기초를 제공한다. 성인을 위한 다양한 평생교육기관을 살펴보고 성인을 위한 교육방법으로 네트워크, 거버넌스 등을 설명한다.

학습목표

1. 성인 학습자의 인지적, 심리적, 사회적 특성을 알 수 있다.
2. 성인 학습자를 위한 다양한 평생교육기관을 알 수 있다.
3. 성인 학습자를 위한 교육방법을 알 수 있다.

1. 성인 학습자의 특징

1) 인지적 특성

(1) 지능

지능이란 직접 관찰할 수 없기 때문에, 일반적으로 사람들의 행위와 행동을 통해 나타나는 지적 능력을 일컫는다. 성인기의 지적 능력에 대한 연구 결과는 다음과 같이 세 가지로 정리된다(정옥분, 2008). 첫째, 성인기 지능은 연령의 증가와 더불어 쇠퇴한다. 둘째, 성인기 지능은 비교적 안정적이다. 셋째, 성인기 지능은 감퇴 영역과 증가 영역이 각각 다르다. 성인기 지능에 대한 이러한 연구들을 보다 구체적으로 설명하면 다음과 같다.

지능은 통상적으로 WAIS(Wechsler Adult Intelligence Scale)와 같은 표준화 검사로 측정된다. WAIS는 '언어능력'과 '수행능력'의 두 개 영역으로 구성된다. '언어능력'은 어휘, 이해, 수학 등의 범주로 구성되고, '수행능력'은 그림완성, 블록설계, 숫자기호 등의 범주로 구성된다(윤진, 1999). 이러한 도구를 사용하여 젊은이들과 노인들을 비교하는 연구 결과는 '언어능력' 범주에서는 줄곧 차이를 보이지 않으나 '수행능력' 범주에서는 확실한 차이가 나타난다고 한다. 수행능력에서 차이가 나는 것은 수행능력과 관련된 과제는 주로 '유동적 지능(fluid intelligence)'에 의존하는 데 반해 언어능력 과제는 '결정적 지능(crystallized intelligence)'에 따라 좌우되기 때문이다.[1] 또한 수행능력 과제를 할 때는 속도를 필요

---

1) '유동적 지능'과 '결정적 지능'은 카텔(Cattell)이 주장하고 혼(Horn)이 발전시킨 이론이다. 이것들은 성인기 이후의 지능 발달에 초점을 맞추고 있기 때문에 1970년대 이후 평생교육 및 평생발달심리학적 입장에서 활발하게 연구되고 있다. 유동적 지능은 유전적, 신경·생리적 영향에 의하여 발달되는 지능이다. 뇌와 중추신경의 성숙에 비례하여 발달하는데, 청년기까지 증가하다가 성인기 이후에 쇠퇴한다. 결정적 지능은 환경적, 경험적, 문화적 영향에 의하여 발달되는 지능이다. 그 발달은 가정환경, 교육 정도, 직업 등의 영향을 받으며, 성인기 이후에도 계속 증가한다. 계속 지적 자극을 추구하면 결정적 지능의 발달은

로 할 수도 있다. 최근에는 '실용성 지능(practical intelligence)'이라는 새로운 개념이 주목을 받고 있는데, 이것은 각 개인이 일상 행동에 적용하는 지능을 측정할 수 있다.

(2) 횡단 연구와 종단 연구

지능의 변화를 측정할 때 횡단 연구(cross sectional study)와 종단 연구(longitudinal study) 같은 방법이 사용된다. 횡단 연구란 젊은이와 노인들 사이의 지능 차이를 밝히기 위해 동시대 사람(cohorts)을 한 시점에서 비교하는 것이다. 횡단 연구의 결과를 보면, 지능은 일반적으로 성인 초기까지 증가하여 40대까지 고원(plateau)현상을 보이며 일정 수준을 유지하다가 50대부터는 퇴화한다고 한다. 그러나 이러한 퇴화는 나이를 먹는 것과 연관성이 있을 수도 있고, 세대 간에 발견되는 교육적, 문화적 차이 등에 따른 결과일 수도 있다.

종단 연구는 일정 기간 동안 시간차를 두고 특정 집단을 추적하는 것인데, 연구 결과에 의하면 지능이 특정 영역에서는 미미한 퇴화를 보이지만 다른 영역에서는 증가됨을 알려 주고 있다. 또 예전에 생각했던 것보다도 지능은 훨씬 늦은 나이에 퇴화한다고 한다(MacNeil & Teague, 1992). 그러나 종단 연구도 횡단 연구처럼 시간 간격의 타당성과 관련하여 오류가 있을 수도 있어, 양쪽의 방법을 절차적 발달기법에 의해 결합하면 좋은 연구 결과를 얻을 수 있다.

(3) 인지기능의 최적화

사람들은 예전에 획득한 수행 수준을 유지하며 지적 기능을 최적화(optimization)하면서 생물학적 퇴화와 환경적 손상에 적응한다고 한다(Schaie, 1990). 샤이에(Schaie)의 연구 결과 중 성인 학습자와 가장 밀접히 연관되는 것은 다음과 같다.

첫째, 성인은 40대까지 다양한 측면에서 성장한다. 지능이 떨어지는 것이 감지

더욱 뚜렷해진다고 한다.

되는 50대 중반이나 60대 초반까지는 안정성을 보인다. 둘째, 53~60세 사이에는 퇴화현상이 미미하다. 단지 언어 구사 부분과 숫자 영역에서만 통계적으로 유의미한 차이를 보인다. 그러나 60세 이상의 노인들은 모든 영역에서 능력이 떨어진다. 셋째, 퇴화 증세를 보이는 60세 이상의 사람들의 비율을 검토해 보면 대상자의 60~85%는 7년 이상 동안 안정적인 수행능력 수준을 유지한다. 넷째, 74세까지의 노인들에게는 이러한 능력 감소가 1/3도 안 되는 사람들에게서 보인다. 81세의 사람들에게는 40%도 안 되는데, 이것은 모든 영역에서 마찬가지다. 다섯째, 60세가 될 때까지 3/4 정도의 사람들은 7년 동안 적어도 4~5개의 검사 영역에서 안정적인 상태를 유지했으며, 81세까지는 절반 이상의 사람들도 지능을 유지하는 것으로 나타났다.

이상과 같은 지능 발달에 관한 연구 결과가 평생교육에 시사하는 점은 다음과 같다(나항진 외, 2011). 성인들은 나이를 먹어도 자신들의 능력을 최대화함으로써 지적 수준을 유지하는 능력을 갖고 있음을 확인할 수 있다. 즉, 성인들의 지능이 모든 영역에서 똑같이 퇴화되는 것은 아니고, 사람에 따라 어떤 능력은 유지되며 또 감소하는 차이도 다르다는 것이다.

(4) 기억력

성인 학습에 관한 사회적 관점을 반영하는 격언으로 '늙은 개에게 새로운 기술을 가르칠 수 없다.'는 말이 있듯이 학습과 기억은 밀접히 관련되어 있음을 알 수 있다. 후이먼과 카이야크(Hooyman & Kiyak, 1993)는 학습이란 사람들이 기억으로부터 정보를 불러내는 것이며 정보를 코드화(coding)하여 기억 안에 위치시키는 것이라고 한다. 그들에 따르면 기억에는 감각기억, 1차적 혹은 단기 기억과 2차적 혹은 장기 기억의 세 가지 종류가 있다. 기억은 통상적으로 등록(registration), 보유(retention), 회복(retrieval)의 3단계 과정을 거친다.[2)]

성인의 기억과 관련하여 '원격기억(remote memory)'이 시사하는 바가 크다. 이것은 오래된 기억 혹은 제3의 기억이라고도 하는데, 아주 먼 과거의 사건에 대해 기억력을 회복하는 능력과 관계가 있다. 전통적으로 이러한 형태의 기억은 나이를 먹어도 매우 안정적이라고 여겨졌다. 이러한 믿음에 대한 일화를 많은 전쟁 이야기와 노인들이 들려주는 가족사 등에서 쉽게 찾아볼 수 있다. 이는 기억이 최근에 '명시적(explicit) 기억'과 '암묵적(implicit) 기억'으로 나누어지는 것과도 통한다. '명시적 기억'은 기억하려는 의도를 포함하며 특정한 지시가 있는 경우에만 나타나지만, '암묵적 기억'은 의식적으로 회상하지 않아도 그리고 기억에 대한 지시가 없어도 일어난다. 최근의 연구는 노화가 진행됨에 따라 '암묵적 기억'보다는 '명시적 기억'이 훨씬 많이 떨어지는 것으로 나타났다.

2) 심리적 특성

(1) 창의성

창의성이란 흔히 사고와 표현의 독창성 혹은 새로운 상황에서의 문제해결 능력이라고도 한다. 이와 관련하여 자주 인용되는 전통적인 연구로 레먼(Lehman, 1953)의 연구가 있다. 이 연구에 의하면 창의성은 30세에 정점에 이르며 그 이후 급격히 떨어지다가 점차 하향곡선을 그린다. 레먼은 또한 창의성, 학문적 수월성, 과학과 예술의 세 분야를 검토한 이후, 세 범주 안에서의 패턴 차이를 지적했다. 수학은 가장 빠른 정점을 보이지만, 철학은 가장 늦게 정점에 도달하는 것으로 나타났다.

반면에 데니스(Dennis, 1966)는 전체적 결과보다는 기여 정도를 중시하면서,

2) 첫 단계에서는 정보를 얻어 청각 저장고(echoic memory)나 시각 저장고(iconic memory) 같은 감각 저장고 중 하나에 간략히 보관한다. 만약 정보가 보다 심층적 수준으로 다시 처리되지 않는다면, 그 정보는 소멸된다. 그러나 정보는 선별적으로 주의를 기울이고 패턴을 인식함으로써 단기기억(1차적 기억)으로 옮겨지게 된다. 정보를 영구적으로 보관하기 위해서는 일정한 형태로 코드화를 하여야 한다. 코드화를 통해서 처리된 정보는 의미를 갖게 되어 장기기억(2차적 기억)으로 옮겨져 장기간 유지된다. 장기기억에 저장되어 있는 정보가 필요할 때는 언어 혹은 신체 반응의 형태로 활동하기 위해서 단기기억으로 보내진다. 그러나 이러한 기억력 회복과정이 늘 성공적으로 이루어지는 것은 아니다. 우리는 이전에 저장되었던 정보가 회복되지 않을 때에는 그것을 잊어버렸다고 한다.

레먼의 연구 결과를 반박했다. 그는 평생 동안의 창의적 생산성을 검토할 때 40대가 가장 생산적으로 보이지만 모든 분야에서 똑같지는 않다고 하였다. 그의 주장 중 가장 중요한 것은 노년기의 퇴화는 레먼이 주장한 것보다 그다지 심하지 않다는 것이다. 예컨대, 그는 역사와 철학 같은 분야에서는 60대에 업적이 절정에 도달하며, 70대에도 높은 수준을 유지하기 때문에 퇴화를 거의 무시해도 된다고 보았다.

관련 연구자들은 '창의적 결과물에 대한 나이 곡선의 존재' '조숙(precocity) 및 장수(longevity)와 결과물 사이의 관계' '양과 질 사이의 관계'에도 관심을 집중하였다(Simonton, 1990). 먼저 '창의적 결과물에 대한 나이 곡선의 존재'에 관한 연구 결과는 레먼의 주장과 일치한다. 이 연구 결과에 의하면 생산성은 정점에 이를 때까지 빠르게 상승하다가, 퇴화할 때는 정점에 비해 약 절반 정도로 점진적인 퇴화를 보인다. 퇴화의 정도는 각 분야마다 상이한데 이처럼 생애주기에 따른 정점의 위치도 퇴화에 따라 다르게 나타난다. 과학과 관련된 분야는 20대~30대 초반에 가장 빠른 정점을 보이지만 그 이후 급격한 추락을 보인다. 반면에 인문학 분야는 퇴화가 가장 늦어 40대와 50대에 정점에 도달하며 그 이후 아주 미미한 퇴화를 보인다고 한다. 즉, 나이에 상관없이 많이 생산하면 할수록 예외적으로 높은 질의 결과물이 만들어질 가능성이 더 많아진다는 것이다. '조숙 및 장수와 결과물 사이의 관계'에도 강한 관련이 있다. 이른 나이에 높은 수준의 업적을 이룬 사람은 노년기까지 이를 유지하는 경향이 있다. 즉, 조숙과 장수 모두 노년기에 양질의 결과물을 산출해 낼 수 있음을 증명해 주고 있다.

창의성과 노화 분야의 보편적인 연구 결과물에도 불구하고, 성인 학습자는 나이를 먹어도 높은 창의성을 보이는 예외적인 경우도 있다. 이러한 예들은 늙으면 창의성이 떨어진다고 하는 일반적인 생각과는 달리 피카소, 톨스토이, 프로이트, 소포클레스 같은 사람들이 70세 이후에도 위대한 업적을 남겼다.

(2) 인성

나이를 먹어도 인성(personality)은 쉽게 변하지 않는다. 코건(Kogan, 1990)은 "일정한 기간 동안 개인의 인성적 특징은 매우 안정적"으로 보았다.

그러나 종단 연구에서는 개인의 관심이 내부세계로 이동하는 경향이 중년기보다 노년기에 보다 확실해지는 일반적 경향성이 있음을 밝히고 있다(Neugarten et al., 1964). 이러한 경향성을 '내향성(introspection)의 증대'라고 하는데, 개인의 관심이 외부 환경으로부터 개인의 내부 세계로 이동하는 것을 말한다. 또 노이가르텐 등은 환경이 갖는 '수동적인 지배력'을 강조한다. 이는 성인 및 노인이 점점 위험하고 복잡해져 가는 세상을 바꾸기 위해 자신들의 에너지를 허비하기보다는 환경에 '순응'하려는 경향이 있음을 뜻한다. 따라서 성인기 및 노년기에는 주의력과 신중함이 증대되는 반면에 즉흥성과 충동성은 감소한다는 것을 지적하고 있다(Kalish, 1982).

성인들은 나이를 먹음에 따라 남자와 여자가 오히려 상대방의 영역에 관심을 갖는 경향이 있다. 즉, 남자들은 전통적으로 여자들의 고유 영역이라고 여겨지던 자녀 양육과 보호에 더욱 강한 관심을 보이게 되며, 여성들은 전통적으로 남성들의 특징이라고 여겨지던 공격성과 독립성을 더욱 강하게 나타낸다.

이상의 여러 연구 결과들 중 일부는 보편적인 성인기의 특징이라기보다는 동년배 효과(cohort effect)에 불과한 것일 수도 있기 때문이다. 따라서 현대사회의 인구 변화를 사회적 맥락과 관련하여 살펴보는 것은 중요하다. 이에 '베이비붐 세대는 이전 세대와 같은 특징을 보일 것인가?'와 같은 질문을 할 수도 있다. 베이비붐 세대들은 남녀를 불문하고 사회활동을 활발히 하는 것으로 알려져 있다. 그들은 건강하며, 육체적으로도 활동적이며, 자기주장이 강하고, 높은 수준의 서비스를 요구하는 것으로 알려져 있다(MetLife, 2011). 여자들의 취업률은 그 어느 때보다 높으며, 이전에는 남성들의 전유물이었던 가장이라는 역할의 스트레스까지도 공유하고 있다. 베이비붐 세대들은 양성이 함께 가족과 가정을 돌보는 책임을 나누고 있어 이들의 중년과 노년기 삶은 매우 활동적일 것으로 기대된다.

3) 사회적 특성

(1) 나이

나이는 일반적으로 역연령(chronological age), 즉 신체적 나이를 기준으로 한다. 그러나 인간의 성장과 발달 및 사망은 단순한 시간의 경과에 좌우되는 것이 아니라 시간 외의 다른 요인에 의해 결정되는 경우도 많다. 이에 인간이 나이 먹는 것 또는 노화과정과 관련해서도 단순한 신체적 나이뿐만 아니라 생애주기와 관련된 여러 형태의 나이를 고려해야 한다(윤진, 1999). 한 개인의 나이를 말할 때는 다음과 같은 여러 가지 기준을 종합적으로 고려하여야 한다.

첫째는 흔히 신체적 나이를 뜻하는 역연령이다. 역연령은 개인의 능력이나 의지와는 상관없이 시간의 흐름에 따라 1년씩 늘어나는데, 대부분의 사회에서 법률 및 관습의 중요한 기준이 된다. 둘째는 생물학적 나이(biological age)이다. 개개인의 신체적 활력 정도를 나타내며, 혈압, 폐활량, 근육의 유연성 등으로 파악한다. 신체적 나이가 같더라도 생물학적 나이가 많으면 그만큼 잔여수명은 더 짧다고 할 수 있다. 셋째는 심리적 나이(psychological age)이다. 신체적 나이를 먹어감에 따라 심리적 성숙과 적응이 동시에 이루어져 자신의 삶의 발달 단계를 자각하는 나이이다. 성인들은 통상 20세 전후에 이르러 자아정체감이 뚜렷해진다고 한다. 넷째는 사회적 나이(social age)이다. 이는 사회에서 규범으로 정해 놓은 나이로서 교육받을 시기, 결혼 및 출산의 시기, 취업의 적령기 등이다. 성인은 사회적 나이에 따라 지위가 결정되고 자신에 대한 기대감이 다르게 된다. 다섯째는 자신이 자각하는 나이(self-awaring age)이다. 신체적 나이와 상관없이 개개인이 자신의 나이를 주관적으로 지각하는 것이다. 예컨대, 노인이라도 자신을 30, 40대로 인시할 수 있다.

(2) 생애주기 및 발달 단계

성인의 사회성 변화와 관련된 이론 중 많은 것은 생애주기 및 발달 단계 모델에 근거하고 있다. 공자, 에릭슨(Erikson, 1963), 해비거스트(Havighurst, 1972)와 맥닐과 티그(MacNeil & Teague, 1992), 레빈슨(Levinson, 1986) 등은 성인기를 계속적인 발달과정으로 보며, 이전 단계와는 질적으로 다른 시기로 보고 있다.

공자는 생애주기에 관해 아시아권에서 처음으로 언급한 사람이다. 그는『논어(論語)』의 위정편(爲政編)에서 "자왈 오십유오이지우학 삼십이립 사십이불혹 오십이지천명 육십이이순 칠십이종심소욕 불유구(子曰 吾十有五而志于學 三十而立 四十而不惑 五十而知天命 六十而耳順 七十而從心所欲 不踰矩)"라고 주장하였다. 즉 "나는 열다섯 살에 학문에 뜻을 두었고, 서른 살에 학문이나 견식이 경지에 다다라 도덕적으로 흔들리지 않았으며, 마흔 살에 (사리에) 미혹하지 않았고, 쉰 살에 천명을 알았으며, 예순 살에 들은 것을 순리로 받아들였고, 일흔 살에 내가 하고 싶은 대로 하여도 법도에서 벗어나지 않았다."를 뜻한다. 여기서 공자는 생애주기의 분류를 수업(修業)의 과정으로 서술한 것인데, 그 핵심은 올바른 인격을 형성하자는 것이다.

레빈슨은 미국 남자들의 자서전과 전기를 분석한 것을 토대로 '인생의 계절론'을 제시하였다(김애순 역, 2003). 그는 인간의 생애주기를 아동 · 청소년기, 성인 초기, 중년기 과도기, 성인 중기, 성인 후기 과도기 등으로 구분하였다. 각 시기에는 질적으로 서로 다른 몇 개의 단계와 과도기가 있다. 이것들은 단순히 눈에 보이는 행동의 변화보다는 어떤 행위와 사건이 그 개인에게 갖는 의미에 따라 서로 간에 차이가 난다고 한다. 첫째, 성인 초기(17~40세)는 인생에 있어 가장 활발하고 활력과 정력이 넘치는 시기로서 취업, 결혼, 출산 등을 경험하고 직장에서 안정된 역할과 가정에서 부양자로서의 역할을 하게 된다. 둘째, 중년기는 전환기(40~45세)로서 체력이 떨어지면서 자신의 노화를 자각하게 되고, 노부모들이 사망하게 된다. 자신의 죽음에 대해 생각하며 자신이 해 온 일과 인생에서의 남은 시간 등에 관해 생각한다. 셋째, 성인 중기(40~60세)는 삶의 절정기로서 자신이 삶의 주인이 되며, 지혜와 포용력 등이 절정에 이르게 된다. 넷째, 성인 후기 과도기(60~65세)는 자신의 신체적 노화와 동료들의 노화를 새삼 확인하게 되는 시기

〈표 12-1〉 **레빈슨의 성인기 발달 단계에 따른 주요 과업**

발달 단계	연령	과업
성인 초기 전환기	17~22세	아동기 · 청소년기를 끝내고 성년기로 진입한다. 가능성 탐색과 시험 삼아(임시로) 의사결정을 한다.
성인 초기 초보 인생 구조 (성인기로 진입)	22~28세	결혼, 가족, 스승, 꿈 등을 포함하는 첫 번째 주요 인생 구조를 설계한다. 꿈을 실현시키기 위한 시도다.
30세 전환기	28~33세	첫 번째 인생 구조의 결함을 인식하고 재평가한다. 앞서 한 선택에 대해 재고하고 필요하다면 새로운 의사결정을 한다.
성년기의 절정기 (안정기)	33~40세	일, 가족, 우정, 지역사회에 대한 투자를 포함하는 두 번째 인생 구조를 설계한다. 자신의 꿈을 실현시키기 위해 노력하며, 사회에서 자신의 활동 범위를 구축하여 사회에 기여하기 위해 노력한다.
성인 중기 전환기	40~45세	성년기와 중년기의 교량 역할을 한다. 전 단계에 수립했던 인생 구조의 목표 달성의 성공 여부를 평가하게 된다.
성인 중기 초보 인생 구조 (중년기로의 진입)	45~50세	새로운 직업이나 현재의 일에 대한 재구성, 재혼 등의 새로운 인생 구조를 수립한다.
50세 전환기	50~55세	30세 전환기와 유사한 기능을 한다. 중년기 인생 구조에 대한 약간의 수정이 있다. 만약 중년기에 전환기적 위기가 없었다면 이때 위기가 올 가능성이 있다.
중년기의 절정기	55~60세	중년기의 토대 구축을 끝낸 안정된 시기다. 만약 자신과 자신의 역할 변화에 성공적인 적응을 했다면 특히 만족스러운 시기가 된다.
성인 후기(노년기) 전환기	60~65세	중년기를 끝내고 노년기를 준비하는 시기다. 즉, 중년기를 성공적으로 끝내고, 은퇴를 준비하고, 노년기의 신체적 쇠퇴에 대비한다. 생애주기에서 매우 중요한 전환점이다.
노년기	65세~	은퇴와 신체 쇠퇴에 적합한 새로운 인생 구조를 수립한다. 질병에 대처하고 잃어버린 젊음에 대한 심리적 적응을 한다.

출처: Levinson(1978).

다. 권위와 힘이 감소해 가는 것을 느끼고, 새로운 상황에 맞는 인생 구조를 가지려고 노력한다.

에릭슨(1963)의 심리사회 발달단계이론은 프로이트의 심리성적 발달이론을 발전시킨 것으로 정신분석학적 입장을 따르고 있다. 그러나 그는 유아기부터의 발달이 단지 성적 발달에 영향을 받는 것은 아니며, 대인관계와 사회적 접촉 등 사회적 발달이 중요하다고 주장한다. 그는 한 개인은 두 가지 상반되는 가치가 혼돈되는 과정 속에서 8단계를 거치며 발전해 간다고 하였다. 이 8단계 중 성인기와 관련 있는 인생의 후반 3단계를 살펴보면 다음과 같다. 첫째, 그는 성인의 삶에서 20세에서 35~40세까지를 친밀성 대 고립감으로 설명하였다. 이 단계에서 청소년은 친구관계, 부부관계, 전우애 등의 형태로 타인과 깊은 관계를 맺는다고 했다. 이러한 친밀감을 얻지 못할 경우, 성인 초기에 사람들은 친구, 애인, 배우자가 없이 고립된 삶을 살아가야 한다. 둘째, 40세에서 50세까지의 성인 중기의 삶에서는 생산성 대 침체성의 개념을 중심으로 설명했다. 이 시기의 성인들은 자신과 자신 세대에만 관심을 갖는 것이 아니라 자손과 역사적 미래의 가치를 중시하고 세상을 이롭게 하기 위해 헌신한다고 한다. 즉, 중년의 성인들은 자신들의 직업과 시민으로서의 책무를 중요한 생산성의 통로로 보면서 그들의 자손에게 유산을 남기는 것에 관심이 많다. 그렇지 않으면 자신의 이익과 편안함, 쾌락만을 추구하여 호의호식과 유흥 등으로 세월을 보내게 된다. 셋째, 60세 이후의 후기 성인들은 성인 중기의 과업으로부터 자아통합감 대 절망감이라는 성인 후기의 과업으로 옮겨간다고 한다. 특히 삶을 마무리하는 이 단계에서는 자아통합감과 절망감 사이에서의 조절이 중요하다.

해비거스트(Havighurst, 1972)는 개인과 사회의 상호작용에 관심을 가졌다. 어느 사회나 그 안에 살고 있는 사람들에게 연령에 맞는 역할과 활동을 기대하는데, 그는 개인이 직면하는 발달 과업[3)]을 밝혔다. 그는 생애주기를 6단계로 나누고, 각각의 단계에 나름의 발달 과업이 있다고 보았는데 성인기를 성인 초기(18~30세), 성인 중기(30~60세), 성인 후기(60세 이후)를 나누어 보면 다음과 같다. 성인 초기에는 독립된 가정을 꾸미고 사회적 역할을 수행하여야 한다. 특히 이 시기에는 배우자 선택, 자녀양육, 취업, 사교 등이 달성해야 할 중요한 과업이다. 성인 중기에는 사회에 대한 개인의 영향력이 절정에 달하며 노화에 대한 생물학적 변화도 직간접적으로 느끼게 된다. 이 시기의 발달 과업으로는 자녀들을 성숙한 성인으로 성장하도록 돕는 것, 사회적 책임감을 다하는 것, 중년기의 생리적 변화를 수용하고 적응하는 것 등이 있다. 성인 후기의 발달 과업으로는 약해지는 건강과 체력에 적응하는 것, 퇴직과 줄어든 수입에 적응하는 것, 삶의 의미를 찾는 것, 삶을 계속해서 만족스럽게 사는 것, 가족 안에서 만족을 찾는 것 등을 들 수 있다.

2. 성인을 위한 평생교육기관

1) 주민자치센터

(1) 개념

교육과학기술부(2005)가 제시하고 있는 평생교육 발전정책과 기본 방향은 정책 수행을 위하여 평생교육발전 계획으로 지역사회에 기반한 평생학습운동의 활성화를 제시하고 있다. 우리나라 평생교육체제는 지역사회에서 각급 학교, 기업·민간단체, 지역사회, 가정·교육유관기관 등이 실행하도록 되어 있다(http://nile.or.kr). 뿐만 아니라 행정자치부는 지역문제를 풀어 가는 주민자치 기능 수행의 구심체로서 초기에는 행정 주도하에 운영하고 단계적으로 민간 주도로 전환하여 장기적으로 주민 자율조직인 커뮤니티 센터(community center)로 육성한다는 계획을 갖고 있다.

3) 인생의 각 단계에서 꼭 배워야 할 사항을 발달 과업이라고 한다. 이 과업의 학습을 잘하면 행복한 생활을 하는 동시에 그다음 단계에 배워야 할 과업도 원만하게 이룰 수 있다. 이 과업의 학습에 실패하면 개인의 불행은 물론 사회적으로 인정받지 못하고 후일의 생활에도 문제점을 던져 주게 된다.

주민자치센터란 주민 편의 및 복리 증진을 도모하고 주민자치 기능을 강화하여 지역 공동체 형성에 기여하도록 하기 위하여 주민이 이용할 수 있도록 읍 · 면 · 동 사무소에 설치된 각종 문화, 복지, 편익 시설과 프로그램을 총칭한다(행정자치부, 2000).

주민자치센터가 수행하는 중요한 기능은 문화여가 기능, 시민교육 기능, 정보교류 기능, 협동경제 기능, 지역사회복지 기능, 주민자치 기능 등이다. 주민자치센터는 다양한 기능을 수행할 수 있으나, 기본이 되는 것은 지역사회의 문화, 교육, 정보, 경제, 복지 등 다양한 문제를 해결하는 데 주민들이 직접 참여하는 자치 기능(박홍순 외, 2001)이 있다는 것이다. 따라서 주민자치센터는 지역주민들이 주인의식과 연대의식을 갖고 자발적으로 참여하며 스스로 지역사회의 문제를 찾아내고 문제를 해결해 나가는 주체적인 역할을 찾아 지역사회의 복지를 향상시켜 나가는 활동을 해 나가는 장소라고 이해할 수 있다. 따라서 주민자치센터는 지역사회 주민들의 평생교육기관으로 활용될 수 있다. 지금까지 주민자치센터는 주민들에게 문화 및 복지 서비스를 제공하는 단순한 전달기관으로만 이해되어 왔다. 그러나 주민자치센터는 지역주민들에게 평생교육의 기회를 균등하게 제공하고 지역주민들이 평생교육을 실현할 수 있는 장소로 이용될 수 있다(김연숙, 2011). 지역주민의 삶의 터인 마을에서 평생학습을 통하여 삶의 질 향상을 도모하려면 네트워크 학습이나 거버넌스 등이 활성화되어야 할 것이다.

I시 사례

I시는 2004년 평생학습도시로 지정된 후 시간과 장소에 관계없이 누구나 필요에 의하여 배움을 실천하고, 주민 스스로 참여하는 읍 · 면 · 동의 자치역량 강화를 위해 소 권역별로 14개 읍 · 면 · 동에 주민자치학습센터를 설치하였다. I시는 주민자치센터를 주민의 평생교육 활성화를 위한 거점 센터로 인식하고, 주민자치센터의 조례를 개정하여 주민자치학습센터로 명칭을 변경하였다. 2005년 평생

학습도시 계획에서 주민자치센터를 '주민교육센터'로 변경할 것을 요청받고, I시 전역에 주민자치학습센터를 설치하고 활용도가 낮은 시설인 읍 · 면 · 동사무소, 복지회관, 문화의 집, 기타 시설의 공간을 정비하고 활용하도록 하였다. 읍 · 면 · 동별로 주민자치위원회를 구성하고 프로그램 개발 및 운영을 시작하였다. 평생교육과 주민자치의 기능을 함께 수행하도록 평생교육사를 채용하여 이 일을 담당하도록 하였다. 따라서 2004년 평생학습도시로 지정된 I시는 전국에서 유일하게 14개 주민자치센터에 평생교육 전담인력으로 평생교육사를 배치하였다. 이러한 발전 방향에 따라서 지역의 주민들은 평생학습을 통하여 생활문화를 변화시키고자 노력하고 있다. 그들은 지역이 주민들의 삶의 터전이자 배움과 실천의 장임을 인식하고 주민들의 삶과 괴리되지 않는 학습, 지역 내의 주요 활동과 같은 맥락에서의 학습활동을 지원하기 위하여 평생교육을 실천하고 있을 뿐만 아니라 지역 공동의 문제해결을 위해 주민 참여를 도모하고 있다(김연숙, 2011).

2) 문해교육기관

(1) 양원초등학교 소개

서울특별시 마포구 대흥동에 소재한 국내 최초의 초등학교 학력 인정기관인 양원초등학교는 학교 형태의 평생교육시설이다. 양원초등학교는 양원 주부학교, 일성여자중고등학교와 같은 재단에 속해 있다. 2005년 1월 25일 서울 서부교육청으로부터 「평생교육법」에 의거하여 평생교육시설로 등록되어 교육과정을 이수한 후에 초등학교 학력을 인정받을 수 있기에, 초등교육을 받지 못한 성인들에게 보다 체계적인 문해교육을 실시하는 평생교육기관이다.

과거에는 초등학교를 졸업하지 못한 성인이 초등학교 졸업 학력을 얻기 위해서는 학원이나 독학을 통해 중학교 입학자격 검정고시에 합격해야 했다. 그러나 국내 최초로 성인을 교육하는 양원초등학교에서는 초등학교 교과서와 교육과정에 따른 4년의 교육을 받으면 졸업장을 수여하고 있다. 주 학습자는 주부와 노인 등이며 주 · 야간 각 4개 학급에 35명이 1개 학급을 구성하고 있으며 정년 퇴직한 교사 총 8명이 학생을 지도하고 있다.

(2) 교육 현황

교육 프로그램은 성인 기초교육 프로그램을 바탕으로 한 문해교육과 학교교육 보충교육으로 구성되어 있다. 성인이 주 학습자이지만 초등학교 과정을 이수해야 하므로, 1~2학년은 국어, 수학, 바른생활, 슬기로운 생활, 즐거운 생활, 우리들은 1학년 등 5~6개 과목을 학습하고 있다. 3~4학년은 국어, 도덕, 수학, 사회, 과학, 체육, 음악, 미술, 외국어 등 9과목, 5~6학년은 국어, 도덕, 사회, 수학, 실과, 체육, 음악, 미술, 외국어 등 10과목을 배운다. 이 학교에서는 한문과 외국어를 저학년부터 배우는 것이 특징이다. 이 학교의 교육은 방학을 줄이고 1년에 3학기제로 운영하여 4년 만에 졸업을 하고 중학교 입학자격을 취득하는 것이 특징이다.

지원 자격은 초등학교를 졸업하지 않은 만 12세 이상의 자이며 문해교육을 받지 못한 성인에게 성인 기초교육을 제공하여 자신감과 자존감을 소지하도록 지원하고 있다.

2006년에는 280명이 재학하고 있었지만, 2013년에는 350명(오전반-175명, 오후반-175명), 학급당 35명을 선발할 예정이다. 학생은 모두 30대 이상의 청장년층으로 60대 전후의 나이이고 최고령자는 80세다. 대부분이 경제적 어려움으로 배움의 기회를 놓친 주부들이다. 학습자들은 공부에 대한 열의가 있고, 자신이 평생 하고 싶은 일을 하고 있기 때문에 교육 만족도가 매우 높은 것으로 알려져 있다. 교육을 통하여 학습자들은 적극적으로 자신의 미래와 삶을 개척할 수 있는 꿈을 소지하고 실천할 수 있게 되었으며 이것이 가장 큰 성과다. 또한 배우지 못한 열등감에서 벗어나 자신감을 얻고 자존감을 회복하게 된 것이다.

우리나라 초등학교 학력 미만인 학습자의 수는 약 200만 명을 넘는 것으로 추산된다. 우리나라의 성인을 위한 평생교육은 아직 미미한 실정이지만 양원초등학교 졸업생들은 봉사활동단체 등을 만들어 사회에 기여하고 있어 모든 사람이 자신감을 갖고 자아실현을 할 수 있도록 성인 문해교육은 앞으로도 정부의 지속적인 지원이 요구된다.

3) 평생학습관

(1) 마포평생학습관 소개

1957년부터 운영되던 국립중앙도서관 아현 분관은 1980년에 마포도서관으로 명칭을 변경하고 운영되어 왔다. 1999년 서울특별시교육청이 생애에 걸쳐 계획적으로 국민의 지식창조 능력을 향상시키고 다양화되는 국민의 평생학습 요구를 충족시키고자 마포평생학습관으로 개편하여 운영하고 있다. 2000년에는 교육인적자원부에 의해 서울지역평생교육정보센터로 지정되어 현재까지 대표적인 평생학습관의 기능을 담당하고 있다. 마포평생학습관에서는 14개 분야에 110여 개의 평생학습교실, 강좌와 수영 교실, 헬스장 등을 운영하고 있으며, 디지털, 연속간행물실, 문헌정보실 등을 운영하면서 주민들에게 지식과 정보를 제공하고 있다.

또한 서울지역의 평생교육정보센터로서 대학부설 평생교육원, 문화센터, 공공도서관 등 서울 시내 546개 평생교육기관과 상호 네트워크를 구축하고 평생교육 종사자의 연수 등을 담당하고 있다.

(2) 교육 현황

비문해자 교육 프로그램은 6개월 과정의 프로그램으로 매주 국어, 수학, 수영, 음악 수업을 진행하고 있다. 정원은 32명으로 국가에서 지원을 받으며 프로그램의 수강은 무료다. 초등교육과정 초급 프로그램으로는 읽기, 쓰기, 셈하기, 컴퓨터, 수영, 음악 과정이 운영된다. 국어와 수학 그리고 예체능 분야 등은 여러 가지를 하나의 프로그램으로 함께 가르치는 점이 특이하다. 수업 시간이 많으며 6개월 과정으로 진행되는 종합과정임에도 불구하고 수강료는 무료다.

교육 프로그램의 목적은 학습 기회를 갖지 못한 성인들에게 무상의 문해교육 기회를 제공하는 것이다. 변화하는 사회환경에 대처하여 능력을 배양하고 소득별, 학력별, 연령별, 지역별 평생교육의 격차를 완화하고 사회통합을 위하여 50세 이상 무학력자를 대상으로 일상생활에서 쓰이는 문장을 읽고 쓸 수 있게 하며 기초적인 수의 이해와 산수를 교육하는 것이 목적이다.

프로그램의 운영자는 마포평생학습관의 평생학습지원과이며 퇴직교사 모임인 금빛평생교육봉사단에서 이들에게 교육봉사를 하고 있다. 학습자들은 대부분 마포구에 거주하는 50세 이상의 비문해자들로 경제적으로 취약한 경우가 많다. 학습자 모집은 마포구에서 발행하는 지역신문에 전단지를 넣거나 홈페이지에서 홍보하는 방법을 많이 사용한다. 그러나 비문해자들인 경우 광고나 게시판의 공지내용을 읽지 못하는 경우가 많으므로 지역주민들을 대상으로 홍보의 영역을 넓혀 주민들이 비문해자들에게 교육을 안내하는 방법이 적용되어야 할 것이다. 또한 이들이 교육에 참여하는 이유는 취업 등을 기대하는 경우가 많아 본래 문해교육이라는 목표와 일부 어긋나는 점이 있다. 따라서 향후에는 이들의 요구에 기반한 취업교육도 이루어져야 할 것이다. 그러나 학습자들은 교육기회를 박탈당해 글과 수에 대한 이해가 부족하여 과거에는 아무 일도 하지 못하였으나 교육 후에는 자신감을 갖고 긍정적으로 미래를 계획하고 취업에도 성공하고 있는 것으로 나타나 비문해자들을 위한 교육이 매우 성공적인 것으로 평가된다.

3. 성인 교육방법

1) 개념

성인을 위한 교육방법은 개방체계의 성격으로 운영되어야 한다. 평생교육방법은 조직의 외부로부터 사람, 자원, 돈, 정보 등의 투입요인을 받아들여 교육 서비스를 제공하고 내부 변환과정을 통하여 학습자가 지식과 기술 등의 능력을 습득한 후 산출물을 생산해 낼 때 생존할 수 있다. 개방체계의 성격을 갖고 있는 평생교육방법은 외부의 영향을 받으며 진화되어 갈 때 발전할 수 있다. 이러한 개방체계를 구성하여 학습자가 주체가 되는 교육을 만들어 가려면 네트워크 및 거버넌스 등이 활성화되어야 할 것이다.

2) 네트워크

네트워크란 물질 또는 비물질적인 것이 망(net) 모양을 이루고 있는 구조를 말한다. 평생교육에서의 네트워크는 연계, 협력, 교류, 통합, 공동체 등으로 이해할 수 있다. 평생교육에서 네트워크 논의는 1970년 일리치의 『탈학교 사회』에서 학교교육에 대한 경직성을 비판하면서 시작되었다. 당시 일리치는 학교가 고정화된 체계에서 '학습활동 연결망'으로 전환되어야 할 것을 주장하였다. 네트워크는 조직으로 구성된 구성물이지만 협동하는 행위체라는 점에서 일반조직과 구별된다. 네트워크의 주체는 실천적으로 행위하는 시민이지만 그들이 사회적 맥락으로 서로 연결되어 있어 개별적인 행위자가 공동선을 위한 행위에 대하여 공감하고 자율적으로 참여하는 것을 요구한다. 이러한 개방적인 구조를 통하여 지역사회의 문제를 해결해 나가려면 구성원 간 평등이 보장되어야 하고, 협동과 합의에 의해 결정할 수 있는 의사소통 구조가 구조적으로 만들어져야 한다. 네트워크는 수직적이고 권위적이며 통제적으로 경직된 구조와는 달리 조직적으로 체계화되어 있으며, 네트워크의 특징인 연결성은 조직이나 동질성에 기반하여 동질화를 달성해 나가도록 촉진되어야 한다. 이때 공동의 목표 달성을 위하여 원리와 규범을 조화시키고 합의를 통한 의사소통을 중시하면서도 조직과 집단 간의 역동을 중시해야 한다. 네트워크는 지역사회 주민들이 자발적으로 협력하고 상호적인 협업이 잘 이루어질 때 사회적 자본으로 형성될 수 있다. 사회적 자본은 지역사회에서 주민들이 개별 이익을 추구하는 경향을 효율적으로 억제하고 연대성에 기반한 문제해결방법 참여를 이끌어 내므로 갈등을 해소하는 데 기여하게 된다.

3) 거버넌스

지역주민 스스로 학습 동아리를 만들어서 지역사회의 문제를 해결해 나가려면 문제해결 역량을 갖고 있어야 한다. 거버넌스는 다음과 같은 방향으로 발전되어야 한다.

- 집합적으로 행동할 것이 강조되므로 지역사회 구성원이 함께 문제의식을 공유하고 해결방법을 찾아가기 위하여 평생학습에 참여해야 하다.
- 공동으로 문제해결을 지향해 나간다는 것은 주민이 공공이익에 대한 시각을 형성하여 공동체적인 행위지향을 실현시키는 것이다.
- 학습의 과정은 적당한 방법과 체계를 통하여 지역 내에서 이루어져야 한다.

이 같은 원칙에서 거버넌스의 성공적인 요소로서 지역주민의 요구에 기반한 자율적인 참여와 주민이 거주하는 지역에서의 다양한 학습이 촉진되어야 할 것이다. 지역사회가 지역의 문제를 잘 극복하고 성공 또는 실패하는 것은 지역사회의 사회적 맥락에 따라 결정된다.

생각해 보기

1. 성인 학습자의 특징을 이야기해 보자.
2. 성인을 위한 평생교육기관에 대하여 이야기해 보자.
3. 성인 학습자의 평생교육방법에 대하여 이야기해 보자.

참고문헌

김연숙(2011). 평생교육사의 지역적 전문성에 관한 연구－I 주민자치학습센터의 사례를 중심으로－. 공주대학교 대학원 석사학위논문.

교육과학기술부(2005). **주민자치센터운영 길라잡이**. 서울: 열린사회 시민연합.

나항진 외(2011). **평생교육론**. 파주: 양서원.

박홍순 외(2001). **주민자치센터운영 길라잡이**. 서울: 열린사회 시민연합.

윤진(1999). **성인 · 노인심리학**. 서울: 중앙적성출판사.

장휘숙(2006). **성인심리학–성인발달, 노화, 죽음**. 서울: 박영사.

정옥분(2008). **전생애 인간발달 이론**. 서울: 학지사.

한국교육개발원(2001). **지역별 평생교육 관계자 연수 자료집**.

행정자치부(2000). 1, 2단계 읍면동 기능전환 보완지침. 서울: 행정자치부.

통계청(2010). 전국민 유병률 통계조사. 통계청.

Cattell, R. B. (1968). Fluid and crystallized intelligence. *Psychology Today, 3*, 56–62.

Dennis, W. (1966). Creative productivity between the ages of 20 and 80 years. *Journal of Gerontology, 21*, 1–8.

Erikson, E. H. (1963). *Childhood and society*. New York: Norton.

Havighurst, R. J. (1972). *Developmental tasks and education* (3rd ed.). New York: David Mckay.

Hooyman, N. R., & Kiyak, N. R. (1993). *Social gerontology: A multidisciplinary perspective* (3rd ed.). Boston: Allyn and Bacon.

Kalish, R. A. (1982). *Late adulthood: Perspectives on human development* (2nd ed.). Monterey, California: Brooks Cole.

Kogan, N. (1990). Personality and aging. In: J. E. Birren & K. W. Schaie (Eds.), *Handbook of the psychology of aging* (pp. 330-346). San Diego: Academic Press.

Lehman, H. C. (1953). *Age and achievement*. Princeton: Princeton University Press.

Levinson, D. J. (1978). *The Seasons of Man's Life.* 김애순 역(2003). **남자가 겪는 인생의 사계절.** 서울: 이화여자대학교 출판부.

Levinson, D. J. (1986). A conception of adult development. *American psychologist, 41*, 3-13.

MacNeil, R. D., & Teague, M. L. (1992). *Leisure and aging: Vitality in later life* (2nd ed.). Dubuque, IA: Brown and Benchmark.

MetLife (2011). Market Survey of Long-Team Care Costs. Annual Survey.

Neugarten, B. L. (1964). *Personality in middle and later life.* New York: Atherton Press.

Schaie, W. (1990). Intellectual development in adulthood. In: J. E. Birren & K. W. Schaie (Eds.), *Handbook of the psychology of aging* (pp. 291-309). San Diego: Academic Press.

Simonton, D. K. (1990). Creativity and wisdom in aging. In: J. E. Birren & K. W. Schaie (Eds.), *Handbook of the psychology of aging* (pp. 320-329). San Diego: Academic Press.

U.S. Senate Special Committee on Aging (2010). *Developments in aging: Volume 3.* Washington , DC: U.S. Government Printing Office.

국가평생교육진흥원 http://nill.or.kr

제13장 노년기 교육

학습개요

13장에서는 인간이 노년기에도 성장할 수 있다는 특징을 기반으로 노년기가 새로운 삶의 기회가 될 수 있도록 지원해 주는 교육방법에 대하여 학습한다. 노인은 자신이 살아온 전 생애를 성찰하여 삶의 의미를 만들어 내고 자신을 행복한 삶의 주인공으로 만들어 가야 한다. 노인 학습자는 자기 주도성, 풍부한 삶의 경험, 내적인 보상을 중시하면서 문제해결 중심의 학습을 지향한다. 노인을 위한 평생교육기관과 노인 교육방법을 학습한다.

학습목표

1. 노년기 발달 과업을 학습하고 노년기 학습의 중요성을 설명할 수 있다.
2. 노인교육이 실행되는 교육기관에 관하여 설명할 수 있다.
3. 노인 교육방법에 관하여 새로운 아이디어를 만들어 갈 수 있다.

1. 노년기 학습의 특징

1) 노년기 발달의 특징

노년기는 개인이 자신의 삶을 되돌아보고 평가해 보는 시기다. 1950년대에 등장한 에릭슨(Erikson)의 전 생애 발달이론적 관점은 인간의 발달이 노년기까지 계속 진행된다는 새로운 시각을 열어 주었다. 제2차 세계대전 이후 세계 경제가 부흥하면서 인간의 평균수명이 늘어나기 시작하였고, 한편으로 전 생애 발달이론이 등장하여 그동안 학습이나 발달의 대상으로 인식되지 못하였던 노년기가 새로운 인생의 시기로서 주목받기 시작하였다(Tews, 1993).

에릭슨(1979)은 노년기 발달 단계에서 달성해야 할 과업으로 자아통합(ego integrity)을 제시하였다. 에릭슨은 인간 발달의 최종 목표를 자신이 지나온 삶의 의미를 만들어 내는 것으로 보고, 노인은 자신의 삶을 만족스러운 것으로 수용하고 인정하게 될 때 '자아통합'을 달성해 갈 수 있다고 하였다. 그러나 노인이 자신의 삶 속에서 의미를 찾지 못하고 만족하지 못하는 경우에는 절망감을 발달시켜 자신의 삶이 실패했다고 느끼게 된다고 하였다.

2) 노인 학습자의 특성

(1) 자기 주도성

노인은 퇴직이 다가오면 생존의 불안을 느낀다. 그동안 일을 통하여 자신의 존재를 인정받아 왔기 때문에 퇴직으로 인한 지위의 상실은 정체성 상실을 일으킨다. 따라서 노인은 일과 퇴직 사이의 중간과정에서 정체성 만들기를 위한 학습이 요구된다(Veelken, 1990). 노인의 정체성은 사회화 과정에서 형성되기 때문에, 자신을 고유한 존재로 개발시켜 가는 개성화 과정과 사회와 상호작용하는 가운데 발전되는 것이다.

정체성이란 자기 결정에 의해 자신의 삶을 경영해 나가는 역량 강화적인 능력을 소지하고 있을 때 만들어진다. 자기 결정에 의한 삶의 경영능력이란 자아실현에 열중하는 각 개인이 자신의 고유한 삶의 축적에 따라 개인적인 삶의 의미를 만들어 가는 것이다. 사회 변화가 급속하게 일어날수록 개인은 유년기-활동기-휴식기라는 생애사에서 이탈하게 되므로 일반적인 생애사에서 벗어나게 된다(Beck, 1986). 이러한 사회의 변화과정 속에서 노인의 삶에는 단절이 일어나고 불안정성이 증가하여 정체성이 불안해지는 것을 경험한다. 이러한 노인의 문제해결을 위하여 정체성 확립을 위한 교육이 강조되었다(Veelken, 1990).

노인교육은 변화하는 문화와 사회 속에서 개인이 발전하며 균형을 찾아가는 전이과정을 돕는 것이므로, 기초능력과 자율성, 자기 존재성, 학습을 위한 자율적인 능력과 인내를 키워 줄 수 있어야 한다.

에릭슨(1976)은 '성공적인 노년기'는 노인이 살아온 일생에 대하여 최선을 다했다고 생각하며, 건전한 노인상을 기초로 한 정체성을 확립시켜 갈 때 가능하다고 보았다. 행복한 노년기를 만들어 가려면 노인은 남은 인생을 긍정적으로 평가하고, 자아실현을 목적으로 노년기를 계획하고 성공적으로 만들어 가려는 노력이 필요하다. 노년기에 안녕감을 갖고 웰빙하려면 지나온 삶을 되돌아보고 인간적으로 너그럽고 따뜻한 사람이 되려고 노력하는 자기 수양의 과정이 요구된다.

에릭슨은 정체성 연구를 중시하였는데, 이것은 정체성이 사회적, 역사적, 문화적 맥락을 떠나 독립적으로 형성되는 것이 아니라 인간이 사회에서 상호작용하는 사회화 과정에 기초하고 있기 때문이다.

펠켄(Veelken, 1990)은 개인, 문화 그리고 사회 속에서 노인의 정체성 발달을 지원하는 '제3의 사회화'를 강조하였다. 제3의 사회화는 노년기 발달에 관한 연구를 통하여 개인, 문화, 사회가 함께 상호작용하는 다양한 맥락을 지원할 것을 강조하였다. 개인, 문화, 사회 간의 상호작용이 중시되는 것은 사회가 늘 변화하고 있기 때문이다. 노년기 발달 과업은 노인이 문화사회에 동화되도록 촉진되고, 새롭게 문화를 해석하도록 지지될 때 자기 조직화를 통하여 성공적으로 달성된다.

밀턴 에릭슨(M. Erikson, 1991)은 정체성을 사회와 상호관계를 맺고 있는 상호적 자아(mutual self)가 동일한 것에 대하여 구성하고 있는 의식적 감각으로 보았다. 개인은 타인들과 연결되어 있는 연대성을 중심으로 사회적 정체성을 만들어 간다. 정체성은 개인의 행위와 사회 구조를 연결시키는 매개자적인 역할을 수행하고 있어서, 사회가 노인에 대하여 갖고 있는 부정적인 노인상을 바꾸어 긍정적인 노인상을 갖게 되면 노인도 긍정적인 정체성을 구성할 수 있다고 보았다.

최근에는 노년기를 자기 창조의 시기로 보는 노년심리학(gerontopsychology)이 등장하여, 자발성이 강조되는 학습을 통하여 노인이 행복한 삶의 주인공이 될 수 있다는 자기 주도성과 정체성의 촉진을 지지하고 있다.

(2) 풍부한 경험에 의한 문제해결 요구

노인은 그동안의 삶 속에서 다양한 문제를 해결해 나가는 과정을 통해 풍부한 삶의 경험을 소지하게 되므로 그들의 경험이 존중되어야 한다. 노년기에도 노인은 자신이 생활하였던 직장에서의 경험, 자녀양육에서의 경험, 일상생활에서의 경험 등을 이용하여 사회참여, 자원봉사의 영역이나 새로운 학습의 장에서 이러한 경험적 지식들을 계속하여 적용 및 개발해 갈 수 있도록 안내되어야 한다. 노인은 외적 기준에 의한 평가보다는 내적인 주관성에 기반하여 자신을 평가하는 특성이 있으므로 스스로의 잠재력을 개발하여 성공적인 미래를 준비할 수 있도록 노인학습을 지원해야 할 것이다.

노인이 해결해야 할 노년기의 문제는 노인이 살아온 삶의 경로에 따라서 상이하다. 노인들은 풍부한 경험을 소지하고 있어 자신의 문제를 스스로 해결하려는 요구가 매우 강하므로 노인이 노화와 관련된 문제를 해결하는 데 유용한 지식과 기술을 습득하도록 지원해야 한다.

2. 노인을 위한 평생교육기관

1) 국내

(1) 노인복지관

노인복지관은 '노인의 교양 · 취미생활 및 사회참여 활동 등에 대한 각종 정보와 서비스를 제공하고 건강 증진 및 질병 예방과 소득보장 · 재가복지, 그 밖에 노인의 복지 증진에 필요한 서비스를 제공함을 목적으로 하는 시설'이다. 노인복지관은 「노인복지법」 제36조에 근거하여 설립되었으며 60세 이상의 노인들에게 서비스를 제공하고 있다. 노인복지관은 2006년에는 183개소에 불과하였으나 2010년 말 기준으로 전국에 259개소로 늘어났다. 서울의 경우는 1자치구 1노인종합복지관 사업이 달성되었다.

〈표 13-1〉 노인복지관 현황 (단위: 개)

	2006년	2007년	2008년	2009년	2010년
노인복지관	183	211	228	237	259
경로당	55,504	56,480	57,930	59,543	60,737
노인교실	1,099	1,082	1,260	1,280	1,464
노인휴양소	3	4	4	5	9
소계	1,045	1,408	2,298	2,696	2,496

출처: 보건복지부(2010).

① 노인교육 프로그램 운영 사례

• 프로그램명

부부관계향상 교육 프로그램: 행복한 노년기 부부생활을 위하여

• 교육 목적

노년기 부부는 자녀를 떠나 보내고 '빈 둥지 시기(empty nest time)'를 맞게 된다. 노년기 부부를 위한 교육의 목적은 노년기 부부가 자녀양육의 역할에서 벗어나 신체적 노화와 일상생활을 유지하는 데 어려움을 겪고 있을 뿐만 아니라 고정된 성역할 규범을 갖고 있는 경우에는 갈등이 더 심화될 수 있으므로 그들이 행복한 부부생활을 함께하도록 지원하는 것이다. 프로그램에서는 부부가 일상생활의 문제를 극복하고 의사소통 방식을 개선해 나가며, 배우자의 입장에서 이해하는 시각을 배우고 스스로 반성할 수 있는 기회를 갖도록 지원해야 한다. 교육에 참여한 또래 부부들과 경험을 공유하여 서로를 지지하는 교육방법을 적용해야 한다.

• 교육 목표

성인 자녀들이 모두 집을 떠난 시기에 부부가 삶의 축을 이루면서 성별에 의한 역할규범에서 벗어나 배우자와 협력하며 이해하고 행복한 부부생활을 영위하도록 하는 데 있다.

• 교육 내용

〈표 13-2〉 **부부관계 향상 교육 프로그램**

회기	제목	목적	세부 내용
1	우리는 하나	• 프로그램 진행에 관한 설명 • 프로그램 진행의 원칙 안내 • 집단원 소개와 별칭 짓기	• 프로그램 소개와 집단상담의 유의사항 설명 • 별칭 짓기를 통하여 자신을 소개하기 • 집단원이 바라는 프로그램의 방향
2	바람직한 부부상	• 부부라는 관계의 중요성을 인식하기	• 부부싸움 해소 유형을 통하여 갈등을 긍정적으로 극복하도록 안내(회피, 무시 등) • 부부관계 속에서 고쳐 나가야 할 점을 이야기하기

〈계속〉

3	부부의 의미	• 행복한 부부의 사례를 통하여 부부관계의 소중함을 깨우치기	• 부부에게 중요한 새로운 의미를 찾도록 안내 • 노년기 부부의 소중한 의미란 무엇인가? • 내가 발전시켜야 할 나의 장점은 무엇인가?
4	행복한 부부	• 성공적인 부부의 의사소통법 알기	• 부부공약서 작성, 부부 기념사진 촬영 • 민주적인 의사소통법 안내 • 성공적인 부부대화법 연습하기(적극적인 경청, 적극적인 의사 표시, 배우자의 감정 이해)
5	행복한 노년을 위하여	• 배우자에게 자신의 마음을 적극적으로 표현하기	• 배우자에게 고마움 표현하기 안내 • 밖에서 돌아온 배우자를 맞는 법, 생일을 축하하는 법, 고마움을 전하는 법 안내 • 전통적인 성역할 규범에서 벗어나 일상생활을 서로 분담하고 협력하도록 지원
6	또 만나요	• 행복한 부부교육 수료증 수여 • 프로그램 종료	• 프로그램에 대한 경험 나누기 • 수료증 수여 • 부부기념 촬영 기념품으로 선물 • 프로그램 만족도 평가

출처: 노인집단상담 프로그램 매뉴얼(2004). 프로그램 개발자: 박성희.

② 광명시 노인종합복지관 운영 사례

• 현황

광명시 노인종합복지관은 대지면적 2,158m^2, 연면적 6,542.67m^2 규모이며, 1~2층에는 소하1동 주민센터가 입주해 있고 3층 이상이 복지관으로 사용되고 있다. 3층에는 서예교실 · 교육실 · 자원봉사실 · 미용실 · 통합사무실, 4층에는 상담실 · 물리치료실 · 놀이방 · 율동교육실 · 샤워실 · 장기바둑실이 있다. 5층에는 당구장 · 탁구장 · 체력단련실 · 회의실 · 대강당 · 교육실, 6층에는 경로식당과 야외 휴게실이 있다. 그 외 옥상에는 야외 게이트볼장이 있다.

복지관 이용 등록자는 2012년 2월 기준 4,000명이 넘는다. 노인복지관 이용 대상은 광명시에 거주하는 만 60세 이상이면 누구나 가능하고, 주민등록증과 사진 2매를 제출하면 복지관 이용증을 발급받을 수 있다. 시설 이용에 따른 사용료나 사회교육 참여 비용은 국민기초생활수급권자는 무료, 차상위 계층의 경우 50%가 감면되며, 국가 유공자의 경우는 부분적인 감면이 있어 평생교육 프로그램 교과목을 면제받을 수 있다.

• 주요 사업 안내

- 상담사업으로는 어르신들이 복지관을 쉽게 이용할 수 있도록 정보를 제공하고 어르신들의 욕구를 파악하여 전문상담을 통해 문제해결 및 노후생활을 지원한다. 전문상담으로는 한 달에 한 번씩 유산상속, 채무문제 등에 관한 무료 법률 및 세무 상담을 지원한다. 이와 더불어 치매예방 상담, 성격상담, 노인학대 예방사업을 실시하고 있다. 건강, 경제, 가족관계 등 다양한 분야에서 집단상담을 통해 필요한 정보를 제공한다. 이 외에 다양한 복지 서비스 및 각종 행사에 대한 홍보를 통하여 노인복지관 사업을 알리고 지역주민의 관심에 집중하여 후원 및 자원봉사를 적극적으로 활성화하기 위해 홍보한다.
- 평생교육사업으로 평생교육 프로그램과 건전한 여가활동을 할 수 있도록 취미여가 프로그램을 제공한다. 교양교육의 기회를 제공하여 평생교육의 장을 만들기 위한 한글교실, 컴퓨터 교실, 웰빙 요가, 체조, 무용, 한글서예 교육을 실시하고 실버악단, 등산, 연극, 합창단, 동아리 활동반, 하모니카 동아리반을 운영한다. 노년의 자기 개발 및 자존감 향상과 함께 여가에 관한 긍정적인 인식 변화를 도모하며 건강하고 행복한 노후를 맞이할 수 있도록 지원한다.
- 기능 회복 및 복리후생 사업으로 어르신들의 건강과 활기찬 노후를 위해 여러 사회 · 복지 서비스를 제공함으로써 행복한 노후를 만들 수 있도록 지원한다.

- 경로당 활성화 사업으로 경로당을 이용하는 어르신들의 건강하고 활기찬 노후를 위해 지역사회 경로당에 다양한 프로그램을 지원한다.
- 노인 일자리 사업으로 일하기를 희망하는 어르신들에게 공익형, 교육형, 복지형, 시장성 일자리를 제공한다. 어르신들의 경제적 안정을 도모하고 사회참여 기회를 제공하여 노인문제를 예방하고 나아가 노인 인력 활용을 통한 사회적 인식 개선 및 민간 참여를 도모한다.
- 신체적, 정서적, 경제적으로 어려운 무의탁 어르신들에게 전문적 혹은 준전문적 서비스를 제공하여 정서지원, 긴급지원, 밑반찬 전달 등을 하는 재가복지사업을 하고 있다. 대상자가 거주하는 주택에서 다양한 프로그램을 제공해서 서비스를 받기 위해 이동을 해야 하는 문제를 해결하고 있다.
- 2009년 1분기 동안 36개의 사회교육 프로그램을 개설 · 운영하였으나, 2분기에는 이용자의 의견을 수렴해 46개로 확대 · 운영하고 있다. 2012년 현재 복지관 운영에 어르신들의 참여를 유도하고 사회적 일자리와 연계하기 위한 사업으로 어린이 놀이방을 직접 운영하고 있다. 의류나 생활용품을 기증받아 운영하는 행복나눔가게도 운영 중이며, 앞으로 경로식당을 식사시간 이외에는 카페테리아로 활용할 계획이다.
- 2009년 8월 1일에는 노인 자살 예방사업으로 '노인생명 보듬이' 사업을 전개해 그동안 160여 명의 노인들과 캠페인을 실시하였고, 경로당 노인에게 자살 예방교육을 실시하고 재가노인 가정을 방문하여 우울증 검사를 실시하였다. 10월 21일에는 경기도 노인보호 전문기관과 노인학대 예방 협력기관 협약을 체결하였다. 10월 14일 노인의 날에는 경로축제행사를 열어 점심식사 제공, 장기자랑에 이어 부대 행사로 발마사지, 수지침, 가훈써 주기, 솜사탕 나누기 등 다양한 행사를 진행하였다.

(2) 노인교실

초기에는 지역의 노인들을 위하여 초등학교 학구 단위로 설정하여 노인교육을 담당하였다. 1981년 대한성인교육협회가 대한노인회로 흡수되면서 학구 단위로 노인회를 재조직하여 노인교실을 설치 · 운영하였고 초등학교에 노인교실이 만들어지게 되었다. 초기에 노인교실에 대한 지도 및 감독은 문교부의 사회교육과가 담당하였으나, 이후 노인교실은 노인복지부로 이관되었다.

우리나라 최초의 노인교실은 1972년 종로 태화관의 '서울평생교육원'으로 알려져 있다(한정란 외, 2008). 1978년에는 교육부가 전국 7,300여 개 초등학교의 학교시설을 개방하여 해당 학구 내에 노인학교를 개설하고, 노인을 위하여 교양교육, 지역사회 활동을 위한 참여증진 교육, 직업기능 교육 등을 운영하도록 하였다.

그러나 이후 「노인복지법」 제36조에 의하여 노인교실은 노인여가복지시설의 하나로 분류되면서 현재는 보건복지부가 감독하고 있다. 노인교실은 60세 이상의 노인이 이용할 수 있으며, 정원이 50명 이상이 되어야 하고, 주 1회 이상 교육을 실시해야 한다. 노인교실은 전국적으로 2008년에 약 1,082개, 2010년에 1,464개로 늘어났으나, 노인학교 또는 노인대학 등으로 불리며 개인이나 등록된 사회단체가 교육법에 따른 형식이나 절차 없이 자의로 설립한 기관이다.

(3) 시니어 클럽

시니어 클럽은 고령화 시대를 대비하여 노인들의 경제활동 및 사회참여 활동으로 일하는 노인들의 밝고 건강한 노후를 정착시키고자 보건복지부 장관의 지정에 의하여 만들어졌다.

시니어 클럽의 설립 목적은 노인의 사회적 경험 및 지식을 활용할 수 있는 다양한 노인적합형 일자리를 개발하고 그에 참여할 수 있는 여건을 조성하여 노인의 삶의 질 향상을 도모하는 데 있다. 즉, 지역사회 노인에게 맞는 일자리의 개발 · 보급과 관리의 체계적 수행을 통하여 노인의 경제 · 사회활동 기회를 확대하는 데 그 목적이 있다. 또한 노인인력의 창조적 활용으로 국가의 생산성을 제고하고 연령이 아닌 능력 중심의 고령사회 기반을 구축하고자 한다.

시니어 클럽은 「노인복지법」 제23조에 명시된 '노인의 사회참여에 대한 지원'

에 근거하여 만들어졌다. 노인에게 적합한 직종을 개발하고 보급하는 시책을 강구하고 근로능력이 있는 노인에게 일할 기회를 우선적으로 제공하도록 노력해야 할 것이 명시되어 있다.

「노인복지법」 제23조 제2항에는 노인일자리 전담기관의 설치 및 운영이 명시되어 있다. 따라서 노인의 능력과 적성에 맞는 일자리를 개발, 보급하며 교육 · 훈련 등을 전담할 기관을 설치 · 운영하거나 법인, 단체 등에 위탁할 수 있도록 하였다.

「노인복지법 시행령」 제17조 제3, 4항에는 노인일자리 전담기관의 운영 · 위탁 등이 명시되어 있다. 따라서 지방자치단체의 장은 전담기관 운영의 전부 또는 일부를 노인일자리 사업을 실시한 경험이 있고 전담인력 등을 갖춘 법인 및 단체에 위탁 운영할 수 있다. 또한 「노인복지법」 제45조 제2항에는 노인일자리 전담기관의 설치 · 운영 등이 명시되어 있는데, 노인일자리 전담기관의 설치 및 운영을 위한 비용은 국가 또는 지방자치단체가 부담하도록 하였다.

(4) 전문대학이나 대학교가 운영하는 평생교육원

2008년에 대학부설 평생교육원은 378개였다. 대학부설 평생교육원은 대학 총장의 책임 아래 각 대학의 특성에 맞추어 대학교육을 담당하기 위해 자율적으로 설치 · 운영되고 있다. 대학교의 평생교육이 실시하는 교육 프로그램으로는 다음과 같은 것들이 있다.

- 경북대학교의 명예학생 프로그램: 대학 공개강의 형태로 노인교육을 실시하는 것인데, 경북대학교의 명예학생 프로그램이 대표적인 예다. 이 프로그램은 인적 · 물적으로 지역사회 발전과 국가 발전에 공헌한 정년퇴직자와 지역사회 주민들에게 새로운 학습의 기회를 무료로 제공하고 있다.
- 대구대학교의 대외 노인교육 프로그램: 대학교수들이 지방자치단체와 연계하여 각 시 · 군 · 구로 출장강의를 지원하고 있다.

- 평생교육 자체에서 노인교육 프로그램을 운영할 수 있다.
- 국공립대학 평생교육원에서는 노인교육 전문가 과정과 노인생애설계상담사 과정, 기타 여가 및 교육 프로그램을 운영하고 있다. 사립대학이 연합하여 만든 한국대학 부설 평생교육원협의회에서는 2001년부터 '노인교육지도사' 민간자격증 제도를 운영하고 있으며, 한국국공립대학평생교육원협의회에서는 2003년부터 노인생애설계상담사 교육과정을 이수한 이후에 시험을 거친 합격자에게만 '노인생애설계상담사'로 불리는 민간자격증을 수여하고 있다.

(5) 각종 종교기관이 운영하는 노인대학

기독교에서 보는 노인교육의 목적은 자유를 얻는 것이므로 자유로움을 얻기 위해 새롭게 배우는 것이 중시된다. 또한 노년기의 성장을 은총으로 생각하며 나눔과 섬김을 실천할 것을 강조한다(한정란 외, 2008).

(6) 경로당

경로당은 지역사회의 고령자들이 가장 많이 이용하는 노인여가시설이다. 대전시 경로당의 경우를 예로 든다면, 노인의 평균연령은 77세로 무학이나 초등학교 졸업 또는 중퇴자 등 저학력자가 가장 많은 것으로 나타났다. 경로당 건물은 설립된 지 18년 되었으며, 10년 이상 된 건물이 과반수를 차지하는 것으로 나타났다. 가장 많이 운영되는 프로그램은 보건소 순회진료였고, 그다음으로 장기, 바둑, 점심과 야외나들이 프로그램이었다. 그러나 대전시의 경로당 중 25%는 아무런 프로그램도 제공하지 않는 것으로 나타났다. 대부분의 노인들이 경로당을 매일 이용하였고, 경로당을 이용하는 이유는 '시간을 보낼 곳이 경로당밖에 없어서'로 나타났다. 대전시의 경우에는 경로당 활성화 사업을 실시하는 경로당이 매우 적은 것으로 나타났다(김지영, 2007). 이와 같은 사실에서 보면 경로당은 저소득층 노인들이 무료한 시간을 때우는 단순 여가의 공간 및 친목도모의 공간이다.

노인들은 대부분 자신이 거주하는 지역에 위치한 경로당을 이용하는 경향이 매우 높다. 도시에는 아파트에 사립 경로당이 있어서 어느 정도 시설의 위치나 규모 등이 잘 갖추어 있다. 그러나 농촌 노인들은 쉽게 걸어서 도달할 수 있는 대도시의 상황과는 달리 인적이 드문 곳에 살고 있으며, 교통시설이 취약한 지역에 거주하는 농촌의 노인들이 이용하는 경로당은 시설이 열악하여 노인의 교육 기회를 제대로 보장하지 못하고 있다.

도시 노인들과는 달리 농촌의 노인들은 실제로 농수산업에 종사하는 경향이 매우 높아서 농번기에 노인복지관의 이용 인원은 현저하게 줄어드는 형편이다. 따라서 농촌 노인들을 위해서는 농한기에 경로당을 이용하여 노인교육을 받을 수 있는 농한기 집중교육을 실시하는 등 차별화된 활성화 전략이 요구되며 노인교육의 질 향상을 위한 노력이 시급히 요구된다. 경로당 운영의 성패는 경로당 리더의 역량이 많이 좌우하므로 역량 강화를 위하여 경로당 리더 교육도 시급히 요구된다.

경로당 리더는 사회 변화 이해, 노인 역할의 변화, 노년기 심리 등에 대한 지식을 소지해야 하고, 경로당 운영에 필요한 서류 작성을 위하여 컴퓨터 활용능력을 익혀야 한다. 이러한 노인 리더십 교육에는 차기 리더를 위한 예비지도자들도 함께 참여시켜 경로당 운영이 연속적으로 진행되도록 배려해야 한다(한정란 외, 2008).

2) 외국

(1) 시민대학

외국의 시민대학에서는 1960년대까지 노인교육 프로그램이 미술작품을 슬라이드로 보거나 지역사회에 관해 학습하는 것이 대부분이었다. 그러나 1970년대에 노인의 학습력이 다시 강조되고 젊은이와 다른 방법으로 학습하는 것이 밝혀지면서, 노년학적 지식과 생물학적 측면에서의 노화와 관련된 지식을 전달하는 교육은 노인의 학습력과 역량을 지원하는 프로그램으로 전환되었다. 노년기의 건강한 삶, 기능 감소 예방 및 보충 전략 프로그램이 진행되었다. 교육 프로그램의 주제는 노년기 의학 상식을 비롯해 노년기 기능의 감소로 생기는 골다공증과 노년기의 영양에 관한 특강이 이루어졌다. 1980년에는 생산적 노화가 강조되면서 실천 중심의 교육 프로그램이 개발되어 노년기 기능의 유지 및 기능 축소를 예방하기 위한 훈련 프로그램들이 교육방법으로 이용되었다. 정신적, 육체적 운동을 통하여 각 기능의 감소를 막기 위하여 등 체조 등이 활성화되었고, 노인의 언어사용능력의 퇴화를 예방하기 위하여 뇌훈련의 하나로 언어교육이 심화 · 발전되고 촉진되었다. 이 프로그램은 건강보험회사들이 교육비를 지원해 주었기 때문에 교육정책적인 측면에서 노인교육이 활성화되는 계기가 마련되었다.

1990년대는 시민대학에서 노인교육이 다시 한 번 활성화되는 계기가 마련되었다. 노년기를 결핍의 시기로 보고 노인의 기능적 감소에 치중해 진행된 교육에 전환이 일어났다. 교육의 방향이 일상생활 지향적이며 자신의 생애사 속에서 발전시켜 온 생애사적 역량을 중시하는 교육으로 전환되었다. 일상생활에서 문제해결력을 강조하면서 개인의 역량 개발과 노인의 학습 요구에 기반한 교육을 시작하였다. 이에 따라서 개인 지향적이며 생애사 지향적인 노인의 요구에 기반한 노인교육이 활성화되었다. 노인교육 프로그램은 노인의 다양성을 중시하면서 개인화(individuation)에 중점을 두고 차별화된 노인교육 프로그램의 개발을 지향하고 있다.

(2) U3A

고령화를 일찍 경험한 유럽에서는 1970년대부터 제3기의 인생을 사는 사람들을 위하여 제3기 노인대학(University of the Third Age: U3A)이 개설되기 시작하였다. 프랑크푸르트 제3기 노인대학의 입학생은 1992년에 1,200명 정도 되었으나 2010년에는 3,117명 정도로 증가하였다. 이 중 여성 노인은 62.3%, 남성 노인은 37.66%를 차지하고 있다. 80세 이상의 노인은 124명으로 3.98%를 차지하며, 이 중 여성이 81명, 남성은 43명으로 나타나, 여성 노인의 참여가 많은 것을 알 수 있다. 최고령자는 여성 노인은 97세, 남성 노인은 93세였으며, 학습자의 평균연령은 69세였다. 가장 나이가 적은 남학생은 48세, 여학생은 37세로 나타났다.

노인교육은 U3A마다 다양한 형태로 조직 · 운영되며 교수법도 매우 다양하게 발전되고 있다. 교수법이 다양하게 발전되는 가장 큰 이유는 각 대학의 제도와 특성에 따라 상이하게 프로그램이 운영되고 있고, 또한 학위 취득을 위해 노인 대학생과 청강생 모두에게 교육 기회를 개방해서 학생의 요구와 지역사회의 특징에 의하여 U3A가 상이하게 발달하였기 때문이다. 이러한 상이성에도 불구하고 노인대학의 공통된 특징은 대학의 수업이 젊은 학생들과 함께 세대 통합교육으로 진행되는 것이다. 노인을 위한 특별 교과목도 정규 과목으로 인정하면서 대학은 학문과 연구 그리고 교육의 세 가지를 통하여 고령화 사회로의 변화에 기여하기를 희망하고 있다. 대학교육의 목적은 모든 사람에게 대학의 문호를 개방하여 평생학습권을 보장해 주는 것이므로 소정의 학기를 마친 노인에게는 노인대학졸업증을 수여하고 있다.

노인교육의 목표는 노인들이 학문적인 학습과정에 참여함으로써 스스로 도야를 촉진하며, 새로운 연구 결과에 관한 지식을 습득하고, 성공적 노화를 위한 방향을 결정하고, 전문적인 직업 분야에서 새로운 모델을 제시할 수 있는 자격을 갖추도록 돕는 것이다. 또한 노년학 분야의 연구에 노인이 직접 참여하여 연구를 이끌어 가도록 하는 것도 중요한 목적이므로 대학에서는 노인교육의 완성을 목표로, 젊은 학생들에게는 폭넓은 경험을 교환하며 인격을 도야시키도록 지원하고 노인을 위한 교수법 개발에 주력하고 있다.

이와 같이 세대 통합교육은 세대 간의 대화를 촉진시키며 세대 간의 발전을 통하여 문화 전달을 위한 연구와 교육을 계속하려는 데 목적이 있다. 노년학과 관련된 연구는 실제로 노인들이 연구에 참여함으로써 새로운 지평이 확장된다.

노인교육은 교양교육의 한 부분이지만 학제 간 성격과 노인의 참여를 통하여 이루어지는 특징이 있으므로, 전공뿐만 아니라 총체적인 대학교육과정과 관련되어 교양과 학문의 개념을 확장시키는 데 상당히 기여하였다.

3. 노인 교육방법

1) 노인 자서전 쓰기

(1) 자서전 쓰기와 의의

자서전이란 그리스어의 'auto, self, bios, life'의 의미와 '쓰다'를 의미하는 'graphien, writ'가 합쳐진 말이다. 체코 출신의 독일 작가 카프카(Kafka)는 글쓰기를 통해서 아버지와의 갈등을 치유해 나간 것으로 알려져 있다. 분석철학자인 비트겐슈타인(Wittgenstein)은 인간이 언어를 사용하여 의미를 만들어 나갈 것을 강조하였는데, 이처럼 자신의 삶을 언어로 나타내는 것은 자신에 대한 새로운 표현방법을 찾아가는 것으로, 곧 타인들과 소통할 수 있는 능력을 찾아내는 생산적인 자기 조직화의 의미를 갖고 있다. 글쓰기란 원래 스스로를 치유하기 위하여 감정을 만들어 가는 것이며 감정과 만나게 되는 것이라고 보았다. 성인교육의 목적에는 학습을 통하여 사전에 문제가 일어나지 않도록 예방하는 것뿐만이 아니라 문제해결을 위한 지원이 포함되어 있다.

자서전에는 개인에 의해서 쓰인 저작물 또는 작가와 함께 구성된 자아(self)라는 의미가 포함되어 있다. 자서전이란 개인이 기억을 통하여 자신의 삶의 이력을 회상하는 것이며 '자신의 삶을 성찰하고 적어 내는 기술'이다. 자서전 쓰기의 의의는 학습자가 자신의 인식을 확장하는 데 유용하게 사용할 수 있다는 것이다. 자서전을 쓰려는 학습자는 두 가지의 시각인 자신의 삶에 연결되어 있는 주관적인 자아와 자서전에서 그려지는 객체로서의 자아를 발전시켜 나가야 한다. 따라서 자서전을 쓰려면 노인이 자신의 생애사적인 발달과 삶의 환경을 회상을 통하여 기억해 내는 역량이 요구되며, 글을 써 가는 저자는 자신의 삶을 고유한 방식으로 표현할 수 있는 능력도 요구된다. 이러한 특징 때문에 자서전은 자신의 삶의 이력과 문학 사이의 경계가 되기도 한다. 카프카는 어린 시절 아버지와 한 번도 터놓고 이야기해 보지 못했다고 자신의 유년기를 회고하면서 아버지와의 관계를 재정립해 보기 위하여 '아버지에게'라는 편지를 쓰기도 하는데, 이처럼 자서전은 개인의 역사적인 사실이 현재의 요구와 연결되는 생산적인 작업이 된다. 그러나 이것은 객관적인 자아로 재구성되는 속성이 있으므로, 저자의 주관적인 삶이 강조되어 자신이 살아온 실제 삶과는 다르게 구성되는 특징이 있다. 자서전은 사회 속에서 자신의 위치를 기억을 통하여 새롭게 발견하여 자신의 역할을 새롭게 찾아가는 과정을 서술한다는 점에서 회상록과 구별된다. 저자, 구술자 그리고 주인공은 자서전에서 동일한 이름으로 나타난다. 그러나 자서전에서 구술이란 논픽션이 아닌 픽션, 즉 소설의 형태로 나타난다.

(2) 노인 자서전 쓰기의 의의

구성주의에서 학습자가 사실을 구성하는 것은 평생 동안 계속되는 학습의 과정이며, 학습력이란 새로운 것을 배우려는 개방성 그리고 변화하려는 준비성으로 이해된다(Siebert, 2005). 학습자는 자신이 학습한 것과 체험한 사실을 통하여 실재를 구성해 나가므로, 교수-학습 과정에서는 학습자를 도와주고 지속적인 촉진 과정을 통하여 지식이 구성되도록 학습환경을 조성해 나가는 과정이 중시되어야 한다. 자신의 전 생애를 통하여 축적된 경험을 기반으로 노인은 자기 주도적으로 자서전 쓰기를 통하여 노년기 삶의 의미를 만들어 갈 수 있다.

인생의 지혜와 풍부한 경험을 지닌 노인의 교육방법은 노인이 갖고 있는 인생의 경험을 자원으로 활용하도록 활성화되어야 한다(한정란 외, 2004). 또한 학습자 중심의 교육, 자율적인 인간 양성을 목적으로 하는 자기 주도적 학습을 통한 전생애 발달 중심적 접근(Dohmen, 1996), 생애사와 개인의 행위지향을 중시하는 개인 중심적 접근(Kade & Seitter, 1996)의 원칙이 생활 세계를 살아가는 노인의 교육에 적용되어야 한다.

① 삶의 질 향상을 지향하는 자서전 쓰기

자서전 쓰기는 노인이 회상이나 기억을 통하여 자신의 삶을 성찰하고, 동시대를 살아온 타인의 삶을 이해하고 공감하는 구성을 통하여 자신의 인지 영역을 확장시키고 새로운 생산적인 지식의 생성을 돕는다. 따라서 자서전 쓰기를 통해 노인은 자신의 정체성을 새롭게 찾고 생애사적 맥락에 맞는 노년기 삶에 대한 계획을 세우게 되어 새로운 삶의 질을 찾게 된다(Zimbardo & Gerrig, 2003). 보편적으로 존재하는 지식이 아니라 노년기의 정체성을 확장시키며 생존의 능력을 확장시키는 새로운 시각을 발견해 나갈 때 삶의 질은 향상된다.

② 기억에 의한 서술

노인 자서전 쓰기는 노인이 과거의 기억을 되새겨 자기 성찰을 통하여 인생의 의미를 찾는 것과 정체감 형성과 유지(한정란 외, 2004)에 큰 도움이 되는 것으로 알려져 있다. 자서전 쓰기는 노인이 한 사회의 구조를 학습하며 과거, 현재, 미래

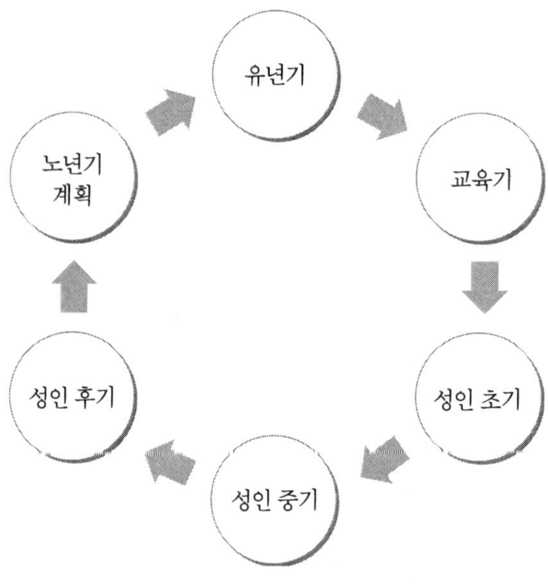

그림 13-1 생애 발달 시기별 구분에 따른 기억에 의한 자기 성찰

를 체험을 통하여 계획하도록 한다. 노인이 직업을 선택하고, 가족 등에 대한 자신의 삶의 체험을 비판적인 성찰을 통하여 새롭게 의식화시켜 가는 것이다. 특히 노인은 급속한 사회에서 자신의 삶의 적응방식을 수정하여 자서전적인 자기 성찰을 통하여 자기 해방의 기회를 갖게 된다.

2) 자서전 쓰기 교육과정

(1) 자신의 삶을 기억해 내고 성찰하기

① 전 생애 과정에서 일어났던 삶을 기억해 내고 정리하기

노인이 유년기, 청년기, 성인 초기, 성인 중기, 노년기의 삶을 기억을 통하여 회상하고 자신에게 중요한 의미를 주었던 사건이나 경험 등을 글로 적도록 한다. 말이나 글을 써 나가는 과정에서 자서전의 작가는 새로운 자아를 형성하게 된다. 이때 〈표 13-3〉처럼 연대표를 만들어서 서술하도록 하면 과거의 기억들을 회상해 내는 데 도움이 된다.

〈표 13-3〉 생애 연대표 작성하기

연대별	역사적 사건 및 기억나는 삶의 경험 적기
1930년 이전 및 이후	일제시대에서 경험한 어린 시절의 가난 및 부모님의 사망, 고향 및 가족
1945년	8 · 15 해방
1950년	6 · 25 전쟁, 생과 사 그리고 전쟁의 고통
1960년	군사혁명, 정치적 불안, 경제발전의 시작
1970년	경제발전의 중간 단계
1988년	서울 올림픽 개최
1997년	IMF
2002년	2002년 월드컵 4강 진출, 배우자 사망 등
2010년	노년기 시작
2012년	노인복지관에서 동아리 활동

② 자서전 쓰기 교육 프로그램 운영

자서전 쓰기 교육 프로그램은 1주일에 2회씩 90분에서 2시간 정도 진행하는 것이 좋으며 최소한 10~12회기 정도로 진행해야 자기 성찰에 의한 학습 효과를 거둘 수 있다. 자서전 쓰기 교육 프로그램은 다음과 같은 교육과정으로 운영될 수 있다.

〈표 13-4〉 자서전 쓰기 교육 프로그램 내용

차시	강의 주제	주요 내용
1	자기개방과 어색함 깨기	• 노인과 자서전 쓰기 강사 간의 어색함 깨기(ice-breaking) • 자서전 쓰기 안내
2	나는 누구인가?	• 자신을 타인에게 개방하고 알리기
3	유년기	• 나의 유년기와 나의 가족에 대하여 이야기하기
4	청소년기	• 나의 사춘기, 학교생활 이야기하기
5	나의 10대	• 인생의 고난 • 나의 꿈 이야기하기
6	성인 초기	• 결혼 및 직장생활 이야기하기 • 자녀의 탄생 및 부모 역할 • 부모 부양
7	중년기	• 직장생활의 어려움 및 퇴직 • 건강문제 등
8	중년기	• 삶의 전환점 이야기하기
9	노년기	• 나의 노년기 이야기하기
10	미래설계	• 노후의 꿈 또는 비전을 이야기하기
11	자서전 탈고 및 수정	• 자서전 제목 정하기 • 탈고, 수정 및 완성

출처: 박성희(2011).

3) 생애사 학습: 나의 나무 그리기

(1) 생애사 학습

① 교육 목적

생애사 교육은 자신의 삶을 성찰에 의하여 이야기하고 자신의 삶 속에서 배우려는 노인들이 10~15명으로 팀을 구성하여 진행한다. 생애사 교육에서는 노년기에 새로운 삶의 시각을 구성해 나가는 재구성(reconstruction)의 방법이 사용된다(박성희, 2004; Alheit, 1995). 자기 경험에 근거한 교육은 노년기의 일상생활을 극복해 나가도록 자신감을 심어 준다.

삶을 이야기하는 과정에서 참여자들은 역사적인 시대와 지나간 시간, 다양한 생애 발달 단계와 형태 그리고 자신의 삶의 목적을 연결시킨다. 이러한 삶의 이야기는 대부분 자신이 계획하지 않았던 삶의 사건들을 이야기하도록 하고 기대하지 않았던 사건에 대하여 자기 성찰을 불러일으킨다(Kade, 1997; Mader, 1990). 이러한 생애사 활동은 자기 성찰이라는 역량을 요구한다.

노인이 자신의 삶 속에서 일어난 경험과 사건을 나무를 통하여 그려 보도록 한다. 자신의 과거를 기억을 통하여 성찰하고, 미래의 성공적인 노년을 계획하도록 한다.

② 나의 나무 그리기의 목적

- 개인적인 삶의 목표와 잠재력을 분석하기
- 지금까지의 삶과 학습과정에 관하여 성찰하기
- 지금까지의 목표, 발전 그리고 아직 사용하지 않은 잠재력의 개발
- 자신의 능력과 성장 가능성에 대한 신뢰감 획득

(2) 나무 그리기

① 나무 그리기

나무 밑둥치를 그리고 가지 및 잎과 열매를 그려 나가도록 지도한다. 나무를 생애 주기에 비교하여 그림을 그려 가도록 안내한다. 나무는 나의 정체성, 나무줄기는 내가 갖고 있는 잠재력의 저장소가 될 수 있다. 나무는 뿌리를 통하여 지탱하는데, 뿌리는 내가 갖고 있는 무한한 자원을 연결시키는 근본이 된다. 나무 그림을 그리면서 뿌리는 에너지의 원천, 줄기는 에너지 보관소, 가지는 다양한 나의 발달 경향을 나타내는 것으로 생각하고 자신의 인생나무를 그려 보도록 한다.

② 자신의 생애사를 나무로 그리고 삶의 의미를 찾아가기

- 삶의 전 과정을 성찰하고 자신의 모습을 나무와 비교하도록 한다.
- 나무의 모습을 상상하고, 자신이 원하는 성공적인 삶의 방향을 상상하도록 한다.
- 함께 학습하는 학습자들에게 자신만이 가진 유일한 삶의 경험을 알리고 공통되는 경험을 공유하도록 한다.
- 삶의 실존자로서의 자신의 모습인 나무의 모습을 또래 앞에서 발표하도록 한다.
- 행복한 삶의 주체로서 자신의 삶을 나무의 모습으로 그리도록 한다.
- 집단으로 나누어서 집단원끼리 나무를 비교하도록 하고 삶의 의미가 무엇인지 발표하도록 하면, 자신의 삶의 의미와 비교하면서, 의미를 확장시키도록 안내한다.

〈표 13-5〉 생애사 나무 그리기와 의미 만들기 프로그램

회기	주제	목적	세부 내용
1	반갑습니다	친목도모와 생애사 학습 교육을 설명	• 교육의 진행과정과 유의사항을 설명한다.
2	나의 나무 그리기	자신의 삶을 나무를 통하여 그려 보도록 한다.	• 개인적인 삶의 목표를 명백히 알도록 하고 자신의 잠재력을 분석해 보도록 한다. • 지금까지 자신의 생애와 그 극복방법인 학습의 방법에 대해서 발표하도록 한다. 자신의 능력과 성장 가능성에 대하여 이야기하도록 한다. • 나무 밑둥치 그리기. 가지에서 잎과 열매가 자란다. 나무는 생애주기와 같다. 나의 정체성으로서의 나무. 나무줄기는 내가 갖고 있는 잠재력의 저장소다. 뿌리를 통하여 나무는 지탱하고 있다. 뿌리는 내가 갖고 있는 무한한 자원을 연결시키는 근본이 된다.
3	나무를 통해 자신의 삶을 총체적으로 은유해 봄	지금까지의 삶과 학습과정에 관하여 성찰하기	• 자신을 나무에 비교한다. 자신의 나무를 집단 구성원들에게 이야기한다. 경로당 노인 모두가 역사적 · 시대적으로 같은 경험을 하였기에 자신들의 삶 속에서 구성원의 공통점을 스스로 찾아내도록 한다.
4	성찰을 통한 학습으로서의 나무	미래의 삶을 계획해 보도록 한다.	• 뿌리는 에너지의 원천, 줄기는 에너지 보관소, 가지는 다양한 나의 발달 경향을 나타낸다.
5	구성원들의 나무를 비교	집단으로 나누어서 자신의 나무를 비교하도록 한다.	• 소중한 나의 장점, 어떻게 나의 나무가 성장하면 좋겠는가? 어떤 가지를 없애 버리고 싶은가? 어떤 가지가 더 잘 자라야 하는가? 나의 삶의 어떤 철학을 기초로 나의 나무를 키워 왔는가? 나의 개인적인 삶의 전략은 어떠한 나무의 모습으로 나타났는가?
6	또 만나요	자신감 향상	• 프로그램의 실시 중 자신이 발전한 점, 달라진 점 그리고 노년기를 보는 자신의 시각이 얼마나 변했는지 경험을 나누도록 한다. • 프로그램 만족도에 대해서 이야기하도록 한다. • 프로그램의 장단점과 개선점에 대해서 알아본다.

③ 성공적 미래를 위해 나의 나무 다듬기

내가 가진 나의 장점은 무엇인가? 어떻게 나의 나무가 성장하면 좋겠는가? 어떤 가지를 없애 버리고 싶은가? 어떤 가지가 더 잘 자라야 하는가? 내가 갖고 있는 삶의 철학은 무엇이며, 나의 나무를 키우는 삶의 철학은 무엇인가? 나의 개인적인 삶의 전략은 어떠한 모습으로 나타났는가? 이와 같은 질문을 노인들에게 제시하고 성찰하는 과정에서 성공적인 삶의 전략을 찾아 나가도록 지도한다.

④ 준비물

이러한 과정은 다음과 같이 6회기로 운영할 수 있으며, 준비물로는 도화지, 연필, 수채화, 크레용 등이 필요하다.

4) 노인 자원봉사

(1) 자원봉사의 특징

타인을 돕는 행동을 통하여 자원봉사는 자신의 보람과 즐거움을 찾게 되며 심리적으로 긍정적인 보상을 받게 된다. 자원봉사의 네 가지 특징은 다음과 같다.

- 자원봉사는 자신을 성장시킨다. 봉사를 하는 노인과 도움을 받는 사람이 상하관계로 구분되는 것이 아니며, 타인에게 도움을 주는 과정에서 자신이 성장하며 도움을 실천함으로써 삶의 보람이나 즐거움을 찾게 된다.
- 자원봉사는 스스로를 돕는 것이다. 일생을 살아오면서 사람들은 자원봉사활동을 통하여 타인에게 도움을 주지만 언젠가는 자신이 도움을 받기도 하는 양면성이 있다.
- 자원봉사는 문제해결 능력을 향상시킨다. 노년기에 타인을 돕거나 사회발전에 기여하는 활동에 참여하면 노인 봉사자는 심리적으로 긍정적 보상을 얻게 되므로, 문제해결 능력이 향상되며 자신의 문제가 치유되기도 한다.

- 자원봉사는 역량 강화를 촉진시킨다. 같은 문제로 고민하는 노인이 집단을 구성하여 서로 문제해결을 돕는 경우가 많아 자원봉사는 자조성을 갖고 있다. 고령화 사회에서 노인은 자원봉사를 통하여 사회에 기여하며 새롭고 긍정적인 노인상을 정립해 나갈 수 있다. 노인은 사회에 기여함으로써 존경을 받을 수 있으며, 자율적인 실천을 통하여 공동체사회를 만들어 가는 주체가 될 수 있다.

(2) 생산성 노화와 사회참여

바케스(Backes, 1997)는 노인이 가진 새로운 활력과 자원을 사회발전을 위한 생산적 구조로 이용하지 않는 것을 '노년기의 모순(Altersparadox)'으로 보았다. 이러한 노년기 모순을 극복하려면 노인이 시민사회를 만들어 가는 데 주체가 될 수 있도록 노인교육이 노인의 앙가지망을 촉진해야 할 것을 강조하였다. 시민사회의 앙가지망이 민주사회의 확장과 정체성 발전에 기여할 수 있다는 핵심적인 전략이 노인교육에 적용되어야 할 것을 강조하였다. 노인교육은 직업활동을 위한 능력 향상보다는 노인이 성찰적인 비판을 통하여 행복한 삶의 주인공이 될 수 있도록 새로운 시각을 형성하고, 삶의 질 향상을 위해 삶을 재창조해 나갈 수 있도록 지원해야 할 것이다.

노인을 위한 비판적 노인교육이 강조되는 것은 첫째, 노인이 충분한 여가 시간을 갖고 있어 노인의 관심과 요구에 기반한 참여를 이끌어 낼 수 있기 때문이다. 둘째, 노인이 사회참여의 기회를 잃고 소외계층으로 전락하지 않도록 그들을 사회 구성원으로 인정하고 사회에 참여하는 기회를 제공하고 소속감을 보장해 주어 노동을 대체할 새로운 정체성 형성을 지지해 줄 수 있기 때문이다.

개인과 사회의 문제해결력 강화를 촉진하고, 노인의 적극적인 사회참여를 지원하여 새로운 노년기가 창출되도록 지지해야 한다. 노인을 여가의 대상으로 보고 취미 중심으로 진행되는 교육은 노인에게 무료한 시간이 되어 노인 자신의 발전을 저해시킨다. 노인교육은 퇴직자가 근로하는 것보다는 노인활동에 집중하도록 발전되어야 한다. 즉, 성공적 노화를 위해 미래를 계획하고 사회문제 해결의 주체가 되도록 능력 개발을 도모하는 노인의 참여가 촉진되어야 한다.

(3) 자원봉사의 영역

미국퇴직자협회(American Association of Retired Person: AARP)는 미국 노인들의 권익을 보호하기 위해 1958년에 설립된 비영리 단체다. 워싱턴에 본부를 두고 있으며 미국 노인단체 중 가장 규모가 크다. 미국퇴직자협회의 설립자는 고등학교 교장으로 정년 퇴임한 퍼시 앤드러스(Ethel Percy Andrus) 여사다. 앤드러스는 1947년 미국퇴직자협회와는 별도로 퇴직교사들의 건강보장 등을 제공하는 연방퇴직교사협회(National Retired Teachers Association: NRTA)도 조직하였다. AARP는 2000년 미국 50개 주에서 모두 만들어져, 현재 약 4,000개의 지회를 두고 있다. 50세 이상의 현직자 및 퇴직자 3,300만 명을 대상으로 지역사회에서 자원봉사활동 프로그램을 운영하고 있다. 협회는 '봉사받기보다는 봉사를 하자(To serve, not to be served)'는 구호 아래 많은 노인들이 참여하도록 동기를 유발시키고 있다. 미국퇴직자협회는 노인들이 자율적인 삶과 존엄성을 유지하고 목적이 있는 노년기 삶을 살도록 지원하는데, 자원봉사활동 영역은 다음과 같이 나뉜다.

- 박물관, 미술관 등의 예술 및 문화 활동 영역
- 기업 관리, 컴퓨터와 관련된 비즈니스 영역
- 자문위원회, 소비자 보호, 재무계획 지도 등 소비자 보호 영역
- 성인교육, 문해교육 등과 관련된 평생교육 영역
- 환경보호, 공원 관리, 생태계 보호 등 환경보호 영역
- 보건제도 개혁, 건강 증진, 호스피스 등 건강 영역
- 공공임대주택 안내, 주거지 선택 관련 상담 등 주거생활 영역
- 법률 및 법률지원 서비스 영역
- 선거 및 입법 관련 영역

- 캠핑, 여행과 관련된 여가활동 영역
- 구급, 범죄 예방, 노인 운전지도 등 안전 관련 영역

이 밖에 과학 영역, 세금 관련 사회적 · 대인 서비스 영역, 고용 및 퇴직 관련 노동 영역 등에서 봉사할 수 있다(김동배 외, 2000). 이러한 지식을 기반으로 〈표 13-6〉과 같이 자원봉사활동 프로그램을 운영해 볼 수 있다.

〈표 13-6〉 B노인복지관의 상담 프로그램

구분		활동 내용
상담	전문상담	생활상담, 집단상담, 법률상담, 세무상담 등
	이용상담	이용안내 상담, 회원가입 상담, 전산입력 작업 등
재가복지	식사지원	독거 어르신 밑반찬 제공 및 말벗 서비스
	주거환경 개선	열악한 주거환경 수리 · 개선(도배, 장판 교체 등)
	이미용 서비스	거동이 불편한 어르신 댁을 방문하여 커트, 파마 서비스 제공
기능회복 사업	물리치료실	물리치료자 접수 및 업무 보조
	건강관리실	혈압, 혈당측정 보조, 차트 정리 등
사회교육 사업	컴퓨터 교육 보조	컴퓨터 교육 보조, 프로그램 진행 보조
복리후생	경로식당	배식 및 그릇 세정 작업, 식탁 정리, 바닥 청소
	이미용 봉사	복지관 이용 어르신 커트 및 파마 서비스 제공
	환경미화	관내 환경미화 및 청소 보조 지원
경로당 활성화	프로그램 보조	컴퓨터, 종이접기, 레크리에이션 등 진행 및 보조 활동
	환경 개선	경로당 청소
주단기 보호센터	주단기 보호	목욕, 식사, 말벗, 프로그램 보조
공연봉사	문화공연	악기연주, 마술쇼, 팬터마임 등
기타	행정봉사	행정업무 지원, 소식지 우편발송, 홈페이지 관리 등
	행사지원	복지관 행사 시 질서 유지 , 사진 및 동영상 촬영 봉사

5) 자율적인 삶의 주체자 형성을 지원하는 대화와 토론

펠켄(1990)은 노인교육의 방법으로 대화와 토론을 통한 교수법을 주장하였다. 노인이 외부로부터 어떠한 압박감이나 구속감을 느끼지 않고 자기 삶의 주인이 자신이라는 생각을 가지고 지금까지 살아온 삶과 앞으로의 생활을 본인 스스로 계획할 수 있도록 지원할 것을 강조하였다. 개인의 삶의 경험은 다양하므로 경험의 퇴적물이 다양하게 구성된다. 따라서 노년기에는 스스로 자신의 삶을 반성하고 앞으로의 삶의 방향을 재조명하도록 교육할 것이 강조되었다. 즉, 사회에서 노인들에게 요구하는 모든 역할을 무조건 비판 없이 받아들이기보다는 노인 각자가 자신의 삶의 주체로서 삶의 경험에 따라 스스로에 맞게 주체적인 삶을 살 것이 강조되었다.

노년기에는 교육의 내용 자체보다는 삶의 의미를 찾을 수 있는 의미학습이 지원되어야 한다. 따라서 노인교육을 통하여 구성적으로 자신의 삶을 새롭게 조명하도록 학습을 지원해야 한다. 노년기에 자아통합이 이루어지고 원숙한 인격의 소유자가 될 수 있도록 자신의 삶과 교육이 연계성을 갖고 이루어질 때, 노인은 가족이나 사회로부터 소외되지 않는 적극적 참여자가 될 수 있다.

노인교육은 강의식 교육이 아니라 집단 혹은 그룹을 만들어 팀별 모둠학습이 이루어져야 한다. 산업화 사회에서는 노인의 소외가 가장 큰 문제인데, 자신의 삶의 환경과 끊임없는 상호교류가 이루어질 때 소외감은 해소될 수 있다. 팀별 학습을 통하여 다른 사람과 함께 협동하는 것을 배우게 되고 상호교류를 통하여 인간관계가 넓어지게 된다. 또한 모둠학습은 집단 내에서 다른 사람들로부터 인정받고 존경받을 수 있는 기회를 주어 감정이 원만하게 조화를 이룰 수 있다.

노인교육은 상호 교환적인 학습이 이루어져야 한다. 노인이 교육 대상자인 교육 현장에서는 교수자와 학습자의 역할이 명확히 나누어 있지 않다. 노인은 노년기에 일어날 수 있는 문제에 대하여 해결하는 방법, 예방하는 방법에 필요한 지식을 습득해야 한다. 그러므로 노인을 대상으로 하는 학습활동은 삶의 경험이 축적된 노인들이 3세대가 함께 살아갈 수 있는 사회를 만들어 가는 주체가 되도록 지역사회의 문제를 해결하는 데 그들이 소지한 삶의 경험을 이용하도록 협동해야 할 것이다. 이러한 대화와 토론 방법을 통하여 다음과 같은 창의적인 노인활동을 창출해 낼 수 있다.

(1) 고령자 노동조합 운동

노인의 잠재력과 역량을 지지해서 노인이 노년기를 자기 주도적으로 살아가도록 총체적인 힘을 기르는 교육을 강조하였다. 또한 삶의 수동체가 아니라 정치적으로도 자율적인 인간을 강조하여, 노인의 이익을 스스로 주장하고 참여하는 행동인이 되도록 삶의 주체가 되는 교육을 주장하였다. 역량 강화 교육의 장애 요소로 경제적 장애와 정치적 · 사회적 참여에서의 장애가 지적되면서 소외계층으로 전락한 70대 노인을 위한 지역사회 교육이 시작되었고, 적극적인 사회적 참여를 유도하기 위하여 역량 개발 교육이 시작되었다.

다양한 인생의 경험과 여가 시간을 갖고 있으며 서로 돕고 살아야 하는 노인들이 주체적으로 노인복지사업의 주체가 되도록 노동조합 운동을 지원할 수 있다. 같은 지역사회에 거주하는 노인들이 재가복지를 원칙으로 지역사회에서 다양한 상호 부조를 지원하고 함께 살아갈 수 있도록 노동조합 만들기를 지원할 수 있다. 이와 같은 노동조합 만들기 운동은 일본이 공민관 건립운동, 이키가이 생활협동조합 그리고 독일의 바덴뷔르템베르크 주의 리드링겐(Ridringen) 협동조합 사례를 통하여 살펴볼 수 있다(박성희, 2011).

(2) 농촌 리더 만들기

농촌의 노인들은 농사를 짓기보다 교육농장을 운영하면서 자신의 일을 후세대에게 알려 주는 학습활동의 주체가 될 수 있다. 유치원 아동 및 초등학교 학생들이 삶의 터전인 농촌을 방문하고 학습할 수 있도록 노인들이 후세대를 지도할 수 있다. 직접 우리의 쌀이 재배되는 과정을 체험해 보고 농장에서 생산되는 식재료로 아침을 준비하여 다양한 잡곡밥과 신선한 야채 등으로 식사를 하게 하면서 아동들은 우리 농산물과 농촌 및 생태에 관심을 갖게 될 수 있으며, 장래의 농촌 리더로 성장할 수도 있을 것이다.

공무원의 노력으로 시작된 독일 교육농장에 대한 아이디어는 농촌의 고령화 문제를 해결해 보기 위한 것이었다. 농촌에서는 주로 노인들이 농사를 짓게 되는데 한쪽 배우자가 사망하여 혼자서 농사를 계속하기 어려운 노인들이 늘어나게 되자, 지방자치단체가 교육농장을 운영하도록 숙식시설을 지어 주고 농촌의 노인들을 농촌리더로 키우는 교육을 하면서 교육농장 사업은 시작되었다. 농촌 노인들은 교육부와 농민단체의 후원을 받으며, 교육농장 운영은 지자체와 연계하여 정기적인 모임을 갖고 교육의 내용을 선정하는 등 지속적인 평생학습으로 사업을 관리하고 있다(박성희, 2011). 이러한 교육농장 사업은 독일뿐만 아니라 프랑스에서도 활발히 진행되고 있다.

생각해 보기

1. 고령화 시대에 노인교육의 중요성을 생각해 보자.
2. 노인교육이 가장 많이 이루어지고 있는 평생교육기관을 살펴보고 교육방법에 대하여 토의해 보자.
3. 은퇴노인 등이 주체가 될 수 있는 노인 교육방법을 생각해 보자.

참고문헌

김동배 외(2000). **노인의 자원봉사활동 및 여가 교육프로그램 개발연구**. 교육부 노인교육정책 연구과제 보고서.

김지영(2007). 대전시 경로당 실태조사 및 발전 방안 연구. 우송대학교 보건복지대학원 석사학위논문.

보건복지부(2010). 노인복지시설현황.

박성희(2004). **질적 연구방법의 이해**. 서울: 원미사.

박성희(2011). **노인교육론**. 파주: 양서원.

박애선, 박성희 외(2004). **노인집단상담 프로그램 매뉴얼**. 경기도 노인복지상담실.

배석영, 박성희, 박경호, 황치석(2010). **평생교육개론**. 파주: 양서원.

한정란(2005). **노인교육의 이해**. 서울: 학지사.

한정란, 박성희, 원영희, 최일선(2008). **노인교육의 체계화 및 활성화 방안 연구**. 보건복지가족부(보건복지부).

한정란, 이이정, 조해경(2004). **노인 자서전 쓰기**. 서울: 학지사.

한정란, 이이정, 조해경, 전수경, 박성희 외 5인(2006). **세계의 노인교육**. 서울: 학지사.

Alheit, P. (1995). Biographizitaet als Lernpotential: Konzeptionelle Ueberlegungen zum biographischen Ansatz in der Erwachsenenbildung. In: H.-H. Krueger & W. Marotzki (Ed.): *Erziehungswissenschaftliche Biographieforschung* (pp. 276-307). Opladen: Leske/Budrich.

Backes, G. (1997). *Altern als gesellschaftliches Problem*. Opladen.

Beck, U. (1986). Die Risikogesellschaft. Frankfurt a. M.: Suhrkamp.

Dohmen, G. (1996). *Das lebenslange Lernen. Leitlinien einer modernen Bildungspolitik*. Bonn.

Erikson, E. (1976). *Identität und Lebeuszyklus*. Frankfurt a. M.: Suhrkamp.

Erikson, E. (1979). *Dimension of a New Identity*. New York: Norton.

Erikson, M. (1991). *Die Februarmann. Persönlichkeits-und Identitäts entwicklung in*

Hypnose. Paderborn: Junfermann.

Kade, J., & Seitter, W. (1996). *Lebenslanges Lernen-Moegliche Bildungswelten. Erwachsenenbildung, Biographie und Alltag*. Opladen.

Kade, S. (1997). *Die andere Geschichte. Spurensicherung im Vorruhestand*. DIE: Frankfurt a. M.

Mader, W. (1990). *Generationenbeziehungen*. BPM-Reihe. PAS/DVV. Frankfurt a. M.

Tews, H. P. (1993). Strukturwandel des Alters. Bildung im Strukturwandel des Alters. In: G. Naegele & H. P. Tews, *Lebenslagen im Strukturwandel des Alters*. Opladen: Westdeutscher Verlag.

Veelken, L. (1990). *Neues Lernen im Alter*. Heidelberg.

Zimbardo, P. G., & Gerrig, R. J. (2003). Kognitive Veraenderungen im hoeheren Erwachsenenalter. *Kap. 10*. In: S. Hoppe-Graf & I. Engel (Hrsg.). *Psychologie 7*, (pp. 472-475). Berlin: Springer.

제4부

여성과 다문화 평생교육방법

제14장 여성과 평생교육방법

학습개요

여성은 출산과 육아 가사노동의 대부분을 담당함으로써 직업생활에서 단절되는 경우가 많아 재진입을 위한 평생교육이 절실히 요청된다. 그동안 제도적 교육에서 소외되었던 성인 여성은 학위 취득의 욕구를 충족하기 위하여 대학교의 평생교육원, 사이버대학과 사이버 평생교육원 등에 자기 개발을 위해 참여하고 있으며, 각종 직업훈련기관을 비롯한 다양한 평생교육기관에서 자격증 취득 등 자기 발전을 위한 참여도도 높아지고 있다. 뿐만 아니라 취미활동에서 비롯된 문화예술 영역에서의 여성 학습자 증대와 사회 곳곳의 돌봄이 필요한 곳, 즉 노인, 환자, 간병, 아동을 돌보기 위한 여러 영역에서 여성 인력 활용을 위한 단기간의 평생교육은 갈수록 확대되고 있다. 따라서 14장에서는 여성의 직업 훈련 및 교육이 이루어지는 여성새로일하기센터, 여대생 커리어센터를 중심으로 평생교육방법을 소개한다.

학습목표

1. 여성 평생교육의 특성에 관하여 익힌다.
2. 여성을 위한 평생교육기관에 대해서 알아본다.
3. 여성 평생교육방법에 대해 알아본다.

1. 여성 평생교육의 특징

1) 패러다임의 변화와 여성 평생교육의 특성

소크라테스, 플라톤, 아리스토텔레스의 시대는 서구 역사상 남자들이 지적 추구와 과학적 추구를 할 수 있는 여가와 충분한 자원을 가졌던 시기였다. 그러나 21세기에는 여성들의 지위가 남성과 동등한 지적 추구와 여가를 누리는 차원으로 부상하였다. 하버드 대학의 튜웨이밍(杜維明) 교수는 인류 역사상 가장 큰 패러다임의 변화 중 하나는 인간을 신과 분리하여 인간 자신을 알고자 한 것이며 그다음 강력한 패러다임의 변화는 페미니즘이라고 역설한 만큼, 전 세계의 모든 국가가 여성주의를 고려해야 할 시대가 되었다.

이러한 추세에 따라 우리나라에서도 여성가족부가 출범하였다. 한국은 UNDP의 회원국으로서 국제기준에 준해 모든 영역에서 성인지정책과 통계를 반영해야 하는 나라가 되었다. 우리나라가 저출산 국가 중 하나에 속하게 되면서 여성은 최고의 특권인 출산의 의무보다 일의 권리를 더 중요시하게 되었다. 경제활동에 참여하는 여성은 점점 증가하여 인구의 반을 차지하는 여성 인력을 활용하지 않으면 안 되게 되었다. 따라서 정부는 이러한 추세에 부합하여 2001년에는 저출산 극복 원년을 선포하고, 독립적인 여성가족부를 출범시켜 제도적 기반을 갖추고 국가적인 차원에서 성인지정책을 단행하기 시작하였다. 2012년부터는 모든 공공기관에서 성인지 통계를 전면 실시하고 있어 행정 전반에 걸친 양성평등정책을 본격화하고 있다.

여성 평생교육은 여성들이 변화하는 사회적 상황에 대처하고 적응토록 함으로써 여성 자신의 자아실현은 물론 사회발전을 도모하는 기능을 가진다. 여성들이 자기 자신을 돌아보고 생애 전환을 이루게 하며, 여성의 생애주기 변화로 인한 증가된 여가 시간을 활용하여 자아를 실현하고 사회에 참여할 수 있는 기회를 배가

시킨다는 점에서 그 의미가 크다(교육인적자원부 · 한국교육개발원, 2002: 143). 특히 오늘날 여성 평생교육의 요구는 질적인 삶, 생존을 위한 삶을 위해 매우 절실하다.

2) 여성정책의 발달 특성

(1) 한국 여성정책의 발달과정

한국의 여성정책은 1988년 정무제2장관, 1998년 대통령직속여성특별위원회를 거쳐 2001년 공식적으로 여성부가 출범하면서 시작되었다. 1995년에 제정된 「여성발전기본법」에 근거하여 설치된 여성부는 2005년에는 여성가족부로, 2008년에는 여성부, 2010년에는 다시 여성가족부로 이름이 바뀌면서 여성과 청소년을 위한 정책을 실행하고 있다.

여성가족부는 여성정책에 관한 기본 방향을 설정할 뿐만 아니라 남녀평등의 촉진, 여성의 사회참여 확대, 여성의 복지 증진 등에 관하여 범정부 차원에서 여성정책에 관한 목표와 과제를 매 5년마다 수립하여 추진하고 있다. 1995년 제정된 「여성발전기본법」에 근거하여 설치된다. 여성가족부의 주요 정책은 〈표 14-1〉과 같다.

〈표 14-1〉 여성가족부의 주요 정책

구분	주요 정책	
양성평등	여성의 대표성 제고 성별영향평가 성인지 예산 성인지 통계	가족관계등록법 여성단체 교류협력 국제교류 지원
인력 개발	여성 인력 개발 여성새로일하기센터 청년여성	국제 전문여성 인턴 여성 친화적 기업문화 조성

〈계속〉

인권보호	가정폭력 방지 성폭력 방지 아동 성폭력 방지 성매매 방지	성희롱 예방 일본군위안부 여성 장애인 이주여성
가족	가족정책의 기본 방향/비전 가족정책의 역점추진 과제 통합적 가족 지원 다문화가족 지원	한부모가족 지원 가족친화 환경조성 가족정책 서비스기관 현황
청소년	청소년활동 국제교류 활동 청소년복지	청소년 유해환경 개선 청소년 성보호정책 청소년보호위원회

출처: 여성가족부 홈페이지(2012)에서 재구성.

(2) 주요 국가의 여성재취업정책과 평생학습 동향

일본은 육아와 가족간호 등으로 노동시장을 이탈했던 여성의 재취업 · 창업을 종합적으로 지원하기 위해 내각부, 문부과학성, 후생노동성, 경제산업성이 연계하여 2005년부터 '여성의 재도전지원 플랜'을 추진하고 있다. 이 플랜의 목표는 여성 노동력 인구를 2005년 대비 2015년까지 25만 명 증가시키는 것이다. 주요 지원정책은 ① 재도전을 용이하게 하는 지역환경 조성, ② 학습 · 능력 개발 지원, ③ 재취업 지원, ④ 창업 지원 및 사회참여 촉진, ⑤ 국가 차원의 종합적 정보 제공 · 조사를 목적으로 하고 있다.

미국은 비전통적 직업 분야에서 여성고용을 높이기 위한 정책으로 WANTO(여성 비전통적 훈련 프로그램)를 시행하고 있다. 여성이 25%를 넘지 않는 비전통적인 직종들은 강한 노동조합, 높은 임금, 상여금과 관련되어 있는데, 여성이 이러한 직종에 적극적으로 참여하도록 권장하고 있다. 또한 미국의 재취업 희망 여성들은 전문적인 직업능력을 보유하고자 대학 정규과정에 재입학하거나 대학 평생교육원을 찾고 있다. 그들의 재입학을 도와주는 재입학 프로그램(re-entry program)을 지원하고 있으며, 학업 복귀에 필요한 학업상담, 진로지도, 전공 선택, 기초교육 등을 제공하고 있다(황치석, 2005).

영국은 여성의 취업 장애 요인을 제거하는 정책을 개발하고 있다. 여성의 직업 훈련 접근성이 남성보다 낮은 것은 훈련 자체의 차별에 의한 것이 아니라 여성이 노동시장 내에서의 지위가 낮고 일과 가정을 양립하는 것을 어렵게 하는 환경 요소가 많다는 인식에서 정책을 실시하고 있다. 즉, 여성의 직업능력 개발을 남성과 동일한 기준에서 시행하기보다 여성의 장애 요인을 제거하는 시각에서 정책을 개발하고 있다. 따라서 고위직과 양질의 직업에서 단시간 근로 일자리 수를 증가시키는 프로젝트를 수행하고 있으며, 고등교육을 받은 고학력 여성들이 미숙련 영역에만 머무는 이유를 개선하여 전문직종에 취업하도록 단시간 근로제를 확대하고 일자리를 제공하여 인력부족을 해소하는 한편, 근로문화 변화를 위해 예산을 지원하고 있다(고혜원, 2007).

3) 여성의 경제활동 참여와 평생학습의 특성

(1) 여성의 경제활동 참가율

우리나라 여성의 경제활동 참가율은 국민소득이 1만 불 시대에서 2만 불 시대로 향상되었음에도 불구하고, 여전히 여성의 경제활동 참가율은 50%대에 머물러 OECD 주요국에 비해 현저히 낮은 수준이다.

한국 여성들의 연령별 경제활동 참가율은 주요 국가에 비해 전 연령대에 걸쳐 낮으나, 특히 임신과 출산 경향이 높은 30~34세에 가장 낮은 취업률을 보이고, 40~44세까지는 다시 증가하는 양상을 보이므로, 20% 정도의 여성들이 경력 단절을 경험하고 재취업하는 것으로 나타나고 있다. 이러한 현상으로 보아서 재취업 지원 및 평생교육적 차원에서의 재교육이 필요한 것을 알 수 있다. 2011년 자료에서도 나타나듯이, 여성 경제활동 참가율은 주요 선진국에 비해 아직도 매우 낮은 수준이다.

선진국의 U자형 곡선과 달리 한국은 상당수 여성이 가사 · 육아 부담 등으로 경력 단절을 경험하는 M자형 곡선 현상이 지속되고 있으며 재취업 시 근로 조건

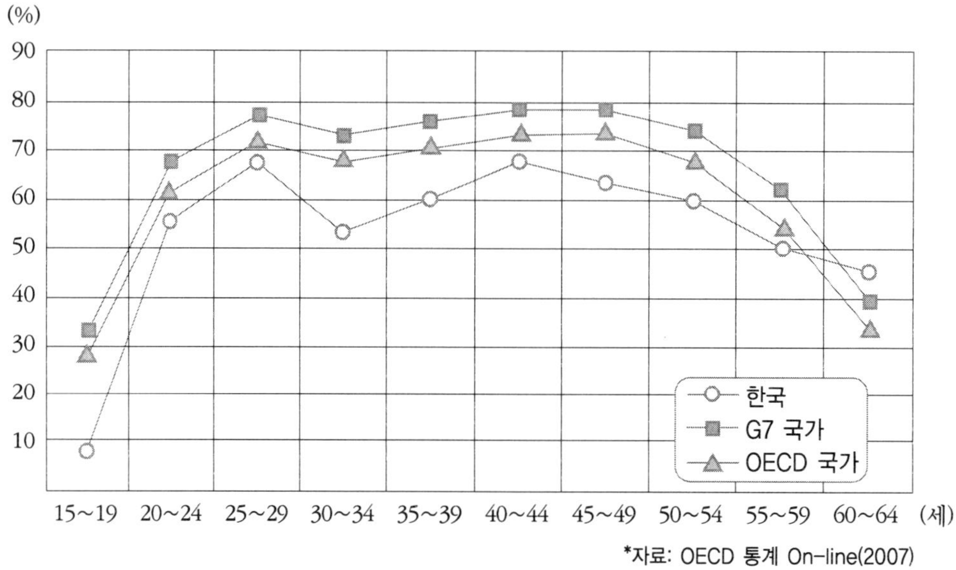

그림 14-1 한국과 주요 국가의 연령별 여성 경제활동률 비교

출처: 여성가족부(2011). 2008~2012 제3차 여성정책기본계획 수정(판).

〈표 14-2〉 주요 국가의 여성 경제활동 참가율

한국	미국	영국	덴마크	호주	OECD 평균
54.5%	68.4%	70.2%	76.1%	70.0%	61.8%

출처: OECD Employment Outlook(2011); 여성가족부 홈페이지에서 재인용.

의 하향화 현상이 뚜렷하다. 경력 단절 여성의 규모는 190만 명으로 이 중 57%가 30대다(통계청, 2011). 대졸여성의 경제활동 참가율도 61.8%로 OECD 국가평균(82.8%, 2010년)에 비해 매우 저조하며, 경력 단절 후 재취업을 포기하는 경향이 높다. 이는 낮은 여성고용의 질과 비정규직 비율이 원인이 될 수 있으며, 구체적인 원인과 대책을 위한 정책적 노력과 각 담당 부처는 〈표 14-3〉에서 볼 수 있다.

〈표 14-3〉 여성의 연령별 경제활동 M자형 곡선 현상의 지속 원인과 대책

원인	대책	담당 부처
자녀양육 및 가사 부담	보육 및 방과 후 학습 지원	보건복지부, 교육과학기술부
청년 여성이 원하는 좋은 일자리에 취업이 어려움	대졸여성을 위한 맞춤형 직업훈련 및 경력개발	여성가족부, 고용노동부
경력 단절 후 노동시장 재진입 곤란	경력 단절 여성을 위한 종합 취업지원 시스템 구축	여성가족부, 고용노동부
여성의 근로 조건 및 근무환경 열악	양성 평등한 인사관리	고용노동부, 여성가족부
	일 · 가정의 양립 지원	보건복지부, 고용노동부, 여성가족부
	여성 친화적 근무환경 조성	고용노동부, 여성가족부

출처: 여성가족부 홈페이지(2012)에서 재구성.

(2) 여성 근로자의 근무 형태

여성 근로자의 근무 형태를 분석해 보면 25~29세 여성의 경우는 정규직의 비중이 상대적으로 높으나, 35~39세 이상 여성의 경우는 비정규직 여성의 비율이 상대적으로 높은 양상을 보이고 있다. 이러한 현상은 여성이 출산과 육아로 정규

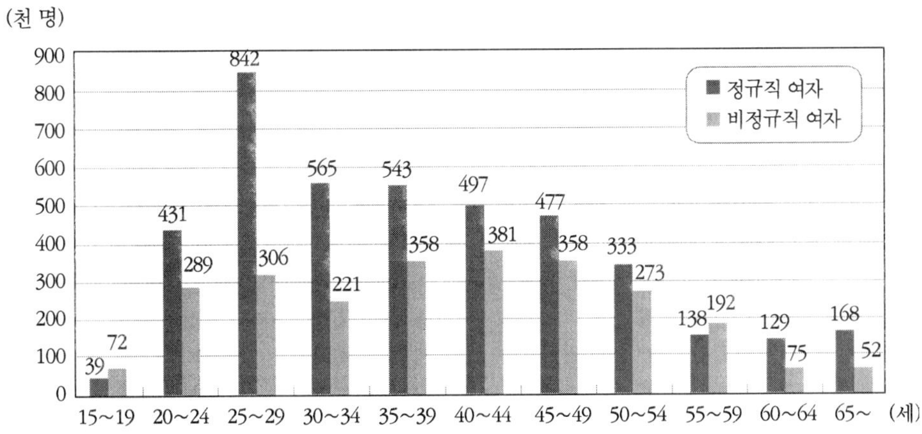

그림 14-2 여성 근로자 근무 형태 현황(정규직/비정규직)

출처: 통계청(2008. 8). 경제활동인구조사 근로형태별 부가조사; 여성가족부(2011), 2008~2012 제3차 여성정책 기본계획(수정판) 재인용.

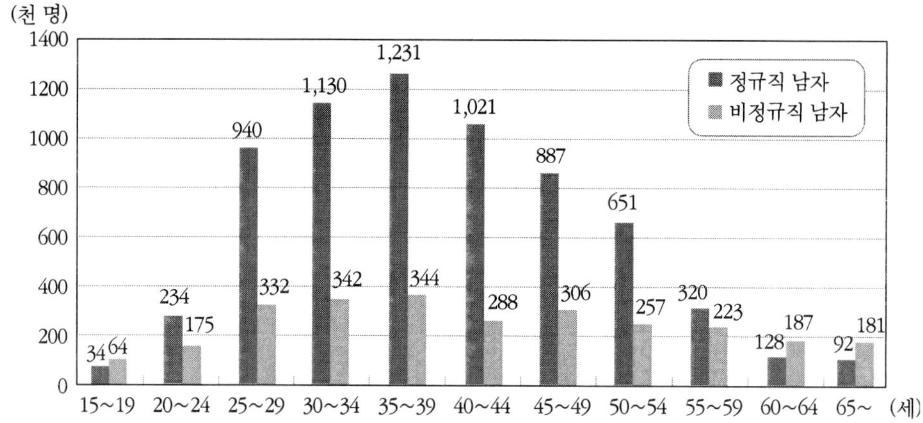

그림 14-3 남성 근로자 근무 형태 현황(정규직/비정규직)

출처: 통계청(2008. 8). 경제활동인구조사 근로형태별 부가조사; 여성가족부(2011), 2008~2012 제3차 여성 정책 기본계획(수정판) 재인용.

직의 직장생활을 그만두고, 재진입하는 시기가 35~49세까지 높은 비중을 차지하고 있음을 알 수 있다. 또한 35~49세까지 비정규직의 비율이 높아 30~34세 경력 단절 기간 이후에 재진입하는 여성들이 주로 비정규직으로 진입하는 것으로 분석할 수 있다. 그리고 상대적으로 남성에 비해 여성의 비정규직 취업률이 매우 높은 것을 알 수 있다.

(3) 성인 학습자의 평생교육 참여 특성

중등과정 이후의 직업 및 비직업 과정의 성인 평생교육 참여율 국제 비교에서, 한국은 25~34세 성인 학습자와 55~64세 성인 학습자의 평생교육 참여율이 다른 나라에 비해 현저히 차이가 나므로 55세 이상 성인의 평생교육 참여 기회를 확대하여야 할 것이다.

성인 학습자의 평생교육 참여 유형을 알아보기 위해 1개월 이상 프로그램 10만 7,128개를 주제별로 살펴보면 문화예술과정이 35.9%(38,497개)로 가장 많았고, 직업능력 향상이 26.9%, 학력보완이 26.6%, 인문교양이 9.8%, 시민참여과정이 0.3% 순으로 나타나, 성인 학습자들이 대부분 문화예술, 직업능력, 학력보완을

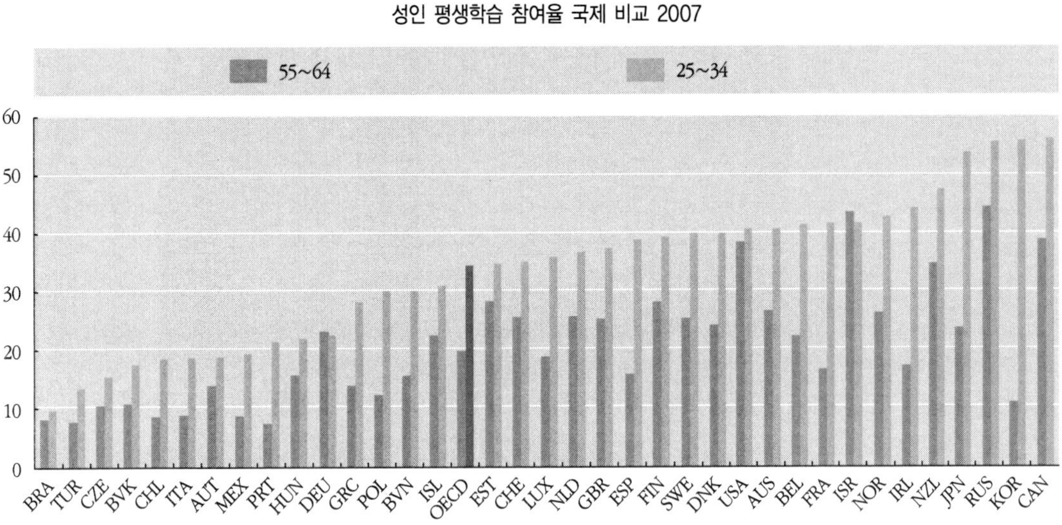

그림 14-4 성인의 중등과정 이후 평생학습 참여 비율 국제 비교

출처: OECD(2010). factbook2010 Economic, Environmental and Social Statistics, pp. 184-185.

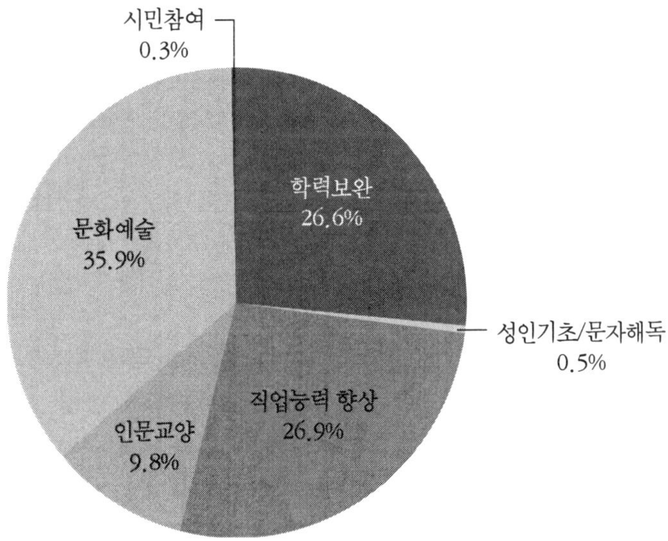

그림 14-5 성인 학습자의 평생교육 참여 유형

출처: 한국교육개발원(2009); 평생교육진흥원(2009).

위한 교육을 받고 있음을 알 수 있다. 가장 많은 참여율을 보이는 문화예술과정의 경우 여성 참여자의 수가 많아 문화예술 영역에서 여성의 학습 참여율이 매우 높음을 알 수 있다.

4) 생애주기와 여성 평생교육 특성

여성은 남성과 다른 출산과 육아로 인한 여성 특유의 생애주기를 갖고 있으므로, 여성의 생애주기에 따른 발달의 특성과 평생교육적 과제를 고찰해 볼 수 있다.

(1) 여성의 생애주기 특성과 평생교육 과제

근세기에 들어서 서양의 발달심리학에서 성인 삶의 발달과정에 처음으로 주목한 사람은 융(Carl G. Jung)이다. 그는 프로이트(S. Freud)와는 대조적으로 자아발달이 전 생애를 걸치는 지속적인 작업이라 보았고, 그것이 우리 모두가 스스로 자기의 발견을 위해 가야 하는 정신적 오디세이의 여행이라고 보았다. 융에 이어 에릭슨(Erickson)은 현대의 가장 영향력 있는 한 사람으로서 개인적 삶의 과정을 중시하고 있다. 그는 젊은 마틴 루터가 자기 주변 사회에 관여하면서 정체성을 형성해 나가는 과정과 마하트마 간디가 그의 중년기 삶의 과정에 들어와서 어떻게 삶을 창조적으로 변혁해 나가는가를 추적하여, 개인적 삶의 과정을 중시하고 '전기(biography)'의 기술방법을 사용하여 성인기의 발달 연구를 통해 인생의 8단계와 성인기 삶의 발달 단계 틀을 제시하였다.

더 나아가 레빈슨(Levinson)은 더 세밀하게 성인기 발달에 관한 연구를 진척시켰다. 레빈슨은 성인기에 속해 있는 남성 40여 명과 그 후 남녀 간의 성차를 인식하고 다시 여성 45명의 삶을 집중적으로 탐색하여 성인기의 삶을 더욱더 세밀하게 연구한 후 성인기 발달이론을 제시했다. 레빈슨이 연구과정에서 중시한 개념은 '인생과정(life course)'과 더불어 '인생주기(life cycle)' '인생 구조(life structure)'다. 레빈슨의 성인기 삶의 연구는 포괄적이고 전체적인 삶의 과정을 밝혀내려는 것이 목적이었고, 한 개인의 '신체적-심리적-사회적(bio-psycho-social)' 요소를 모두 포함하고 있다. 그는 생애주기 또는 인생 구조들의 진화 가운데 나타나는 '전환기'에 특히 주목하고 전환기의 위기적 특성과 질적인 변화 과제를 밝히는 데 많은 노력을 기울였다(이은선, 1999).

레빈슨은 1980년대 초에 남성은 물론 여성 연구자를 포함하여 인간의 발달 단계 이론을 제시하였는데, 평생교육 과제를 포함한 발달 특성과 발달 과업을 제시하면 〈표 14-4〉와 같다(박성정, 2005).

박성정(2005)은 한국의 상황에서 성인 전기는 20대와 30대, 중기는 40대와 50대, 후기는 60대 이후로 구분하는 것이 적절하다고 보고, 관련 연구 결과들을 토대로 여성으로서의 경험을 재분류하고, 여성의 생애주기와 평생교육 과제를 제시하였다. 여성의 생애주기별 삶의 특성과 그에 수반되는 교육 요구를 정리해 보았다. 아동과 차별화되는 성인의 요구, 남성과 차별화되는 여성의 요구를 반영하는 것이 성인교육, 여성 평생교육의 발전과정이라면, 이제 여성 내에서도 연령, 계층, 지역, 학력 등 다양한 변인에 따라 다른 교육 요구를 반영하는 일이 과제로 남아 있다고 하겠다.

여성의 삶에 있어 자아정체감, 사랑과 결혼, 일은 가장 중심이 되는 공통의 과제다. 어느 한 요소라도 문제가 있을 경우 대부분의 여성들에게 삶의 만족도는 저하된다. 이 세 과업들은 여성의 생애주기별로 직면하는 문제와 해결 수준에 차이가 있으므로 이에 대한 교육적 고려가 필요하다. 직업교육의 경우 연령대에 따라 직업 탐색 및 준비, 경력 개발 및 성장, 유지의 과업이 요구된다.

여성의 경우는 자녀의 양육 부담에서 점차 벗어나게 되는 30대와 40대에도 직업 세계에 새로이 적극적으로 참여하는 경우가 많으므로 이 연령대의 여성들을 위한 직업교육이 매우 중요하다. 또한 40대 이후 직업전환 욕구를 지원할 수 있는 프로그램들도 향후 활성화되어야 한다.

그 필요성에 대한 인식은 학계나 현장에서 점차 증대하고 있지만, 생애주기별 여성의 교육 요구에 대한 학문적 논의나 과학적 분석은 아직 본격화되고 있지 못

〈표 14-4〉 성인 여성의 발달 특성과 평생교육적 과제

	발달 특성	발달 과업	평생교육 과제
성인 전기 (20대)	성인의 삶에 입문하는 시기	• 성인기 삶 설계하기 • 경제적 자립 준비, 취업하기 • 결혼에 대한 준비하기 • 가족관계 확장에 적응하기 • 결혼과 직장 양립에 필요한 정보 학습 • 임신, 출산, 자녀양육 정보 학습	• 생애설계 상담 및 멘토링 • 취업을 위한 직업준비 교육 • 결혼에 대한 현실 지각학습 • 가부장적 가족문화에 대비한 책임 확립 • 보육기관 정보 학습 • 임신, 출산 및 자녀양육 지식 학습
성인 전기 (30대)	인생계획의 실현 및 조정	• 20대 인생 재평가와 30대 인생 설계하기 • 삶의 주체로서의 자아정체감 재정립하기 • 평등한 부부관계, 가족관계 형성하기 • 전업주부의 재취업, 창업 준비하기 • 직장여성의 능력 개발하기 • 부모 역할 학습, 자녀와의 관계 정립하기	• 재취업을 위한 직업적성평가, • 창업 준비교육 • 직무능력 개발교육 • 부모교육
성인 중기 (40~50대)	새로운 인생을 시작하는 시기	• 자아 찾기와 인생의 의미 찾기 • 인생 후반기 삶 설계하기 • 중년기 신체적, 정신적 변화 이해하고 대처하기 • 직업적 성취 재평가와 직업능력 개발 및 전환 모색	• 신체 변화에 대한 건강교육 • 재취업 준비교육 • 사회참여 봉사를 위한 교육
성인 후기 (60대 이후)	신체적, 정신적, 경제적 독립기	• 신체적, 정신적 건강 유지하기 • 경제적 독립성 유지하기 • 관계 상실과 새로운 관계 생성 • 노년기 긍정적 역할 찾기 • 노년기 삶의 설계 및 의미 찾기 • 사회 변화 수용 적응	• 건강에 대한 과학적 지식 학습 • 재산 관리 및 노년기 일 찾기 • 독립적으로 사는 법 • 세대 간 의식차 극복 학습 • 사회적, 기술적 변화에 대한 이해와 학습

출처: 박성정(2005).

하다. 사회교육기관에서도 다른 현실적 문제해결에 밀려 생애주기별 여성교육에 대한 접근이 구체화되고 있지 못하다. 그러나 평균수명의 고령화로 인한 성인기의 연장과 성인인구의 증대는 성인, 특히 중, 고령자에 대한 각종 사회정책과 프로그램을 시급히 요구하고 있다. 성인기도 국가적 관리가 필요한 시기가 되었으며, 성인 초기, 중기, 후기의 구분도 이미 적절치 않아 더 세분화된 대책 수립이 필요해지고 있다.

평생교육기관이 여성의 생애주기별 교육 요구를 반영하는 가장 기본적인 접근은 교육 주제 및 내용 선정, 프로그램 개설에 이를 반영하는 것이다. 이를 위해서 기관이 자리 잡고 있는 지역의 여성 거주자 특성을 분석해서 가장 수요가 많은 집단 또는 관심이 필요한 집단의 요구를 반영해야 한다. 교육 내용에 있어 생애주기별로 여성이 직면하는 문제와 교육 요구를 반영하는 것 외에 교육 방법 및 서비스에 있어서도 고려가 필요하다. 성인들은 학습에 대한 자신이 없고 체면을 중시하는 경향이 있으므로 비슷한 연령대의 반 편성을 통해 학습 속도, 강도를 배려하고 정서적 유대를 강화하는 것이 바람직하며, 교육방법도 연령을 고려하는 것이 효율적이다. 특정 연령집단의 교육 참여가 낮을 경우 그 원인을 파악해서 대책을 마련해야 한다. 대체로 30, 40대 여성은 아이들 문제, 50, 60대 여성은 건강, 비용, 교통 문제 등이 참여의 장애 요인이 되고 있다. 여성들은 교육을 원할 경우에도 교육정보를 얻을 수 있는 방법을 알지 못해 쉽게 포기하기 쉬우므로, 여성들이 교육정보를 쉽게 얻도록 접근성을 보장하고, 학습에 대한 관심을 참여로 유도할 수 있도록 학습상담에 역점을 두어야 할 것이다(박성정, 2005).

2. 여성을 위한 평생교육기관

여성이 직업적성과 능력을 개발함으로써 경제적으로 자립하고 자아를 성취하도록 다양한 계층의 여성들을 대상으로 직업능력 개발교육을 실시하는 대표적 기관에는 여성인력개발센터, 여성능력개발센터, 여성발전센터, 여성새로일하기센터 등이 있다(김용현 외, 2011). 여기에서는 그중 현재 여성가족부에서 중심적으로 추진하고 있는 여성새로일하기센터, 여대생커리어센터 교육 프로그램을 소개하고자 한다.

1) 경력 단절 여성을 위한 '여성새로일하기센터'

(1) 시행 배경 및 목적

여성의 경제활동 활성화와 국가경쟁력은 매우 밀접한 관계가 있다. 여성의 경력 단절을 해소하면 국가 인력 활용의 효율성을 높일 수 있을 뿐만 아니라 1인당 국민소득을 2,796달러 증대시키는 효과를 볼 수 있어, 여성의 경제활동 참가율이 OECD 평균 수준으로 늘어나면 국민소득의 증가도 예상된다. OECD 주요 국가의 경우 여성이 노동시장 진입 후 경력 단절 현상이 거의 없으나(역U자형 곡선), 우리나라의 경우는 20대 후반~30대 초반에 급격하게 노동시장을 이탈하고 있어 경제활동 형태는 전형적인 M자형 곡선을 보여 주고 있다. 이것은 대부분 30대의 혼인 연령기에 노동시장에 참여했던 다수의 여성들이 노동시장에서 퇴장하였다가 30대 후반 또는 40대 초반에 재진입하는 경향을 보여 주는 것이다(오은진 외, 2008; 조주은, 2011).

노동시장에서 가장 활발하게 일할 나이인 30~40대에 여성들의 장기간 경력단절로 인해 과거 자신의 경험과 능력을 살릴 수 있는 직업을 선택하기에는 제약이 따른다. 따라서 여성들이 혼인, 임신, 출산에 의해 경력이 단절된다 하더라도 되도록 빠른 시기에 재진입할 수 있도록 보완하는 정책이 필요하다. 그리하여 상당히 큰 규모의 잠재 인력으로 남아 있는 여성 비경제활동 인구를 정책 대상으로 삼아 그들의 활용을 높이고 일자리 창출을 도모하는 것이 정체되어 있는 여성 경제활동 참가율을 제고시키는 중요한 고리가 될 수 있을 것이다(민무숙, 오은진, 이시균, 2010).

(2) 여성새로일하기센터 운영

여성새로일하기센터를 운영하는 목적은 결혼 및 출산 등 생애주기 사건으로 경력이 단절되어 숙련도가 약화된 30~40대 여성들의 재취업을 지원하기 위해 여성들을 단순히 훈련시키는 기존의 방식에서 벗어나 보다 적극적으로 직접적인 직업정보의 제공과 상담, 나아가 취업알선과 사후관리까지 일원화하여 노동시장 재진입을 전면적으로 유도하기 위한 것이다. 여성가족부와 고용노동부의 공동사업 형태로 2007년부터 운영되는 '여성새로일하기센터'는 경력 단절 여성에게 원스톱 종합취업지원 서비스를 제공하는 대표적인 사업으로 경력 단절 여성의 재취업을 지원하고 있다. 여성새로일하기센터는 여성인력개발센터 등 기존 교육 · 훈련기관의 부족한 기능을 보완 · 활용하여 2011년 기준 전국에 90개가 지정 · 운영 중이며 2012년까지 100개소로 확대 지정 · 운영할 계획이다.

여성취업 지원을 위한 광역새로일하기센터 본부 설치 및 운영은 직업이 필요한 모든 여성에게 취업지원서비스를 제공하는 새로일하기센터가 효과적으로 운영될 수 있도록 지원하여 여성회관의 취업지원 기능을 강화하는 것이 주요한 목적이다. 이것은 문화강좌 중심의 여성회관의 기능을 직업 훈련 및 취업지원으로 바꾸고 전문성이 약한 여성인력개발센터의 취업지원 기능을 강화하기 위해서 설치되었다.

(3) 여성새로일하기센터 운영 성과

여성새로일하기센터는 경력 단절 여성 등의 경제활동촉진법 제정(2008. 6)에 따라 2009년부터 시행 · 운영되면서 경력 단절 여성 28만 9천 명을 재취업(2009~2011년)시켰다. 특화된 취업지원으로 고용 사각지대인 40~50대 여성 일자리 창출에 크게 기여하였으며, 여성 일자리 지원 인프라 강화로 여성 취업자 수가 큰 폭으로 증가하고 있다. 2008년 세계 금융위기 이후 여성고용이 급격히 위축되었으나, 3년 만에 여성 취업자는 1천만 명을 초과하고 있다.

출처: 여성가족부 홈페이지(www.moge.go.kr), 여성새로일하기센터

- 여성 취업자 추이: 2008년(987만 명) → 2009년(977만 명) → 2010년(991만 명) → 2011년 3분기(1,024만 명)
- 새로일하기센터를 통한 취업인원(2010~ 2011년) 중 67.1%가 40대 이상이다.

(4) 여성새로일하기센터 이용자 현황

황치석과 한난영(2011)은 서울시 19개 여성새로일하기센터 이용자 190명을 대상으로 이용자들의 특성을 다음과 같이 조사 · 분석하였다. 대졸 경력 단절 여성들의 대부분은 전직 경험자가 70% 이상, 대졸 이상(전문대 포함)인 자가 65% 이상으로 나타났다. 연령대는 50대 이상이 70%를 차지하여 가장 많았고, 특히 50세 이상으로 막내 자녀가 19세 이상인 자가 46%로 가장 많은 비중을 차지하였다. 주로 막내 자녀의 대학 진학 후 50대 이후의 경력 단절 여성들이 여성새로일하기센터를 주로 이용하는 것으로 나타나 한국의 전형적인 M자형 곡선보다 훨씬 늦게 나타나는 것을 볼 수 있으며, 이는 막내 자녀가 대학에 진학한 시점에 자신의 삶을 다시 찾고자 하는 여성들이 많음을 알 수 있다.

(5) 지역사회 특성을 고려한 고학력 경력 단절 여성을 위한 직업교육 프로그램

여성가족부는 2010년부터 출산 · 육아 등의 사유로 직장을 그만둔 역량 있는 여성들의 재취업 기회를 넓히기 위해 '고학력 경력 단절 여성 직업 훈련 및 취업 지원 사업'을 실시하고 있다. 16개 시 · 도의 새로일하기센터를 통해 2년차인 2011년에는 6억 원의 예산으로 21개 특성화 과정을 466명에게 운영하였으며, 수료자 411명 중 256명(취업률 62.3%)이 새로운 일자리를 찾아 고학력 경력 단절 여성의 경제활동을 확대하는 데 기여하였다.

특히 '조선 · 선박 설계사 양성과정'(울산)은 지역산업 수요에 맞는 교육과정 설계, 심화과정 연계 운영 등 협력기관과의 네트워킹을 통해 충원율, 수료율 및 취업률 100%를 이루었다. 또한 취업지원을 위한 유관기관 연계 네트워크인 일자리 협력망회의를 적극 활용해 구직자의 잠재력과 교육과정의 전문성을 홍보한 '항

〈표 14-5〉 고학력 여성 새로일하기센터 지역 특성화 교육과정 및 취업 현황 (단위: 명/%)

연번	시 · 도별	과정명	연번	시 · 도별	과정명
1	서울	공연기획마케터	12	경남	국제무역 및 마케팅실무과정
2	서울	MICE 전문가	13	경남	자연생태지도사(Green Leader) 양성*
3	부산	LED 응용디자이너	14	경남	무역회계 전문가
4	부산	치과기공사	15	전남	직업체험강사 및 진로설계사 양성
5	부산	항만물류 여성전문관리자	16	전남	남도전통음식전문가
6	광주	CGI 전문인력양성	17	충북	R&D 행정전문가 양성
7	인천	AUTO CAD & 조명설계원양성	18	충북	기업 HR 전문가 양성
8	울산	조선 · 선박설계사양성*	19	충남	녹색과학실험지도사
9	경기	영화 CG 제작자 양성*	20	강원	방과 후 수리과학지도사
10	경북	LabVIEW 실무자양성	21	제주	로봇창의지도전문가
11	경북	구매 · 자재 관리전문가	총 교육 인원: 466명, 취업률: 62.3%		

* 취업률 100%

출처: 여성가족부 홈페이지(2012). 여성새로일하기센터.

만물류여성전문관리자 양성'(부산), 일자리 협약을 통한 현장체험 기회 제공으로 취업지원의 실효성을 강화한 'MICE[1)]전문가 양성과정' 등도 우수 사례로 꼽을 수 있다.

2) 여대생 커리어개발센터

여대생 커리어개발센터의 사업 목적은 성차별적인 취업 현실, 경력 단절 문제 등 여성이 갖는 취업의 구조적 장애 요인에 효과적으로 대처하기 위하여 젊은 여성의 직장 적응과 커리어 개발을 위한 근본 역량을 배양하고 양성평등한 직장문화의 확산 기반을 마련함으로써 젊은 여성의 '중단 없는 경제활동 참여'를 지원하

〈표 14-6〉 2011년 여대생 커리어개발센터 지원사업 대학 현황

시·도	대학교	시·도	대학교
서울	덕성여자대학교	충북	충북대학교
	동국대학교	충남	나사렛대학교
부산	동서대학교	경북	영남대학교
	동아대학교	경남	경상대학교
	동의대학교	전북	우석대학교
	부산외국어대학교		원광대학교
	신라대학교		전북대학교
	한국해양대학교		전주대학교
광주	광주대학교	전남	동신대학교
대전	충남대학교		목포대학교
경기	아주대학교		순천대학교
강원	강릉원주대학교	제주	제주대학교
	상지대학교		

1) M(meeting, 기업회의), I(inceutive, 포상관광), C(convention, 컨벤션), E(exhibition, 전시)의 네 분야를 통틀어 말하는 기업을 대상으로 하는 서비스 산업이다.

는 것이다.

여성가족부는 고학력 여성의 경력 개발 및 취업지원을 통한 직업 세계로의 원활한 이행 및 인력 활용도 제고를 지향하고 있다.

여대생이 대학에서부터 직업설계를 차근차근 해 나가도록 여대생의 진로 개발에서 취업지원까지 원스톱 서비스를 제공하는 것이 목적이다. 직업 세계로의 원활한 이행 및 인력 활용도 제고를 목적으로, 여대생을 대상으로 '진로 개발'부터 '취업지원'까지 체계적인 커리어 개발 서비스를 제공하는 여대생 커리어개발센터 지원사업을 2003년부터 2005년까지 5개 대학을 대상으로 시범 설치 · 운영하였으며, 2006년부터 12개 대학, 2011년에는 32개 대학(센터 지원: 25개, 프로그램 지원: 7개)으로 확대하여 지원하였다.

3. 여성 평생교육방법

여성 평생교육방법은 경력 단절 여성의 재취업을 위한 프로그램인 여성새로일하기센터, 여대생의 경력 개발과 취업 준비를 위한 평생학습 프로그램인 여대생 커리어개발센터에서의 평생교육 현황과 방법, 교육 프로그램을 중심으로 교육방법을 소개하고자 한다.

1) 여성새로일하기센터 평생교육방법

여성새로일하기센터를 중심으로 하여 여성 취업을 위한 방법으로 직업상담(개별상담, 집단상담)과 직업교육 훈련, 취업 후 사후관리, 직업 연계를 위한 인턴제도, 일 · 가정 양립 지원 서비스 등을 종합적으로 운영 지원하고 있다.

(1) 운영체제

여성새로일하기센터에서는 우선적으로 전문 취업상담을 통해 적성검사, 진로설계 및 집단상담 프로그램을 실시한다. 직업교육 훈련으로 직업의식 고취교육, 경력 단절 여성 특화훈련을 실시한다. 취업을 위한 준비단계로 주부인턴제도를 시행하고 있으며, 인턴 기간 동안 고용주에게 일정액의 인건비를 지급하고 있다. 취업 후 사후관리를 위한 일 · 가정 양립 복지지원(밑반찬 지원 서비스, 아이돌봄 서비스 등)을 하고 있다.

훈련생 모집 시기가 2월이므로, 시기를 놓치지 말고 계획적으로 평생교육 프로그램에 참여하여 취업을 단계적으로 추진하여야 한다.

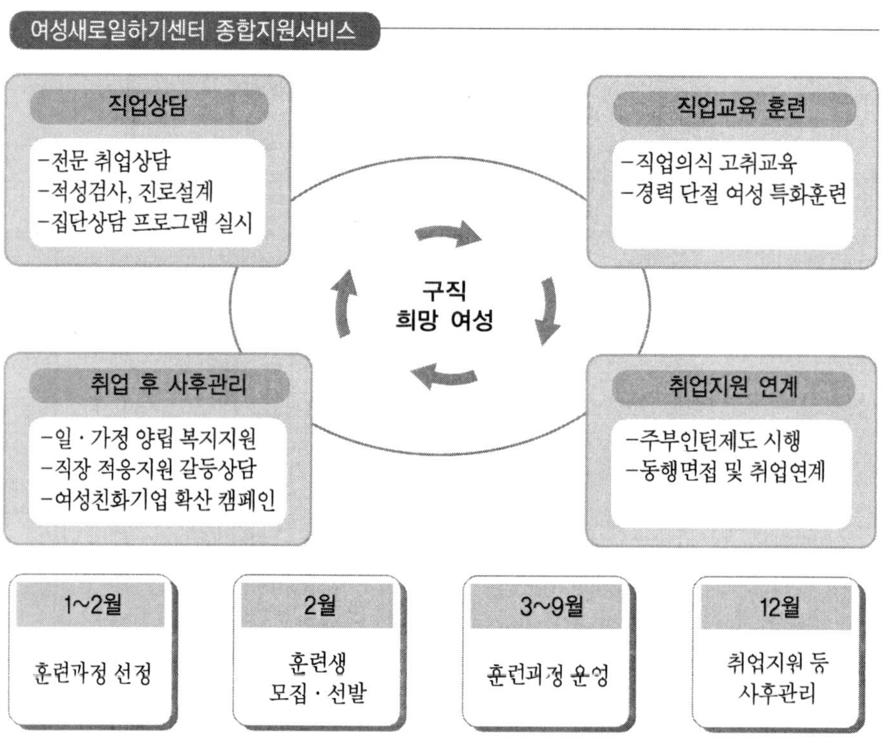

그림 14-6 여성새로일하기센터 종합지원서비스

출처: 여성가족부 홈페이지(2012). 여성새로일하기센터 사업지침.

(2) 집단상담 방법

집단상담 프로그램 진행방법 안내

본 프로그램은 취업을 희망하는 20~60대 취약계층의 여성 구직자들을 주 대상으로 프로그램을 실시한다. 자아 탐색을 시작으로 취업에 대한 마음가짐, 자신감 회복, 경력을 재작성하고 진로 탐색을 통해 변화된 모습으로 성장한 자신을 확인하는 시간들을 갖도록 하여 자신감 향상을 지원한다.

〈진행방법〉

- 15명의 소집단으로 구성하여 5일간 1회 4시간씩 진행
- 진행자와 참가자 간의 밀접한 의식 교류와 체계적인 과정을 통하여 취업활동에 필요한 다양한 정보를 얻을 수 있음

본 집단상담 프로그램에 참여한 이들은 자신에 대한 이해를 높여 가는 기회를 얻을 수 있다. 학습자들이 일자리를 구하는 데 필요한 구체적이고도 실제적인 방법들을 익히는 데 도움이 되는 내용들로 구성되어 있다. 학습자들이 고민거리를 함께 나누면서 취업을 설계할 수 있는 구체적 방법을 찾아가는 데 힘이 되고자 하는 프로그램이다. 각자 자기 자신에게 알맞은 취업을 하기 위한 공동목표를 가지고 일정 기간 모여 자발적이고 적극적인 참여로 참여자들 간의 상호작용을 경험하고 자기지도(통찰력)를 위한 능력을 발달시킬 수 있다.

프로그램 진행 기간 동안 집단 참여자들은 상호 존중하고 배려하는 분위기를 만들어 가야 한다.

(3) 새일센터 인턴제도

새일여성인턴제 - 직장체험 프로그램 운영

전업주부 등 장기간 직장으로부터 이탈된 경력 단절 여성이 취업 후 직장에 적응할 수 있도록 지원하기 위한 직장적응 훈련 프로그램으로 새일여성인턴제 운영

새일여성인턴제 - 직장체험 프로그램 운영

- 인턴 대상: 새일센터에 구직 등록한 미취업 여성
- 인턴기간: 3개월
- 인턴근무 조건: 전일제(주 5일, 1일 8시간) 근무 원칙
- 인턴채용 지원금액: 50만 원/월, 3개월간 인턴채용 기업에 지원

(4) 찾아가는 취업 서비스

- 강북여성인력개발센터가 여성부와 노동부의 지원을 받아 운영
- 취업설계사 운용: 여성의 왕래가 많은 장소에서 직업상담 및 취업정보 제공,

취업설계사 역할

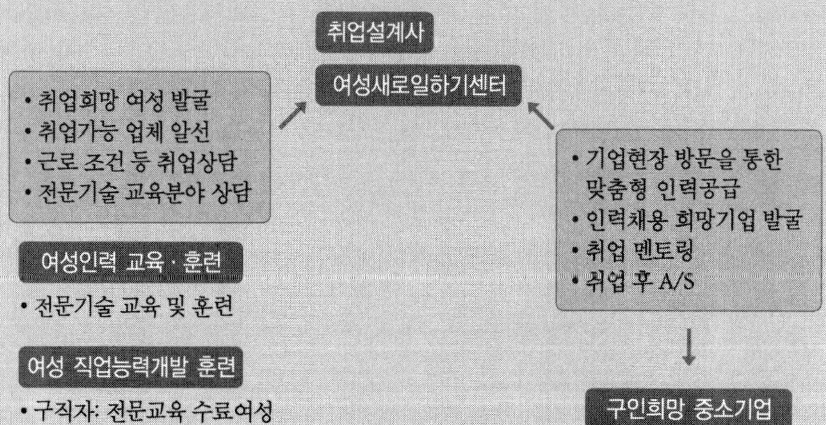

구직여성의 적성검사, 직업교육 이수 현황, 경력사항 등을 토대로 개인별 맞춤형 취업알선, 구인업체 발굴 및 기업 DB 수정 및 관리, 상담 및 사후관리 피드백, 취업설계사 역할

(5) 일 · 가정 양립지원 서비스

〈일 · 가정 양립을 위한 취업지원 사업〉

- 강북여성인력개발센터가 여성부와 노동부의 지원을 받아 운영
- 취업여성의 안정적인 직장생활을 위한 생활지원 서비스
- 지역여성의 일 · 가정 양립지원을 위한 다양한 취업지원 서비스 제공

세부 사업 내용

세부 사업 구분		사업 대상	달성 목표
가사 부담 완화를 위한 사업	밑반찬 서비스	직업훈련생 및 구직등록 여성 120명	120명(100%)
자녀양육 부담 완화를 위한 사업	어린이 테마 영어놀이	직업교육생 자녀 40명	40명(100%)
	아이돌보미 서비스	직업교육생 자녀 약 20명	100%
여성이 일하기 좋은 기업환경 조성사업	여성 친화기업 협약	30기업	100%
	양성평등 교육	5기업 100명	100%
	여성이 일하기 좋은 환경 시설 · 설비 지원	3기업	100%

(6) 경력 단절 여성 직업훈련 후 재취업 성공 사례

사례 1	부산광역시(사상여성새로일하기센터) '항만물류여성전문관리자 양성과정' 수료생 김○○(82년생)

▶ 취업 자신감과 의욕으로 재무장, 취업에 성공, 동료 수료생의 추가 취업까지 연계

- 김○○님은 대학교 졸업 이후 희망직종인 무역사무 분야로의 취업이 어렵다는 것을 인식, 한때 취업 의욕을 상실했으나 본 훈련과정 참여를 통해 자신감을 회복하고 눈높이를 조절하는 등 구직 활동에 적극성을 가짐
- 기업체 일자리협력망회의 참석기업인 (주)○○종합상사에서 교육과정의 전문성과 구직자의 잠재력 등을 고려하여 채용 결정
- 취업 현장에서 김○○님의 성실함과 업무처리 능력을 인정한 (주)○○종합상사는 본 과정의 수료자 중 취업 희망생을 추가 채용

사례 2	전라남도(순천여성인력개발센터) '직업체험강사 및 진로설계사 과정' 수료생 신○○(71년생)

▶ 만학도로서의 인생계획 도전, 전공에 맞는 직종 선택과 자격증 취득으로 취업 성공, 본 과정을 통해 연마한 기술 발휘

- 신○○님은 결혼과 동시에 오랜 기간 경력 단절 경험, 무기력한 생활에 회의를 느껴 만학도로서의 새로운 인생 계획에 도전
  - 전문대에서 사회복지를 전공했으나 청소년 상담에 관심을 갖게 되면서 뒤늦게 방통대에 편입, 청소년 상담을 추가 전공
- 지인으로부터 본 교육과정을 소개받고 1.5:1의 면접 경쟁에 당당히 통과, 교육 기간 내내 남다른 각오로 혼신의 노력을 기울인 결과 직업상담사 2급 필기시험에 합격, 수료와 동시에 취업으로 연계되는 기쁨을 만끽
- 현재 ○○중학교의 진로상담사로 근무하면서 본 과정을 통해 배운 다양한 상담기법을 활용 중

사례 3	울산광역시(울산남부여성새로일하기센터) '조선 · 선박 설계사 양성과정' 수료생 박○○(85년생)

▶ 비전공자라는 난관을 극복하고 MOU 업체의 심화과정 도전, 희망 분야 취업 성공, 심화과정 수료자 전원 취업 연계

- 사회복지 전공자인 박○○님은 2년간 시설 재활교사로 근무하다가 개인사정에 의해 퇴직, 평생 일자리를 찾기 위해 구직활동을 하였으나 번번히 좌절
- 지역방송을 통해 본 센터의 홍보 영상을 접하고 치열한 선발과정을 통해 직업훈련에 참여하였으나 설계 관련 전공자가 아니라는 이유로 위축
- 모르는 부분은 타 훈련생들의 도움을 받으며, 하루 6시간 일정의 기본과정 수료
- 본 센터와 MOU 체결된 ○○중공업 기술교육원의 심화과정에 도전, 하루 8시간의 빡빡한 일정도 무리 없이 소화
- 수료 무렵 ○○중공업 주관 취업설명회에 참여하여 원서 제출, 평소 긍정적 마인드와 성실함을 높이 평가받아 ○○중공업 조선 · 선박 설계부에 채용되어 근무 중, 타 수료자 전원을 채용하는 파급효과 발휘

출처: 여성가족부 보도자료(2011. 2. 3.). 고학력경력단절여성 취업의 날개를.

(7) 직업상담 검사

워크넷(www.work.net)에서는 각종 구직 준비를 위한 욕구조사 등 다양한 직업 관련 검사를 실시간으로 실시하고 결과를 알 수 있으며 상담 신청도 가능하다.

〈표 14-7〉 직업상담 관련 검사 유형

심리검사명	검사 시간	심리검사명	검사 시간
성인용 직업적성검사	90분	구직욕구진단검사	5분
직업선호도검사 S형	25분	직업가치관검사	20분
직업선호도검사 L형	60분	영업직무 기본역량검사	50분
구직준비도검사	20분	IT 직무 기본역량검사	95분
창업진단검사	20분	준고령자 직업선호도검사	20분
직업전환검사	20분		

※http://www.work.go.kr/consltJobCarpa/ jobPsyExam/jobPsyExam.do?tabMode=2

고용노동부–worknet–직업심리검사–에서 다양한 직업 관련 검사를 받고 실시간 결과를 알 수 있다.

구직욕구진단검사

- 검사개발자: 한국고용정보원
- 검사 개발연도: 199○년
- 대상: 18세 이상 성인 구직자
- 검사 시간: 5분
- 온라인: 워크넷(www.work.go.kr)
- 관련 서적: 구직욕구진단검사 개발 연구보고서, 구직욕구진단검사 실시요람

차원명	설명
구직활동의 적극성	구직을 위해 본인이 얼마나 적극적으로 활동하는지를 나타냄
일자리 수용자세	직업을 선택할 때 얼마나 취업조건을 고려하는지를 나타냄
경제적 어려움	구직자가 현재 경제적인 압박을 받고 있는 정도를 측정
사회적 바람직성	반응의 정확성 측정

* 본 검사의 전체 문항 수는 29개입니다.

번호	검사 문항	전혀 아니다	아니다	그저 그렇다	그렇다	매우 그렇다
1	나는 다른 사람들보다 취업을 위해 더 적극적이다.					
2	이제껏 내가 관심 있었던 분야가 아니라도 기회가 주어진다면 취직하겠다.					
3	내가 아니면 가족 중에 돈 벌 사람이 없다.					
4	나는 직업을 구하기 위해서라면 누구에게라도 도움을 요청하겠다.					
5	나는 결코 실수를 하지 않는다.					
6	나는 최신의 구인정보를 자주 살펴본다.					
7	나는 하루 중 많은 시간을 직장을 구하기 위해 노력한다.					
8	나의 능력 및 경력 등에 못 미치는 일자리는 거절하겠다.					
9	나는 나의 운명을 완전히 통제할 수 있다.					
10	비록 고용주가 원하는 자격조건에 미달되더라도 지원해 보겠다.					
11	나는 정규직이 아닌 임시직이라도 마다하지 않고 취직하겠다.					
12	나는 무단횡단을 해 본 적이 있다.					
13	우리집은 현재 경제적으로 어렵다.					
14	나는 다른 사람들이 부탁을 해 오면 짜증이 날 때가 있다.					
15	대부분의 사람이 기피하는 직종도 일단 취직하겠다.					

16	나는 현재 가족에 대한 부양 책임이 없다.					
17	나는 때로 상대방이 없을 때 그 사람의 험담을 한다.					
18	제시된 취업조건이 마음에 들지 않아도 우선 취업하겠다.					
19	나는 일자리만 있다면 조건이 만족스럽지 못해도 이를 받아들이겠다.					
20	나는 취업 관련 행사나 채용박람회에 매번 참석한다.					
21	나는 나보다 못한 사람이 출세하면 화가 난다.					
22	나는 구직활동보다 잡다한 일에 더 많은 시간을 보낸다.					
23	나는 기본적 생활을 유지할 만큼의 돈도 없다.					
24	나는 내가 내렸던 결정을 결코 후회하지 않는다.					
25	나는 일자리를 구하기 위해 전력을 다하고 있다.					
26	나는 절대로 거짓말을 하지 않는다.					
27	나의 가족은 내가 직장이 없어도 생계를 유지할 방법이 있다.					
28	내가 벌지 않아도 우리집은 한동안 버틸 여력이 있다.					
29	나는 나에 대한 비판을 들으면 기분이 나쁠 때가 있다.					

2) 여대생 커리어개발 방법

여대생의 경력 개발에 중점을 두며 지역사회 여성을 위한 프로그램도 함께 지원한다.

여대생 커리어개발 프로그램

[2011년 여대생 커리어개발 프로그램]

구분	프로그램 영역	대상	프로그램 내용
필수운영 분야 (여대생 중심)	젠더의식 강화훈련	전 학년 (남학생 참여)	■ 경력 단절 예방을 위해 여성의 직업세계에 대하여 이해하고, 개선하려는 의지와 행동의 변화 등을 훈련 ① 남녀 파트너십 훈련 ② 젠더의식 훈련 ③ 경력 단절 문제 이해 및 예방 ④ 출산 · 양육 등 여성의 생애주기를 반영한 생애설계 실습
	개인별 커리어개발	전 학년 선택운영 분야	■ 여대생의 진로 개발을 위해 처음부터 끝까지 전 과정을 시리즈로 지원 ① 1:1 여대생 커리어개발 프로그램: 진로상담▶진로설계▶진로준비(직무능력 훈련)▶진로 완성(포트폴리오 완성) ② 여성의 직업세계와 진로에 대한 이해(정규 교과목) ③ 직장에서 대응능력 향상: 멘토링, 사회적 능력향상 프로그램 등 ④ 커리어개발 보충 프로그램: 적성검사, 취업소그룹 활동, 면접 실습 등

선택운영 분야 (지역사회 특화)	직무능력 훈련	전 학년 (3, 4학년 중심)	■ 여성에게 유망한 신직종 소개 및 현장체험 중심으로 직무능력 강화 훈련 ① 직무소양 교육: 리더십 훈련, 병영 체험, 여성 임파워먼트 교육 등 ② 실무능력 배양: 인턴십, 자격증 과정, 직종별 양성과정 등
	여중고생 진로교육	여중고생·학부모	■ 지역사회 여중고생 대상으로 진로지도 및 멘토링, 학과탐방
	고학력여성 커리어개발	대졸 미취업 여성·경력단절여성	■ 지역사회의 대졸이상 고학력여성 대상 취업준비를 위한 커리어 코칭 (일의 필요성 인식 및 동기 강화, 자기 이해 및 진로정보 탐색 등)
	자율 프로그램	모든 여성	■ 주요 프로그램에 포함되지 않는 부분에 대해 대학에서 자율적으로 시범 수행

출처: 여성가족부 홈페이지(http: //www.moge.go.kr)

생각해 보기

1. 100세 시대 새로운 삶의 전환을 위해 여성을 위한 평생학습의 필요성을 논의해 보자.
2. 인생의 전환기에 어떻게 학습을 접하고 새로운 삶의 방향을 설정할 것인지 생각해 보자.
3. 가족의 구성원으로서 양성평등 사회의 건설을 위한 자신의 역할을 찾아 보자.

참고문헌

고용노동부 워크넷(2012). 성인을 위한 직업적응 및 성공검사.

고혜원(2007). **고학력경력단절여성의 직업개발과 재취업촉진**. 한국직업능력개발원.

교육인적자원부 · 한국교육개발원(2002). **2002 평생교육백서**.

김명자(1998). **중년기발달**. 파주: 교문사.

김용현 외(2011). **평생교육경영론**. 파주: 양서원.

김재인 외(2001). **여성교육개론**. 서울: 교육과학사.

민무숙, 오은진, 이시균(2010). **경력단절 여성 재취업지원 서비스 발전방안**. 한국여성정책연구원.

박성정(2005). 여성의 생애주기와 사회교육의 방향. **여성평생교육 제8호**, 여성평생교육회.

여성가족부(2008). 2008~2012 제3차 여성정책기본계획 수정(판).

여성가족부(2010). 여성새로일하기센터. 일 · 가정양립지원사례 사례집.

여성가족부(2011). 여성새로일하기센터 사업지침.

여성가족부(2011). 여대생커리어지원사업우수사례집.

여성가족부 보도자료(2011. 2. 3). 고학력경력단절여성 취업의 날개를.

오은진 외(2008). 경력단절여성의 취업욕구조사연구. 한국여성정책연구원.

이은선(1999). 한국교육철학의 새지평. 서울: 내일을 여는 책.

조주은(2011). 여성새로일하기센터 운영실태 조사결과 및 개선방안. 국회입법조사처.

통계청(2008). 경제활동인구조사 근로형태별 부가조사.

평생교육진흥원(2009). 평생교육백서.

평생교육진흥원(2010). 평생교육백서.

평생교육진흥원(2011). 제7차 평생교육정책포럼. 100세시대 평생교육 길을 묻다.

평생교육진흥원(2011). 제8차 평생교육정책포럼. 100세시대를 준비하는 지역사회평생교육 발전방안. 부천시 · 평생교육진흥원.

평생교육진흥원(2011). 2010년 대학 평생교육 활성화 지원사업 성과보고회: 2010년도 대학 평생교육 활성화사업 성과평가 및 방향.

한국교육개발원(2009). 2009 평생교육통계자료집.

한국기업교육학회(2010). HRD 용어사전. 중앙경제.

황치석(2005). 학점은행제 운영에 대한 성인학습자의 만족도 연구. 세종대학교 대학원 박사 학위논문.

황치석 외(2010). 평생교육론. 파주: 양서원.

황치석, 한난영(2011). 서울시 여성행복프로젝트 상시모니터링 결과보고서 I. II.

Connell, R. (2006). Glass Ceiling or Gendered Institutions? Mapping the Gender-Regimes of Public Sector Worksites. *Public Administrations Review, 66*.

Miller, C., & Razzavi, S. (1998). *Gender Analysis: Alternative Paradigms*. UNDP.

Finger, M., & Asun, J. (2001). *Adult Education at the Crossroads: Learning Our Way Out*. London: Zed Books.

OECD (2010). factbook2010 Economic, Environmental and Social Statistics.

OECD (2011). Employment Outlook.

Risman, B. J. (2004). Gender as a Social Structure: Theory Wrestling in Activism. *Gender and Society, 1*(2).

Toffler, A., & Toffler, H. (2006). *Revolutionaly Wealth.* 부의 미래(김중웅 역). 서울: 청림출판.

SWC (2004). *Gender basis Analysis: Trainers' Manual.* Status of Woman Canada.

건강가정지원센터 홈페이지(2012). http://www.familynet.or.kr

고용노동부 홈페이지(2012). http://www.moel.go.kr

고용노동부 워크넷 홈페이지(2012). http://www.work.go.kr

교육과학기술부 홈페이지(2012). http://www.mest.go.kr

국가평생교육진흥원 홈페이지(2012). http://www.nile.or.kr

여성가족부 홈페이지(2012). http://wow.moge.go.kr

한국교육개발원 교육통계 홈페이지(2012). http://std.kedi.re.kr

한국양성평등교육진흥원 홈페이지(2007). http://www.gikepe.or.kr

한국여성정책연구원 홈페이지(2012). http://www.kwdi.re.kr

한국직업능력개발원 홈페이지(2012). http://www.krivet.re.kr

제15장 다문화와 평생교육방법

학습개요

최근의 인구학적인 통계는 한국 사회가 체류외국인 130만 명 시대를 맞이하며 다민족사회, 다문화사회로 급속히 진입하게 되는 전망을 보여 주고 있다. 인구 전문가들은 10~20년 내에 다문화가정이 우리 사회에 변화를 가져다주는 주요 요인으로 떠오를 것으로 내다보고 있다. 15장에서는 우리와 다른 문화를 인정해 주고 우리와 다른 피부색을 포용해 주며, 우리와 다른 전통을 존중하는 성숙한 자유민주주의를 전제로 다문화를 다룬다. 따라서 정치 및 경제 영역의 민주화를 토대로 문화, 의식, 가치관의 영역을 향해서도 민주주의 지평을 확대하고, 민주시민으로서의 자질도 함양해야 한다. 21세기 사회의 구성원이 갖추어야 할 필수적 자질로는 첫째, 지적 유연성 및 창의성, 둘째, 다양성과 차이에 대한 감수성 및 수용성, 셋째, 다민족, 다문화 상황에서 소통 및 평화의 공존 기술, 넷째, 확고하고도 유연한 개인 정체성 확립, 다섯째, 강화된 공공의식 및 세계시민의식, 보편적 가치 및 문화 원리의 내면화 등을 들 수 있다.
이를 바탕으로 이 장에서는 글로벌 시대에 발맞추어 다인종 · 다문화 사회의 교육 및 평생교육 방법에 중점을 두고 빠르게 진입하고 있는 다문화사회에 대한 개괄적인 안목을 갖출 수 있도록 설명한다.

학습목표

1. 다문화와 다문화교육의 개념을 이해하고 이론과 방법을 설명할 수 있다.
2. 사회 패러다임의 변화와 다원주의 현상들을 설명할 수 있다.
3. 다문화의 사회적, 공간적 배경과 평생교육 과업을 설명할 수 있다.
4. 다문화정책의 방향 속에서 사회통합적 관점으로 평생교육의 방법을 이해하고 활용할 수 있다.

1. 다문화와 다문화교육의 이해

1) 다문화의 개념

최근 우리 사회에서 다문화라는 키워드는 다양한 학문 분야에서 활발히 논의되어 왔다. 근래의 다문화 양상은 테크놀로지 발전에 따른 정보 교류의 확산과 함께 세계의 정치, 사회, 경제, 문화적 역학관계 속에서 인적 자원의 교류가 더욱 확대되는 추세로 나타나고 있다.

일반적으로 다문화라 함은 하나의 사회 안에 각기 다른 집단들이 형성한 문화들이 공존하는 것을 말한다. 다문화사회는 다양성과 차이를 존중한다. 이러한 의미에서 본다면 사회통합과는 반대되는 용어다. 즉, 이주민들에게 사회의 주류문화를 일방적으로 받아들일 것을 강요하는 동화주의 등이 사회통합의 한 방법이라면 이주민이 갖고 있는 고유한 가치를 존중하고 주류문화와의 공존을 꾀하는 것은 다문화주의의 한 방법이라고 할 것이다.

우리나라는 2000년대 들어오면서부터 점차 '다문화사회' '다문화교육' '다문화정책'이라는 말을 사용하기 시작했으며, 다문화라는 개념이 정착되기 시작한 것은 2008년 제정 · 공포된 「다문화가족지원법」을 논의하는 과정에서부터였다. 그 이전에는 「재한외국인처우기본법」(2007), 「외국인정책기본계획」(2008), 각종 '결혼이민자가족' 사업(2008) 또는 '외국인주민' 사업(2008)에서와 같이 다양한 말들이 사용되었다. 즉, 「다문화가족지원법」에 따라 현재 각 시 · 군에는 다문화가족지원센터가 설립되었고, 그들이 수행하는 결혼이민자 가족이나 이주노동자에 대한 프로그램들이 '다문화'라는 명칭을 사용하기 시작하였다(김세환, 2011).

2) 다문화 관련 사상 및 철학

(1) 다문화주의

다문화주의(multiculturalism)란 1970년대에 서구 민주주의 사회에서 전면적으로 등장한 이념으로서 '여러 나라의 생활양식'이라는 뜻을 갖고 있다. 세계화가 진행됨에 따라 단일한 민족 국가들이 갖고 있던 다양한 문화를 서로 인정하고 교류하기 위해 여러 문화를 존중하고자 하는 이론으로 여성문화, 소수파 문화, 비서양문화 등 여러 유형의 이질적인 주변문화를 제도권 안으로 수용하자는 입장을 이르는 말이다. 급속히 통합되는 현대사회에서 여러 국가의 문화를 이해하고 자유롭게 접할 수 있는 문화의 다양성을 관리하기 위해 상호 존중과 문화적 차이에 대한 톨레랑스[1)]를 중시한다.

(2) 문화순혈주의

순혈주의란 순수한 혈통만을 선호하고 다른 종족의 피가 섞인 혈통은 배척하는 사상이다. 따라서 한 집단이 가진 문화적 동질성이 문화순혈주의(文化純血主義, ideology of the cultural pure blood)이며 단문화주의(mono-culturalism)나 문화단일주의보다도 문화적 동질성을 더 강조하는 개념이다. 모든 사람들은 자기 모문화(母文化)의 토대인 종족적 순혈성과 문화적 동질성을 유지하려는 경향이 강하다.

---

1) 프랑스어 tolérance[tɔleʀɑ̃:s], 영어 Toleration으로 용인, 인정, 관용, 자유 등의 뜻을 담고 있으며, 한자권에서는 주로 寬容이라 한다. 본래는 종교에서 사용한 말인데, 인간으로서 자기의 왜소함과 오류 가능성을 자각하여 타인의 죄과를 준엄히 꾸짖지 않고, 또한 자신과 다른 신앙을 갖고 실천하는 사람들의 권리를 인정하는 것을 말한다. 근대에 이르러 '관용'에 대한 요구는 르네상스기 이후 근대 부르주아 사회의 발전과 함께 증대되었다. 이 용어가 지닌 적극적 의의는 종교적 의미를 앞세우고 봉건적 압제에 반대하는 광범위한 국민의 자유와 민주주의의 요구를 반영한 데 있었으며, '종교개혁'은 종래의 기독교에 대해 '관용'을 요구했다. 이후 관용은 18세기 후반의 미국 독립전쟁 및 프랑스 혁명 중에 제정된 갖가지 인권법전, 특히 프랑스 혁명 시기의 '인간 및 시민의 권리선언'(1789) 속에 국가권력의 강제로부터의 양심과 신앙의 자유에 기초하는 기본적 인권의 하나로 규정되었다. 이어 노동자 계급이 모든 사회적 억압의 폐지를 요구하고 부르주아에 대한 투쟁을 개시하면서부터는 '관용'을 주장하는 것이 종전의 진보적인 성격을 잃고, 점차 계급 협조를 강조하는 이데올로기의 슬로건으로 변화하였다.

따라서 문화순혈주의는 현실을 귀납적으로 정리한 것이 아니라 당위성과 목표를 설정해 놓고 그것을 인정하고 강화하는 집단적 인식의 산물이다. 결론적으로 문화순혈주의는 문화의 동일성, 동질성, 고유성, 배타성, 일체감을 근거로 한 문화적 신념으로서 자신의 문화가 우수하다는 우월감을 의미한다(김승환, 2010).

(3) 문화상대주의

현대사회는 급속한 세계화로 다양한 문화가 유입되고 그로 인해 다른 문화를 잘 이해하고 수용하는 문화상대주의(cultural relativism)가 중시되고 있다. 또한 국제결혼 및 다문화사회 속에서 기존의 사회적 편견 등 부정적인 사회문제를 해결하기 위해 필요한 기본 소양을 습득해야 한다. 문화상대주의의 이론은 1930년대 미국의 두 인류학자 베네딕트(Ruth Fulton Benedict)와 허스코비츠(M. J. Herskovits)에 의해 대표적으로 주창된 이래 현재까지도 다른 문화를 이해하고자 하는 인류학자들의 인식의 토대를 구성하고 있다.

문화상대주의의 기원은 인류학자들의 문화진화론에 대한 관심에서 시작되었다. 19세기 서구 열강은 문명의 힘이 미약한 국가는 물론 수천 년의 문명을 발전시켜 온 동아시아 등 전 세계를 경제적 · 군사적으로 침략, 분할하며 그 지역에 관해 지적 호기심을 보이기 시작했는데, 그 결과로 인류학과 문화상대주의 개념이 나타났다. 문화인류학은 19세기 후반의 지배적 패러다임이었던 사회진화론적 발상을 통해 세계의 여러 문화를 문명 · 미개 · 야만 등의 여러 단계로 구분하여 그 우열을 판단해 왔다.

그러나 절대적인 평가를 비판하는 문화상대주의는 절대적인 진리란 있을 수 없으며 인종에는 우월이 없고 각 나라의 문화도 고유성을 인정해야 할 것을 강조한다. 모든 문화는 고유한 환경에 대응하면서 얻게 된 한 사회의 경험 지식의 총체로서 가치를 가지고 있다. 이렇듯 문화상대주의는 특정한 문화의 우월성이 아닌 여러 국가의 문화 다양성을 인정한다. 한 문화는 그 문화가 처한 환경이나 사회적 맥락 속에서 이해해야 한다는 것이다. 이것은 한 문화의 절대적 우월성을 줄여 준다는 점에서 세계화 시대에 다른 문화를 이해하는 데 도움이 된다.

(4) 세계시민주의

그리스인들은 전통적으로 인간을 그리스인과 야만인으로 나누고 자신들을 세계시민이라고 하면서 그들의 폴리스가 우주 전체 또는 세계 전체라고 생각했다. 이에 반대하여 스토아 철학에서는 인종이나 민족, 국민이나 국가에 관계없이 전 인류가 그 본성에서 혹은 신 아래에서는 모두 동포가 된다는 입장이나 태도를 취했다. 알렉산더 대왕은 대표적인 스토아 철학자로 정복지 출신 여성들과의 혼인을 수용함으로써 이러한 차별을 약화시키는 정책을 펼쳤으나 저항과 충격을 불러일으키기도 하였다.

코스모폴리타니즘(cosmopolitanism)은 그리스어의 kosmos(세계)와 politēs(시민)의 합성어로, '세계시민주의' 혹은 '세계주의'를 뜻한다. 국가에 특유한 가치라든가 편견 등을 부정하려고 하는 사상 또는 현존하는 여러 국가 간의 대립항쟁이 없어지고 유일한 세계연방이 실현되어 전 인류가 그 시민으로 되는 것을 이상으로 하는 주의를 말한다. 소극적이고 방어적인 민족주의의 원리와 '아시아적 가치'의 강조만으로는 세계 변화에 대응하면서 발전할 수 없으므로 기존의 폐쇄적 관행과 규범에서 과감히 탈피한다는 뜻이다. 스토아 학파는 그리스인들의 언어적 · 인종적 우월의식을 타파하고 철학적 바탕 위에서 새로운 세계시민주의를 생각해 냈으며, 모든 사람은 하나의 공통된 이성을 갖고 있으며 하나의 신성한 '로고스'에 종속되어 있는 한 국가의 시민이 아닌 전체 세계의 시민이라고 주장했다.

또한 스토아 특유의 자기 사랑(oikeiōsis)을 자기 자신에서 가정으로, 친구로, 그리하여 결국 인류 전체로 확장하도록 권장했다. 특히 근대 자본주의

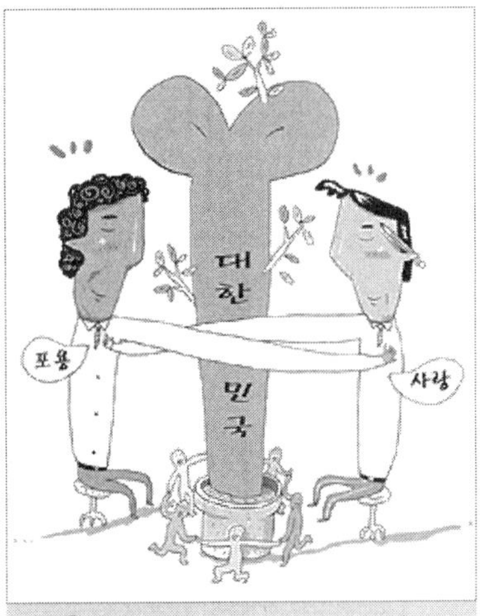

출처: http://www.doctorsnews.co.kr

의 형성기에는 봉건적 분산성, 지방주의의 폐쇄성에 대하여 일정한 진보적 역할을 수행하였다.

(5) 실용주의

실용주의(pragmatism)는 19세기 후반에서 20세기에 걸쳐 공리주의를 응용하여 미국에서 발현 · 성장한 미국적 철학사조다. 넓은 의미로는 어떤 생각이나 정책이 유용성 · 효율성 · 실제성을 띠고 있음을 가리키며, 학문적 의미로는 추상적 · 궁극적 원리의 권위에 반대하는 태도를 지칭한다. 실용주의는 미국의 철학사조로서 법 · 교육 · 정치 · 사회 이론, 나아가 예술 · 종교에까지 막대한 영향을 미쳤다. pragmatism[2)]이란 용어는 '행동' '사건'을 뜻하는 그리스어 πραγμα에서 유래했다. 실용주의 학자들은 시공간을 초월한 절대적 진리는 없으며 진리의 기준은 실생활에서의 유용성에 있다고 보아, 진리는 상대적이며 변화하는 것임을 강조하였다.

그 후 실용주의는 듀이(Dewey)에 의해서 그 행동적 요소가 더욱 강조되었고 개인적 관심에서 사회적 관심으로 발전하였다. 인간은 생물(organism)의 일종인 까닭에 환경과의 상호작용 없이는 살아갈 수가 없다. 경험이란 곧 이러한 상호작용에 지나지 않으며, 경험이 순탄하지 못할 때 그것을 타개하기 위한 기능이 사고작용인 것이다. 그리고 이것이 생활 경험의 한 가지 기능으로서 발달하여 장래를 예상할 수 있는 창조적 지성(creative intelligence)이다. 그렇기에 실용주의는 생활의 철학이요, 상식의 철학이라 할 수 있다. 그것은 진실을 실생활의 유용성에 의해 결정하는 점에서 공리주의이며, 진리는 경험에 의해서 검증되고 변화한다고 보는 점에서 경험주의적이며, 지식보다는 행동을 중시하는 점에서 반주지주의적이라고 할 수 있다.

---

2) 피어스(C. S. Peirce)의 논문 「어떻게 우리의 관념을 명확히 할 것인가(How to Make our Ideas Clear?)」에서 최초로 사용되었고 1907년 제임스(W. James)의 저서 『실용주의(Pragmatism)』에 의하여 이 사상의 전모가 드러나게 되었다. pragmatism은 그리스어인 prágma로부터 나온 말이며 어원적으로 prágma는 praxeis와 같다. praxeis는 행위 또는 행동을 뜻하며, 우리나라에서는 이를 실용주의(實用主義)라 번역한다.

(6) 포스트모더니즘

포스트모더니즘(postmodernism)은 세계가 획일적이고 경직된 권위와 관습, 문화에 대한 반발로 새로운 대안을 찾지 못한 가운데 등장한, 정치 · 경제 · 사회의 모든 영역과 관련되어 1960년대에 일어난 문화운동이다. 포스트모더니즘은 진리와 지식 그리고 인간과 사회에 대한 기존의 모든 이론체제나 사고체제에 있어서 그것이 갖는 절대적인 객관성과 확실성을 부정하고 다원성과 상대성에 대한 인식을 바탕으로 개성, 자율성, 다양성, 대중성을 중시한다. 미국과 유럽에서 일어난 학생운동, 여성운동, 흑인민권운동, 제3세계운동 등의 사회운동과 전위예술, 그리고 해체(deconstruction) 혹은 후기 구조주의 사상으로 시작되었으며, 1970년대 중반에 점검과 반성을 거쳐 발전하였다. 어떤 의미에서 포스트모더니즘은 현재 우리를 둘러싸고 있는 문화 상황, 곧 일원적 경직성을 극복하고 다원적 유연성을 지닌 20세기 후반을 특징짓는 일종의 시대정신이며 다원적 문화현상이다.

또 '포스트'라는 접두어는 이중적인 의미를 가지고 있다고 볼 수 있다. 즉, 모더니즘과 급격한 단절을 뜻하는 것 같지만, 모더니즘과 구분해서는 이해하기 어렵기 때문에 모더니즘의 기본 정신을 계승한다는 뜻도 함께 지니고 있다는 견해다. 이러한 차원에서 다원주의는 포스트모던의 시대가 취할 수 있는 하나의 대안적인 사상이다. 모더니즘의 전통을 계속 유지하는 동시에 그것을 초월해야 포스트모던의 의미도 분명해진다. 따라서 창조하고 선택하는 학습과 교육이 필요하다. 모든 문화는 해체와 재조직을 거치는 과정에서 새로운 창조능력이 주어진다. 그래서 포스트모던 시대정신이나 특성에 관한 문제들은 평생교육과 무관하지 않으며, 포스트모던 사회의 특성을 '학습사회' 혹은 '지식사회'로 표현하면서 문화적으로도 이미 밀접한 관계를 맺고 있다. 결국 인간의 자본 가치가 개인의 지식 소유 여부에 따라 결정되며, 인간 자본의 효과를 극대화하기 위한 사회적 요구가 새로운 학습사회의 출현을 앞당기면서 평생학습사회로 진입하였다(한준상, 2002).

(7) 문화 다양성

문화 다양성(cultural diversity)은 언어나 의상, 전통, 사회를 형성하는 방법, 도덕과 종교에 대한 관념, 주변과의 상호작용 등 사람들 사이의 문화적 차이를 포괄하는 개념이다.

문화는 사람들이 자신들의 일상생활의 의미를 발견하며 창조해 내는 삶의 중심적 영역이며, 즐기고 정치화하는 장이면서 동시에 저항과 투쟁의 조건이 된다. 따라서 문화에 대한 관심은 과거와 현재의 삶을 이해하는 것에서 그치는 것이 아니라, 사고방식, 정치적 행위, 생존 전략, 저항의 원천을 실천적으로 제공하기 위한 구체적인 방법론 제시와 연결된다. 따라서 문화 다양성은 개인이나 집단의 창조적 사고, 사회 발전의 원천으로서 생물 다양성이 환경에 미치는 것과 같이 인간에게 반드시 필요한 요소이며, 공통 관심사로 함께 발전시켜야 할 유산이고, 역사처럼 변함없이 지속되어야 한다.

유네스코(UNESCO)는 2001년 '유네스코 만국 문화다양성선언(UNESCO Universal Declaration on Cultural Diversity)'을 발표했다. 이것은 모든 문화에는 그 문화만의 고유성과 특수성이 있다는 것을 전제로 하면서 문화의 상호 인정과 문화의 상호 대화(intercultural dialogue)를 목표로 한다.

자연생태계와 마찬가지로 문화생태계도 다양한 사람들이 다양한 방법으로 살아가고 있고 문화 상호 간의 조화가 이루어지지 않으면 생태계 전체에 이상이 생긴다.

주류 인류학자들은 인류가 약 2백만 년 전에 아프리카에서 처음으로 출연하였다는 의견에 일반적으로 동의한다. 인류는 그로부터 세계로 퍼져 나갔고, 서로 다른 다양한 상황과 지역적, 전 지구적인 기후의 변화에 성공적으로 적응하였다. 세계 곳곳에 흩어진 많은 사회들은 서로 달라졌고, 그중 다수는 현재까지도 지속된다. 한마디로 문화 다양성은 모든 지역과 민족의 문화적 특질을 상호 존중하고 문화적 차이를 인정하자는 문화민주주의와 다문화주의의 정신을 바탕으로 발전하고 있다.

근본적으로 인간은 자기의 고유한 문화를 유지하면서 향유할 권리가 있다. 문화 다양성은 이러한 문화 권리를 신장시키자는 담론이고 정책이면서 문화의 종들을 지키고자 하는 세계적인 문화운동이다. 그런데 성장 · 발전과 과학기술을 축으로 하는 세계화는 자연을 수탈할 뿐 아니라 문화를 위협하며, 자본주의적 세계화가 진행될수록 보편문화 또는 세계문화라는 미명하에 획일화될 가능성이 있다. 따라서 이 운동은 이와 같이 파생되는 문화적 갈등이나 충돌을 피해 보자는 시대적 의미도 담고 있다. 그런 의미에서 다문화주의, 문화 다양성, 문화적 다원주의(cultural pluralism), 문화적 정체성, 문화적 고유성, 문화적 전통 등은 인간 생존에서 가장 중요하고 또 가치 있는 삶의 토대다(김승환, 2010).

2. 다문화사회, 다원적 시민교육의 필요성과 방향

최근의 여성가족부 통계조사에 따르면 국민의 정체성과 관련해 '한국인은 특히 혈통을 가지는 것을 중요하게 여긴다.'고 한다. 2011년 말에 전국 19~74세의 시민 2,500명을 대상으로 국제 비교지표를 활용하여 '국민의 다문화 수용성 조사'를 실시한 후 발표한 내용이다. 외국의 경우 혈통을 중시한다는 답변이 스웨덴 30%, 미국 55%, 일본 72%인데 한국은 87%에 가까웠다. 이렇게 순혈주의 정서가 지배적인 한국의 맥락에서 다양한 인종과 문화에 대한 공존의식의 경우 유럽 18개국은 국민의 찬성 비율이 74%이지만 한국은 36%에 그쳤다. 이는 다인종 · 다문화로 빠르게 진입하고 있는 국제사회의 현실과 분열되는 현상이며, 극복이 되지 않으면 인종문제로 인한 갈등이 심화되면서 사회통합의 전망이 어두워진다.

다문화나 다원주의는 단순히 다른 세상을 이해하는 것이 아니라 세상을 변화시키는 운동이다. 즉, 공존과 협력을 위한 최소한의 보편성을 추구하면서도 문화적 다양성을 최대한 관용하고 존중하며 사회적 통합을 향한 변화를 모색해야 하며, 이러한 이유로 시민교육이 필요한 것이다.

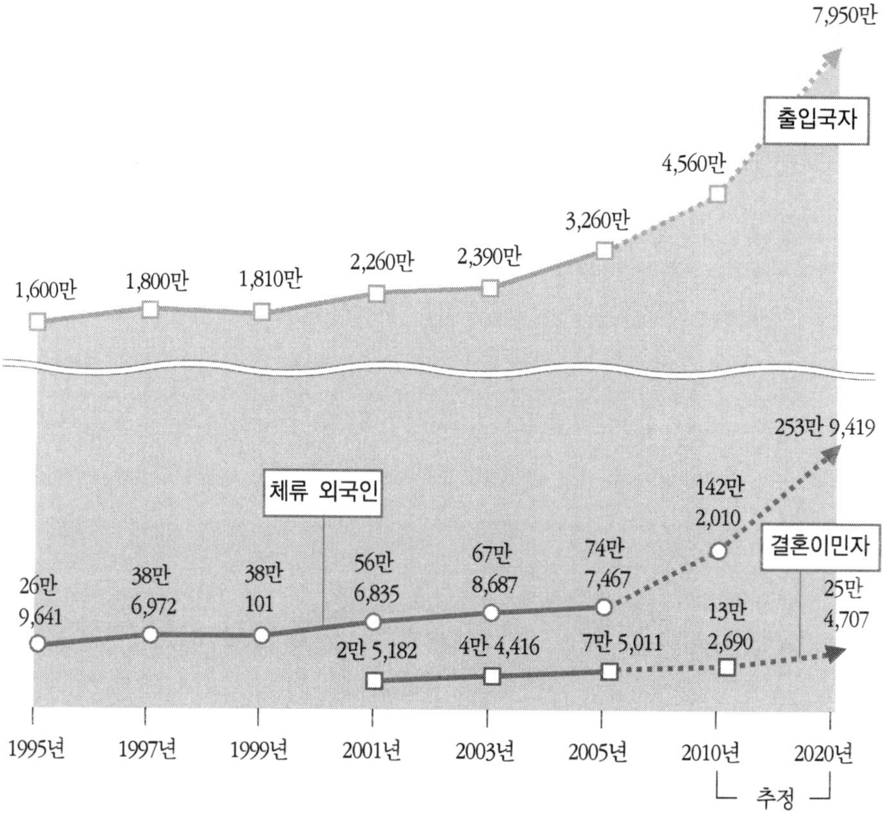

그림 15-1 국내 체류 외국인 수 추이와 전망

출처: 김정근 외(2012).

시민교육(civic education)은 한 사회의 구성원인 시민들이 올바른 시민으로서 갖추어야 할 자질, 곧 시민성(citizenship)을 기르는 것이다. 시민성은 개인으로서 요구되는 자질이라기보다 특정 공동체의 구성원, 즉 시민이라는 지위에서 요구하는 자질을 의미한다. 그런데 시민성은 시대에 따라, 그 사회가 어떤 시민을 좋은 시민(good citizen)으로 규정하는가에 따라 그 내용이 달라진다. 예컨대, 과거 사회에서는 한 국가에 대한 충성심을 중요한 시민성의 요소로 간주하였으나, 현대 사회의 시민은 한 국가의 시민인 동시에 세계의 시민이 되었기 때문에 다원적 시민성(multiple citizenship) 혹은 다문화적 시민성(multi-cultural citizenship)을 가

져야 한다는 것이다. 진정한 다문화사회란 문화적 다원주의를 기초로 하는 사회이며 이를 인정하고 받아들이는 사회다. 다문화사회의 기본적 원칙은 첫째, 각각의 인종은 인종적 기원을 가지고 있으며 그 점에서 평등(equality)하다는 점, 둘째, 모든 문화는 각기 존경(dignity) 받을 만하다는 점, 셋째, 정부는 그들에게도 동일한 지원(equal support)을 해 주어야 한다는 점이다(이해주, 2011).

다문화주의는 역사적으로 이민자들의 나라인 미국에서 1970년대부터 강력하게 대두되었다. 미국은 '다수로 이루어진 하나'를 강조하면서 '용광로(melting pot)' 정책을 펼쳐 왔으나 소수민족의 문화적 차이를 이해하지 못함으로써 불평등과 차별 등 엄청난 사회문제들이 야기되었다. 결국 사회적 통합의 심각한 장애를 자각하여 타 민족과 문화에 대한 존중과 배려, 이해심을 가질 수 있도록 다문화적 시민성을 함양시키기 위한 시민교육이 강조되었다. 이러한 다문화적 시민교육은 점차 다른 나라에도 확대되었고, 다문화사회의 진입으로 문화적 충돌이 자주 일어나는 유럽 국가들에서도 다원적 차원의 시민성, 그리고 타 문화 이해, 톨레랑스 정신 등을 강조하는 시민교육이 실시되고 있다. 또 캐나다에서는 동화정책보다 각각의 문화를 그대로 보전하면서 전체적인 조화가 바람직하다는 의미에서 퀼트 사회(quilt society)를 강조하고 있다.

이와 같이 새로운 사회에 대한 다문화적 가치가 실현되려면 새로운 사회에 대한 패러다임의 전환이 요구된다. 우선 정책적인 차원에서 타 민족에 대한 평등한 대우, 타 문화에 대한 존중 그리고 그들에 대한 동등한 지원이 필요하다. 이러한 정책들이 성과를 거두기 위해서는 다문화교육의 필요성에 대한 합의를 바탕으로 구체적 교육의 성격과 대상, 내용과 방법 등이 제시되어야 하고, 반드시 그것이 실천으로 연계되어야 한다. 또 이주민에 대한 우리 사회로의 동화를 유도하는 문화적응 교육에서 진보하여 그들이 원하는 내용을 그들의 방식대로 이룰 수 있도록 한다면 교육 효과도 커질 것이다. 특히 형식 교육기관만이 아니라 다양한 평생교육의 학습권을 보장해 주어야 할 것이다.

3. 다문화교육

1) 개념

다문화교육은 다양한 문화, 민족, 성 그리고 사회계층과 학생들이 동등한 교육기회를 얻고, 긍정적인 문화 교류 태도와 인식 그리고 행동을 발달시키도록 돕는 것을 목표로 한 교육이다. 원래 다문화교육은 미국과 같은 다민족 국가들이 경험하고 있는 이민족 간의 갈등, 이민자들의 자국민으로의 통합, 해외주재 자국민의 동질성 유지 등을 위한 교육적 발상에서 시작되었다.

현대사회는 교육의 일반 개념과 민주화 그리고 글로벌 경제 변화 사이의 과도한 긴장과 모순으로 특징지을 수 있다. 이러한 새로운 상황에서 문화 및 교육 체제와 관련하여 두 가지 이론적 · 실천적 핵심 쟁점이 등장했다.

첫째, 민족국가가 글로벌 경제에서의 경쟁력을 확보하고 특히 국가의 수준을 높이는 데 교육의 역할을 집중시키면서 포용과 같은 진보적인 학교교육의 순기능이 상실되었다. 따라서 포용과 형평성을 무시하는 일들이 빈발함은 물론, 20세기 후반에 일어난 문화적 정체성을 위한 적극적 활동 등은 글로벌 경제체제의 경쟁에 종속되어 왔다는 주장이다(Cox, 2003).

둘째, 직업능력 교육에 중점을 둠에 따라 초 · 중등학교와 대학교에서 학생들이 접할 수 있는 다양한 형태의 문화적 지식과 경험은 주변화되었으며, 동시에 노동시장의 주변부에 있는 소수인종, 소수민족 사회는 배제되었다. 이러한 문제는 최근에 늘어난 결혼이주민이나 노동이주민 등을 위한 포용교육[3]에도 중요한 과제를 던져 주고 있다.

다문화주의는 이런 맥락에서 인종차별이나 세계대전 후의 형평성 문제, 그리고

3) 포용교육(inclusive education)은 다문화적 환경에 직면하여 어떤 수준의 차별도 용인하지 않고 모두를 포용하는 참여적 평등교육을 말한다.

'관용' 이라는 개념의 확산과 이와 관련된 문제들을 다루기 위한 시도로 부상한 것으로 보고 있다. 이러한 다문화주의에 대한 공교육체제 내에서 제기된 핵심 논의는 수용(accommodation), 즉 융화정책을 접목할 것인지 혹은 동화(assimilation)를 강조할 것인지가 중시되었으므로 시민성을 어떻게 이해하고 확보할 것인가가 중요한 문제로 대두되었다(Halsey et al., 2006).

따라서 학교교육에서는 학생들이 계급, 젠더, 종족성에 따라 분리되기보다는 모든 계층의 아이들이 어울릴 수 있도록 한다는 것이다. 그럼으로써 민주주의 사회에 필요한 자질로 여겨지는 관용과 타인에 대한 배려 및 공감을 함양해야 할 것이다(Dewey, 1916).

2) 공존을 위한 다문화교육

한국 사회가 다문화사회가 되면서 다문화가정 학생을 교육적으로 소외당하지 않게 하고 어떻게 사회적으로 통합할 것인가 하는 문제가 대두되고 있다. 최근 다문화가정 자녀의 증가와 유학 중도입국 자녀가 늘어나는 학교 현장에서는 이들에 대한 편견과 차별, 왕따, 학교폭력 등의 문제가 심각하다. 따라서 다문화가정을 위한 좀 더 체계적이고 장기적인 지원을 추진해 나갈 필요가 있으며, 이를 실현하기 위한 주된 수단으로서 교육 영역 안팎에서 '다문화교육' 이 제안되고 있다.

학교 현장에서 다문화교육의 지향점은 첫째, 사회통합을 지향하는 교육으로서 일반 학생들이 외국인 학생들의 문화를 함께 배우는 기회를 늘리며 서로 존중하고 편견을 갖지 않는 학교 풍토를 조성해 나가야 한다.

둘째, 민주적 가치를 전체 구성원에게 확장시키는 교육으로서 소수집단이 아닌 모든 집단을 위한 교육이 필요하다. 세계화에 따른 다원화가 가속화되고 있는 상황에서 이해관계의 충돌이나 대립 가능성이 높은 집단들이 동일한 사회적 공간에 병존할 가능성이 높기 때문에, 사회통합과 평화 존속을 위해 전체 구성원을 대상으로 다문화교육이 지원되어야 한다.

셋째, 교육 주체의 역량 강화가 필요하다. 다문화가정 자녀의 교육 주체인 가정의 부모, 학교의 교사, 또래집단 및 시민단체의 교육 역량 강화 프로그램과 매스미디어의 역할 제고 등 다문화가정 학생의 안정적인 정착과 이들의 잠재 역량을 살리고 사회에 기여할 수 있는 기회 제공을 위한 체계화된 지원방식이 도입되어야 한다.

넷째, 교육 대상의 다양화 및 차별화가 필요하다. 우선 일반 학생들의 의식과 행동을 다문화 수용적인 방향으로 전환시키기 위해 다문화 이해 교육 프로그램과 다양한 교육방법 및 그 개선이 이루어져야 한다. 또한 미등록 다문화가정 학생을

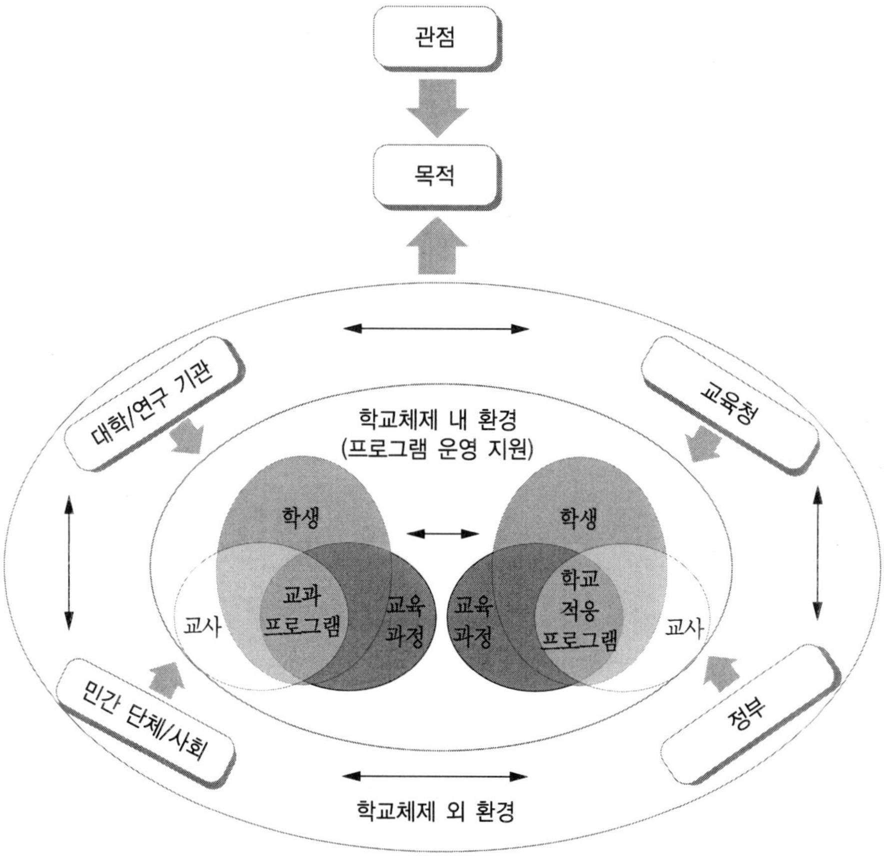

그림 15-2 다문화교육의 교수-학습 지원체제 개념적 모형

출처: 오은순(2008). p. 21에서 재인용.

파악하여 지속적인 학습이 이루어지도록 교육적인 차원에서 배려해야 할 것이다.

마지막으로 교육과정과 교과서의 검토 및 분석에 따른 개편과 함께 타 문화와 역사를 이해하고 존중함으로써 편견을 극복하고 관용을 강조하는 다문화주의적 사회환경을 조성해 나가야 한다.

3) 다문화교육의 목표와 교육 내용

다문화교육의 개념을 구체적으로 알기 위해 다문화교육의 목표와 교육 대상, 교육 내용 접근방법 및 교육 내용에 대해서도 알아보기로 한다.

더먼-스파크스와 A.B.C. 태스크 포스(Derman-Sparks & A.B.C. Task Force,

〈표 15-1〉 더먼-스파크스와 A.B.C. 태스크 포스의 다문화 주제와 하위 범주

다문화 주제	하위 범주	범주 설명
민족 간의 유사점과 차이점	인종, 긍정적 자아(민족적 정체성)	각 민족의 유사점 · 차이점을 인식하고, 피부색, 머리카락 형태, 얼굴 및 눈동자 색 등과 같이 유전적인 신체적 특징을 살피고, 자아정체성과 관련된 것을 포함함
능력	재능 · 장애 · 편견에 대응하기, 다른 사람의 이해, 의사전달하는 방법(수화)	재능, 무능력, 장애를 포함한 능력으로 편견에 대응하고 자신과 타인에 대한 존중과 가치를 포함
성역할에 대한 정체성	성역할, 성행동, 양성성	정형화되지 않은 성역할과 성행동, 양성성의 개념도 포함
문화적 차이와 유사성	다문화, 문화 간 차이와 유사성	다양한 문화의 독특성과 유사점 · 차이점, 삶의 방식으로서 특별한 날, 기념일, 습관, 언어 등을 포함
고정관념과 차별 행동 없애기	가족, 계층, 신념, 지역, 편견, 연령, 외모	다양한 가족 구조와 역할, 사회경제적 계층, 종교, 연령 및 세대 간 차이, 그리고 외모에 대한 고정관념과 차별적 행동
기타	갈등, 협동	문제해결, 협동

출처: 경기도교육청(2008).

1989)는 각 개인이 서로를 존중하는 진정한 자유를 누릴 수 있는 능력을 길러 주는 것이 다문화교육의 목표가 된다고 보았다(김아영, 2006: 15 재인용). 그들이 제시한 주된 다문화교육 내용은 〈표 15-1〉와 같다.

또한 캔들(Kendall, 1983)은 다문화교육 목표를 다섯 가지로 나누어 설명하고 있다. 첫째, 다른 문화와 가치뿐만 아니라 자신이 속한 문화와 그 가치를 존중하도록 아동들을 가르친다. 둘째, 다문화적, 다인종적 사회에서 성공적으로 살아갈 수 있도록 모든 아동들의 태도와 능력을 기른다. 셋째, 인종주의 등에 의해 영향을 많이 받는 유색 인종의 아동들이 긍정적인 자아개념을 갖도록 한다. 넷째, 문화적 다양성과 인간으로서의 공통성을 긍정적으로 경험하도록 한다. 다섯째, 공동체의 독특한 부분으로서 함께 일하는 다양한 문화의 사람들을 경험하도록 돕는다. 즉, 궁극적으로 다문화적인 공동체 사회에서의 적응력을 신장시켜 주기 위한 것으로 볼 수 있다.

이처럼 장기적으로 이주민 2세, 3세의 사회진출과 정주민들과의 공존을 위해 다양성 속의 일치라는 공생의 논리 개발 및 지속적 추진, 그리고 다문화 시민권의 이념에 입각해 이주민 가족의 경제적, 문화적, 정치적 자립 역량 강화를 위한 정책적 지원이 필요하다.

요컨대, 다문화교육은 다양한 문화, 민족, 성, 사회적 계층의 배경을 가진 아동들이 공평한 교육 기회를 가질 수 있도록 교육과정의 변화를 시도하는 총체적인 노력이며, 또한 인종, 윤리, 언어, 종교, 정치, 고용, 사회계층, 경험, 정신적·육체적 능력, 성, 기호, 연령 등에 의해 다르게 나타나는 인간 행동에 대한 이해라고 할 수 있다. 따라서 다양한 문화나 사고방식이 존재함을 당연한 것으로 간주하고 서로 다른 문화로 인한 행동의 차이나 사고방식의 차이를 수용하고 이해할 것을 강조하는 교육이라고 할 수 있다.

4) 다문화교육과 청소년 문제

한국청소년정책연구원의 연구 결과에 의하면 일반 청소년들의 다문화가정 청소년에 대한 개방성은 접촉 형태가 직접적이고 관계 정도가 깊을수록, 또한 접촉 기간이 길수록 행동적, 인지적 개방성 모두가 높게 나타났다. 이는 다문화 이해교육의 효과를 예상할 수 있는 결과로, 다문화교육이 공교육의 제도권 내로 흡수되어야 함을 시사하는 것이다. 즉, 다문화가정 청소년에 대한 직간접적인 정보 제공 및 함께할 수 있는 경험과 기회를 확대하는 것은 서로를 알고 이해하는 데 필요하다고 할 수 있다.

그럼에도 불구하고 다문화가정 청소년들의 생활을 보다 자세히 살펴보면 제한된 언어로 인한 의사소통의 어려움과 사회적 편견에의 노출, 사고방식과 습관 그리고 성격의 차이, 타 문화에 대한 이해의 결여 등 다양한 어려움이 존재하고 있다.

또한 이미 임신과 출산, 양육에서 어려움을 경험한 다문화가정에서는 특히 자

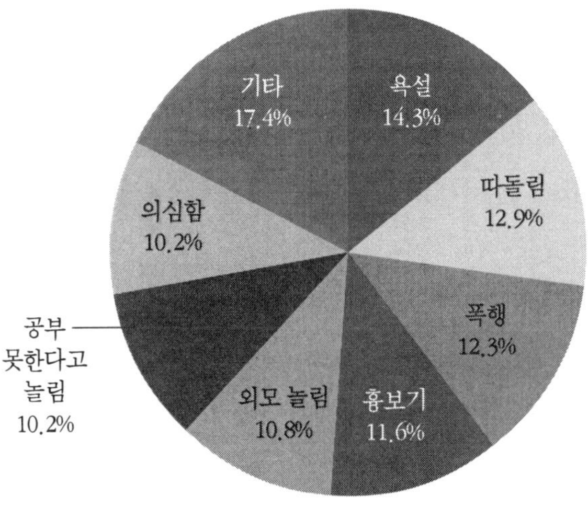

그림 15-3 다문화 자녀들이 당하는 학교폭력

출처: 한국청소년정책연구원(2012).

녀들이 학령기에 접어들면서 부모의 교육 부재로 자녀교육에 심각성을 드러내고 있다. 외국인 부모의 문화적 충격과 언어 소통 등의 어려움은 자녀의 성장과정에 큰 영향을 미치고 있으며, 친구들과 다른 외모, 외국인 부모를 가졌다는 사실만으로도 지역사회의 편견과 또래들의 따돌림의 원인이 되고 있다(조영달 외, 2006).

특히 학교 현장은 다문화가정 학생들이 늘어나면서 그들에 대한 학교폭력도 더욱 증가하고 있다. 이국적인 외모와 서툰 한국어 때문에 친구들로부터 집단 따돌림이나 구타를 당하는 경우가 많으며, 한국에서 태어나고 자란 다문화가정 학생보다 해외에서 태어나 자라다 한국에 들어온 '중도입국' 학생들이 더 많은 폭력을 당하고 있다. 특히 다문화가정 학생들을 대상으로 한 학교폭력은 도시보다는 외부인이나 외부 문화에 대해 배타적인 군 · 읍 · 면 단위 학교에서 더 심각하게 나타나는 경향이 있다. 우리나라가 단일민족이라는 자부심과 순수 혈통을 중시하는 태도가 혼혈에 대한 편견을 더욱 심화시키고 있다. 이는 우리 사회의 인식 변화의 필요성을 말하는 것으로, 다문화가정 청소년들의 긍정적인 자아정체감 형성에 심각한 영향을 미치는 요소가 된다.

뱅크스(Banks, 1995) 등에 의하면, "다문화교육의 주요 목적 중 하나는 모든 학생들에게 다양한 집단들과 함께 상호작용하고 협상하고 상호 의사를 교환하는 데 필요한 지식, 태도, 기술 등을 획득하도록 하여 공공의 선을 위해 작동하는 시민사회, 도덕적 공동체를 구축하는 데 있다." (김정원, 2006 재인용)

일러스트=이철원

차이에 의해 차별받지 않고 차이로서 소통할 수 있기 위해 필요한 것이 다문화교육이라고 한다면, 다문화교육의 전제는 다양성을 인정하고 다른 것에 대한 이해와 존중이 선행되는 것이다. 또한 이를 바탕으로 체험과 경험이 수반되어야 한다. 이를 위해서는 사회의 인식이 바뀌어야 하고 국가적 차원의 제도와 정책 지원이 이루어져야 할 것이다. 아울러 다문화가정 청소년과 부모들이 경험하는 다양한 심리적인 문제에 대해 보다 적극적인 도움을 줄 수 있도록 학교와 지역사회가 연계한 상담 및 위기지원 체제의 개입도 필요하다.

4. 다문화 형성의 배경과 사회적, 공간적 통합을 위한 평생교육

1) 결혼이주 여성

세계적 흐름과 같이 한국도 국제결혼, 특히 저개발 국가로부터 결혼을 통한 이주 여성이 증가함으로써 '국제이주의 여성화' 현상에 주목하기 시작하였다. 2000년대 들어서 급격히 늘어나고 있는 결혼이주자가 우리 사회에 미치는 영향은 다문화 2세까지 연계되어 계속 증가하게 된다. 국제결혼은 이주자 자신도 문화적 충격과 적응 및 동화 작용을 겪지만, 받아들이는 입장에서도 지역사회 전체에 영향을 미치게 되어 그들의 갈등이나 융화를 수용해야 하는 지역사회 역시 변화하게 된다.

우리나라 국제결혼은 콘스터블(Constable, 2003)이 언급한 후진국 여성과 선진국 남성 사이에서 남성의 경제력과 여성의 섹슈얼리티 및 가사노동 간의 맞교환이 일어나는 것이 대표적인 특징이다. 한국 사회에서 대부분의 국제결혼 역시 주변화된 남성들과 경제적으로 빈곤한 국가의 여성들 간 결혼이 주류를 이루고 있다. 또한 국가 간 경제적 위계 속에서 나타난 이주 형태는 결혼제도 자체의 가부장적인 속성이 더해져 계급화되는 양상을 보인다(류주현, 2012).

출신 국적별 분포와 결혼이주 여성 현황을 살펴보면 이미 우리나라는 결혼이주민이 20만 명을 넘어섰고, 그들에게서 태어난 자녀는 15만 명에 이르고 있다([그림 15-4], [그림 15-5] 참조).

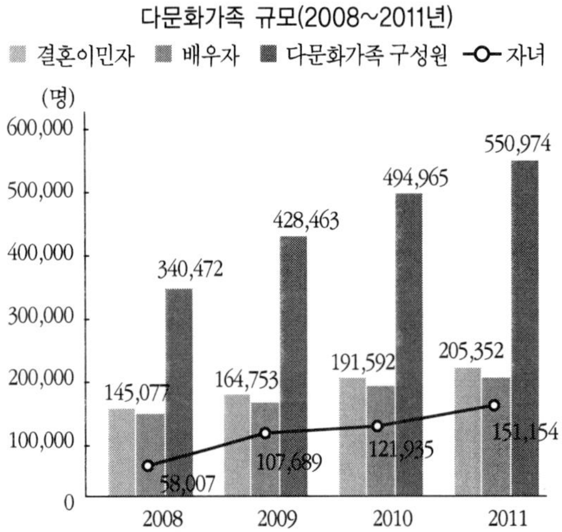

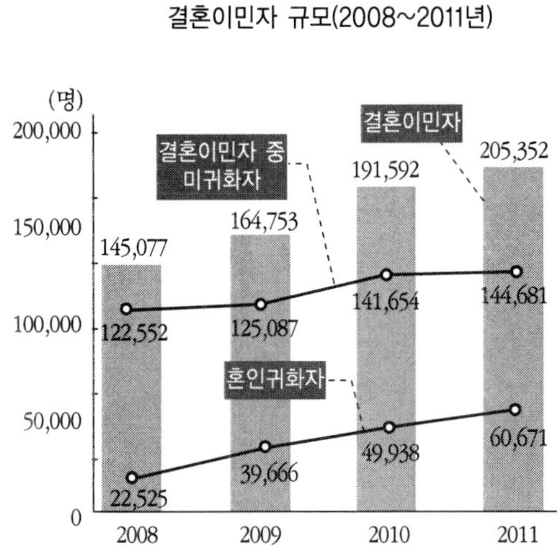

그림 15-4 우리나라의 다문화가족 및 결혼이민자 규모

출처: 법무부(2011). 출입국 · 외국인정책 통계 월보.

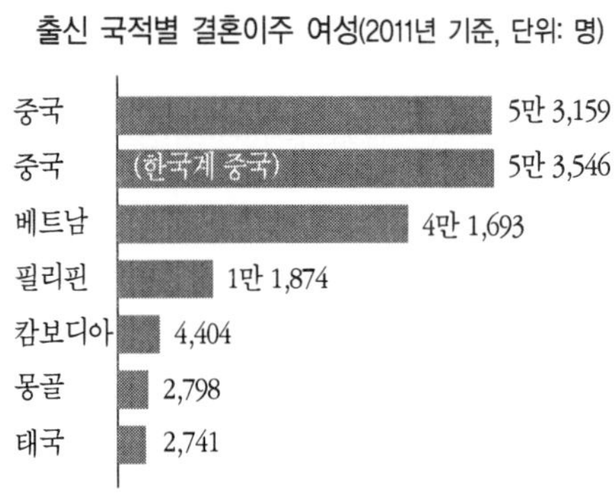

그림 15-5 우리나라 결혼이주 여성 현황

출처: 조선일보(2012. 4. 17). A2면.

지금까지 결혼이주 여성들이 한국인 남편으로부터 학대당하고 자녀가 학교에서 왕따를 당하는 사례가 집중 부각됐지만, 대다수 결혼이주 여성들은 일상 속에서 '사회적 편견'과 싸우고 있다는 것이 큰 문제로 등장하고 있다. 결혼이주 여성 11만 6,443명을 대상으로 여성가족부가 설문조사한 결과, 4만 500명(34.8%)이 '외국인이라는 이유만으로 차별대우를 받은 경험이 있다'고 응답하여, 다문화가정이나 국제결혼에 대해 우리 사회가 아직도 갖고 있는 인식을 전환하기 위한 시민교육이 시급하다.

다문화 출신이라는 특수성과 대한민국 국민의 한 사람이라는 보편성을 포용하지 못하는 사회는 진정한 선진 문화국이 될 수 없다. 소수든 다수든 그 사회 구성원의 다양한 욕구를 반영하고 그들의 권리를 인정하고 보호해야 제대로 된 민주사회이며, 그것이 국제사회의 기본 윤리다.

2) 일터에서의 다문화

다문화적 상황은 인구학적 변화는 물론 구성원들의 사회문화적인 정체성과 상호작용, 행위자 간의 소통방식의 변화를 불러일으키게 된다. 다문화적 삶의 문제는 복잡다단한 자아와 타아 간의 상호 교섭과정, 주체와 세계 간의 이해와 소통의 재구성과정, 본질적으로 생활 세계에서 이루어지는 인간의 경험을 통한 문화적 교류와 동화, 전이, 충동, 갈등, 융합 방식으로 전개된다. 따라서 관계적 퀼트를 직조하는 맥락적 접근이 필요하다(김진희, 2010).

(1) 이주노동자

다문화 인력은 이제 우리 인적 자원의 중요한 축이다. 한국은 출산율 제고, 유휴 인력 활용 등이 이루어지더라도 내국인만으로는 인력수급 불일치를 해소하기 어려울 전망이다. 특히 저출산 · 고령화 시대를 맞이한 우리 사회의 산업 인력으로서 노동력 감소 문제를 해소하고 안정적인 경제성장을 유지하려면 생산성 향상과 함께 외국인 노동력 유입이 불가피하다. 이러한 노동력 유입으로 경제성장 효과는 물론 다양성과 창의성이 제고되는 사회문화적인 긍정적 효과와 함께 이질적 문화와의 공존이라는 새로운 과제가 부상했다. 특히 저소득층, 미숙련 노동자의 이주는 자국민 저소득층의 취업경쟁 심화와 공공지출 부담 증가, 규범 충돌에 따른 문화적 갈등, 이주노동자 빈곤화로 인한 사회적 범죄 증가 등의 부작용이 나타나고 있다(최홍, 이동원, 박준, 2010).

이러한 맥락에서 우리 사회는 그동안 현대판 노예제라고 하는 산업연수생제도 및 고용허가제도를 둘러싼 이주노동자의 인권을 위한 투쟁의 역사를 갖고 있다. 이주란 새로운 세계에 대한 꿈꾸기다. 이주민의 삶은 곧 생존을 넘어 세상을 변화시키는 동력으로 작용한다. 그렇기에 그들을 수용하는 태세를 확립하여 개방성 및 관용성을 제고해야 한다. 특히 고용주와 이주노동자 간의 준법환경을 확고히 하여 법질서 및 계약을 철저하게 이행함으로써 인권침해 및 차별에 대한 단속을 강화해야 한다. 또한 교육 기회 확대로 사회적 상향이동을 도모하기 위해 다문화 자녀, 특히 이주노동자들과 그 자녀들을 위한 교육 인프라를 구축 · 강화해야 한다. 또 한편으로는 이주노동자를 향한 우리의 삶을 성찰적으로 되돌아보고, '지금-여기'에서 '더불어 함께 산다'는 교육의 의미가 무엇인지 되새겨 봐야 할 것이다.

(2) 전문직 이주자

오늘날과 같은 지식기반경제 시대에 경쟁력의 원천은 무엇보다도 지식과 지적 자본이라 할 수 있다. 따라서 세계는 전문인력을 확보하기 위해 연구 환경을 조성하고 제도적 혜택을 마련하는 등 많은 노력을 기울이고 있다. 그러나 우리나라의 경우 그동안 전문직 이주자들에 관한 관심과 연구의 필요성이 크게 대두되지 않았고, 외국인 거주자의 비자를 분류해 본 조사에 따르면 단순노무 인력 비중이 61%이며 전문인력은 3.7%에 불과했다. 결혼이주자도 대부분이 그들 나라의 사회적 약자 계층이다. 흔히 외국인 이주자 정책은 동화 모형, 차별적 배제 모형, 다문화 모형으로 구분되지만, 주변화의 성향이 함의된 것으로 이해된다. 즉, 결혼이주자 정책은 동화 모형, 이주노동자 정책은 차별적 배제 모형, 전문직 이주자와 외국인 유학생 정책은 거의 부재한 상태로 다문화주의적 성향을 가진 것으로 나타나지만, 설문조사에 의하면 외국인 이주자들은 관련 정책에 대해 이러한 성향이 혼재된 것으로 인식하고 있다. 따라서 전문직 이주자에 대한 적응지원책이 필요하며 다문화주의를 가장한 동화주의로 흘러가거나 주류사회에 편입되길 강조하기보다 그들 고유의 문화를 인정하는 협력적 다문화 네트워크가 이루어져야 한다(임석희, 송주연, 2010).

아울러 고급 외국 인력을 끌어들이기 위한 방안도 고민해야 한다. 우수하고 젊은 인재들이 한국을 찾아와 우리 경제에 기여하고 고국에 돌아가서는 친한(親韓) · 지한(知韓)의 핵심 교류 네트워크로 활동할 수 있도록 장기 전략을 세워야 한다. 더 중요하게는 저급 외국 인력과 고급 외국 인력으로 차별화될 위험성을 간과해서는 안 되며, 이는 사회분열의 뇌관이 될 수 있다. 그리고 우리 사회가 능력보다 학벌, 학력, 지연, 혈연에 의해 형성된 폐쇄성을 해체해야만 우수하고 젊은 인재들이 우리나라를 찾아와 우리 경제에 기여하며 국가경쟁력을 확보하는 자본이 될 것이다.

3) 북한이탈민(새터민)

탈북자 2만 명 시대를 맞고 있다. 현대한국연구소의 탈북자 종합진단에 의하면, 북한의 집단주의와 빈곤의 수렁에서 탈출한 이들이 한국에서 직면해 체득한 삶의 신조는 자유민주주의가 권장하는 '건전한 개인주의' 보다 '나와 가족이 살기 위한 극단적 이기주의' 에 가까운 것으로 나타났다. 자본주의를 급격히 체득하는 과정에서 생존 욕구가 낳은 '배금주의' 는 심각하며, 이러한 금전관은 새로운 사회에서의 삶의 태도뿐만 아니라 인간관계 형성에 장애 요인으로 작용하고 있다. 특히 2002년부터는 전체 탈북자 중 여성이 남성을 추월하였으며 연령도 20~30대가 60% 이상을 차지한다. 문제는 그들이 학업, 직업, 결혼, 출산 등 인생에서 가장 중요한 사건들을 겪는 시기의 여성들이라는 점이다. 따라서 탈북 남성은 물론 여성이 자기 삶에 대한 계획과 목표를 이뤄 갈 수 있도록 다양한 역할 모델을 발굴하고 지원하는 정책이 절실히 필요하다(조선일보, 2012. 4. 17).

또 북한이탈민 가정 자녀의 학업 중도 탈락률은 초등학교에서 고등학교로 갈수록 높아지고 있는 것이 우리 사회의 심각한 현실이다. 지금은 다문화가정 자녀와 주류 한국 사회 가정 자녀들이 함께 참여하되 소수자가 주인공이 될 수 있는 다문화교육이 왜 중요한가에 대한 질문에 답해야 할 시점이다. 사실상 세계적 디아스포라(diaspora)는 평균 2.5%에 도달하고 있다는 점에서, 이제는 다문화가정 자녀를 대상으로 하는 통합 중심 다문화교육으로부터 소수자와 다수자가 함께 참여하는 이해 중심 다문화교육으로 방향 전환을 시도할 때다. 특히 북한이탈민 가정 자녀에 대한 교육은 향후 국가 발전의 토대라는 의식에서 출발하여 체계적으로 실천되어야 한다. 이를 위해 필요한 것은 다문화가정 자녀들이 개별 주체(agents)로서 다문화교육의 전면에 참여자로 등장하는 것이다(김용신, 2009).

다른 이주민들과 마찬가지로 탈북자 역시 한국 사회에서 소수자로 살아간다. 소수집단은 당연히 사회적으로 열악한 환경에 놓일 가능성이 주류집단보다 높고, 사회적 성취의 기회 측면에서도 상대적 박탈감 및 무력감에 빠질 수 있다. 따라서 그들이 한국 사회에 유연하게 적응하고 정체감을 형성할 수 있도록 실질적인 정책 입안이 필요하다. 단순히 정부에 의해 운영되고 있는 북한이탈민 정착 지원센터나 민간에 의한 상담소 운영 차원의 지원보다, 그들의 어려움에 민감하게 반응하며 정서적으로 공감하면서 소수자 집단의 구성원들이 중요하고 영향력 있는 위치에 진출하도록 조력할 수 있는 체제를 마련해야 한다.

이를 위해서는 북한이탈민 중에서 능력과 자질을 갖춘 인사들을 발굴하여 실천가나 사회복지사로 양성하여 배치하는 등 북한이탈민이나 그 자녀들에 대한 지역사회에서의 심리·정서적 지지체제와 사회·환경적 지원체제가 이루어져야 한다. 특히 가정과 학교, 지역사회에서 북한이탈민에 대한 지지적인 환경이 만들어지기 위해서는 중장기적으로 노력을 지속할 필요가 있다.

4) 외국인 유학생

1998년 IMF로 많은 해외이주자와 유학생이 증가했지만, 최근 몇 년의 추이는 해외이주자와 유학생의 한국으로의 역이주와 귀국이 증가하고 있다는 것이다. 특히 한류열풍과 함께 산업화와 민주화의 모범국가로 발전해 온 한국에 대한 관심 고조와 국내에 진출하는 외국계 기업이나 각종 기관 · 단체들이 빠르게 늘어나면서 외국인 종사자들의 유입과 거주도 증가하고 있다. 또한 정부와 국내 대부분의 대학이 큰 관심을 쏟고 있는 외국인 유학생들의 유치로 국내 체류 유학생 수도 꾸준히 늘어나면서, 국내 거주 외국인의 한 유형으로 중요하게 자리 잡고 있다(안영진, 최병두, 2008).

이러한 추세는 비단 우리나라에만 나타나는 것이 아니다. 이미 선진국들은 유학의 수익성이 강조되고 있고, 경쟁력 있는 고급 전문기술 인력의 중요한 흡수 수단으로 활용되고 있다. 그러므로 한국도 유학생 유치에 대한 긍정적 효과와 부정적 영향 등을 살펴보고 깊이 성찰할 때가 되었다.

따라서 학교 측면에서도 한국 내 정착을 위해 대안학교들의 학력을 인정하고 국제학교 및 외국 유명대학과 연계하여 다문화가족 자녀와 외국인 학생 유치의 방법을 찾아야 한다고 판단된다. 학교와 정부기관과 복지센터 등이 교육을 통해 관련 분야의 전문가를 양성하여 이론과 실무를 겸비한 다양한 고급 전문인력들을 배출해서 출입국관리국, 외무부, 각 부처 국제 업무직, 지방자치단체 국제 업무 공무원, 주한 외국 대사관, 국제기구, NGO, 경찰청, 해외이주공사, 유학원, 법무법인, 언어학원, 여행사, 인터넷 컨설팅, 외국 지사 근무, 외국 기업, 재외동포 기업, 무역회사, 호텔, 항공사, 공항, 면세점, 은행, 해운업체, 부동산업체, 외국인 학교, 대학교 국제부, 방송 · 언론사, 영화 제작사, 국제회의 전문회사 등에 전문인력으로 진출을 모색할 수 있게 정확한 방향을 제시하는 것이 앞으로 평생교육 차원에서 해야 할 역할이다.

5. 다문화가족 정책 및 동향: 동화에서 융화로

「다문화가족지원법」(2008)의 제정으로 법무부, 보건복지가족부, 여성부, 문화체육관광부 등 각 부처에서 다문화 관련 정책을 발표하거나 대책을 마련하고 있다. 다문화정책은 국가적인 차원에서 다문화가족뿐만 아니라 자국민을 위한 교육 및 의식 변화를 함께 추구할 때 효과적인 성과를 거둘 수 있다.

「다문화가족지원법」 제2조에서는 다문화가족을 "결혼이민자와 출생 시부터 대한민국 국적을 취득한 자로 이루어진 가족, 또는 귀화 허가를 받은 자와 출생 시부터 대한민국 국적을 취득한 자로 이루어진 가족"으로 정의하고 있다. 일상용어로서의 다문화가족은 이주노동자, 결혼이민자, 유학생, 난민, 화교, 북한이탈주민, 주한미군 관련 혼혈인 등 다양한 유형의 종족적 소수자를 지칭하지만, 법률적으로 다문화가족은 오로지 결혼이민자 또는 귀화한국인이 '출생 시부터 대한민국 국적을 취득한 자'와 가족관계를 맺고 있는 경우로 제한한다. 이런 이유로 다문화가정 지원을 위한 서비스 전달체계가 아직 분산적이고 단편적으로 이뤄지고 있다. 게다가 지역별 · 서비스별로 사각지대도 존재하고 있다. 따라서 정부는 가족 및 사회의 안정적 토대 구축 및 글로벌 인재 육성이라는 적극적 미래 발전 전략 수립 차원에서 서비스를 제공하고 이를 위한 효율적 서비스 전달체계를 구축해야 할 것이다.

다문화가족의 초기 적응과정에서 발생하는 어려움을 최소하기 위해서는 다문화가족별 맞춤형 정책 지원과 다문화 포용성을 제고하는 차원에서 다음과 같은 실천 과제를 제안할 필요가 있다.

- 몸으로 체험하고 머리로 생각하는 표용성 증대
- 결혼이민자의 자립 역량을 강화하고 새로운 소비층으로 편입
- 다문화 자녀에게 차별 없이 균등한 기회를 부여하여 교육과정에서의 차별을

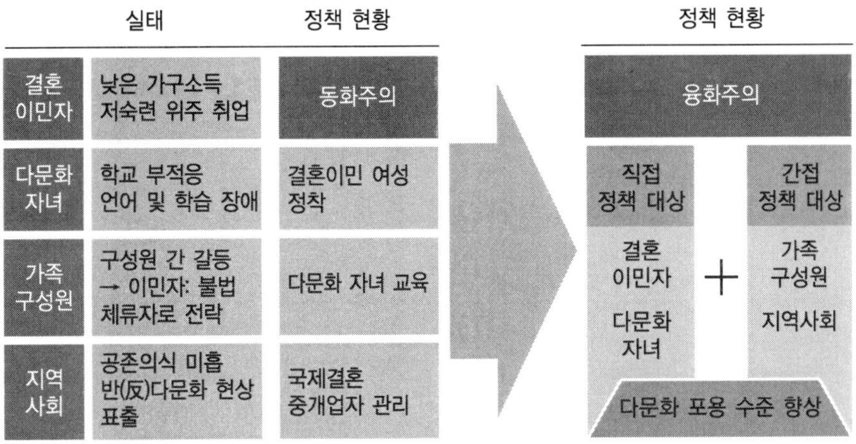

그림 15-6 다문화정책의 구성체계

출처: 김정근 외(2012).

없애기 위해 '지역통합교육제'를 신설하고 다솜학교와 같은 대안학교를 활성화

- 행복한 가정 만들기 지원 및 문화적 다양성에 대한 이해 증진
- 지역사회의 신규 일자리와 부가가치 창출을 통해 한국문화로의 동화를 강조하기보다 모국의 문화적 정체성을 인정하고 한국문화와의 융화를 도모하는 것 등(김정근 외, 2012)

이와 같은 과제를 실천하기 위해 다문화가족 구성원에 대한 지원정책과 더불어 지역사회 차원에서 상호교류 증진 프로그램을 확대하여 시행하면 그들이 자신들의 정체성을 잃지 않고 한국 사회에 융화되어 사회 각계에서 적극적인 역할을 할 것으로 기대된다.

이를 바탕으로 한 입국문호의 전향적 개방으로 글로벌 시민사회를 지향하기 위한 정책 과제는 다음과 같다. 첫째, 다문화사회의 경제적 혜택을 높이기 위해 이민을 적극적으로 확대해야 한다. 저출산, 고령화 등의 문제를 단기 노동력 유입

〈표 15-2〉 정책 방향 및 추진 과제

정책 방향	추진 과제	세부 사업
문호개방을 통한 편익 극대화	영주권 발급 대상 확대로 정주 인구 확충	• 영주권 발급 핵심 대상을 숙련 기능인력으로 확대 • 이공계 유학생 영주권 부여
	단순인력의 생산성 제고	• 고용허가제 송출절차 개선 • 고용허가제 체류한도 연장
다문화 적응을 위한 수용 태세 확립	다문화에 대한 개방성 · 관용성 제고	• 내국인 대상 교육 · 홍보 사업 추진 • 초 · 중 · 고교의 다문화 교육과정 강화 • 이민 성공사례의 보상과 확산
	고용주와 근로자 간 준법환경 강화	• 외국인 근로자 인권침해 및 차별 단속 강화 • 외국인 전담 국선 변호인단 운영 • 외국인 근로자의 위법 행위 엄벌
다문화 진전에 따른 비용 최소화	다문화 자녀들의 사회 이동성 제고	• 다문화학교 신설 및 e-러닝 인프라 지원 • 다문화 전담 교원제 운영
	정책 추진체계의 효율화	• 이민청(가칭) 신설

출처: 최홍 외(2010).

등 소극적 인력수급정책으로 대응하는 데는 한계가 있기 때문이다. 또 이민자 비율 등을 고려할 때 한국은 보다 적극적인 문호개방으로 양질의 인력을 받아들이고 경제적 효과를 극대화할 필요가 있다.

둘째, 이민자를 주류사회에 적응시키는 동화주의보다 사회의 구성원으로서 인정하면서도 차이를 인정하는 다문화주의를 지향해야 한다. 동화정책의 목적은 문화적 차이를 인정하지 않고 주류문화로 단일화하는 것인 반면, 다문화정책의 목적은 다양성을 인정하고 공존하는 것이다. 동화정책은 이민자를 동화시키기 어렵고, 설령 그들이 동화되었다고 해도 현실적으로 내국인과 이민자 사이에 존재하는 사회적 차별까지 제거하지 못하는 한계가 있다. 주류의 문화로 녹아드는 '용광로(melting Pot)' 보다 다양한 가치를 인정하는 '샐러드 그릇(salad bowl)' 을 지향해야 한다.

셋째, 인구학적 변화는 한번 진전되면 되돌리기 힘든 비가역적 특성이 있으므로 비용을 최소화하기 위해서는 변화 초기에 정책 방향을 견고히 하는 선제적 대응이 필요하다. 현재 막대한 다문화 비용을 치르고 있는 선진국의 전철을 밟지 않도록 다문화사회의 구조 개선을 선제적으로 추진해야 한다(최홍 외, 2010).

6. 외국의 사회통합 노력 사례 및 다문화정책

이민자 통합 정책 인덱스(Migrant Integration Policy Index: MIPEX)를 중심으로 나라별로 이민자 사회통합정책에 대한 인덱스에서 최상위 4개 국가를 요약하였다. 현재는 유럽과 아메리카를 중심으로 31개국이 참여한 자료가 집중되어 있으며, 참여 나라별로 어느 정도 정책이 잘되어 있는 분야의 통계 자료와 함께 상세하게 나와 있다. MIPEX의 측정 범주와 2010년 기준으로 최상위 국가인 스웨덴, 포르투갈, 네덜란드, 캐나다를 소개하면 다음과 같다.

1) MIPEX 측정의 여덟 가지 범주

- Labor Market Mobility: 이민자의 노동시장 진출의 용이성, 노동시장 진출을 위한 도움을 받을 수 있는 정도, 이민노동자의 권리 평등성 등
- Family Reunion for Third Country Nationals: 가족 단위 이민자들의 생활의 용이성
- Education: 이민자 가정 자녀들의 교육 접근성, 학습이 더딘 이민자가정 자녀 지원 정도 등
- Political Participation: 이민자가 이주한 국가의 정책에 영향을 미칠 수 있는 정도
- Long Term Residence: 장기 체류의 용이성

• Access to Nationality: 국적 취득의 용이성
• Anti-Discrimination: 이주자의 차별 방지를 위한 제도적 장치
• Overall Score: 전체 점수

2) 이민자 사례통합정책 최상위 4개국

31개국 중 2010년 기준 상위권 점수(100점 만점에 65~100점; Slightly Favorable to Favorable)를 기록 중인 유럽 3개국 및 캐나다를 소개한다.

(1) 스웨덴: 83점

스웨덴은 전체 인구 중 이민자 비율이 약 15%(15~74세)를 차지하는 국가로, 유럽의 대표적 복지국가답게 이민자 통합을 위해 다양한 정책적 측면의 노력을 하여 모든 영역에서 전반적으로 고르고 높은 점수를 나타내고 있다. 1990년대 이후 스웨덴 이민자정책은 '우리'와 '그들' 간의 경계를 짙게 하는 다문화 중심보다는 이민자들과 스웨덴 국민들 사이의 차이를 줄여 나가는 데 핵심을 두고 있다. 그러므로 스웨덴에서는 정치적 망명이나 인권 문제로 이민 온 사람들에 대해서는 거주하는 지역정부에서 제공하는 언어수업뿐 아니라 사회규범과 전통에 대한 수업까지 필수적으로 이수하고 마지막에 시험을 통과해야만 일할 수 있는 자격을 주고 있다.

이민자가 최소 1년 이상의 거주권을 가지게 되면 노동시장에서 스웨덴 국민, EU 시민권자, 비 EU 시민권자 사이의 차별을 두지 않도록 하므로 이민자가 일자리를 찾기 용이한 구조다. 일을 찾기 전 이민자들은 노동조합, NGO 등에서 제공되는 각종 프로그램을 통해 노동자로서의 법적 권리에 대한 설명을 듣게 된다. 또한 새로운 일자리 정책을 통하여 다양한 상황에 처한 이민자들이 그들의 생활 패턴에 맞는 일자리를 찾을 수 있도록 도와준다. 예를 들어, '취업지원(Step-in-Jobs)' 프로그램의 경우 이민자 각자가 일하는 환경에서 스웨덴어 수업과 일을 병

행할 수 있도록 하고 있다. 또한 상대적으로 집안일에만 종사할 수밖에 없는 여성들에게 스웨덴어를 빨리 습득하면 금전적 인센티브를 주는 방식으로 가정에 머무름으로써 노동시장에 빠르게 통합될 수 없는 여성들의 상황도 배려하고 있다.

학교교육 측면에서는 이민자들의 자녀들뿐 아니라 가족 전체가 자녀의 학교에서 제공하는 스웨덴어 수업에 참여할 수 있는 권리가 있다. 또한 다문화예비학교(Multicultural Pre-school)를 시행하거나 다양한 국적 배경을 가진 교사들을 고용함으로써 이민자들이 최대한 자연스럽게 스웨덴 교육체제로 통합될 수 있도록 노력을 기울인다.

투표나 NGO와 중앙정부 간의 파트너십을 통해 이민자들 스스로가 정책에 영향을 미칠 수 있는 통로가 열려 있어, 이민자들이 이를 잘 이용만 한다면 앞으로 사회통합적 측면에서 더욱 좋은 효과를 볼 수 있으리라 기대한다.

(2) 포르투갈: 79점

포르투갈은 유럽 국가들 중 스페인과 함께 새로이 부상하고 있는 이민국이다. 최근 5년간 이민자 교육정책, 장기 체류의 용이성 부분에 큰 노력을 기울이면서 신생 이민국들 중에서는 가장 안정적이고 고른 발전을 이루고 있다.

포르투갈은 이민자의 상당수가 청소년층, 청년층인 것에 착안하여, 젊은 이민자들이 차별 없이 노동시장에 접근할 수 있도록 교육과 일을 병행하는 프로그램을 시행하고 있다. 또한 여성 이민자들이 노동시장에서 차별받지 않도록 하기 위해, 고용주들이 여성 이민자를 고용하고 훈련시킬 때 성차별을 줄이기 위한 프로그램을 고용주 스스로 개발 · 적용하도록 권고하고 있다. 2007년에는 법 개정을 통해 포르투갈뿐 아니라 제3국 고등교육기관에서 발급한 학위를 전보다 자유로이 인정하기로 정함으로써, 이미 모국에서 충분한 교육을 받고 온 이민자들이 또 다른 교육의 부담과 차별에 대한 걱정 없이 일자리를 찾을 수 있도록 하고 있다.

(3) 네덜란드: 68점

네덜란드는 2007년부터 이민자들에 대한 의무 언어교육을 폐지하고, 시험을 통해 이민자들의 사회통합 가능성을 평가해 거주 여부를 결정하고 있다. 새로운 이민자들뿐 아니라 기존에 살고 있던 이민자들 중에서도 네덜란드로 이주 후 일정한 학교교육을 받지 않은 사람들은 이 시험을 치러야만 사회보장제도의 혜택을 받을 수 있도록 법을 개정하였다.

네덜란드 이민자정책의 강점은 구직과 교육과정에서 이주자 개인에게 맞는 프로그램을 제공한다는 점이다. 예를 들어, 청소년층 이민자들에게는 일과 함께 언어능력을 향상시키고 학교교육을 끝마칠 수 있도록 맞춤형 프로그램을 제공한다. 여성들에게도 지역 수준의 프로그램들을 통해 일자리를 찾거나 개인 사업을 시작할 수 있도록 돕는데, 예를 들어 보건 분야나 자원봉사 분야로 이민자 여성들의 관심을 끌 수 있도록 하는 시범 프로그램을 시행한 바 있다.

(4) 캐나다: 72점

전형적인 이민국가에 속하는 캐나다는 인구의 20% 정도가 제3국에서 태어났을 정도로 다양한 민족이 모여 사는 만큼 정부에서 이민자 정책을 효율적으로 적용하기 위해 노력하고 있다.

CIC(Cityzenship and Immigration Canada)에서 이민자들의 캐나다 생활을 준비시키기 위한 다양한 프로그램을 제공한다. ISAP(Immigration Settlement and Adaptation Program)는 이민 허가를 받은 외국인이 캐나다로 이주하기 전 모국에서부터 캐나다 생활에 대한 소개나 통번역 서비스 등을 제공받을 수 있도록 한다. LINC(Language Instruction for Newcomers in Canada)는 성인 이민자들을 대상으로 풀타임 또는 파트타임으로 영어나 프랑스어를 무료로 배울 수 있는 기회를 제공한다. 캐나다 국민들이 자원해서 제공하는 호스트 프로그램(Host Program)은 캐나다 사람이 이민자와 개인적으로 연락을 취하면서 다양한 활동도 함께하고, 이민자가 일자리를 찾거나 언어를 익히는 것을 돕는 역할을 하는 프로그램이다.

캐나다 이민자 교육정책의 특징은 이민 온 학생들을 캐나다인화하려는 노력보다는 학생들이 자신들이 나고 자란 곳의 문화와 생활을 지키면서 캐나다 사회에 자연스럽게 적응할 수 있도록 돕는다는 점이다. 특히 토론토는 주립정부의 적극적인 지원하에 이민 배경을 가진 교사를 다수 고용함은 물론이고, 영어를 배우러 오는 이민자 가정의 자녀들이 문화 충격에 시달리지 않으면서 최상의 상태로 학습할 수 있도록 노력을 기울임으로써 전 세계에서 이민자 학생들이 사회에 가장 잘 통합된 사례로 인정받고 있다. 캐나다 이민자 교육정책의 또 다른 강점은 학생들마다 가지고 있는 특수한 학습 문제점들을 적극적으로 해결하기 위해 노력한다는 것이다. 주립정부 측에서 교사들의 추가적인 훈련을 지원함으로써 교사들이 이민자 학생들을 보다 효율적으로 이끌 수 있도록 하거나, 학생 개인에게 따로 집중 보충수업을 할 수 있도록 재정적인 지원을 하고 있다.

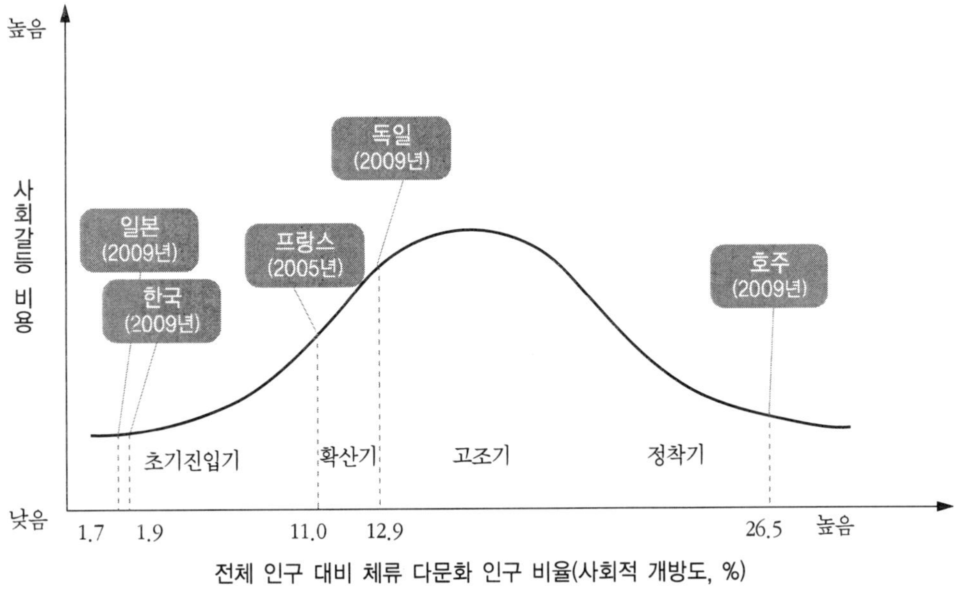

그림 15-7 사회갈등과 다문화 인구 비중의 관계

출처: OECD(2012); 김정근(2012).

3) 프랑스의 외국인을 위한 자국어 보급정책

프랑스 인구 총조사(2008. 1. 1. 기준)에 의하면 전체 인구의 6% 정도가 외국인이고, 파리 거주 외국인은 전체 파리 인구의 1/7 수준인 30만 명으로 보고되고 있으나 실제 프랑스 국적을 취득한 외국인과 불법체류자까지 합하면 그 수는 훨씬 많다.

제2차 세계대전 이후, 프랑스는 전후 복구 사업과 공장 노동자의 부족을 메우기 위해 식민지였던 알제리, 튀니지 등 북아프리카 출신 노동 인력을 유입하면서 1945년 법에 의해 설립된 이민국사무소(ONI)에서 외국인들의 프랑스 국적 취득을 허용하였다.

그러나 프랑스는 '느슨한 통합주의'를 내세우며 이민 2세대의 교육에 소극적이어서 실제 흑인들의 집단 거주지 공립학교에서는 유급 학생의 비율이 높고, 프랑스어를 읽고 쓰는 비율도 현저히 떨어진다. 뿐만 아니라 이민자들과 아랍계와 아프리카계의 청소년 범죄율도 심각한 수준으로 보고되고 있다.

프랑스는 자국민들의 학술활동 등 특수 영역은 물론 이민자들에게도 엄격하게 프랑스어 사용을 의무화하면서 외국어 사용을 제한하며 이민 동화정책을 펼치고 있다. 1539년 빌레르 코트레(Villers-Cotterets) 칙령을 시작으로 1634년 프랑스어 표준화 작업을 위한 아카데미 프랑세즈(Académie Française) 설립 및 1883년 프랑스어 보급을 위한 알리앙스 프랑세즈(L'alliance Française) 재단을 설립, 1994년 프랑스어 사용 관련 투봉법(Loi de Toubon) 제정에 이르기까지 프랑스어가 교육, 노동, 교환, 공공 업무의 언어임을 밝히고 있다.

특히 2006년 프랑스 하원을 통과한 「외국인 이민 동화법」에서는 선택적 이민 허용과 외국 이민노동자의 프랑스 사회로의 성공적인 동화를 내세우면서 영주권과 국적 취득 시 프랑스 공민교육 및 언어교육 이수증 제출을 의무화하고 있다.

외국인 정착 지원의 일환으로 프랑스 지방자치단체별로 결혼이민자, 외국인 여성 등을 위한 프랑스어 교육, 프랑스 문화 이해 등 다양한 강좌가 운영되고 있다.

파리 시의 경우 다문화 포용정책의 일환으로 부시장 주도하에 외국인 대상 프랑스어 학습 강화정책을 실시하고 있다. 자국민뿐만 아니라 외국인들을 대상으로도 경시대회를 도입하여 프랑스 언어경연대회[4]를 개최하고 무료강좌 혜택을 확대하는 정책을 펴고 있다(홍석기, 2008).

프랑스 정부에서도 각급 학교교육과 평생교육기관 등을 통해 외국인의 프랑스 사회 정착을 위한 1단계로서 언어교육에 관심을 가지고 있다. 외국인 프랑스어 교습을 할 수 있는 교사 양성을 위해 1983년 교육부 장관령으로 대학 정규 학과가 설치되었고, CLE 출판사에서는 외국어로서 프랑스어 교재 편찬을 전담하고 있다.

초등학교에서는 외국인 학생을 대상으로 부족한 과목을 주당 추가로 학습하는 CRI(cours de rattrapage)와 프랑스어에 어려움이 있는 학생들을 위한 특별과정으로 실력에 따라 3개월, 6개월, 9개월의 코스로 편성된 CLIN(classes d'initiation dans le primaire)이 있다.

중등학교의 프로그램인 CLA(class d'accuil dans le secondaire)는 외국 학생이 교과 수업을 듣고 이해할 수 없다고 교사가 판단하면, 그 학생을 이 특별반에 보내 그 시간에 프랑스어를 배우도록 하고, 일반학급 수업이 가능한 교과의 경우 다시 학급으로 복귀하는 시스템으로 운영된다.

대학의 경우 외국 학생들도 등록금, 교통비, 학교식당 쿠폰, 주택보조금 등에서 프랑스 학생들과 동일한 혜택을 누릴 수 있고 유학생들을 위한 언어 강좌가 대학 언어연구소에 개설되어 있다. 외국인들이 프랑스 대학에서 공부하기 위해서는 실제 생활에서 의사소통 능력 및 언어 지식을 중심으로 평가하는 일반프랑스어능력시험 DELF와 문화, 직업 등과 관련된 보다 심화되고 전문적인 능력을 측정하는 고급프랑스어능력시험 DALF를 치러야 한다. 이는 1985년부터 시행되었는데 외국인들이 갖추고 있는 프랑스어 지식이나 구사력의 수준을 프랑스 교육부에서 인정할 수 있도록 하기 위한 것이다.

---

4) 프랑스 언어경연대회(FLE)는 프랑스 교육부가 제정한 '외국어로서 프랑스어 품질인증' 제도다.

파리 시의 경우 20개 구별로 한두 학교에 특별 프랑스어 적응반을 두고 외국인이 희망할 경우 배정한다. 소득 수준이 높은 외국인은 오랜 전통과 학위가 인정되는 교육부 인증기관인 알리앙스 프랑세즈나 가톨릭 어학원, 소르본 어학원 등에 등록하여 프랑스어를 배울 수 있다. 이 기관들과 교육부 인증을 받은 기관들은 수업료가 상당히 높아서 저소득층이 접근하기가 매우 어렵지만 이 기관들의 교육 특징은 프랑스 문화 습득과정으로서 프랑스어 배우기, 즉 '어학, 문학, 문화와 예술의 총체로서 프랑스어 배우기'다.

언어는 한 국가의 혼이며 한 국가의 정체성을 표현하는 도구이자 그 내용이다. 한국은 체류하는 외국인의 수가 비공식적으로 110만에 육박하고 있다. 체계적으로 한국을 알리고 한글을 가르치기 위한 '외국어로서 한국어 교육' 정책 입안을 제대로 하고 있는지 또 결혼이민자 가정 자녀들이 학교에서 낙오되지 않고 자신의 자리를 만들어 가도록 도와주는 정책이 실시되고 있는지 깊은 관심을 갖고 살펴보아야 한다(배수옥, 2008).

한편 프랑스는 세계에서 복지정책이 가장 잘되어 있는 국가로 평가받는다. 프랑스 복지제도의 두 축은 국가연금제도와 '알로카시옹(Allocation)'이라 불리는 국가 보조금 제도다. 이 제도는 세퀴리테 소시알(Securite Sociale)이라는 국가 사회보장제도의 큰 틀 속에서 운영되고 있다. 알로카시옹은 주거 안정을 인간의 최소한의 권리로 인정하고 외국인에게도 적용되는 사회복지제도로서 프랑스에서 1년 이상 유학하고 있는 학생들이라면 소득액, 부양가족, 주거 형태, 규모 등을 카프(CAF)에 신고해서 최대 월세의 70%까지 정부로부터 주거보조금을 받을 수 있다.

4) 일본의 다문화교육에 대한 이해

2000년 4월에 개최된 세계교육포럼은 '만인을 위한 교육(Education for All)'을 실현하기 위한 다카르 행동수칙을 선언하였다. 이 권고는 교육 협력을 중시하는 세계 조류로서 2001년 제네바 회담에서 구체적인 실천 방안을 추진하였고, 2002년 6월 캐나다 앨버타에서 열린 회담에서 최종 마무리되었다.

일본은 이와 같은 '만인을 위한 교육' 정신에 입각해 교육 지원을 강화하고 있는 국제사회에 적극 관여하고 공헌하기 위하여 저소득 국가에 대해 5년간 2,500억 엔 이상의 공적개발원조(Official Development Assistance: ODA)를 교육 분야에 지출하기로 하였고, 성장을 위한 기초교육 이니셔티브(Basic Education for Growth Initiative: BEGIN)를 중심으로 기초교육 분야에 대한 국제협력 강화 및 다문화 공생정책을 발표했다.

2006년 기준으로 불법 체류자를 제외한 외국인 거주자가 전체 인구의 약 1.26% 차지하는 일본의 기초교육 분야에 대한 강화 사업은 첫째, 교육 분야 중에서도 특히 인간의 생활에 기초가 되는 지식, 가치, 기능을 습득하기 위하여 절대 필요한 영역으로서, 개발도상국이 기초교육 보급을 위한 플랜을 실천하는 과정 측면을 지원하는 것을 주축으로 하고 있다. 둘째, 국제 지원과 관련된 기본 이념은 개발도상국 정부의 실천과 자구책을 중시하는 지원 사업을 위해 국제사회와의 파트너십을 중시하는 것을 원칙으로 하면서, 문화 다양성에 대해 인식하고 상호 이해를 통한 교육이념 속에서 지역사회의 참여 기회를 촉진하며 현지 자원을 적극 활용하는 것을 기본 이념으로 한다.

일본은 이와 같은 국제적인 교육 동향에 발맞추어 세계 각국과 공생하는 경제 · 사회를 구성하는 분위기를 조성하고 국민 각자가 물질적 · 정신적으로 풍요로운 국제화를 이루기 위한 다음 네 가지 과제를 구상하고 있다.

첫째, 일본인으로서의 자각과 함께 국제적인 시야와 경험을 몸에 지니고, 21세기 국제사회의 중심으로서 주체적으로 살아가는 일본인을 육성하기 위한 여러 시책을 충실하게 운영한다.

둘째, 외국인과 함께 상호 간의 문화 · 습관 · 가치관 등을 이해하고 신뢰관계를 형성하기 위하여 국제 교류를 한층 높이도록 한다.

셋째, 일본의 국력과 국제사회 지위에 어울리는 국제 공헌을 한다. 여러 외국 사회가 일본 사회에 거는 기대에 부응하는 관점에서 인재 육성 등에 공헌하는 국제 협력을 적극적으로 추진한다.

넷째, 과학기술 창조입국을 지향하는 일본이 국제교류를 통해서 과학기술의 발전을 도모함과 함께 국제사회 속에서 아동이 일본인으로서 자각을 가지고 주체적으로 살아가는 과정에 필요한 자질과 능력을 육성하는 것을 중요하게 여긴다.

또한 일본의 역사와 문화 · 전통 등에 대한 이해를 돕고 이를 사랑하는 마음을 기르는 것과 함께, 넓은 안목으로 이문화를 이해하며 이질적인 습관이나 문화를 가진 사람들과 함께 살아가기 위한 자질이나 능력을 육성해야 하는 중요성을 인식하도록 한다(윤종혁, 2007).

문부과학성은 그런 측면에서 매년 전국의 지방 교육행정가를 대상으로 '국제이해교육 담당 지도주사 연락협의회'를 개최하여 다문화 교육을 추진하는 데 노력하고 있으며, 다문화 가족의 생활지원, 다문화 공생사회 만들기, 커뮤니케이션 지원 등의 공생사업을 추진하고 있다.

다문화 가족의 생활지원은 외국인이 생활하기에 적합한 거주, 교육, 종교, 의료 등의 대한 각종 정보와 지식을 제공하고 일본인과의 갈등을 줄이기 위해 주거지역과 관련 규정에 대한 오리엔테이션을 제공한다. 교육 지원도 취학준비, 학교생활, 진로, 취업에 이르기까지 지속적인 상담과 지원을 제공함은 물론 '헬로우 워커' 및 상공회의소 등과의 연대를 통해 취업 환경개선, 취업정보 서비스 등을 실시하고 있다. 의료지원도 외국어 사용이 가능한 의료시설 정보를 제공하고 다언어로 작성된 의료문진표 및 의료시설 이용 자료를 개발하여 보급하고 있으며, 긴급 상황 시 대응할 수 있는 방재교육 및 훈련도 실시하고 있다. 사회보장 지원도 초기엔 전쟁피해자 구제에서 점차 보장점위를 확대해 나가 1982년에 이르러서는 UN의 '난민의 지위에 관한 조약'에 비준함으로써 일본 내에 합법적으로 체류하는 외국인에게 의료보험, 개호보험, 공적연금, 고용보험, 산업재해보험 등의 사회보장제도를 자국민과 동일하게 적용하게 되었다. 그러나 저소득층에 대한 지원 등의 공공부조는 일반적으로 외국인의 수급권을 인정하지 않고 있다(조현미,

2009).

다문화 공생 사업으로 실시되고 있는 커뮤니케이션 지원은 크게 일본어 사용 능력과 일본 사회체계에 대한 지식 및 이해의 두 영역으로 구분된다. 일본어 능력 향상을 위해서는 일본어 및 일본사회에 대한 교육을 지원하고 있는 대표적인 예로 도쿄의 다문화공생센터 사업을 들 수 있다. 또한 1999년의 국제이해교육지도사례집(초등학교편)을 시작으로 2000년의 다문화 교육에 관한 소프트웨어 제작 및 최근의 국제이해교육지도사례집(중 · 고등학교편) 등을 편찬하여 배포하는 등 학교현장에서의 다문화 교육을 앙양하는 분위기 조성에 더욱 노력하고 있다.

현재 일본 정부가 주력하고 있는 학교현장에서의 국제교류 사업은 고등학교를 중심으로 한 유학 교류 및 해외 수학여행 등이라고 할 수 있으며, 2004년 문부과학성은「2002년도 고등학교 등에 있어서 국제교류 등의 상황」을 공표하였다.

커뮤니케이션 지원의 또 하나의 축인 일본 사회체계에 대한 이해증진을 위한 노력으로는 '정보의 다언어화'가 마련되고 있다. 외국인이 거주하는 지역의 정보를 외국인의 자국어로 제공하고, 외국인 지원을 위해 설치된 공민관 및 국제교류센터 등을 통해 상담서비스는 물론 일본어 및 일본사회를 쉽게 배우도록 행정서비스 및 각종 정부 정책 및 제도, 생활정보 등을 다양한 언어를 통해 제공하고 있다(김범수 외, 2007).

또한 문부과학성은 21세기 경제 · 사회 측면에서 국제화가 급속하게 진행되는 과정에서 자국민 학생들이 넓은 세계관을 갖고 국제적인 이해와 협조를 도모하는데 절대적으로 중요한 영어 의사소통 능력이 다문화 교육의 관건임을 인식하고 새로운 방식의 다문화 교육을 추진하였다. 따라서 세계화 전략에 부응하는 국제경쟁력을 제고하고 시장경제 원칙에 따른 효율성을 강조하는 측면에서 영어화 전략과 유학생 수용정책을 개편하여 2002년에 '영어를 할 줄 아는 일본인'을 육성하기 위한 전략구성을 기초하고, 2003년에는 이를 위한 행동계획을 책정 · 발표하였다. 2007년까지는 '영어를 할 줄 아는 일본인'을 육성하는 체제를 확립하는 것을 목표로 영어교육을 개선하기 위한 목표와 방향성을 분명하게 하고, 이를 실현하기 위해 국가 수준에서 취해야 할 시책을 구체적으로 조정·통합하여 실시하고 있다.

동시에 다문화 공생 사회 만들기 사업을 통해 일본인들이 외국인을 이해하도록 돕고 외국인이 스스로 생활할 수 있으며 지역사회에 적극적으로 참여하도록 돕는 다문화 공생지역의 조성과 이를 위한 시책들을 계획 및 추진하고 있다. 특징적인 것은 중앙정부에서 지자체로 정책이 시달되는 상의하달식의 방식이 아니라, 지방정부와 지역 내 외국인 집단, NGO, NPO 등과의 긴밀한 논의 아래 상호협력적으로 정책이 시행된다.

이와 같은 일본의 다문화 정책은 일본 내에 조성되고 있는 교육개혁 전략과 부합하는 방식으로 외국인 및 귀국자녀, 해외자녀에 대한 교육정책을 통합하여 '일본화' 과정의 새로운 패러다임을 완성한 것이라고 할 수 있다.

5) 독일의 다문화정책 및 다문화교육

제2차 세계대전 패전 이후 독일(당시 서독)로 이주해 온 이주민들은 크게 네 가지 유형의 집단으로 나눌 수 있다. 첫 번째는 외국인 노동자들이다. 부족한 노동력을 충원하기 위해 연방정부가 주도하여 1956년부터 남유럽과 남동유럽 국가들과 협정을 체결하고 이탈리아, 스페인, 그리스, 터키 등으로부터 노동자들을 받아들이기 시작했으나 1973년 전면 중단되었다. 그들은 '손님으로 온 노동자(Gastarbeiter)'라고 지칭되었으며, 계약 기간 동안 일하고 만료되면 자국으로 돌아가는 체제였기 때문에 노동인력의 잦은 교체로 인한 숙련도 등에 문제를 겪은 고용주들의 요청으로 일정한 조건하에서는 계약을 연장할 수 있게 되었다. 이에 따라 외국인 노동자들의 가족들을 쉽게 독일로 이주시킬 수 있었다. 두 번째는 망명 신청자와 난민들로서 이들의 독일 거주 역시 한시적인 것을 원칙으로 했다. 세 번째는 유럽연합 국가들로부터 온 이주자들이다. 네 번째는 1960년대 이후, 특히 1990년대 이후 제2차 세계대전 패전으로 추방당해 동유럽 지역에 거주하다 이주해 온 독일 혈통의 이주민들을 들 수 있다.

이와 같은 배경을 지닌 독일의 이주민정책은 가장 많은 첫 번째와 두 번째 유형의 이주자들은 한시적으로 거주하는 것으로 생각했기 때문에 통합문제는 그들 자신이 해결해야 할 문제로 치부되었고, 사회적 통합을 위한 체계적인 지원은 전적으로 독일 혈통 이주민들을 위해서만 이루어졌다.

1980년대 독일은 실업률이 상승하자 외국인들을 귀국시켜야 한다는 주장들이 정치권을 중심으로 확산되었고, 이에 1980년대 중반부터 「외국인 귀국준비촉진법」이 시행되었다. 즉, 1990년대 중반까지의 이주민정책은 '귀국과 통합'이라는 이중적인 전략을 사용하면서 '독일은 이민국가가 아니다.'는 입장을 취해 왔다고 할 수 있다. 1970년대 노동인력 수입 중단 이후에는 필요한 경우를 제외하고는 가능한 한 외국인의 이주를 제한해 왔다.

그러나 1990년 후반부터 독일 사회의 노령화가 확대되고 출산율이 낮아지는 가운데, IT 같은 특정 분야의 전문인력이 부족해지자 선택적으로 고급인력을 받아들여야 한다는 주장이 제기되었다. 그 사이 독일 거주 외국인들은 그 수가 현저하게 늘어나 2005년에는 약 730만 명으로 전체 인구의 9%를 차지했다. 또한 2007년에는 독일 국적 취득자를 포함하여 이주 경험을 지닌 인구가 약 1,500만 명에 달하는 상황이 되었다.

이 같은 독일의 사회 변화에 따른 이주자 문제를 논의하기 위한 '독립적 이주위원회'는 다문화사회를 전제로 하는 이주 및 통합 정책의 전환을 요구했고, 2005년부터 효력을 발휘하기 시작한 이주민정책은 귀국과 통합이라는 이중전략에서 통합을 강조하는 방향으로 전환하였다.

다문화교육 정책을 살펴보면, 2000년대 초 독일학교 등록학생 중 약 11%가 외국 국적 학생들이었다. 이 학생들은 중등과정에서 많은 수가 하우프트(Hauptschule) 학교나 특수학교(촉진학교, Forderschule)를 다니고 있었고, 졸업을 하지 않고 학업을 중단하는 비율이 독일 학생들의 경우보다 훨씬 높았으며, 대학진학을 준비하는 김나지움이나 김나지움 상급과정에 다니는 비율이 현저하게 낮았다.

뿐만 아니라 PISA 2000에서도 이주 배경을 지닌 학생들의 성적이 매우 낮게 나타났는데 그 중요한 원인이 낮은 독일어 수준으로 분석되었고, 특히 읽기능력의 경우 다른 과목의 학업성취에도 부정적 영향을 줄 수밖에 없다고 판단했다.

이에 따라 각 주는 이주 배경을 지닌 학생들의 독일어 실력 향상을 최우선적으로 지원하고, 정규수업 시간 외에도 특별대책을 세워 지원함은 물론 모든 주에서 이주 배경을 지닌 학생들의 출신국가 언어 습득을 위한 프로그램도 진행했다. 이와 같은 성과를 점검하고 펴낸 2006년 '이주' 보고서에서 주 문교장관회의는 당초에 제시한 목표와 상황 인식이 크게 변하지는 않았지만, 그 사이에 나온 성과들을 바탕으로 이주 배경과 부모의 낮은 사회적 배경이 학생들의 교육에 위험 요소임을 분명히 인식하였다.

따라서 학교의 노력만으로는 이런 위험 요소를 온전히 극복할 수 없다는 판단하에 아동과 청소년의 사회적 통합이 전체 사회의 과제여야 함을 강조하고 있다. 통합이 학교교육의 중요한 목표이지만, '적응'보다는 이주 배경을 지닌 학생들의 개인적 정체성과 문화적 정체성을 유지하는 가운데에서의 통합이어야 함을 명확히 하고 있다. 특히 상호 문화능력과 취학 수준의 제고가 이뤄지고, 교육 참여자 모두의 상호 존중과 인정 속에 교육이 실시되어야 함을 강조하고 있다.

이를 바탕으로 취학 전 단계, 학교 단계, 교육과정, 직업교육, 출신국 언어교육, 학부모와의 협력, 관련 단체들의 네트워크 등에 대한 대책을 제시하고, 이러한 과제에는 사회 전체의 협력과 체계적인 대응이 필요하다는 문제의식은 2007년 '국가통합계획(der Nationaler Integrations plan)'으로 집약된다. 여기에서는 연방정부, 주정부, 기초자치단체 수준의 기여 방안을 논의하고, 통합과정, 언어 지원, 학교교육과 직업교육, 여성과 소녀 지원, 지역의 통합 노력 지원, 문화, 스포츠, 언론매체, 시민단체, 학계 등 관련 분야를 망라한 종합대책을 제시하고 있다(김상무, 2009).

7. 비전: 포용사회로의 지향

우리나라의 학계와 교육 현장에서 다문화 담론이 본격적으로 형성되기 시작한 것은 이주자 정책 전환이 있었던 2006년 이후부터라고 말할 수 있다. 따라서 다문화교육은 많은 전략적 선택이 가능한 출발선에 서 있으며 성공의 기회와 가능성도 크다고 볼 수 있다.

실패할 가능성이 큰 일방적 동화주의 혹은 시혜적 다문화주의 노선을 굳이 걷기보다는 성공한 포용(inclusion) 노선을 체계적으로 도입하는 것이 올바른 방향이라고 생각한다. 소수 이주집단 학생들을 분리하지 않는 다문화교육, 다문화가정과 학교가 직접 연결되는 다문화교육, 지역사회과 다문화 관련 시민단체가 함께 참여하는 다문화교육이 성공한 다문화교육의 실례들이다(김용신, 2009).

이러한 포용 다문화교육은 개인과 국가 발전에 커다란 유용성을 제공할 수 있다. 다문화가족은 문화적 정체성을 유지하여 자존감(self-esteem)을 가진 공동체 구성원으로서 권리와 의무를 다하는 시민이 될 수 있으며, 다수자는 소수문화에 대한 이해를 바탕으로 하는 공감(empathy)을 확보하여 다양한 사회 구성과 국가 발전에 기여할 수 있을 것이다.

따라서 포용사회로의 지향점은 다음과 같다. 첫째, 우리 문화를 주입시키려고 하기보다는 다문화를 인정하고 문화 간 상호작용을 통해 융화를 모색해야 한다. 둘째, 다문화가족 구성원 및 지역사회에 대한 화합과 관계 증진을 촉진하는 맞춤형 프로그램을 개발하고, 지역사회의 배려와 협력을 통해 다문화가족의 소외를 예방하고 정착을 원활화하는 방안을 지속적으로 모색해야 한다. 세부적으로는 시민사회가 체험을 통해 다양한 문화를 포용하는 역량을 키울 수 있도록 문화행사를 지원하고 지속 가능한 문화 자원으로 배양한다. 또 결혼이민자의 인적 자원을 적극 활용하여 경제적 자립 역량을 강화하고 그들을 새로운 소비층으로 편입시켜야 한다. 다문화가족 자녀에게 차별 없이 균등한 기회를 부여하고, 행복한 가정 만들기를 지원하며, 문화 다양성에 대한 이해 증진의 실천과 다문화가족의 사회통합을 돕는 지역사회 다문화 프로그램 사업자를 통한 신규 일자리와 부가가치를 창출하려고 노력하는 것이 절실히 필요하다.

이와 같은 포용사회로 발돋움하기 위한 노력은 캐나다 토론토의 도시관광 자원으로 발전한 '캐러비안 카니발', 하버드 대학의 소수인종 자녀를 위한 '나눔교육(Complementary Learning)' 호주의 '다문화 사례 관리자(Multicultural Case Manager) 제도' 등 해외의 성공 사례들과 한국폴리텍 다솜학교의 다문화가족 지원체제, K은행의 다문화가족 우대상품 개발, 몽골 출신 의사의 전문성 활용 사례 등이 좋은 본보기다.

이처럼 사회적 형평성(equity)이 실현되면 지역에서 세계적으로 사고하고 행동할 수 있는 경쟁력이 모두에게 발생할 것이다. 특히 우리나라와 같이 인적 자원에 많은 투자와 의존을 해야 하는 국가에서는 글로벌 다문화 현상을 적극 활용하는 다문화교육의 방향 설정과 실천이 포용교육 차원에서 이루어져야 할 것이다.

생각해 보기

1. 다문화교육과 평생학습의 필요성을 논의해 보자.
2. 어떻게 해야 교육적 지식이 보다 포용적이고 적합하게 될 수 있으며, 순혈주의의 오래된 관습을 극복할 수 있겠는가 생각해 보자.
3. 우리나라의 다문화 수용성과 역사적 정체성과 연계하여 사회적 통합의 전망에 대해 논의해 보자.

참고문헌

경기도교육청(2008). 다문화교육의 이해와 실제. 다문화이해자료 2008-54. 경기도교육청 초등교육과.

금명자 외(2006). 다문화가정 청소년 연구. 한국청소년상담원.

김민호(2010). 다문화가정 자녀의 교육 (pp. 619-644). 법무부출입국 · 외국인 정책 본부.

김범수(2007). 다문화사회복지론. 파주: 양서원.

김상무(2009). 교육정책 네트워크, 제196호. 교육개발원.

김세환(2011). 지방정부의 다문화가족 지원정책 평가와 과제. 영남대학교 행정대학원 석사학위논문.

김승환(2010). 다문화담론과 로컬리티의 이원성(Duality in the Discourse of Multiculture and Locality). 로컬리티 인문학, 제3호, 75-105.

김아영(2006). 초등교사의 다문화교육 인식 실태조사. 서울대학교 대학원 석사학위논문.

김용신(2009). 교육정책 네트워크, 제196호. 교육개발원

김정근 외(2012). CEO Information, 제853호. 삼성경제연구소.

김정원(2006). 외국인 근로자 자녀 교육문제와 다문화교육. 국회도서관보, 43(5), 통권 325호, 29-39.

김진희(2010). 평생학습 담론에서의 다문화적 학습맥락에 대한 비판적 이해. *Andragogy Today, 13*(3), 33-59.

김형태(2010). 북한이탈 청소년의 적응유형에 따른 심리사회적 특성 비교 및 적응유연성에 영향을 미치는 요인 탐색. 청소년학연구, 17(9), 27-59.

류주현(2012). 결혼이주여성의 거주 분포와 민족적 배경에 관한 소고: 베트남 · 필리핀을 중심으로. 한국지역지리학회지, 18(1), 제1호, 71-85.

배수옥(2008). 교육정책 네트워크, 제177호. 교육개발원

배은식(2008). 외국인 이주 요인에 따른 거주공간의 특성: 광주시 중국인 거주자의 경우. 전남대학교 교육대학원 석사학위논문.

법무부(2011). 출입국 · 외국인 정책 통계월보 12. 법무부 출입국 · 외국인 정책본부.

송미경, 지승희, 조은경, 임영선(2007). 다문화가정 외국인 모의 경험에 관한 연구. 한국청소

년상담원.

신용주 편(2012). 일터의 다문화성과 성인학습. 한국성인교육학회.

안영진, 최병두(2008). 우리나라 외국인 유학생의 이주현황과 특성: 이론적 논의와 실태 분석. 한국경제지리학회지, 제3호, 476-491.

오성배(2008). 다문화가정 학생교육 지원 중장기 계획 수립을 위한 연구. 교육과학기술부.

오은순(2008). 다문화교육을 위한 교수 학습지원방안 연구(II). 서울: 한국교육과정평가원.

윤종혁(2007). 교육정책 네트워크, 제162호. 교육개발원.

이해주(2011). 다문화 사회, 다원적 시민교육의 필요성과 방향, 제63호 e-LAN.

임석진 외 편저(2009). 철학사전. 서울: 도서출판 중원문화.

임석희, 송주연(2010). 우리나라의 외국인 전문직 이주자 현황과 지리적 분포 특성. 한국지역지리학회지, 16(3), 275-294.

정치학대사전 편찬위원회(2010). 21세기 정치학대사전. 한국사전연구사.

조영달 외(2006). 다문화가정의 자녀교육 실태조사. 교육인적자원부.

조현미(2009). 일본의 '다문화 공생' 정책을 사례로 본 사회통합정책의 과제. 한국지역지리학회지, 15(4), 449-463.

최홍, 이동원, 박준(2010). 다문화사회 정착과 이민정책. CEO Information, 제756호. 삼성경제연구소.

평생교육진흥원(2010). 평생교육백서.

한국교육개발원(2009). 2009 평생교육통계자료집.

한국기업교육학회(2010). HRD 용어사전. 중앙경제.

한국수필창작문예원. 포스트모더니즘과 21세기 좌담회 자료. http://www.essaykorea.net

한준상(2002). 호모 에루디티오. 서울: 학지사.

홍석기(2008). SDI 정책 리포트, 제13호.

Anderson, B. (2006). *Imagined Communities: Reflections on the Origin and Spread of Nationalism*. London and New York: Verso.

Cox, M. (2003). American and the world. In R. Singh (Ed.), *Governing America: The politics of a Divided Democracy*. Oxford: Oxford Univ. Press.

Constable, N. (2003). *Romance on a Global Stage*. Berkeley: University of California Press.

Dewey, J. (1916). *Democracy and Education*. 이홍우 역(2008). **민주주의와 교육**. 서울: 교육과학사.

Die Bundesregierung (2007). *Der Nationale Integrationsplan*. Neue Wege-Neue Chancen (www.bundesregierung.de)

Halsey, A. H. et al. (2006). *Education, Globalization, and Social Change*. 강순원 역(2011). **우리 시대를 위한 교육사회학 다시 읽기**. 서울: 도서출판 한울.

KMK (2002). *Bericht "Zuwanderung"*. Beschluss der Kultusministerkonferenz vom 24. 05. 2002 (www.kmk.org)

KMK (2006). Bericht "Zuwanderung". Beschluss der Kultusministerkonferenz vom 24. 05. 2002 i.d.F. vom 16.11.2006 (www.kmk.org)

Stanat, P. (2008). Heranwachsende mit Migrationshintergrund im deutschen Bildungswesen. In: K. S. Cortina u. a.(Hg.), *Das Bildungswesen in der Bundesrepublik*. Reinbek: Rowohlt.

OECD (2010). factbook 2010 Economic, Environmental and Social Statistics.

OECD (2011). Employment Outlook.

OECD (2012). International Migration Outlook 2011.

UNESCO (2001). UNESCO Universal Declaration on Cultural Diversity.

건강가정지원센터 홈페이지(2012). www.familynet.or.kr

과학기술부 홈페이지(2012). http://www.most.go.kr

노동부 홈페이지(2012). http://www.molab.go.kr

법제처 홈페이지(2012). http://www.moleg.go.kr

여성가족부 홈페이지(2012). http://www.moge.go.kr

조선일보. 2012. 4. 17일자.

평생교육진흥원 홈페이지(2012). http://www.nile.or.kr

한국교육개발원 교육통계 홈페이지(2012). http://std.kedi.re.kr

한국직업능력개발원 홈페이지(2012). http://www.krivet.re.kr

한국청소년정책연구원(2012). http://www.nypi.re.kr

Bundeszentrale fur politische Bildung http://www.bpb.de/gesellschaft/migration/dossier-migration/

EBS 지식채널e. http://www.ebs.co.kr

MIPEX(MIGRANT INTEGRATION POLICY INDEX) http://www.mipex.eu/countries

mittelbayerische http://www.mittelbayerische.de/nachrichten/artikel/toronto_als_integrations_vorbi/598021/toronto_als_integrations_vorbi.html#598021

http://www.doctorsnews.co.kr

| 찾아보기 |

인명

내용

저자 소개

박성희

독일 게오르그-아우구스트 괴팅겐 대학교 졸업(석사)

독일 게오르그-아우구스트 괴팅겐 대학교 졸업(박사)

전) 대진대학교 교직부 초빙교원

국립강원대학교 교수학습개발원 연구교수

현) 국립공주대학교 교육학과 BK 21 계약교수

송영선

고려대학교 대학원 졸업(석사)

중앙대학교 대학원 졸업(박사)

전) 한국산업심리연구원 연구실장, 한국블랜차드 컨설팅그룹 기획실장

한양여자대학교, 경원대학교, 중원대학교, 중앙대학교 강사

현) 중앙대학교 글로벌대학원 겸임교수

한국인력개발학회 창립간사 및 이사

키 컨설팅 대표, 한국강사협회 부회장

나항진

서울대학교 대학원 졸업(석사)

중앙대학교 대학원 졸업(박사)

전) 대진대학교 교육대학원 겸임교수

현) 중원대학교 사회과학부 교수

황치석

연세대학교 교육대학원 졸업(석사)

세종대학교 대학원 졸업(박사)

전) 서울시여성가족재단 연구원, 세종대학교 전임연구원(BK 21), 신흥대학교 초빙전임교수

현) 고려대학교 평생교육원 초빙교수

조선왕조문화예술교육연구소 소장

문정수

숙명여자대학교 정책대학원 졸업(석사)

중앙대학교 대학원 졸업(박사)

현) 나우러닝(Nowlearning) 대표

평생학습 실천가

박미숙

인하대학교 교육대학원 졸업(석사)

인하대학교 대학원 졸업(박사)

전) 인하대학교 평생교육원 학점은행제 및 평생교육사 양성과정 교수

고용노동부 및 한국직업능력개발원 평가위원

고려대학교, 인하대학교 강사

현) 인성여자중학교 재직

인천대학교, 재능대학교 강사

평생교육방법론

2013년 2월 15일 1판 1쇄 발행
2022년 2월 10일 1판 5쇄 발행

지은이 • 박성희 · 송영선 · 나항진 · 황치석 · 문정수 · 박미숙
펴낸이 • 김 진 환
펴낸곳 • (주) 학지사
04031 서울특별시 마포구 양화로 15길 20 마인드월드빌딩 5층
대표전화 • 02) 330-5114 팩스 • 02) 324-2345
등록번호 • 제313-2006-000265호
홈페이지 • http://www.hakjisa.co.kr
페이스북 • https://www.facebook.com/hakjisabook

ISBN 978-89-6330-993-4 93370

정가 19,000원